“十二五”国家重点图书出版规划项目

王逢振　主编

詹姆逊文集

第 1 卷

新马克思主义

陈永国　胡亚敏　等　译

Fredric R Jameson

中国人民大学出版社

· 北京 ·

总　序

众所周知，弗雷德里克·詹姆逊（Fredric Jameson，1934—　）是当代著名的思想家和批评家，也是公认的、仍然活跃在西方学界的马克思主义者。其作品已经被翻译成十多种文字，产生了广泛的影响。因此，在《詹姆逊文集》出版之际，对詹姆逊及其作品作一简要介绍，不仅必要，而且也不乏现实意义。

一、弗雷德里克·詹姆逊其人

20多年前，我写过弗雷德里克·詹姆逊，当时心里主要是敬佩；今天再写，这种心情仍在，且增添了深厚的友情。自从1983年2月与他相识，至今已经32年多，这中间交往不仅没有中断，而且日益密切，彼此在各方面有了更多的了解，因此我称他为老友。他也把我作为老朋友，对我非常随便。例如，2000年5月，他和我同时参加卡尔加里大学的一个小型专题研讨会，会后帕米拉·麦考勒姆（Pamela Maccllum）教授和谢少波带我们去班夫国家公园游览，途中他的香烟没有了（当时他还抽烟），不问我一声，便从我的口袋里掏出我的烟抽起来。此事被帕米拉·麦考勒姆和谢少波看在眼里，他们有些惊讶地说："看来你们的关系真不一般，这种事在北美是难以想象的。"

其实，我和他说来也是缘分。1982年秋季我到加州大学洛杉矶分校作访问学者，正好1983年2月詹姆逊应邀到那里讲学，大概因为他是马克思主义批评家，想了解中国，便主动与我联系，通过该校的罗伯特·马尼吉斯教授约我一起吃饭，并送给我他的两本书：《马克思主义与形式》（*Marxism and Form*，1970）和《政治无意识》（*The Political Unconscious：Narrative as A Socially Symbolic Act*，1981），还邀请我春天到他当时任教的加州大学圣克鲁兹分校访问。

说实在的，他送的那两本书我当时读不懂，只好硬着头皮读。我想，读了，总会知道一点，交流起来也有话说，读不懂的地方还可以问。4月，我应邀去了圣克鲁兹。我对他说，有些东西读不懂。他表示理解，并耐心地向我解释。我们在一起待了一个星期，住在他家里，并通过他的安排，会见了著名学者海登·怀特和诺曼·布朗等人，还作了两次演讲——当时我在《世界文学》编辑部工作，主要是介绍中国翻译外国文学的情况。

1983年夏天，我们一起参加了在伊利诺伊大学厄本那一香槟分校召开的“对马克思主义和文化的重新阐释”的国际会议。正是在这次会议上，我认识了一些著名学者，如佩里·安德森（Perry Anderson，英）、G. 佩特洛维奇（G. Petrovic，南斯拉夫）、亨利·列斐伏尔（Henri Lefebvre，法）和弗朗哥·莫雷蒂（Franco Moretti，意）等人（我在会议上的发言与他们的发言后来一起被收入了《马克思主义和文化阐释》[*Marxism and the Interpretation of Culture*] 一书）。此后，1985年，我通过当时在北京大学国政系工作的校友龚文庠（后任北京大学传播学院副院长）的帮助和安排，由北京大学邀请詹姆逊作了颇有影响的关于后现代文化的系列演讲。詹姆逊在北京四个月期间，常到我家做客。后来我到杜克大学访问，也住在他家里。

詹姆逊生于美国的克里夫兰，家境比较富裕，自幼受到良好的教育，幼年还学过钢琴，对音乐颇有悟性。他聪明好学，博闻强记，20岁（1954年）在哈弗福德学院获学士学位，22岁

(1956 年) 获耶鲁大学硕士学位，接着在著名理论家埃里希·奥尔巴赫的指导下，于 25 岁 (1959 年) 获耶鲁大学法国文学和比较文学博士学位；其间获富布赖特基金资助在德国留学一年 (1956—1957 年)，先后就读于慕尼黑大学和柏林大学。1959 年至 1967 年在哈佛大学任教，1967 年到新建的加州大学圣地亚哥分校任教，在那里，他遇到了一度是法兰克福学派的重要人物和激进学生领袖的赫伯特·马尔库塞。此后，从 1976 年到 1983 年，他任耶鲁大学法文系教授，1983 年转至加州大学圣克鲁兹分校。1985 年夏天，杜克大学为了充实和发展批评理论，高薪聘请他任该校讲座教授，专门为他设立了文学系 (Graduate Program in Literature)，由他当系主任，并决定该系只招收博士研究生，以区别于英文系。记得当时还聘请了斯坦利·菲什 (Stanley Fish)、简·汤姆金斯 (Jane Tomkins)，以及年轻有为的弗兰克·兰垂契亚 (Frank Lentricchia) 和乔纳森·阿拉克 (Jonathan Arac，后来没去)。从那时至今，他一直在杜克大学，2003 年辞去系主任职务，不过仍担任批评理论研究所所长和人文学科教授委员会主任。2014 年才辞去所有职务。

1985 年他刚到杜克大学时，该校给了他一些特殊待遇。正是这些特殊待遇，使他得以在 1985 年秋到中国讲学一个学期 (他的系列演讲即后来国内出版的《后现代主义和文化》)，并从中国招收了两名博士研究生：唐小兵和李黎。唐小兵现在是南加州大学教授，李黎是中美文化交流基金会董事长。由于詹姆逊对中国情有独钟，后来又从中国招收过三名博士研究生，并给予全额奖学金，他们分别是张旭东、王一蔓和蒋洪生。张旭东现在已是纽约大学教授，蒋洪生任教于北京大学中文系。

虽然詹姆逊出身于富裕之家，但因为马克思主义的影响，生活上并不讲究。也许是为了有更多的时间读书，他几乎从不注意衣着，在我与他的交往中，只见他打过一次旧的、过时的领带。他总是随身带着一个小本子，每当谈话中涉及他感兴趣的问题，他就会随手记下来，过后再进行思考——这也许是值得我们学习的方法。在我看来，他除了读书写作和关注社会之外，几乎没有什么业余爱好——当然，他喜欢喝酒，也会关注某些体育比赛（我记得他很关注世界杯足球赛的结果）。他并不像某些人讲的那样，旅行讲学必须住五星级宾馆，至少我知道他来中国旅行讲学时，大多都住在学校的招待所里。1985 年他第一次来中国时，当时交通条件还不像现在这么便利舒适，我和他曾一起坐过没有空调的硬卧火车，在小饭馆里喝过二锅头。他与许多衣着讲究的教授形成鲜明的对照。可能由于他住在乡间的房子里，加上不注意衣着，张旭东在杜克大学读书时，他的儿子曾把詹姆逊称作“农民伯伯”。詹姆逊妻子苏珊也是杜克大学教授，是个典型的环保主义者，自己养了许多鸡，还养羊（当然詹姆逊有时也得帮忙），鸡蛋和羊奶吃不完就送给学生。因此，在不甚确切的意义上，有人说詹姆逊的生活也体现了他的马克思主义情怀。

二、詹姆逊的学术成就

到 20 世纪 70 年代中期，詹姆逊已被公认是最重要的马克思主义批评理论家。但直到《政治无意识》出版之后，他的独创性才清晰地显现出来。他在该书的一开始就鲜明地提出自己的主张：“总是要历史化!”并以此为根据，开始了对他称之为“元评论”的方法论的探讨，对于长期存在的美学和社会历史的关系问题，从理论上给出了一种自己的回答。与传统的历史批评形式相对，詹姆逊不仅把文化文本置于它们与历史语境的直接关系之中，而且从解释学的角度对它们进行探讨，探讨解释的策略如何影响我们对个体文本的理解。但与其他现代解释理论不同（例如罗伯特·姚斯［H. R. Jauss］的接受理论），詹姆逊强调其目标是一种马克思主义的意识形态分析，并认为马克思主义包含所有其他的解释策略，而其他的解释策略都是片面的。

《政治无意识》奠定了詹姆逊在学术界的地位。有人说，詹姆逊是“第二次世界大战以来美国最重要的马克思主义文学批评家。只有英国的雷蒙德·威廉斯写出过和他同样重要的作品”①。“詹姆逊是当前文坛上最富挑战性的美国马克思主义思想家。他对法兰克福学派主要人物的解释，他对俄国形式主义、法国结构主义、后结构主义的解释，以及他对卢卡奇、萨特、阿尔都塞、马克斯·韦伯和路易斯·马丁的解释，都对20世纪马克思主义和欧洲思想历史做出了重大贡献。詹姆逊对小说发展的论述，对超现实主义运动的论述，对巴尔扎克、普鲁斯特、阿尔桑德洛·曼佐尼（Alessandro Manzon）和阿兰·罗伯-格里耶（Alain Robbe-Grillet）这些欧洲作家的论述，以及他对包括海明威、肯尼思·勃克（Kenneth Burke）和厄休拉·勒奎恩（Ursula Le Guin）在内的各类美国作家的论述，构成了强有力的政治的理解。”② “詹姆逊是当前杰出的马克思主义批评家，很可能是我们这个时代最重要的以社会历史为导向的批评家……他的《政治无意识》是一部重要著作，不仅文学家要读，历史学家、社会学家以及哲学家都应该读它。”③ “在大量的批评看法当中，詹姆逊坚持自己的观点，写出了最动人的谐谑曲式的著作。”④

---

① *Contemporary Literary Criticism*（University of Oklahoma Press，1986），p. 111.

② *Postmodernism and Politics*（University of Minnesota Press，1986），p. 123.

③ Hayden White 写的短评，见 *The Political Unconscious*（Cornell University Press，1981）封底。

④ *New Orleans Review*（Spring，1984），p. 66.

詹姆逊的理论和学术贡献是多方面的。就文学批评而言，主要表现在历史主义和辩证法方面。他是一个卢卡奇式的马克思主义者，但超越了卢卡奇的怀旧历史主义和高雅人道主义。他所关心的是，在后结构主义对唯我论的笛卡尔主义、超验的康德主义、目的论的黑格尔主义、原始的马克思主义和复归的人道主义进行深刻的解构之后，人们如何严肃地对待历史、阶级斗争和资本主义非人化的问题，也就是说，"面对讽刺的无能，怀疑的瘫痪，人们如何生活和行动的问题"①。詹姆逊认为非常迫切的问题是：对"总体化"（totalization）进行马克思主义的探讨，包括与之相关的整体性的概念、媒体、历史叙事、部分与整体的关系、本质与表面的区分、主体与客体的对立，等等，是不是要预先构想一种理想的哲学形式？是否这种形式必然是无视差别、发展、传播和变异的某种神秘化的后果？他大胆而认真地探讨这些问题，但他尽量避免唯心主义的设想，排除神秘化的后果。

在詹姆逊的第一部作品《萨特：一种风格的始源》（*Sartre: The Origins of a Style*，1961）里，他分析了萨特的文学理论和创作。该著作原是他在耶鲁大学的博士论文，由于受他的导师埃里希·奥尔巴赫以及与列奥·斯皮泽相关的文体学的影响，作品集中论述了萨特的风格、叙事结构、价值和世界观。这部著作虽然缺少他后来作品中那种典型的马克思主义范畴和政治理解，但由于20世纪50年代刻板的因循守旧语境和陈腐的商业社会传统，其主题萨特和复杂难懂的文学理论写作风格（那种以长句子著称的风格已经出现），却可以视为詹姆逊反对当时的守旧思潮，力图使自己成为一个批判型的知识分子。如果考察一下他当时的作品，联想当时的社会环境，人们不难看出他那时就已经在反对文学常

① *Postmodernism and Politics*, p. 124.

规，反对居支配地位的文学批评模式。可以说，詹姆逊的所有作品构成了他对文学批评中的霸权形式和思想统治模式的干预。

20 世纪 60 年代，受到新左派运动和反战运动的影响，詹姆逊集中研究马克思主义，出版了《马克思主义与形式》，介绍新马克思主义文学理论的辩证传统。自从在《语言的牢笼》（*The Prison-House of Language*，1972）里对结构主义进行阐述和批判以后，詹姆逊集中精力发展他自己的文学和文化理论，先后出版了《侵略的寓言：温德姆·路易斯，作为法西斯主义的现代主义者》（*Fables of Aggression*：*Wyndham Lewis*，*the Modernist as Fascist*，1979）、《政治无意识》和《后现代主义，或晚期资本主义的文化逻辑》（*Postmodernism*，*or*，*the Cultural Logic of Late Capitalism*，1991），同时出版了两卷本的论文集《理论的意识形态》（*The Ideologies of Theory*，第一卷副标题为“理论的境遇”，第二卷副标题为“历史的句法”，两卷均于 1988 年出版）。随着文化研究的发展，他还出版了《可见的签名》（*Signatures of the Visible*，1991）和《地缘政治美学》（*The Geopolitical Aesthetic*，1992），收集了他研究电影和视觉文化的文章。此后他出版了《时间的种子》（*The Seeds of Time*，1994）和《文化转向》（*The Cultural Turn*，1998）两部论述后现代主义的著作。这期间，他仍然继续研究和阐释马克思主义理论和马克思主义美学，出版了《晚期马克思主义》（*Late Marxism*，1990）、《布莱希特与方法》（*Brecht and Method*，2000）和《单一的现代性》（*A Singular Modernity*，2003）。最近一个时期，他从乌托邦的角度探索文化的干预功能，出版了《未来的考古学》（*Archaeologies of the Future*，2005）。

在詹姆逊的作品里，除了《萨特：一种风格的始源》一书之外，他一直坚持两分法或辩证法的解释方法。应该说，他的著作具有明显的连续性。人们不难发现，从 20 世纪 70 年代初到 80 年代后期，随便他的哪一篇文章或哪一本书，在风格、政治和关注的问题方面，都存在着某种明显的相似性。实际上，今天阅读他的《理论的意识形态》里的文章，仍然会觉得这些文章像昨天刚写的一样。然而，正如詹姆逊在论文集的前言里所说，在他的著作里，重点已经发生了根本变化："从经转到了纬：从对文本的多维度和多层面的兴趣，转到了只是适当地可读（或可写）的叙事的多重交织状况；从解释的问题转到了编史问题；从谈论句子的努力转到（同样不可能的）谈论生产方式的努力。"换句话说，詹姆逊把聚焦点从强调文本的多维度，如它的意识形态、精神分析、形式、神话—象征的层面（这些需要复杂的、多种方式的阅读实践），转向强调如何把文本纳入历史序列，以及历史如何进入文本并促使文本的构成。但这种重点的转变同样也表明詹姆逊著作的连续性，因为从 20 世纪 60 年代后期到 90 年代，他一直优先考虑文本的历史维度和政治解读，从而使他的批评实践进入历史的竞技场，把批评话语从学院的象牙塔和语言的牢笼里解放出来，转移到以历史为标志的那些领域的变化。

因此，人们认为詹姆逊的作品具有一种开放的总体性，是一种相对统一的理论构架，其中不同的文本构成他的整体的组成部分。从结构主义到后结构主义，从精神分析到后现代主义，许多不同的观点都被他挪用到自己的理论当中，通过消化融合，形成他独创性的马克思主义文学理论和文化理论。马克思主义一直是詹姆逊著作的主线，以马克思主义为主导，他利用对意识形态和乌托邦的双重阐释，对文化文本中意识形态的构成因素进行分析和批判，并指出它们的乌托邦内涵，这使他不仅对现行社会进行批评，而且展现对一个更美好的世界的看法。可以说，在马克思主义理论家恩斯特·布洛赫（Ernst Bloch）的影响下，詹姆逊发展了一种阐释的、乌托邦的马克思主义文化理论观。

詹姆逊早期的三部主要著作及其大部分文章，旨在发展一种反主流的文学批评，也就是反对当时仍然居统治地位的形式主义和保守的新批评模式，以及英美学术界的既定机制。20 世纪 60 年代末和 70 年代初，黑格尔式的马克思主义在欧洲和美国出现，《马克思主义与形式》可以说是对这一思想的介绍和阐释。在这部著作中，詹姆逊还提供了其他一些马克思主义者的基本观点，如阿多诺、本雅明、马尔库塞、布洛赫、卢卡奇和萨特等，并通过对他们的分析形成了自己的观点和立场。他偏爱卢卡奇的文学理论，但坚持自己独特的黑格尔式的马克思主义，并在他后来的作品里一直保持下来。

卢卡奇论现实主义和历史小说的著作，对詹姆逊观察文学和文学定位方面都产生了相当大的影响。但詹姆逊一直不赞同卢卡奇对现代主义的批判。不过，他挪用了卢卡奇的一些关键的概念范畴，例如物化，并以此来说明当代资本主义的文化命运。在詹姆逊的著作里，黑格尔式的马克思主义的标志包括：把文化文本置于历史语境，进行广义的历史断代，以及对黑格尔的范畴的运用。他的辩证批评主要是综合不同的立场、观点和方法，把它们融合成一种更全面的理论，例如在《语言的牢笼》里，他的理论融合了结构主义和符号学，以及俄国形式主义。在《政治无意识》里，他广泛汲取其他理论，如弗洛伊德的精神分析、拉康的心理学、德里达的解构主义、萨特的存在主义等等，把它们用于具体的解读，在解读中把文本与其历史和文化语境相联系，分析文本的“政治无意识”，描述文本的意识形态和乌托邦的时刻。

对詹姆逊来说，辩证的批评还包含这样的内容：在进行具体分析的同时，以反思或内省的方式分析范畴和方法。范畴连接历史内容，因此应该根据它产生的历史环境来解读。在进行特定的、具体的研究时，辩证批评应该考虑对范畴和过程的反思；应该考虑相关的历史观照，使研究的客体在其历史环境中语境化；应该考虑乌托邦的想象，把当前的现实与可能的选择替代相对照，从而在文学、哲学和其他文化文本中发现乌托邦的希望；还应该考虑总体化的综合，提供一种系统的文化研究的框架和一种历史的理论，使辩证批评可以运作。所有这些方面都贯穿着詹姆逊的作品，而总体化的因素随着他的批评理论的发展更加突出。

20 世纪 70 年代，詹姆逊发表了一系列的理论探索文章和许多文化研究的作品。这一时期，人们会发现他的研究兴趣非常广泛，而且因其理论功底具有相当的洞察力。他的研究范围包括科幻小说、电影、绘画、魔幻叙事和现实主义与现代主义文学，也包括马克思主义文化政治、帝国主义、巴勒斯坦民族解放问题、马克思主义的教学方法，以及如何使左派充满活力。这些文章有许多收入《理论的意识形态》里，因此这部论文集可以说是他在《政治无意识》里所形成的理论的实践。这些文章，以及《后现代主义，或晚期资本主义的文化逻辑》里的文章，可以联系起来阅读，它们是他的多层次理论的不可分割的部分，表明了文学形式的历史、主体性的方式和资本主义不同阶段的相互联系。

三、政治无意识

应该说，《政治无意识》是詹姆逊的最重要的作品。在这部著作里，詹姆逊认为，批评家若想解释文本的意义，就必须经历一系列不同的阶段，这些阶段体现在文本之中，通过系统地解码揭示出来。为了做到这点，他汲取 20 世纪各种理论资源，从诺斯罗普·弗莱（Northrop Frye）的四个解释层面到拉康的无意识理论，从俄国形式主义到后结构主义，从德里达的解构主义到阿尔都塞的意识形态论述，几乎无一不被加以创造性地利用。在他看来，马克思主义批评不是排他性的或分离主义的，而是包容性的和综合性的，它融合各种资源的精华，因此可以获得更大的“语义的丰富性”。批评家应该考察文本指涉的政治历史、社会历史（按照传统马克思主义也就是阶级斗争的历史）和生产方式的历史。但这些方式不是互相取代，而是互相交叠融合，达至更高层次的普适性和更深层次的历史因果关系。

詹姆逊一向注重对总体化的探讨，包括伴随它的总体性概念、媒介、叙事、部分和整体的关系、本质和表面的区分、主体与客体的对立，等等。他认为，总体性是在对矛盾的各阶级和对抗的生产方式的综合的、连贯性的叙事中表现出来的，对这种总体性的观察构成现时“真正欲望的形象”，而这种欲望既能够也确实对现时进行否定。但这种概念的作用不同于后结构主义的欲望概念，它是一种自由意志的结构，而不是存在意志的结果。

詹姆逊对总体性的设想，在他对欲望、自由和叙事等概念之间的联系中，清晰地展现了出来。他在讨论安德烈·布勒东（André Breton）的《超现实主义宣言》（*Premier manifeste du surréalisme*）时写道：

> 如果说超现实主义认为，一个真实的情节，一个真实的叙事，代表了欲望本身的真正形象，这并不过分；这不仅按照弗洛伊德的看法纯心理的欲望本身是意识不到的，而且还因为在社会经济关系里，真正的欲望很可能融化或消失在形成市场体系的那种虚假满足的大网之中。在那种意义上说，欲望就是自由在新的商业语境中所采取的形式，除非我们以一般欲望的方式来考虑自由，我们甚至认识不到自己已经失去了自由。①

---

① *Marxism and Form* (Princeton University Press, 1970), pp. 100-101.

詹姆逊认为，当代批评的主要范畴不是认识论而是道德论。因此他不是构成某种抽象的存在，而是积极否定现时，并说明这种否定会导向一种自由的社会。例如，德里达虽然揭示了当代思想中的二元对立（如言语和写作，存在和虚无，等等），但他却没有注意善与恶这种类似的道德上的二元对立。对此詹姆逊写道：

> 从德里达回到尼采，就是要看到可能存在一种迥然不同的二元对立的解释，按照这种解释，它的肯定和否定的关系最终被思想吸收为一种善恶的区分。表示二元对立思想意识的不是形而上的玄学而是道德；如果我们不能理解为什么道德本身是思想的载体，是权力和控制结构的具体证明，那么我们就忘记了尼采思想的力量，就看不到关于道德的丑陋恶毒的东西。①

詹姆逊把西方哲学和批评从认识论和形而上学转向道德的这种观点，给人们留下了深刻的印象。他对欲望概念的政治化的阐述，在西方具有重要的意义，因而也比后结构主义的欲望概念更多地为人们接受。

大体上说，詹姆逊在《政治无意识》里所展现的理论思想有四个层次。第一，他坚持对各种事物的历史参照，比如人类的痛苦、人类所受的控制以及人类的斗争等；同时他也坚持对著作文本的参照，比如文本中充满对抗的历史语境，充满阶级和阶级矛盾的社会条件，以及自相矛盾的思想意识的结构等。采用这种方式，他既接受后结构主义的反现实主义的论述，同时又否定其文本的唯心主义；他承认历史要通过语言和文本的解释进行思考，

---

① *The Political Unconscious*, p. 114.

但他仍然坚持历史的本体存在。第二，他坚持自己的解释规则，即资本主义社会物化过程的协调规则。这种协调采取谱系的结构形式，既不是遗传的连续性，也不是目的的一致性，而是一种“非共时性的发展”（nonsynchronous development）。按照这种观点，历史和文本可以看作一种共时性的统一，由结构上矛盾或变异的因素、原生的模式和语言等组成。因此詹姆逊可以把过去的某些方面看作现时物化因素的先决条件。第三，他坚持一种道德或精神的理解，遵循阿尔都塞的意识形态概念，认为再现的结构可以使个人主体想象他们所经历的那些与超个人现实的关系，例如人类的命运或者社会的结构等。第四，詹姆逊坚持对集体历史意义的政治理解，这一层次与第三个层次密不可分，主要论述超个人现实的特征，因为正是这种超个人的现实，把个人与某个阶级、集团或社会的命运联系在了一起。

实际上，《政治无意识》包含着他对文学方法的阐述，对文学形式历史的系统创见，以及对主体性的形式和方式的隐在历史的描述，跨越了整个文化和经验领域。詹姆逊大胆地建构他的马克思主义文学批评，他认为这是广阔的、最富包容性的理论框架，可以使他把各种不同的方法融入他自己的方法之中。他在从总体上考察了文学形式的发展历史之后，通过对意识形态和乌托邦的“双重阐释”（坚持乌托邦的同时对意识形态进行批判）的论述，确立了真正的马克思主义的解释方法。受卢卡奇启发，詹姆逊利用历史叙事说明文化文本何以包含着一种“政治无意识”，或被埋藏的叙事和社会经验，以及如何以复杂的文学阐释来说明它们。在《政治无意识》里，詹姆逊还明确谈到了资本主义初期资产阶级主体的构成，以及在当前资本主义社会里资产阶级主体的分裂。这种主体分裂的关键阶段，在他对吉辛、康拉德和温德姆·路易斯的作品的分析中得到了充分表现，并在他对后现代主义的描述里得到了进一步深化。

《政治无意识》是理解詹姆逊著作的基础。要了解他的理论，必须读这本著作，或者说读懂了这本著作，就克服了他的著作晦涩难懂的问题，就容易理解他所有的其他著作。

四、后现代主义文化研究

詹姆逊对后现代主义的研究，实际上是他的理论计划的合乎逻辑的后果。他最初对后现代文化特征的分析见于《后现代主义和消费社会》一文，而他的综合思考则是他的《后现代主义，或晚期资本主义的文化逻辑》。根据马克思主义关于资本主义的理论，他对作为一种新的"文化要素"的后现代主义进行了系统的解释。

詹姆逊根据新马克思主义的资本主义发展阶段论的模式，把后现代文化置于社会阶段论的理论框架之内，指出后现代主义是资本主义新阶段的组成部分。他宣称，后现代主义的每一种理论，都隐含着一种历史的断代，以及一种隐蔽或公开的对当前多国资本主义的立场。依照厄尔奈斯特·曼德尔（Ernest Mandel）在其著作《晚期资本主义》（*Late Capitlism*）中的断代方式，詹姆逊提出，资本主义有三个基本阶段，每一个阶段都标志着对前一个阶段的辩证的发展。它们分别是市场资本主义阶段，垄断资本主义阶段或帝国主义阶段，以及当前这个时代的资本主义（通常人们错误地称作后工业资本主义，但最好称作多国资本的资本主义）。他认为，与这些社会形式相对应的是现实主义、现代主义和后现代主义等文化形式，它们分别反映了一种心理结构，标志着某种本质的变化，因而分别代表着一个阶段的文化风格和文化逻辑。后现代主义的主要特点是商品化的思想渗透到各个文化领域，取消了高雅文化和通俗文化的界限；同时，由于现代传媒和电子计算机的广泛应用，模仿和复制也广泛流行。与这两种情况相关，人们开始产生一种怀旧情绪，出现了怀旧文化。詹姆逊指出，后现代主义还是一个时间概念，在后现代社会里，时间的连续性打破了，新的时间体验完全集中于“现时”，似乎“现时”之外一无所有。在理论方面，后现代主义主要表现为跨学科和注重“现时”的倾向。

在《后现代主义，或晚期资本主义的文化逻辑》、《可见的签名》和《文化转向》里，詹姆逊进一步发展了他的主张，从而使他成为著名的马克思主义文化理论家：他一方面保持和发展马克思主义的理论，另一方面对极不相同的文化文本所包含的政治、意识形态和乌托邦思想进行分析。他的著作把文学分析扩展到通俗文化、建筑、理论和其他文本，因此可以看作从经典文学研究到文化研究这一运动的组成部分。

《时间的种子》是詹姆逊论后现代主义的一部力作，是他根据在加州大学欧文分校一年一度的韦勒克系列学术演讲改写而成的。虽然篇幅不长，但因那种学术演讲十分重要，他做了精心准备，此后还用了两年多的时间修改补充。在这部作品里，詹姆逊以他惯有的马克思主义辩证观点和总体性，提出了后现代性和后现代主义的种种内在矛盾：二律背反或悖论。他关心整个社会制度或生产方式的命运，心里充满了焦虑，却又找不到任何可行的、合理的方案，于是便发出了这样的哀叹：“今天，我们似乎更容易想象土地和自然的彻底破坏，而不那么容易想象后期资本主义的瓦解，也许那是因为我们的想象力有某种弱点。”然而他并不甘心，仍然试图在种种矛盾中找到某种办法。出于这种心理，詹姆逊在《时间的种子》里再次提出乌托邦的问题，试图通过剖析文化的现状，打开关于未来世界的景观。确实，在《时间的种子》里，每一部分都试图分析判断文化的现状，展望其未来的前景；或者说，在后现代的混沌之中，探索社会的出路。

詹姆逊对后现代性和后现代主义的理论阐述，其基本出发点是对美国后期资本主义文化的反思和批判，是对后现代之后社会形态的思考。这在《时间的种子》的最后一节表现得非常清楚。他这样写道："另一方面，在各种形式的文化民族主义当中，仍然有一种潜在的理想主义的危险，这种文化民族主义倾向于过高地估计文化和意识的有效性，而忽视与之同在的经济独立的需要。可是，在一种真正全球性的后期资本主义的后现代性里，恰恰是经济独立才在各个地方又成了问题。"

从总体关怀出发，詹姆逊认为，现在流行的文化多元主义应该慎重地加以考虑。他以后福特主义为例指出，后福特主义是后现代性或后期资本主义的变体之一，它们基本上是同义词，只是前者强调了跨国资本主义的一种独特的性质。后福特主义运用新的计算机技术，通过定制的方式为个人市场设计产品，表面上似乎是在尊重各地居民的价值和文化，适应当地的风俗，但正是这种做法，使福特公司浸透到地方文化的内心深处，传播其消费主义的意识形态，从而难以再确定地方文化的真正意义。詹姆逊还通过对建筑的分析指出，跨国公司会"重新装饰你们自己本地的建筑，甚至比你们自己做得更好"。但这并不是为了保持自己已有的文化，而主要是为了攫取高额的利润。因此詹姆逊忍不住问道："今天，全球的差异性难道会与全球的同一性一致?"显然，詹姆逊认为，美国所谓的多元文化主义只不过是一种策略，其目的是推行消费主义的文化意识形态，因此必须把它与社会生产关系联系起来加以审慎的考虑。

詹姆逊的所有著作都贯穿着他的辩证思想。但他只能比较客观地面对后现代资本主义的现实，而没有提出解决现实社会问题的办法——这也是当前普遍关注的一个问题。尽管如此，詹姆逊的探索精神仍然是值得尊敬的。也许，一切都只能在实践中求取。

进入古稀之年以后，詹姆逊仍然孜孜不倦，从理论上对资本主义及其文化和意识形态进行探索。在全球化的形势下，他关注世界经济的发展变化，关注全球化与政治、科技、文化、社会的关系，揭露资本主义的内在矛盾，并力图从理论上阐述这些矛盾。在他看来，资本的全球化和高科技的发展可能会导致新的社会和文化革命，出现新的政治和文化形态，但马克思主义的原理并不会过时，而是应该在新的条件下进行新的解释和运用。他仍然坚持乌托邦的想象，认为随着全球化的发展，可能会出现新的世界范围的“工人运动”，产生新的文化意识，而知识分子的任务就是要从理论上对这些新的情况进行描述和解释，提出相应的策略，否则谈论文化研究和文学研究就像空中楼阁，既不实用也没有基础。《未来的考古学》，就是他的一部论述乌托邦的力作。而《辩证法的效价》（*Valences of the Dialectic*，2009）则是他对自己所依托的理论的进一步阐述，该书根据辩证法的三个阶段（黑格尔、马克思，以及最近一些后结构主义者对辩证法的攻击），对从中产生的问题进行理论探讨，把它们置于商品化和全球化的语境之中，借鉴卢梭、卢卡奇、海德格尔、萨特、德里达和阿尔都塞等思想家的著作，通过论述辩证法从黑格尔到今天的发展变化，尤其是通过论述“空间辩证法”的形成，对辩证法提出了一种新的综合的看法，有力地驳斥了德勒兹、拉克劳和穆夫等人对辩证法的攻击。詹姆逊自己认为，这本书是他近年来最重要的作品。（原来他想用的书名是《拯救辩证法》，后改为现在的名字。）

随着年事增高，詹姆逊开始以不同的方式与读者分享他的知识积累，近年来先后出版了《黑格尔的变奏》（*The Hegel Variations*，2010）、《重读〈资本论〉》（*Representing Capital*，2011）、《现实主义的二律背反》（*The Antinomies of Realism*，2013）和《古代与后现代》（*The Ancients and the Postmoderns*，2015）。这些著作虽然不像《政治无意识》或《后现代主义，或晚期资本主义的文化逻辑》那样富于理论创新，但他以自己深厚的知识积累和独特的视角，对不同的理论和文学及艺术问题所做的理论阐发，仍然对我们具有明显的启示意义。

五、詹姆逊的历史化

在某种意义上，文学批评与现实世界的关系取决于文学作品的价值。因此，爱德华·萨伊德不止一次说过，这种关系贯穿着从文本价值到批评家的价值的整个过程。在体现批评家的价值方面，詹姆逊的批评著作可以说是当代的典范。2003 年 4 月，佩里·安德森在一次和我的谈话中也说，在 20 世纪后期和 21 世纪初期，詹姆逊的著作非常重要，不论赞成还是反对，都不可能忽视，因为他以重笔重新勾画了后现代的整个景观——带有宏大的、原创的、统观整个领域的气势。这里安德森强调的是詹姆逊的大胆创新，而这点对理解詹姆逊的著作以及他的学术经历至关重要。

如果全面审视詹姆逊的著作，人们肯定会对他的著作所涉的广阔领域表示赞叹。他的著作运用多种语言的素材，依据多国的民族历史，展示出丰富的文化知识——从城市规划和建筑到电影和文学，从音乐和绘画到当代的视觉艺术，几乎无不涉及。他最突出的地方是把多种不同的思想汇聚在一起，使它们形成一个整体。这种总体化的做法既使他受到赞赏也使他受到批评，但不论赞赏还是批评，都使他的作品充满了活力。由于他的大胆而广泛的融合，在某种意义上他成了当代设定批评讨论日程的人文学者之一。

因此，有人说，詹姆逊的著作历史体现了对一系列时代精神的论述，而对他的著作的接受历史则体现了对这些论述的一系列反应。对詹姆逊著作的接受大致可分为两类人：一类根据他对批评景观的一系列的测绘图，重新调整自己的方向；另一类继续使用现存的测绘图或提出自己的测绘图。第一类并不一定是不加批判地完全接受詹姆逊的著作；相反，他们常常采取质疑的态度。例如，在《后现代性的起源》里，佩里·安德森虽然基本上同意詹姆逊关于后现代主义的看法，但对他的阐述方式还是提出了批评。第二类基本上拒绝詹姆逊总体化的历史观，因此不赞成他的范式转换的主张。这一类的批评家认为詹姆逊论后现代主义的著作只不过是一种风格的批评，因为它们无视后现代主义更大的世界历史的含义。换句话说，他们忽视了詹姆逊的主要论点：后现代主义是深层的历史潜流的征象，需要探索它所体现的新的社会和政治组织的状况。

对这两种不同的态度的思考可能使我们想到詹姆逊著作的另一个重要方面。也就是说，几乎他每一本新的著作都介入一个新的领域，面对一些新的读者。这并不是说他无视过去的读者，而是他不愿意老调重弹，总是希望提出一些新的问题和论点。就此而言，这与他在《文化转向》里对齐美尔的评论有些相似：“齐美尔对20世纪各种思潮的潜在影响是无法估量的，这在一定程度上是因为他拒绝将他的复杂思想整合到一个单一的系统之中；同时，那些非黑格尔派的或去中心的辩证法式的复杂表述经常由于他那冗长乏味的文体而难以卒读。”当然，詹姆逊因袭了黑格尔的辩证法，除此之外，就拒绝铸造特定体系和以沉重的散文隐含思想观念而言，他对齐美尔的评价显然也适合他自己。此外，在某种意义上，詹姆逊的影响也常常是潜在的。

总的来说，詹姆逊的影响主要在方法论方面。在他第一部作品《萨特：一种风格的始源》里，他的一些解读方法就已经出现。该书出版时正值冷战时期高峰，单是论述一个马克思主义者本身就具有挑战性，但今天的读者似乎已经没有那种感觉。因此一些批评家认为那本书缺乏政治性，至少不像它的主题那样明显地具有政治性。确实，詹姆逊没有论述萨特哲学的政治内容，而是重点强调他的风格。不过，他实际上强调的是风格中的“无意识的”政治，这点在他第二部作品《马克思主义与形式》里得到进一步发展。无论是其目的还是内容，《马克思主义与形式》都具有明显的政治性，而且改变了政治问题的范围。这两部作品预示了他后来著作发展的某些方面，他对风格的分析不是作为内容问题，而是作为形式问题。

对形式的强调是詹姆逊把非政治的事物政治化的主要方法。正如他自己所说：“艺术作品的形式——包括大众文化产品的形式——是人们可以观察社会制约的地方，因此也是可以观察社会境遇的地方。有时形式也是人们可以观察具体社会语境的地方，甚至比通过流动的日常生活事件和直接的历史事件的观察更加充分。”[①] 在这种意义上，形式批评为詹姆逊独特的辩证批评提供了基础。在构成这种方法的过程中，他融合了许多人的思想，如萨特、阿多诺、本雅明和卢卡奇，等等，但很难说其中某个人对他有直接影响，然而他的著作中又都有这些人的影子。可以说，他的著作既是萨特式的、阿多诺式的、本雅明式的或者卢卡奇式

① Fredric Jameson, “Marxism and the Historicity of Theory: An Interview with Fredric Jameson,” *New Literary History* 29 (3), 1998: 360.

的，但同时也不是他们任何人的。有人简单地说他是黑格尔式的马克思主义者，但这种说法也不够确切，因为他的立场更多的是挑战性的综合。1971 年，他的获奖演讲“元评论”（Metacommentary）所提出的“元评论”的概念，实际上就表明了他的方法。虽然最近这个术语用的不那么多了，但它一直没有消失。“元评论”的基本活动是把理论构想为一种符码，具有它自己话语生产的规律，以及它自己的主题范围的逻辑。通过这种符码逻辑的作用，詹姆逊寻求揭示在这种文本和文本性的概念中发生作用的意识形态力量。

在《马克思主义与形式》之后，詹姆逊出版了他的最重要的著作《政治无意识》。这是一部真正具有国际影响的著作，据我所知，至少已有十种语言的译本。该书刚一出版，就在大西洋两岸引起了强烈反响，受众超出了传统的英文系统和比较文学系，被称为一本多学科交叉的著作。当时多种杂志出版专号讨论他的作品。《政治无意识》产生了多方面的影响，对当时新出现的文化研究领域影响尤其明显。它通过综合多种理论概念，如黑格尔、马克思、康德、弗洛伊德、阿尔都塞、德里达、福柯、拉康等人的，为文化研究的实践者提供了一种有效的方法，使他们可以探索和阐述流行文化和大众文化文本的意识形态基础。

就在詹姆逊写《政治无意识》之时，他已经开始构想另一部重要著作，也就是后来出版的那本被誉为具有划时代意义的论后现代主义的作品——《后现代主义，或晚期资本主义的文化逻辑》。《政治无意识》出版于 1981 年，同一年，他在纽约惠特尼现代艺术博物馆发表了“后现代主义，或晚期资本主义的文化逻辑”演讲。正是以这次演讲为基础，他写出了那本重要著作。在他出版这两部重要著作之间，詹姆逊在许多方面处于“动荡”状态，1983 年他离开了耶鲁大学法文系，转到加州大学圣克鲁兹分校思想史系，1985 年又转到杜克大学文学系，其间于 1985 年下半年还到北京大学作了一个学期的系列讲座。这种“动荡”也反映在他的著作当中。这一时期，他的写作富于实验性，触及一些新的领域和新的主题，而最突出的是论述电影的作品。在此之前，他只写过两篇评论电影的文章，但到 20 世纪 80 年代末，他完成了两本专门论述电影的著作：一本是根据他在英国电影学院的系列演讲整理而成，题名《地缘政治美学》；另一本是以他陆续发表的与电影相关的文章为基础，补充了一篇很长的论装饰艺术的文章，合成为《可见的签名》。与此同时，他至少一直思考着其他四个未完成的项目。

有些人可能不太知道，詹姆逊对科幻小说很感兴趣，早在《政治无意识》的结论里，他对科幻小说和乌托邦的偏好已初见端倪，而且在 20 世纪 80 年代确实也写了不少有关科幻小说的文章。后来由于其他更迫切的项目，他搁置了一段时间，直到 2005 年才出版了专门研究乌托邦和科幻小说的著作《未来的考古学》。当时他想写一本关于 20 世纪 60 年代的文化史，虽然已经开始，但由于种种原因而未能完成，只是写了三篇文章：《六十年代断代》（“Periodizing the 1960s”）、《多国资本主义时期的第三世界文学》（“Third-World Literature in the Era of Multinational Capitalism”）和《华莱士·史蒂文斯》（“Wallance Stevens”）。尽管他说前两篇文章与他论后现代主义的著作相关，但他从未对它们之间的联系进行充分说明。关于华莱士·史蒂文斯的文章是他的“理论话语的产生和消亡”计划的部分初稿，但这项计划也一直没有完成，只是写了一篇《理论留下了什么?》（“What's Left of Theory?”）的文章。

在探索后现代主义的同时，詹姆逊对重新思考现代主义文本仍然充满兴趣，尤其是与后殖民主义文化相关的文本，如乔伊斯、福楼拜和兰波等人的作品。2003 年他出版了《单一的现代性》，以独特的视角对这些作家进行了深入探讨。随后，他将陆续写的有关现代主义的文章整合、修改、补充，于 2007 年出版了《现代主义论文集》（*The Modernist Papers*，该书由中国人民大学出版社以《论现代主义文学》为名于 2010 年出版）。这些著作仿佛是对现代主义和后现代主义之间的过渡进行理论阐述，但奇怪的是它们出现在他的论后现代主义重要著作之后。关于这一点，也许我们可以认为，他试图围绕后现代主义从各种不同的角度进行验证。

20 世纪 90 年代中期以后，以他的《文化转向》为始，詹姆逊开始从文化理论方面阐述新出现的世界历史现象——全球化。简单说，詹姆逊认为，全球化的概念是“对市场的性欲化”（libidinalization of the market），就是说，今天的文化生产越来越使市场本身变成了人们欲求的东西；在今天的世界上，再没有任何地方不受商品和资本的统治，甚至美学或文化的其他方面也概莫能外。由于苏联的解体和东欧的剧变以及社会主义遇到的困难，资本主义觉得再没有能替代它的制度，甚至出现了“历史的终结”的论调。实际上，詹姆逊所担心的正是这种观念，就是说，那种认为存在或可能存在某种取代资本主义的社会制度的看法，已经萎缩或正在消亡。正如他自己所说，今天更容易想象世界的末日而不是对资本主义的替代。因此他认为当前最迫切的任务是揭露资本主义的内在矛盾以及掩饰这些矛盾所用的意识形态方法。就此而言，詹姆逊的项目可能是他一生都完不成的项目；而我们对他的探讨，同样也难有止境。

此次《詹姆逊文集》包括十四卷，分别是：1.《新马克思主义》；2.《批评理论和叙事阐释》；3.《文化研究和政治意识》；4.《现代性、后现代性和全球化》；5.《论现代主义文学》；

6.《马克思主义与形式》；7.《语言的牢笼》；8.《政治无意识》；9.《时间的种子》；10.《文化转向》；11.《黑格尔的变奏》；12.《重读〈资本论〉》；13.《侵略的寓言》；14.《萨特：一种风格的始源》。这些作品基本上涵盖了詹姆逊从 1961 年至 2013 年的主要著作，其中前四卷是文章汇编，后十卷都是独立出版的著作。考虑到某些著作篇幅较短，我们以附录的方式补充了一些独立成篇的文章。略感遗憾的是，有些作品虽然已在中国出版，但未能收入文集，如《可见的签名》、《未来的考古学》和《辩证法的效价》等，主要是因其他出版社已经购买中文版权且刚出版不久，好在这些书已有中文版，读者可以自己另外去找。另外，詹姆逊的新作《古代与后现代》中国人民大学出版社已经购买中文版权，在不久的将来也将与读者见面。

对于《詹姆逊文集》的出版，首先要感谢中国人民大学出版社，在几乎一切都变得商品化的今天，仍以学术关怀为主，委实令人感动。其次要感谢学术出版中心的杨宗元主任和她领导下的诸位编辑，感谢他们的细心编辑和校对，他们对译文提出了许多建议并作了相应的修改。当然，也要感谢诸位译者的支持，他们不计报酬，首肯将译作收入文集再版。最后，更要感谢作者詹姆逊，没有他的合作，没有他在版权方面的帮助，这套文集也难以顺利出版。

毫无疑问，《詹姆逊文集》同样存在所有翻译面临的两难问题：忠实便不漂亮，漂亮便不忠实。虽然译者们做了最大努力，但恐怕仍然存在不少问题。我们期望读者能理解翻译的难处，同时真诚欢迎读者对文集的翻译提出批评和建议，以便今后再版时改进。

王逢振

2015 年仲夏

目　录

辩证的批评

这可能就是对辩证批评的现象学描述吧。然而，其矛盾却又不像初看起来所表现得那么巨大。辩证写作的独特困难实际上在于它的整体主义的、“总体化的”特征：仿佛不首先讲了所有的事物，就不能够讲述任何一个事物；也仿佛随着每个新观念的出现，势必需要概述整个的体系。因此，正是公允评估黑格尔极为随便说出的意见的尝试，才最终把一大团纷乱杂陈的黑格尔式形式序列同这种意见一起展示出来。因此，也正是为评述马克思而提出的某个论点，或者写出的其他著作或文章，才恪尽职责地最终成了对整个历史唯物论的评述。对于辩证的思维来说，不存在什么内容，而只存在总体内容；而且正是由于这个缘故，现象学（正如当代的其他伟大哲学体系，不是新**内容**的发现，而是**形式**上的革新）才似乎对否则于我们来说就是有组织的困境的那种事物提供了答案。因为现象学的确切意图不是说明一种思想是什么，而是说明感觉它像什么。它的宗旨不在于对（暂时放在括弧中的）内容作出陈述，而在于描述其一切时间性特征均和那内容相符的精神运作。对于读者来说，它的证明方式不在于逻辑论证，而在于是否对认识引起冲击。

我从几个不同的观点出发，论述过当代对辩证法所做的工作。这些“体系”或者部分体系——阿多诺论述时间的辩证演化；本雅明、马尔库塞和布洛赫论述辩证思维本质上是诠释的或非神秘化的同时又是复原的性质；卢卡奇论述艺术建构和社会生活自身基本现实之间的征兆性关系；萨特论述这些现实作为阶级对抗的伪装和无法伪装的性质——最终都互相补充，它们表面上的不相一贯，都在某种更大的辩证综合里化解。但我们的任务不是对这种综合进行哲学的、有序的、系统的说明。然而，我们倘若始终记住下面篇幅当中那种描写性的、现象学的、有意为之的主观取向，那么，在这些局部研究的一侧，似乎还有召唤辩证文学批评的余地，并在超乎这种批评之外，还有召唤一般辩证思维的余地，它们是一种时间形式，一个过程，一种对独特而确定的结构的实际经验。

这种思维当然是思维的平方：是正常思维过程的强化，从而使一种更新了的光线照亮这些过程强化的客体（对象），仿佛在它的直接困惑中，心灵试图凭借意志力，凭借命令，抓住自己的鞋襻，使自身高扬起来。面对不进行深沉思考的心灵的这些运作程序（无论心灵是在与哲学的或艺术的、政治的或科学的问题和客体进行搏斗），辩证思维并不是试图完成并完善这些程序的应用，以便拓展它自己的注意力，将这些程序也包罗于自己的意识之中：换言之，与其说它的目的在于解决所说的这种特殊困境，不如说在于将这些问题在更高层面上转换成它们自己的解决方法，并使问题自身的事实和存在变成新研究的出发点。这的确是辩证过程中最敏感的时刻。在这一时刻里，思维的整个复合体借一种内部杠杆作用被高擎起一层，而心灵现在也由于经过一种变速，发现自身愿意把原来是问题的东西当成答案，以将自身纳入问题的这样一种方式置身于它原先的努力之外，不仅把这一困境理解为客体的一种抵抗，而且也理解为以一种策略方式部署和配置来反对它的主体的结果——简而言之，就是理解为确定的主客体关系的功能。

由正常的客体取向的心灵活动到这种辩证自我意识的转移，具有一种屏息静气状态——有些像电梯下落或者客机突然俯冲时我们感到恶心战栗的情景。正如这使我们想起我们作为思考者和观察者的精神状况一样，同样也使我们想起自己的肉体。这种震惊的确是基本的，并且构成了这样的辩证：没有这一转换时刻，没有这种最初对旧有的、更幼稚的立场的自觉超越，任何真正辩证地达到意识就都无法实现。

但是，恰恰由于辩证思维紧紧依赖于它应该超越的那种习惯性的日常思维方式，才可以采取几种不同的、明显矛盾的形式。因此，当常识主宰着我们正常的日常心智氛围并成为其特征时，辩证思维自身表现为反常的琐细、过分的精巧和过分的微妙，它提醒我们：简单，实际上只是一种简单化，所谓的不言自明，也是从大量隐蔽的预设中获得它的力量。另一方面，我们按照知识分子的方式，着手通过一系列的抽象推演开去，每一次抽象都渐次愈来愈远离真实本身，并在我们如此推演时弥漫着一种令人不安的疑惑，怀疑整个摇摇欲坠的结构不是新自然法则的界碑，而是某种私人心智癖好规则的界碑；这时，辩证思维便呈现为一种残忍的分裂，像快刀斩断了的乱麻，突然为我们复原了最粗粝的真理，恢复了像常识本身那样令人不快的平凡事实。辩证认识这两种表面对立的效果，实际上像我们以后将要看到的那样，大致与黑格尔主义和马克思主义各自的辩证法相一致。

下面是对辩证思维的几个最典型特征的描述，特别是对这努力解决具体文学形式问题时的特征的描述。这种描述当然不可能完整，但却试图解决完整性的问题；而且从另一种意义上说，由于在愈益拓展的阐释网之内，每一个题目似乎都在不同语境中和在更高层面上概述前一题目，所以这种阐释网应该使我们愈来愈接近所有辩证思维中那个终极客体（对象），也就是具体事物自身。

I 黑格尔式文学批评：历时性建构

辩证法必须讲述的真相，无疑是辩证颠倒的真相，即将一种现象变为它对立面的那种悖谬转变，而数量转变为质量只是这一转变的比较著名的实例。它可以描述为时间中的蛙跳事件，在其中，给定的历史境况的弊端，实际上原来是它秘密的长处，看似内在优越性的东西，却突然证明是为自己未来的发展加上了坚不可破的限制。实际上，它是一个限制的颠倒问题，是一个由否定到肯定以及由肯定到否定的转换问题；而且从根本上说是一个历时性过程。

为了方便地给予客观的和外部的说明，我们可以回想一下第二次世界大战末期的技术发展状况，当时美国和苏联两国都是德国导弹发展研究的继承者。那时，不平衡情况自然是在原子能领域；而美国进行实验的目的，也正是为了缩小原子弹的体积，并增加其杀伤性能。几年之后苏联的第一批原子弹，相对来说仍然处于笨重不便的状况。因此，为了运载这些原始的庞大装置，苏联技术不得不发展能将巨大有效的负荷送入轨道的导弹，这些导弹后来用于运载第一批人造地球卫星升空。然而，美国的武器优势，因其发展导弹的目的是为了运载它们自己较小的原子弹头，结果变成了美国在导弹发展上的差距。在进一步的发展中，这种情况自然又再次颠倒过来：美国人正是由于他们的导弹没有这么大的威力，才发现自己为了发射升空而不得不发展更小更精密的晶体管化的仪器部件；而并不处于这种压力之下的苏联人的不太精密的机械，传送回来的信息相对来说数量却较小。如此等等。当然我们在这种情况中略去了一些因素，特别是空中力量因素，这又会使我们回到战略轰炸那段历史，进而回到一个陆上强国和一个海上强国的对峙，以及最终回到两个超级大国之间作为一个整体的地理、历史和经济的不相一致，就是说，这一特定系列辩证颠倒的整个情景，最终将包含着对具体历史自身因素的一种沉思。

这种模式，正像前面一章对音乐所作的说明一样，虽然就其本身的方式而言可能是抽象的，虽然是简单化的而且失去了日常社会现实的复杂性，但却使我们能够就一般的辩证分析来证明某些基本的论点。首先，这种分析显然事先假定了一组数目有限的因素最初与历史总体或历史连续统一体的分离。在这里，这些因素就是导弹发展和原子能研究。不过，在文学领域里，这些关键因素或者我们将要称之为作品主要范畴的最初选择，明显是任何辩证批评的策略性时刻。

于是，这些范畴被视为容纳着彼此之间的关系，从而一方的改变也涉及另一方在比例上的相应变动；这自然是我们谈及现象的相互辩证关系时的最基本含义，换言之，谈到对这些关系的辩证理解时的最基本含义。也许不太经常为人所认识的，是对辩证关系的这样一种意识，如何包括或隐含着一种作为表达它们必要条件的历时性框架。

上面列举的例证具有平行序列结构上的独特性，它显然以每个阶段的逐点对比唤起了彼此的注意；因而美国的不平衡突出了苏联平衡力的性质，反过来也是如此。在大多数的辩证分析中，辩证作用的深刻对比性质，可以说只是以区别知觉的形式而隐蔽含蓄地发挥作用，正如我们将要看到的那样，它允许我们通过同时意识到某物之所非，来发现某物之所是。因此，把一个现象辩证地表达为各力量或范畴的某种比率，同时包含着对这些范畴彼此之间作出在逻辑上可能的其他安排；而这些允许对研究对象的全部特性进行测定的其他形式，又是依照某种序列来安排的。这种序列或者是一种真正的时间性或历史性连续统一体，或者如在黑格尔著作中那样，是在一种连续中实现自身的一系列可能性，而这种连续由于仅只属于一种理想类型，因此在结构上同样是历时性的。

的确，可以断言，无论历时性序列在性质上怎样具有时间性或者历史性，它势必仍然是一种抽象，因为它只不过是具体历史自身生存不透明性的一个理想的横断面，即现实的单一平面或层面的分离，后者既被理解为所有这种层面的理想的总和，又被理解为那个终极的、不可思议的总体，该总体永远不能仅仅凭借纯粹思维的运作这样累加地重构出来。因此便来到了辩证分析过程中的最后时刻，在这一时刻，这种模式竭力想返归于它最初所自出的那种具体因素，取消它作为自主性幻觉的自身，并且重新分解于历史之中，而在这样做的同时，还让人们短暂地窥见作为一个具体整体的现实。

这样，辩证模式就让一个特定的现象被感知为单一连接过程中的一个时刻，或者其中一个单一的断面。然而这样一个时刻，作为它所有时刻的总和，作为“诸序列的序列”，或者从弗南德·布劳代尔的意义上说，作为众多不同结构、不同持续时间的时间组合的大量共存，应该与历史瞬间自身区别开来。不过，当我们转向文学领域的时候，我们却发现，对辩证思维进行最顽固抵抗的永远不是历史的此时此地概念；对于心灵来说，在某书“成书于”一个确定日期的观念中，确实存在着一种二律背反，纵使那同一心灵能够卓有意义地安排准备作品的时间表，抑或安排作品从此作为一个有影响的或者被忽略的存在，作为其他存在物中的一个存在物而存在的时间表。

依我看来，文学辩证理论不得不面临的首要问题，毋宁说是文学作品本身统一性的问题，即它作为一个完整的事物，作为一个自主整体的存在的问题，这个整体确实抗拒此时此地历史的总体性的同化（《尤利西斯》在什么意义上可以说是1922年所发生事件的一部分?)，其顽固抗拒，正如它拒绝于某种超个体形式史中的分解一样。因此，毫无疑问，我们作为批评家首先是对作品本身的整体性的忠诚，假如那种自主性本身就是一个辩证现象的实现的话。因为，俄国形式主义者向我们表明，每一部艺术作品都是依靠一般的背景（当然，这种背景也在每时每刻以及不同世代之间发生变化）来理解的：它被读作采取某种特定形式的作品，或者依靠某种特定形式的作品，亦即在某种语境中被阅读。在这种语境中，各种文类被认为是共存的，彼此之间保持着固定的距离，共存于相对是系统性的复合体，而这些复合体本身又能以它们的历史共存或连续构成研究对象。[1]因此，十分明显，即使是艺术作品的自足性也有变化，这取决于作品是否有意识地引发同业已以这种形式存在的整体进行对比，例如同文艺复兴时期的十四行诗或者同日本的俳句进行对比，或者是否像《尤利西斯》和《神曲》那样，目的在于通过世界上单一一本书对文化的概括来取代所有的文化，不过，书的观念本身在这里仍然是一个文化事实，仍然是作品赖以被理解的那种一般的背景的一个因素。

这里所蕴含的模式，当然有其形式和背景之辩证的格式塔心理学模式；但这并不是思考个别整体和其他文学作品总体之间关系的惟一方式，更不用说它可以与之并列的历史和社会现实的其他层面了。托·斯·艾略特在一段著名的文字中说过："现存的艺术经典本身就构成了一个理想的秩序，它由于新的（真正新的）艺术作品被介绍进来而发生变化。这一现存秩序在新作品出现以前本是完整的；加入新花样以后要继续保持完整，整个现存秩序就必须改变一下，哪怕改变得很少；因此，每件艺术作品对于整体的关系、比例和价值就重新进行了调整。”[2]这种看法无疑是一个深刻的辩证概念。在很大程度上说，这段话的修辞魅力的确源于这个观念没有言明的辩证性质，当作一种观察事物的更加动态的新方式而传达给读者的那种方式；而且要开列它旨在完成的确切功能——文学和意识形态功能——的清单，现在也许不复必要了。不过，对于我们来说，“秩序”一词不再具有拜物教的价值，全球总体的概念，就方法论而言，不像有限序列的较小观念那样有用，这些序列由于增加了一个新项而发生变化，而这个新项本身又是比照它作为其中一部分的连续统一体被感知的。这些有限序列至少早在希腊悲剧诗人时代就为文学理解提供了语境或者框架；在现代时期，我们只须想一想英国小说中的理查逊、菲尔丁和斯泰恩；法国小说中的巴尔扎克、福楼拜和左拉；现代诗歌发展中的波德莱尔、韩波和马拉美，就能认识到我们对这些作者中任何一个的理解，都是一种区别性感知功能所达到的程度，在这种感知中，作者在序列中的地位决定着对他的特征进行测定的方式。说福楼拜自成一家等于什么也没有说；但是说他不再是巴尔扎克，说他不是左拉，就是用众多的确定方式，表达出福楼拜的小说所固有的、基本的结构。当然，后者也并不是众多的其他事物：全部列举那些明确的否定，揭示福楼拜何以不是同一时代的英国或俄国小说家，何以他按自己的方式重写并从而否定《堂吉诃德》或《老实人》，就是借助把福楼拜视为迥然不同类型的历时性序列中的一个项，来丰富我们对于他的知识。然而，这种文学感知的比较或区别方式仍然是一个恒量：有关个别作家的专题研究，无论进行得多么机敏，也难免通过它的结构强加上一种歪曲，一种由实际只是人为的分离所投射的视力幻觉。断言现代作家要求这种分离，要求批评家把他们的作品当作某种“世界”而彻底“转向”他们的作品，并不是这种批评程序的理由，而是一种本身就有权利进行研究的有趣现象。

这些序列，以及这些比较，大体都超出了一个作家对另一作家个人影响的传统问题。我认为，我们多半都同意把个别作家视为某一系列技巧的所在或者实现，视为对可以得到的素材自身所固有的某一系列有限可能性的发展和详尽发掘。然而技巧这个词却是一个修辞格。我们还会有机会来重新考虑它所隐含和事先假定的本质上是手工艺生产的模式。现在我们感兴趣的是，为了将作品置于同其他作品的序列关系中，用来把某种因素——姑且称作技巧或结构，组成要素，如果愿意也可以称作范畴——从所讨论的作品中分离出来的那个姿态。换句话说，这就是对那样一种东西进行选择的时刻，我们将环绕着它建构一个历时性序列，我们将书写有关它的历史，认为它具有可以讲述的内部发展或者辩证历史。于是，比方说，我们可以强调 19 世纪诗歌中机体感觉的重要性，从在这方面论述浪漫派敏感性的社会起源的诸如此类的看法入手："在文学艺术中，有过与恐怖统治后发生在道德中相似的危机，即名副其实的感觉危机。人们曾经生活在永恒惧怕的条件下。当惧怕过去之后，他们便沉溺于生活的享乐。他们的注意力全部贯注于外部表象，贯注于外在形式。天空的碧蓝，阳光的灿烂，女人的美艳，丝绒的奢华，彩虹般的丝织品，黄金的色泽，钻石的闪光——这些就是叫他们充满欢乐的东西。人们只是用眼睛生活着，放弃了思考。"[3]

然而"放弃思考"却是比乍然看来的可能情况更复杂、更矛盾的事情。因为稍作更细密的观察便可表明，机体感觉——无论是怎样昏昏欲睡地或者难以忍受地经验到的——永远无法孤立地进入语言。黑格尔在《精神现象学》的开头揭示了关于此时此地最强烈的经验怎样表现为言语的抽象，怎样表现为一切真正内容中最无实义的内容，实际上也就为机体感觉无法孤立地进入语言作出了说明。因此，对生理维度的最强烈处理只有在这样的时刻才能够记录下来。在这一时刻，整个感受系统不祥地朝着忘却沉没：一种昏睡的麻木折磨着/我的感官……[4]

因为逐一看来，浪漫派搜罗的各种感觉都会苍白枯萎，在他们是（一反18世纪诗歌修辞而感到的）最新鲜、最生动的东西，经过几个世代传到我们，却成了平淡乏味的缩影，变成了一种辩证的颠倒，其中纯粹的感觉转向它自己的反面，它自己的阙如。在这种情况下，正是波德莱尔匠心独具，想出了清晰表达各种相互对照的感觉经验的新方法：

有的香味新鲜如儿童的肌肤，
柔和有如洞箫，翠绿有如草场
——别的香味呢，腐败、浓郁而不可抵御。

像无极无限的东西四散飞扬，
如龙涎香、麝香、安息香和乳香
那样歌唱心灵和感官的热狂。[5]

因为有关通感的观点是，除非将各种感觉首先清楚地相互分离开来，并根据它们各自的素质和韵味分清每一种感觉，否则就不能把它们混合起来。实际上，在现在的语境中，通感与其说是将感觉混合起来，毋宁说是将它们区分开来的一种方式。《相应》中的这几行诗确定了两套同时存在而又有所不同的对立：在新鲜清晰的感觉中，是各种相互对照的感觉（如触觉、听觉、视觉等），每一感觉都凭借对比，使另一感觉突出鲜明；然后是清晰感觉本身与混合起来的浓郁而污浊的感觉经验的更大对立，后者主要是气味和引起幻觉的迷狂。从主题和伦理层面上说，波德莱尔的所有作品都可以看成是在越来越高的层面上，对矛盾这种最初的悖谬混合的复制，其目的在于将这些矛盾区别开来，如华丽时髦，施虐和受虐狂，亵渎神明等；在心理学层面上，则是做出各种努力，通过利用其辩证的对立面破坏平淡性，避免色彩柔和、和谐共鸣或感情充溢中的枯燥乏味。作品作为一个整体，产生于一系列不断扩大的认同作用。因而“只有心灵的邪恶和低劣才能知道纯粹真正是何物”的命题，是从最初的假定获取其力量的，即纯粹感觉只有通过与它的对立面的混合才能在语言上予以描绘。

在波德莱尔之后，这一知觉张力在史文朋的作品里，本身被当成了一种感觉，结果造成了感觉的千篇一律。在韩波的作品里，知觉被系统地割裂开来，一方面是机体的倦怠和削弱了的希求，另一方面是一种脱离现实的、幻觉似的变幻不定。最后，在超现实主义那里，梦的实现所引起的几乎是生理上的丰盈，转向了纯言语的以及可以称为纸面装潢的辩证的对立面。当然，历时性的序列或建构可以延伸到所欲求的所有维度。

这也可以加以解释：正是在这一方面，我们选作出发点的相对简单的观念，才可以得到纠正，更充分地置于具体历史的基础之上。在这里，我们可以遵循前一章约略提到的萨特的暗示，真正开始谈论中产阶级的态度，这态度在历史上是崭新的、独特的，指他们如何对待自己的肉体，如何对待肉体本身之内自然的内在表现。这种态度在意识形态上可以作为反对封建特权（血统和种族优越）的武器，因而必须（以萨特描述的复杂方式）使之重新成为抵御 19 世纪工厂世界“劳苦阶级、危险阶级”新威胁的防御机制，但在任何情况下，它又都投射出在世界存在”（being-in-the-world）的新感觉方式。在这里，我们还会在一般现代文学中的“本体还原”的更大语境里，替换所讨论的有限的诗的现象——一种文学现象，它反映中产阶级群体在他们取得政权以后（但特别是在 1848 年 6 月起义以后）愈益负罪的良心，反映作家自身脱离其作为社会体制的公众，用生理自身更深刻的、前社会的现实替代社会归属“标记”所引起的愈益加深的焦虑（从而使“肉体还原”在文学形式层面上，作为一种逃避在社会中存在的罪疚和共谋关系的尝试，与巴特“空白书写”［white writing］相并发生）。这种解释最终必然与巴舍拉对感觉的“白日梦”作用的那些影响深远的研究相一致，一方面来说明这些素材和文学语言本身内在的辩证法的关系，另一方面通过对作为中产阶级世界心灵发展的“白日梦”的更真实的历史理解，在理论上矫正这些研究。然而，在这一点上，历时性序列由于它自己的力量而改变方向，宣布它自己的最终取消和它回归具体本身的时刻已经近在咫尺。

这一扩展的说明应该有益于突出我们称作范畴分离的东西（即研究对象的定义，而无论这种对象是意象、文体、视角、人物，还是作为现代文学实体本身的那些更加短暂的和没有命名的文学现象），和那种把替代结构的实现纳入承继次序之间的不可分割的联系。我们曾经把这种连接叫做历时性序列或建构，而且它总是蕴含于对范畴自身的直觉当中，构成批评家对后者的具体解决。于是，这两个时刻一起形成了真正辩证文学批评的开始的姿态，我们不妨称之为它的黑格尔方式的开始的姿态，以便以后与特定的马克思主义方式区别开来。

不过，我们不希望让人理解成我们在说，这种历史和辩证的连接此前从未有过实践，或者仅只不充分地实践过。相反，现代时期的标志便是这种历时性模式的剧增，它们以各种“历史理论”的伪装呈现自己。我们只须想一想汤因比和斯宾格勒的体系，埃冈·弗里德尔或者刘易斯·马姆福德的文化史，西格弗里德·吉迪翁或者马尔罗的宏伟的艺术综合，麦克卢汉或者米歇尔·福柯开创的思想史上晚近的新花样，甚或是诸如韦伯有关社会官僚主义化观点之类的显然专门化的社会学命题，或者戴维·里斯曼著名的“内在方向/其他方向”，诸如艾沃·温特斯或者温德姆·刘易斯等人的道德和艺术崩溃的启示录式的远见——就可测定我们一般思想生活的特征，在什么程度上不断试图设计和完善“历史理论”最可能的合理化模式，然后予以兜售。布勒东嘲讽说：“每个人都想发表自己那琐屑的‘看法’。”他心里想的是小说，是最低限度的心理“洞察”，有时似乎确证了对另一小说“世界”进行阐发的方式。不过我的印象是，“历史理论”的繁衍是一种甚至更严重的文化沉疴的征兆，是试想瞒过现在的一种企图：首先，设想你的思路在历史背后达到了甚至连现在本身也可以看作是一个完成了的历史瞬间的地步（例如，某种新敏感性的产生，某种决定性终极文化变异的标志，最初只有具备起码知识者才能见到；又如末世灾变的最初迹象，只能是新时尚的最初动向，或者新萧条的最初标志）；然后，甚至在你所处的时刻作为永恒的亚属在史籍中得到最终定论之前，对这一时刻命名并贴上标签。这样的思维方式源出于对时间的深刻恐惧和对变化的害怕；它是与马克思主义极为不同的一种心智动作，后者将现在感受为历史欢迎对生活的历史性所产生的愈益强烈的存在意识，并因此感到愉快。

的确，为了反驳这些历史理论（并反驳托·斯·艾略特本人的理论），很容易使人援引后者关于威廉·布莱克的著名论述：“我们对布莱克哲学的尊重……与我们对一件家制的精巧家具的新生完全一样；我们羡慕把家中零散的下脚料拼凑在一起的人。在英国出现了为数不少的这类足智多谋的鲁滨逊·克鲁索；但我们距离欧陆或者距离自己的过去其实并不太遥远，而且不妨这样说，还没有失去那些文化优势……［布莱克的］天才所需要的东西，以及它最缺乏的东西，是公认的传统观念的一个框架。这框架原本会防止他沉溺于个人的哲学，将注意力集中于诗人的问题。"[6]但对于读者已然十分清楚的是，从我们的观点看来，艾略特自己对历史的神学幻象与布莱克的同样是"家制的"；我也不想用上述的说法为马克思主义辩护，说它是从事我们作为诗人或批评家正当事业最合适而又涵盖一切的正统意识，虽然完全可以进行这样的辩护，而且实际上也蕴含于本书论述诠释学的各个节章之中。关键是马克思主义并非只是另一种历史理论，恰恰相反，它是这样一些历史理论的"终结"或者取消。事实上，从描写角度看，甚至诸如泰纳或者巴比特，抑或麦克卢汉或者温德姆·刘易斯等人的最保守的"历史理论"，也只是提供了交替的方式，来"强调"中产阶级世界本身的崛起，以及伴随着它的各种文化和心灵变形或者"认识论删节"。详细讲述印刷术的发明，或者自然崇拜，时间崇拜，抑或"古典主义精神"的兴趣，只是使总体过程的单一时刻偶像化。因此，当我们摆脱所讨论的"历史理论"转向具体历史本身的时候，就会在研究对象本身，在作为一个整体的变化形态上，找到普遍的一致。因为，如同我们在后面将要看到的那样，认为马克思主义只是一种类型的释义，即把经济"序列"当成那种最终受到特许的代码，而其他序列必须译解成这种代码，这种看法是错误的。其实，对于马克思主义，经济因素的出现，基础结构本身的显现，只是接近具体的迹象。中产阶级世界因而是一切历史沉思的共同对象，而无论焦点的宽窄，无论这样记录下来的终极具体细节（就是说，现实的经济下游区域）的笼统或精确。然而，认识到我们具有一个共同的对象，只是更残酷地让人们直接面对关于阶级判断和意识形态选择源泉本身的最痛苦的意识，让人们发觉自己无法摆脱地"参与"并似乎在本体论上卷入那种社会—经济境况，而这种社会—经济境况本身就是“意识形态”的一种深层功能首先要隐匿的东西。

这种“历史理论”的典型优点和弱点，也许可以在后者有意识地将自己局限于上层建筑的单一文化领域或层面时得到最清楚的证明。因此，正是艺术史，特别是沃尔夫林“没有名称的艺术史”，似乎长期以来为文学形式史之类的文化横断面提供了一种范式。[7]这样一些模式的魅力，自然在于它们能够同视觉艺术的艺术技巧和素材之类相对客观的现象的历史和演化一起发生作用。中介、透视理论、线条和色彩关系、图像研究，这些题目标志着对纯形式内容的茫然天真，而面对语言含义和时间形式等更暧昧不明现象的文学批评家，却徒劳地向往这一点。这些模式在方法论上的局限同样也是征兆性的，因为它们多半源于此前所引起的那些“强调”的问题。因为，如果不是在只能捕捉到连续性的东西中探查出真正的开始和结尾的努力，那么，有关巴洛克或者矫揉风格概念（更不用说关于现代本身更加无限伸缩的观念）的如此深切地引起争议的，归根结蒂又是什么呢？所以，我们可以谈论艺术史的一种最终的空泛，每逢我们过分强烈地感到是艺术史学家本人在对自己的历史资料（即素材）使用随心所欲的塑造力量时，这种空泛便会压制我们，而这些素材不具备内部抵抗或者它们自己现实的上层建筑的因素，它们与自己的实体是一致的。

不过，显然易见，同一个过程在文学批评自身领域内也多多少少地不自觉地进行。因而，长期以来被自己和他人认为是非历史的“新批评”派，实际上对于历史范式的建构花费了可观的精力：从多恩到雪莱的敏感性的分离，从史文朋到叶芝的风格和意象的再次获得；这些典型的分析框架等同于文学变化的黑格尔式模式，即上面所描述的那类历时性序列。的确，如同我们已经揭示的那样，就个别分析必须设计自己历时性框架的程度而言，情况不可能是别的样子。只是这一模式现在试想将自身当作本身有权存在的一种历史理论，于是伪历史的典型标志也就同时再次出现：迷恋历史的兴衰，永无止境地寻觅堕落的日期和那条毒蛇的名字。是卢梭还是他的敌人即哲学家负有责任？是浪漫派还是实证派负有责任？新教教义和法国大革命，哪一个更坏？这些虚假问题，源自对于历时性序列能够起何种作用的错误看法，但又反过来被迫服务于意识形态，在其中，一种末世的框架协助保守政治在貌似审美的事业中冒充伦理学。

这就是我们可以称为历史理论的历时性变体的结构：然而在也许是这一属类给人印象最深而又最富影响的产品中，它又具有共时性的表现形式。我指的是这样一些著作：它们从泰纳到斯宾格勒，今天或许不再有那么无限的方法论的自信，其目的在于说明某种文化的总体风格，说明文化史的每个时刻依其相互承续的深刻统一性。这种模式的启迪意义在于它在何种程度上能够运用于个人或者社会现实，又在何种程度上能够作为连接本是间断的存在层面的手段。因此，泰纳的“主要才能”的观念，就是统一一个特定作者的种种品质并赋予它们以活力：“一种特定的鉴赏力和天才，一种特定的心智或精神气质、一种特定的爱好与厌恶，才能与弱点的综合，简言之，一种属于其作者占支配地位而又持久的、特定的心理状态。”[8]然而，由于在文化中存在着同样的统一性，因此，譬如古典主义精神，就成了那样的风格或时尚，它处于“凡尔赛的一片围篱，马勒伯朗士[9]的一个哲学和神学论点，布瓦洛规定的一条诗学法则，柯尔倍尔[10]制订的一则抵押法令，马累[11]的国王侯见室里的一句赞辞，布舒哀[12]关于上帝君主身份的一种陈述”[13]之间。这种模式自然曾经用来支持社会或文化有机论，然而，在现在的语境中，这种意识形态的内容可以只当作框架或组织上的前提，用于一般类比的实践，或者用于对现实各层面之间称之为“同系”的敏感性的实践。而且，在我们增加或减少我们与过去一个特定时刻的距离时发挥作用的那种同一和差异的辩证法当中，斯宾格勒对于“词法”的专注，作为具体历史研究的基本训练，在很大程度上被证明是恰当的，他的目的在于发现“历史形式的语言”，并揭示一种文化风格的统一性，以此涵盖从工程技术和数理思维到宗教教条和文学惯例等所有事物。归根结蒂，对这种普遍类推的最有力的反驳仍然是，它除了在时间的单一瞬间之内或纵断面之上，不能在任何事物内投射出历时性或成功地运作。实际上，泰纳和斯宾格勒两人的文化悲观论，最终都源于那种连续性的视力幻觉，而这种幻觉是通过各种封闭和无法重新连接的瞬间在序列中的单纯并列而投射出来的。在这样一种模式中，我们很想说，时间除了消失以外，绝不会在任何地方延续。因此，泰纳和斯宾格勒由于不能识别真正历史变化的经济基础，他们不得不在隐喻意义上，利用由诸如“古典精神”之类的虚假原则，以器官衰退、疾病或感染等经典形象，来唤起历史的变化。

最后，所有这些模式无论能发挥多大作用，它们都受到下述错误看法的歪曲：它们的对象在性质上是真正历史的。我们曾经建议用来替换这些模式的黑格尔理论模式，因其历时性序列的那种结构透明性而独具特色，因此，十分明显，这些历时性序列不是判定为经验现实，而只是判定为理想建构。因为，《德意志意识形态》中一段著名的话提醒我们，没有它自己的真正自主性的上层建筑因素，也就不能有它自己的真正历史：“我们不是从人们所说的、所设想的、所想象的东西出发，也不是从口头说的、思考出来的、设想出来的、想象出来的人出发，去理解有血有肉的人。我们的出发点是从事实际活动的人，而且从他们的现实生活过程中还可以描绘出这一生活过程在意识形态上的反射和反响的发展。甚至人们头脑中的模糊幻象也是他们的可以通过经验来确认的、与物质前提相联系的物质生活过程的必然升华物。因此，道德、宗教、形而上学和其他意识形态，以及与它们相适应的意识形式便不再保留独立性的外观了。它们没有历史，没有发展，而发展着自己的物质生产和物质交往的人们，在改变自己的这个现实的同时也改变着自己的思维和思维的产物。不是意识决定生活，而是生活决定意识"[14]。

因此，如我们描述的那样，黑格尔式的序列能够在时间内发挥作用的同时，也以那种终极的、不可避免的、在结构上固有的、趋向于自身消解的运动而富有特色。在这一运动中，它从自身投射出马克思主义模式，把这种模式当作自己的具体实现和完成。

Ⅱ　文学范畴：内容的逻辑

> 马克思对待审美价值的这种态度，显然同他发现商品拜物教，以及他解决经济生活中主体和客体问题相联系……马克思在撰述《资本论》的时候，寄兴趣于和美学临界的范畴和形式，因为这些范畴和形式与资本主义经济的矛盾变化相类似。
>
> ——米·里夫希茨：《卡尔·马克思的艺术哲学》

上面我们就时间性或历时性序列所审视的东西，也可以表述为形式与其内容的矛盾。因为新对于旧像是潜在的内容千方百计地达及表层，来替代一种今后会过时的形式。在这一区别当中，除了别的东西之外，读者会承认马克思的革命变革模式，无疑，这种区别既是黑格尔式的又是马克思主义的辩证法的重要运作机制，而且，从长远观点看，也是黑格尔革新概念的至关紧要的东西。因为新的对立应该同旧有的形式观念截然区别开来，后者主宰着从亚里士多德到康德的哲学思维，而且对于这种形式观念，“对生的”（conjugate）条件不是内容，而是物质、惰性的材料、填充物、消极被动的东西。新的黑格尔的二元性也不应视为只是主客体关系更原初的辩证现实的又一变体。相反，形式和内容之间的区别，恰恰赋予主—客体关系观念以隐秘的动力，这使黑格尔把后者的种种逻辑结合看做是一种浮现，一种彼此之间的相生，并使他从那种任何方面仍将是对现在力量比率的纯经验测定中，构建出有关形式的一个阶梯。最后，正是辩证思维的这一动力机制，说明了我们可以称之为后者的预言性价值的东西，纵然如我们不久即将看到的那样，可以说这些预言仅仅在事后才能够做出。

在当前的语境里，形式和内容的区别最令人注目的是，尽管这种区别能运用于范围广泛的现象，但从起源上说，关于形式和内容区分的概念仍然基本上是美学的，因为它从黑格尔神学和哲学史的研究演化而来——更不用说艺术本身了，换句话说，形式和内容的区分从本质上属于上层建筑的材料演化而来，因而在马克思手中产生了巨大力量。因为，在文化领域内，相对透明并可以论证的东西，即变化在本质上是寻求以形式来充分表达自己内容的一种功能，恰恰是政治、社会和经济现实物化世界的不清晰的东西，在这个物化世界里，基础的社会或经济的“原材料”依照它自己的逻辑而发展的观念，产生一种爆发性的解放效应。历史恰如艺术作品本身，它是人类劳动的一种产品，并且服从于类似的动力：这就是这一隐喻性转移的力量，它同时跋涉漫长的历程，说明我们在卢卡奇思想中所强调的那种在文学批评和一般辩证思维之间的深刻契合。

因而辩证思维在这一方面可以视为亚里士多德所开创的以形式为主宰的源于技艺模式的颠倒：这里，形式不是作为最初的模式或铸模，作为我们的出发点，而是作为我们的终点，作为只是内容本身深层逻辑最后的明晰表述。“正是内容的性质，而且仅仅是内容的性质，才在哲学的认知中生存发展；同时，正是对内容的内在反映才安排产生出它的自己决定。”[15]黑格尔论述哲学史的这些话，对于艺术本身同样有效，而且可以用来强调艺术内容逻辑的深刻的非人格性，对于艺术内容，艺术家本身只是一个工具，而且这种内容又通过艺术家来实现自身，把他个人生活中的偶然事件用作它自己寻求形式的真正因素，通过他，如同通过他的前驱者和后继者一样，按照它本身的内在法则发展。

这就是我们对个别艺术作品的判断最终在性质上是社会的和历史的原因所在。这里所实现的，或者没有实现的，或者按照确定比例所实现的内容对形式的适应，归根结蒂是内容在历史时刻本身中得到实现的弥足珍贵的标志之一，而且形式本身实际上只是内容在上层建筑领域内的实现。“一件艺术品的缺陷绝然不能归咎于个人方面的不熟练”，黑格尔在《美学》中告诉我们，“毋宁说，**形式的缺陷产生于内容的缺陷**。因此，中国、印度、埃及各民族就其（艺术）形式、神像和偶像而言，仍然是无形式的，或者属于低劣和不真实的确定形式，不能把握真实的美，因为他们的神话体系，他们的艺术作品的内容和思想本身就是不确定的，或是十分浅薄地确定的，不是本身就是绝对的内容。就这个意义来说，艺术作品愈是完美，它们的内容和思想也就愈具有深刻的内存真实。不过，这不仅是一个观察和模仿出现于外在现实的自然意象的技巧熟练程度高下的问题。因为在艺术意识和实践的某些发展阶段，对自然意象的遗弃和歪曲绝不是偶然的，绝不是技巧的生疏和不熟练造成的，而是一种有意的转变，这种转变是意识本身里面的内容所造成和激发的结果。因此，从这个观点来看，仍然存在着不圆满的艺术类型，这类艺术就技巧和其他方面来看在它们自身的领域里是全然圆满的，而如果用艺术和理想的观念衡量，它们仍然似乎是有缺陷的。只有在最高的艺术里，理念和表现才是彼此符合的，从而理念的形象就其本身和对其本身来说就是真实的形象，因为它所表现的理念内容本身也是真实的内容。与此相连的是我们已经指明的那种东西，即理念由它本身并通过它本身被确定为一个具体的总体，它本身就带有使自己个体化和确定自己外观所依据的原则和标准。”[16] 黑格尔就这样将内在和外在批评纳入了一个单一的涵盖一切的运动，以使我们能够既忠实于以自身条件存在的艺术作品（那些作品“在它们自己的领域里是完整的”），同时又能将它重新置于那个较大的语境之中，在这种语境里，对有关作品形式的预设本身就存有异议，而且发现它们“用艺术和理想的观念衡量”是“有缺陷的”。后者不再是狭义的艺术问题：在这里，黑格尔式理念应该被理解成一个总体生活形式，社会生活本身的具体形态（或者我们上面所称的内容的逻辑）。因此，黑格尔在这段话中概括了全部辩证批评的基本运动，这就是调和内部的与外部的，内在的与外在的，现在的与历史的，以便使我们能在单一的确定形式或历史时刻中进行探索，同时在对它作出判断的过程中置身其外，超越形式主义和某种社会学和历史学的文字运用之间的那种无效的、静态的对立，而这种对立是经常要求我们在两者间作出抉择的。

在这方面值得指出的是，无论对于黑格尔还是对于马克思来说，尽管他们对希腊艺术共同抱有那种敬意，但完美的艺术作品，即形式完全适合于内容的作品，从理论上说还没有产生。然而，在黑格尔的事物图式中，情况之所以如此，是因为艺术倾向于通过变为神学和哲学而最终超越它自身，并在它愈益接近那种充分的自我意识即绝对精神时，作为启发美感的作用取消它自身。相反，对于马克思主义来说，毋宁说是哲学在思维变得愈益具体的时候取消它自身，卢卡奇的例子已经向我们表明，艺术本身在什么程度上提供了替代前一学科的确凿证据。但对马克思主义来说，客体对主体或形式对内容的符合，只有在这种符合以这种或那种方式在社会生活自身之中得到具体实现的场合，才能作为一个想像的可能性存在，因而那种形式的实现，以及形式的缺陷，便被当成了某种深层的、相应的社会和历史结构的标记，而探索这种结构就是批评的任务。

我们说过，内容的逻辑在性质上归根结蒂是社会的和历史的。因为，十分清楚，要明确表达这种艺术事实和它与之相应的那个较大的社会和历史现实之间的关系，就需要逐步扩大批评的焦点，扩大批评家的思考范围，而这并不是每个批评家都准备实行的，实际上也并非对批评分析的每一项工作都是必要的。然而，忘记这种扩大，这一由内在到外在的运动，本身就是一个意识形态，其程度和它鼓励人们相信艺术和一般文化活动具有某种非历史的本质一样。因此，R. H. 皮尔斯曾在一篇经典论文中表明，“新批评”凭借把文学的历史维度驱赶回（我很想说是把这种维度“压制”回）语言或者中介的观念中去，何以能与历史维度在意识形态上达成妥协，于是语言或中介可以说与外界隔绝被封锁了起来，从而使“新批评”派能够在其边缘停止工作，而又仍然仿佛对艺术作品作出了一种圆满的（和非历史的）说明。[17]

因为，十分清楚，“新批评”的这些判断，无论是否将克拉肖或雪莱或早期的叶芝在文体上失败的实例分离出来，或者是否将但丁或伊丽莎白时代的作家在文体上不透明性的时刻分离出来，它们都涉及对这里所描述的形式和内容关系的一种沉思。我们确实已经表明，“新批评”派的感知从辩证意义上说是区别性的——因为他们在阅读史文朋时从未忘记但丁，确实，在阅读哈代或托·斯·艾略特时也没有忘记但丁——而且他们都或隐或现地设计出上面描述的诸类历时性序列。然而，他们通过将自己的“试金石”——但丁、晚期的莎士比亚、多恩——永恒化，通过将语言拜物教化并使它成为一种与历史无关的丰富性的源泉，却能将他们有关内容逻辑的讨论包容于纯伦理学范围之内，而不必将那些伦理学范畴本身转换成社会和历史用语。因此，尽管对辩证思维将要称作具体性的那种东西（特别是它在抒情诗或戏剧诗里的言语显现）有一种敏锐感觉，他们并不愿冒险超出对诗歌内容中这种具体语言源泉的纯唯心主义理解，而策略性地强加于自我的方法论的局限，又使他们把诗歌内容看成是诗人“道德”或宗教态度的一种功能。

然而，由于严格地说在性质上是辩证的一种嘲弄，最终为这些意识形态的局限所付出的代价，并不是历史层面所需要的，而是内在的文学层面所需要的。因为，没有那种深刻的相对论，没有对形成历史思维特征的每一具体境况特点的重视，“新批评”的范畴便趋向于凝固，而且从此严格地应用于每一种文本，而不管它内在的内聚性如何。

实际上，对于真正的辩证批评来说，不可能有任何事先确定的分析范畴：就每一部作品都是它自身的内容的一种内在逻辑或发展的最终结果而言，作品演化出它自己的范畴，并规定对它自身释义的特殊用语。因此，辩证批评就在另一个极端摆脱了所有单一或单一价值的美学理论，这些理论在一切艺术作品中寻求同一的结构，为这些作品规定单一类型的释义技巧或单一的解释方式。辩证批评也不能与矗立在这些基础上的专门化学科相调和：

因而，比方说，从辩证的观点来看，作为一个独立领域的**文体学**的整个概念，就是一个深刻的矛盾概念，因为它暗示着，文体（风格）或者设想成文体（风格）的语言，在任何情况下都是文学艺术作品的基本构成要素。诚然，乍看起来，一切艺术作品不言而喻首先都是语言的建构。然而，实际上我们叫做文体（风格）的东西都是一种较为晚近的现象，是与中产阶级世界本身同时形成的。文体学可以看成是扬弃那种环绕拉丁和希腊文本而建立的古典教育体系所带来的结果；因为文体（风格）本质上是现代中产阶级文化中替代古典时期**修辞学**的那种东西。这两个范畴可以通过它们赋予个人人格的价值和作用而富有效用地区别开来：因为修辞学从这个意义上说是那种技巧的集合，作家或演说家可以利用这些技巧做到言词达意或者造就崇高的风格，它们被设想成一个比较固定的阶级标准，被设想成一种极其纷繁多样的性格都能参与的体制。另一方面，文体（风格）则是个体性本身的因素，是个体意识用以显出自身特色、确定自己无可比拟的匠心独运的那种方式。因此，它的最终表达侧重于躯体和躯体感觉在生理上的独特性，这一点我们在现代诗歌中已经见到，是作为形式范畴而起作用的。由此，罗兰·巴特所作的归纳特征的描述，大大有助于揭示文体（风格）核心作为现象的语言因素和超语言因素之间的潜在矛盾，因为后者构成“类似某种思维的垂直和单一的维度。其参照处于生物学或过去的层面上，而不是在历史的层面上：它是作家的‘对象’，他的光辉和他的牢狱；它是他的隐居之处……它的奥秘是埋藏在作家躯体里的一种记忆；文体（风格）引喻的长处不像在言语里那样是一种速度现象（在言语里没有说出的事物仍然是某种语言的间歇），而是一种不透明性的现象，因为在文体（风格）下面的坚固和深邃之中存留的东西，或粗疏或微妙地集合于其修辞格中的东西，是绝然与语言相异的一种现实的碎片。”[18]

无疑会有人驳难说，我们在玩弄文字游戏，文体（风格）作为研究对象的文学范畴，不应同我们上面描述为现代主义意义上的文体（风格）的历史现象混淆起来。然而，这种“文字游戏”，尽管似乎不见容于旧有逻辑论证的分析类型，却是辩证方法自身的本质；作为对静态推理的一种反驳，这种方法的内在运动使形式概念和它所自的那一历史现实之间不可抗拒的联系显得极其惹人注目。因此，一般文体（风格）的抽象概念，保留着现代时期文体（风格）中那种具体历史现象的痕迹，实际上，文体（风格）的概念一开始就是用以表现历史现象的。正是由于文体（风格）是一个历史现象，所以绝对的文体（风格）科学是不可能产生的。

通过指出作品的产生与言语保持着不等的距离，通过指出一部作品由语词构成并不等于“文体”（“风格”），在现代意义上是作品的主要范畴，我们可以将这一切换一个方式来说明。譬如在19世纪的大部分小说作品中，文体（风格）是不太重要的因素（不妨考虑一下我们把狄更斯视为文体家而暗暗将他现代化的方式），而一个作家的文体（风格）维度，例如拉辛的文体（风格）维度若与修辞维度相比，也显得无足轻重。不过，把文体（风格）说成是故意让人注意自身并作为作品的关键因素而“突出”自身的语言，等于转过来依靠文体学再次宣称这一现象的深刻的历史性质。

内容通过自身的内部逻辑生发出一些范畴，它根据这些范畴在某种形式结构中组织自己，并因此得到最好的研究。在它生发这些范畴所用的方式中，最令人瞩目的模式也许就是马克思的经济研究所提供给我们的那种模式。在这一研究中，他不得不创造适当的研究范畴，而同时又用历史的理由来证明这些范畴的恰当。因此，《资本论》的开头一章，由于确立了关于商品的思想范畴，描述了它既反映又试图理解的商品观念和那种商品生产实际之间的关系，所以它便典型地表明了辩证思维是思想范畴永无止休的生发和分解。从一开头，马克思就不是不同中产阶级经济学家所演化出来的传统经济学范畴妥协。中产阶级经济学家把经济运作视为生产、分配、交换、消费、工资、地租、财产、工业、农业等等之类构成要素的一种机械的、非历史的相互作用。但问题在于，无论在哪个社会和历史发展的特定时刻，这些形形色色的“构成要素”彼此都存在着不同而又相当具体的比率，以至于在它们的比例发生变化时，整个过程的性质也随之改变。因此，不能把农业视为类似柏拉图式本质或理念的某种东西：在资本主义社会，以及同样在前资本主义的畜牧社会，根本没有土地所有制之类的固定范畴。相反，各部分相互联系，并随整体本身的演化而演化。“古代世界中商业民族——腓尼基人、迦太基人——表现的单纯性（抽象规定性），正是由农业民族占优势这种情况本身决定的。作为商业资本和货币资本的资本，在资本还没有成为社会的支配因素的地方，正是在这种抽象中表现出来。”[19]因此，辩证思维具有双重历史性：不仅它进行运作的那些现象具有历史性质，而且它还必须放开那些用以理解这些现象的概念，将后者的静止不变解释为它们自己有权存在的历史现象。

这就是真正的辩证批评为什么总要包括对它自己的思想工具进行评论，当作它自己工作结构的组成部分。因此，普列汉诺夫对象征主义的经典分析，超越了对象征因素的单纯解释，例如易卜生的作品从结构上投射出来的那些野鸭[20]之类的象征因素。对他来说，重要的不是个别象征的意义，而是这种象征主义现象的意义：“文学史表明，人的思想超越既定现实的界限有时走第一条道路，有时走第二条道路［指‘引导到抽象领域里去的象征的道路'和'现实本身所走'的道路]。它走第一条道路，那是当它不善于理解既定现实的意义，因而没有力量确定现实发展的方向的时候；它走第二条道路，那是当它能够解决这个有时非常困难的、甚至是无法解决的问题的时候，并且是当它按照黑格尔的绝妙的说法，能够说出那唤起将来的形象的魔术般的语言的时候。但是，能够说出魔术般语言是有力的迹象，而不能够说出这种语言是软弱无力的迹象。当既定社会的艺术中显现出象征主义的倾向的时候，这就是一种可靠的迹象，表明这个社会的思想——或者是这个社会的在艺术上打下自己印记的阶级的思想，不能够深刻理解在它面前进行的社会发展的意义。"[21]读这段话时，读者会识别出对于现代主义的那种典型的敌视，识别出我们现在所说的因袭，即那种对现实主义作品的本能的偏见——这种偏见后来由卢卡奇阐发得实在是太系统了；在现在这个语境里，他或许也会窥见这种价值判断源于黑格尔，其中对象征方式的回归被视为某种历史的倒退。然而，要争论的并不是普列汉诺夫的基本洞察，而是如何把当时一种新鲜的概念转变成某种单一的公式，以其发展公正地对待一部作品的独特结构。这样的分析是辩证的，因为它强调象征主义和作品其他因素之间动态的相互作用和彼此依赖，强调一个因素（在此情况下，即一个视觉客体）的过度发展如何同其他因素的发展不足必然联系在一起。这样，辩证批评就以一种判断替代了原来真或美的绝对，在这种判断中，坚持突出历史境况也就强调了艺术作品本身或哲学体系之内长处和弱点的不可分离性，并以这样一种方式成了颇富启迪的实例，通过这一方式，长处本身尽管有其特性，却需要确定的与之关联的弱点存在，以便真正达致自己的存在。

我们通过从文学范畴的角度重新检验目前的活动，也许可以使人们理解文学范畴的相对性，理解个别作品本身特有的矛盾的首要性。因为，十分清楚，直到此刻我们的描述基本上是非辩证的，它只是把辩证思维当作它的对象，未能突出它自己作为思维平方的自我意识。情况所以如此可以从本节的主要范畴加以判断，这就是例证的范畴：因为只有在思想没有完美实现的地方，才需要提供这样的例证。例证总是抽象过程或远离思维过程的标志：这些例证是累加的和分析性的，而在真正的辩证思维中，整个过程都蕴含于任何特定的客体。相反，具体的思维在这里已经分裂，成了两个全然分离的运作：一方面不是真正的思维而是对某种方法的表达，另一方面不是对一个真正客体的附丽，而只是一系列的客体例证。然而，辩证思维的本质却在于思想对内容或对客体本身的不可分离性。这就是黑格尔《精神现象学》序言的要点，他在序言里否认人们能够从外部描述哲学的特征，否认除了通过哲学本身的真实实践以外，能够用任何其他方式真正谈论哲学："要求做出这些解释［即哲学过程的外部陈述及其宗旨和方法、说明和例证等等的表达］，也同试图满足这一要求一样，轻易地被当成了哲学势必从事的基本事业。试问一本哲学著作的内在真理除了在其目的和结果里面，还能在什么地方找到更出色的表达呢？试问除了通过上述这些与从事同一领域研究的其他人在同一时期所进行的创作之间的差别，还能以什么方式更确切地认识它们呢？不过，如果这一程序被当成不仅是认识的开始，如果它被当成实际的认识过程，那么我们事实上则势必把它看成是一种躲避手头实际难题的方法，是企图把严肃认真地对待主题的表面现象同完全忽视主题的实际情况结合起来的一种尝试。因为真正的题材不是在它的目的当中而是在处理题材的过程当中被穷尽的，所取得的结果也不仅是具体的整体本身，而是与达到具体整体的过程俱来的结果。目的自身是一种无生命的一般概念，正如一般的趋势是沿某种方向进行的单纯活动一样，这种活动仍然没有它的具体实现；而赤裸裸的结果则是把自己的制约倾向弃之脑后的一种体系的僵尸。”[22]

因此，辩证批评惟一真正具体的表现，是这种批评自身的实践，这实践从降格进入一个特定的客体起，几经周折，最终进入了文学本身。因而只有用我们例证的例证，通过评述它自己力求窥见真正具体的批评可能是怎样的评述，我们的表现[23]才提升到更高的辩证层面，获得对它自己活动的一种更充分的意识。

Ⅲ　作为形式与内容中介的同义反复

因此，辩证思维在其结构上是自我意识的，可以被描述为在一个层面上思考一个特定客体，而在这样思考的同时又观察我们自己的思维过程，或者，用一个更科学的辞语来说，又把观察者的地位计算入实验本身的那种尝试。从这个观点来看，黑格尔式和马克思主义辩证法的区别，可以用所涉及的自我意识类型加以界定。对于黑格尔，这是一种相对符合逻辑的自我意识，涉及诸如主体与客体，质量与数量，有限和无限等等这样一些纯理性范畴的相互关系的观念；在这里，思考者会逐渐理解他自己的确定思想所使用的加工方式，实际上他赖以开始的那些问题的形式本身限制了他的思维结果。另一方面，对于马克思主义辩证法，自我意识的目的在于认识思考者在社会和历史本身中的地位，认识由他的阶级地位所加于这种认识的限制——简言之，认识一切思维的意识形态的和境遇的性质，以及这些问题本身的最初创造。因此，这两种辩证法的形式显然绝非相互矛盾，尽管它们的精确关系仍然有待于探索。

然而，自我意识并不意味着内省，而且辩证思维也绝不是个人的思维，而是某种类型的材料本身上升为意识的一种方式。这种材料不仅是我们思想的客体，也是由那个特定客体的内在性质所提出的一系列精神活动。因此，辩证思维不仅是思维的平方，不仅是对于事先存在的思维所进行的思维，而且也是前者的实现，是在一种尚待描述的意义上对前者的认识和消除。因为，它在哪种程度上将旧的思想活动或者问题的解决置于更大的新语境之中，它就在那种程度上将问题本身改变成一种解决，不再试图按照自己的条件正面解决困境，而是把困境本身理解成潜在于提出问题方式中的深刻矛盾的标志。因此，面对着晦涩的诗歌，天真的读者会立刻试图进行释义，把直接的困难加以化解，使之返归于理性思维的透明性；然而对于一个经过辩证法训练的读者，正是晦涩本身才是他解读的客体，正是晦涩的特殊性质和结构，才是他试图予以界定并同言语奥秘的其他形式进行比较的东西。因此，我们的思维不再以表面价值来看待正式问题，而是步入屏幕后面首先评估主—客体关系的起源。但是现象学定义的悬置（*epoche*）或放入括弧的这类自我意识，也通过它在历史过程中所占据的地位，得到对它自己的辩证评估。

这样，推至极限，思维就以某种方式倾向于阐释自身，而且正是这一点比任何其他东西都更能确证对辩证思维的描述是同义反复——在本体论意义上的同义反复——是对一切思维的深刻的同义反复的逐步认识的组成部分。其所指的含义并不限于单纯逻辑上的同义反复，尽管基本的时间形式是一样的：在这里，一个命题似乎连接着两个分离的独立实体，而这两个实体却突然证明原来一直是同一事物，于是，思维活动本身便化为乌有。同一性在这里并不是两个语词或两个概念的同一性，而是主体和客体本身之间的同一性，思维过程和真正现实之间的同一性，它根据现实进行运作并试图领悟这现实。非辩证思维确立一种初始的分离，一种初始的二元论，天真地想像自己是作用于截然不同而又区别于自身的客体性之上的主体性。辩证思维的出现，是对这一初始二元论的拓展和取消，因为它认识到，它本身就是原曾想像是某种分离的东西即那种外部客体性的源泉；这一点现在必须以双重方式加以理解，既从黑格尔式“客观唯心主义”的意义上理解，又从马克思主义的意义上理解。根据前者，一切经验都是某种确定主—客体结构的功能；根据后者，外部世界则全然是人类劳动和人类历史的产物，以至于作为生产的人类本身也是那历史的产物。

正是思维对于自己内容或客体的这种依赖，才有可能说明在前一节里发现起作用的那种辩证的“文字游戏”或双关语的运用，实际上它也的确是表现了一般辩证思维的深刻特征。因此，诸如阿多诺的《社会》这样一篇文章的读者会过于仓促地作出结论说，作者将两种不同类型的思考、两个迥然不同的研究对象（客体）不合道理地混合起来——他往往而且确实是故意将社会理论或各种社会概念的历史，误当成社会学或对各种现存社会本身的经验研究。而且，确确实实，阿多诺的文章是“指涉”(reference) 在两个层面之间的连续不断的往返移动：因为正如我们前此已经见到的，他的目的在于证明，社会概念所固有的困难（就社会既不能被视为世界上的超机体，也不能被视为世界上的经验客体而言），不能归咎于理论阐发的不完善，这种不完善的理论可能期待着更大的独创性或者更精确的资料来加以矫正。相反，这些困难是社会本身作为真实客体的客观条件所造成的，这种客观条件无论在哪一方面都无法界定而又无所不在，它对个人的制约反映于这个观念自身的矛盾当中：“虽然社会的观念不能从任何个别事实中抽绎出来，另一方面也不能理解成某一个别事实本身，但是绝不存在着不是由作为一个整体的社会所决定的社会事实。”[24]

无疑，对于分析思维来说，这一观念含有某种令人反感的东西。不仅只是理论而且还有思维本身的问题和范畴——无论是金钱、暴力、社会、风尚的本质还是观点——本身都处于不断的历史变化之中，并且根本没有一成不变的客观现实。然而，即便是自然科学本身也都开始考虑那种令人深为不安的可能性：宇宙的根本法则或许处于一种演化的状态之中，以至于对自然法则的概念，对某种固定不变的自然秩序的概念，都引起了怀疑。[25]

最近对历史思维和历史命题所作的逻辑分析，证实了它的同义反复结构的观念。譬如麦克尔·斯克里温就表明，史纂学中所有表面解释，无论是声言证实法则还是单纯证实原因，实际上原来都是伪装的“自明之理”。换句话说，这些解释在需要说明的初始现象中一着手就已是事先假定了的，我们当成解释的东西，只不过是对如同几何学中那个初始“公设”的明晰说明，将它化为它所隐含的各种命题的分析。然而，从某种意义上说，这种循环往复也已存在于自然科学的解释里面：“当科学家们被要求解释发射我们第一颗人造卫星进入轨道的第二级火箭表面光亮度的不同变化时，他们回答说，这是由于火箭轴旋转和不对称的缘故。这一解释也许通过一面旋转一枝铅笔一面在空中移动它得到说明，而且即使对于新闻人员来说这也是完全充分的解释。然而它却不具备任何法则……确确实实，由于不同数量的光子进入观察者的视网膜，火箭的表面光亮度就会发生变化；但火箭如果是对称的，并且是由一个可变光亮度的光源所照射的话，那么，情况也是如此，我们的兴趣在于从所探索的那个特定客体的这些状态中，为我们挑选出一种状态作为解释，即告诉我们是火箭的形状和运动还是对它的照明同我们所见的现象有关。”[26]换言之，这一解释是对事件原初描述所固有的，正如几何学定理是原初的定义所固有的一样。在历史中的理解因此不是源于两个迥异项的结合，例如法则及其显现，抑或演绎推理的大小前提，而是完全源于对基本事件本身所作描述的拓展，以及将它的各部分与因果或是问题和解释的重新连接。因此，这样的理解是与在时间中运动的形式属于同类的某种东西，但是当我们意识到所进行的精神活动的真实性质时，它作为一个分离的思维过程便离析成同义反复。

由是，反观前面一章的论证，吉伦特派无疑代表了波尔多的一个特定商业阶级的利益，而他们的活动在作这样理解的时候，对于心灵来说就取得了透明性。然而，所讨论的事件（吉伦特派本身）及其解释（他们所属的阶级）是作为果与因相联系的观念，归根结蒂并不是前后十分一致的观念。如果我们细心地检验一下自己的精神活动，就会发现，我们是从对吉伦特派的一个十分局限的看法入手的（如各色议会人物，趣闻轶事的材料，他们官方式的政治哲学和讲演，他们的纲领等），这个看法接着突如其来地得到拓展，囊括了关于他们的故乡、过去以及家庭联系等等的社会经验。后者获得某种**解释**功能的惟一方式是，它被理解成对一些没有意义的命题的含蓄否定，例如吉伦特派原是农民，吉伦特派原是 19 世纪的自由主义者，吉伦特派原是奥地利贵族等等。说吉伦特派就是他们原来的那种样子，因此是一个不言自明的道理，而且到头来，我们对历史的理解又会融会到非矛盾法则的运作中去，融会到一切事件都在其自身内部具有自己的逻辑、自己的“释义”那种终极的认识中去，即我们将其连接于一种合乎逻辑次序的释义。

在思想史领域里，这一因果关系的幻觉更为强烈，因为，在具体境况消逝于时间过程的同时，观念仍然单独滞留在后面。思维和它的客体的原初关系，不是外部的而是内部的关系，而且出色的辩证分析所揭示的，与其说是外部社会现实是造成一种特定类型的原因，不如说是它以一种几乎先验的方式把基本的内部限制强加于这种思维。这自然是卢卡奇的《历史与阶级意识》在一个非常抽象的层面上所提出的论点，即资产阶级的社会境况对其思辨思维设置了先验的限制，抑或用我们自己的术语说，中产阶级的思维形式，依赖于中产阶级生活内容的深层内部逻辑。于是赫伯特·马尔库塞便揭示出，黑格尔体系在意识形态上的变形(绝对精神、政治保守主义、整个体系的唯心主义基础)，何以同他的社会和历史境况的内容相一致。这些变形并不是外部的缺陷，而是在那个特定发展时刻黑格尔对社会现实性质的基本认识："他所以赋予国家以至高无上的地位，是因为他见到了现代社会里那些对抗所产生的无可避免的后果。竞争着的个人利益不能生发出可以保障整体延续的体制，因而毋庸置疑的权威势必强加于这些利益之上……黑格尔在这里讨论的合理秩序……现在为他指出了那些最极端的限制，在这些限制中，这个社会能够保持理智而又原则上不被否定，他列举出 1793 年的革命恐怖作为严厉警告，认为现存秩序必须利用一切可以利用的手段来加以保卫。"[27]因此，黑格尔的"保守主义"也是对资本主义固有的道德无政府状态的承认。他卫护普鲁士国家，是因为他在自己所处的特定历史时刻，无法看清不单是爆发恐怖的任何形式的真正社会变革和改组。因此对于黑格尔体系，惟一的具体纠正办法，就在于假以时日，在于社会—经济境况超越那些限制的发展，即是说，对黑格尔惟一充分的批判就是马克思的哲学。因此，哲学思维如果探索得足够深远，就会进入历史的思维，而且对抽象思维的理解最终将自行分解，回归到对那种思维内容的意识中去，也就是说，回归到那种思维赖以产生的基本历史境况中去。

不过，我们一旦回到自己的时代，思维的内部限制这一观念，就其意蕴而言便会即刻变得更加强烈。它在两个不连续的存在区域之间，在内部和外部，在心理因素和社会因素，在个人经历质量上的现实和数量上的、外部的、集体的生存状况之间，采取一种飞跃的形式。这种飞跃所引发的震惊是外部判断的震惊，是发现自己脱离自己的心灵，现在正以他人或历史的眼光在个体内部进行回顾的那种震惊：我们已经把萨特的《批判》描述成故意实现这样一个过程。然而，我们倘若检视一下萨特的早期哲学（把它作为从内部对生存所作的最彻底的描述之一的说明，并作为对这一描述所作的最彻底的方法论辩护的说明），我们便会发现，既可能在这种描述中认识我们自己的经验，同时又可能承认马尔库塞的论证：这里，作为世界上意识存在及其与他人具体关系的本体论结构所提供的，只不过是以其关于占有和物化的典型语言所表示的那些历史异化的形式罢了。[28]然而，由于本体论因素原来证明是伪装的历史因素的分析，所以不仅是萨特的体系，而且还有自我表露的我们自己，也不得不就较大的方面从外部来审视自身，并且承认我们经验的那些熟悉的内部状况也是异化本身的结构。这种运作较之根据其自身方式对哲学立场的因袭批判，要复杂得多：后者的一个例证就是梅洛-庞蒂重构后者体系的方式，他断定在《存在与虚无》的最初预设中有一种过于激进的关于主体与客体的分离，于是在《知觉现象学》中，他根据一种新的、对他更合适的经验的基础重构后者的体系。另一方面，马尔库塞的文章也不再试图区别萨特思想里的真伪因素，而是试图分离并确定萨特体系作为一个概念整体与之相应的那种具体的历史经验或境遇：这一类型的辩证批判因而涉及从纯概念层面到历史层面的飞跃，从观念到那种相应的实际经验的飞跃，而对实践经验的“判断”则依据它对我们所处的历史角度而定。这实际是辩证思维的诠释学维度，它需要对在上层建筑层面上分离出来的抽象文化事实恢复其具体的语境或境况；当我们与来自过去的文化客体发生关系时，后者自然便完全消失。但是，当我们与当代文化产品发生关系的时候，这一具体境况，就在我们希望忽略自己真正卷入其内的社会—经济境况所达到的程度上，变成了受压抑的客体。因而，这些辩证判断便使我们得以实现内部与外部、内在与外在、生存和历史的暂时的综合；但这是我们通过对自己进行客观历史判断而换来的一种综合。

这在纯文学领域内，在任何地方都不那么引人瞩目，完全不像在以历史为其客体的文学形式中那样，即完全不像在历史小说本身中那样令人瞩目。这里，如果任何地方原材料的逻辑对于形式的首要性是绝对的，那么历史客体的矛盾通过转变成形式矛盾的过程，就能像实验室里的实验一样一目了然。这也就是阿多诺写给托马斯·曼讨论曼的中篇小说《黑天鹅》的那封著名信函中的实质内容："如果我没有弄错，肯这个形象带有 40 或 50 年代而不是第一次世界大战后十年内的美国人的全部特征；显然，你自己比我远为更敏锐地意识到了这一点。现在，人们可以断言［这种转换］是艺术创造的合法自由，并坚持认为编年史的精确要求必须服从于后者，即使这是在典型刻画中的一个精确性问题的场合。然而，我不知道这样一个显而易见的论点是否真正非常有力。如果你把一部作品的时间放在 20 年代，让它在第一次而不是第二次世界大战后展开，那么，你这样做有你自己的正当理由——最明显不过的理由就是，例如弗芬·冯·蒂木莱尔这样一个实体，在今天是无法设想的；从某种更深邃的层面上说，最后与这一点相联系的是试图拉开我们和这种直接现实之间的距离，试图不可思议地把这种现实转变为更早的历史时刻，恰恰在《克鲁尔》[29]里也表现了它的气氛的那个时期。然而，当人们以这种方式着手变换不同的十年时间时，他们便陷入了仿佛是一曲音乐作品开头几小节设置的责任之中，除非到了重新确立平衡的最后几个音符，否则他们不能从音乐作品的迫切要求中摆脱出来。我说的不是在时间的调色板上对外部逼真的某种责任，而是同时利用历史的光照，让艺术幻化出来的形象大放异彩的责任，这一责任由于显然的内在的美学原因，几乎不可能不利用那些第一位的相当外在的特征。因为，除非我错了，否则人们会在这里发现自己处于那种矛盾的境遇。在这种境遇中，这些形象的引发，或者换句话说，艺术作品本身的真正魅力，就其可靠的材料构成而言，就会愈益得到更充分的发挥。人们几乎会认为，作品之弥漫着主体性，根本不像传统结构可能使我们认为的那样，与回响在你整个作品中的那种现实主义知觉形成单纯的对立，相反，那种精神化，那种意象世界的实现，是与人们忠实于历史因素的确切程度成比例的，而且这在人物类型中也是如此……此刻，给我深刻印象的是，这种精确采取以苦行赎罪的方式，一切艺术的虚构都在罪愆下煞费苦心，力图凭借幻想中的精确性来救活自己。”[30]

然而，历史时刻中的每件事情如果都相互连贯的话，那么，历史小说本身作为一种形式也必然最终消失，因为历史小说在其逐步追求具体的总体过程中，冲破了艺术自身生存的界限。历史小说的出现本身只是一般小说日益增加的历史主义的征兆，而且，在我们的时代，普遍认为一切小说都是历史小说，因为在忠于现在的过程中，它们的客体都像遥远过去的任何时刻那样具有深刻的历史性。这里言外之意是，现在的小说已经变得像历史小说一样矛盾，一样不可能符合实际；实际上，在新闻写作和社会学取代小说之外，今日小说形式危机的根源，还在于似乎极为复杂的无法用叙事模式加以表述的那种历史境况。这就是西蒙·德·波伏瓦在《大人先生们》[31]中描述她的人物亨利·庇隆的困境的情形，他试图公正地对待战后时期的历史内容：“他把札记摊开来放在面前差不多有一百来页。把它们搁置了一个月很有好处；这会儿，他就能用新的眼光重看这些札记。他欣喜地埋头读起来，高兴地重新发现，各种记忆和印象汇入了精心安排的流畅的语句。可过不了一会儿，心里便开始忐忑不安。他打算把所有这些玩意儿怎么办呢？记下来的这些东西既没头又没尾，虽说也有什么共同的东西——某种共同的感觉、共同的趋势、战后时期的趋势。可这突然叫他不好受。他原来模模糊糊地想过：'我要写出自己生活的情趣。'仿佛这样的东西是一种香水，贴上了标签，商标也注了册，年复一年都没有什么两样。然而他要说的事，比方说关于旅行的事，却出自一个25岁的年轻人嘴里，在他于1935年还是年轻人的时候说出来的；这些事情跟他（在巴黎解放以后）呆在葡萄牙时的经历毫不相干。他跟波拉那段风流韵事同样也是年轻的时候，无论是兰伯尔，还是万森，或者不论是他认识的哪个小伙子，在今天都不会做出那类反应了。再说，经历过德国人占领的5年生活以后，一个27岁的年轻女人也不会再是波拉了。有一个解决办法：有意识地把书里的时间定在1935年前后。可他又想写一部'时期'小说，再现一个不复存在的世界。相反，他随手写下这些文字，是希望让自己整个儿跃然纸上。那么，他不得不在现在之中写个故事，转换一个人物和事件。'转换——那么令人讨厌的字眼儿！多么愚蠢的字眼儿！'他自言自语地说。'人们在小说里随意摆布人物，可真荒唐。这些人物从这一世纪给转换到下一个世纪，从这个国家拿出来放到另一个国家里去，一个人的现在跟另一个人的过去黏合在一块儿。而这一切又都充斥着个人的幻想。要是你瞧得非常仔细，小说里的每个人物都是怪物。一切艺术都在于不让读者细瞧……'。"[32]对于艺术的这种取消，讲述故事的方式在自己虚构性面前的负疚退让，若进行一种美国式说明，那将会在由某种无所不在的虚假意识歪曲事件的过程中，为广告体系发挥作用找到更多的活动余地；如像我们即将见到的那样，这也会把各种叙事困难，同政治结构中的一种确定的结构联系起来，同现在历史时刻本身独一无二的结构联系起来。然而，西蒙·德·波伏瓦在这里却突出了时间经验对艺术过程本身的威胁，这种经验具有强烈的历史性，并由一种愈益紧迫的政治意识所主宰。这种召唤的引力根本没有削弱，如果我们补充下面这一点的话：她正是在小说形式中才这样做的，因而，从某种辩证的意义上看，小说从他自身的不可能性中使自己得到再生，把后者当作新生叙事的内容。

因此，归根结蒂，我们所描述的艺术作品内部的同义反复运动（在其中，内在形式上的考虑突然从某种高度分解为内容的问题），是在作品外部从内容及其历史语境之间的关系中再生出来的。一个被人忘却的老生常谈的说法是，史诗、古装悲剧、书信体小说这类形式的存在，本来就依赖于它们内容中的可能性，或者换句话说，依赖于社会经验的结构，它们把这种社会经验当作素材，并作为人工制品从这种经验中产生出来。也许，黑格尔的描述仍然是对那种方式的最详尽描述。在这种方式中，艺术的整个体系由于具体社会生活的转变而出乎意料地被替代，完整形式的习惯做法被人忘却：例如，对他来说，这就是将生活组织成一个经验总体的史诗世界的消逝，也是他称之为“散文世界”的那个中产阶级个体世界的诞生，“在这个世界上，个别的人为了维护自己的个体性，就必须一而再、再而三地让自己成为他人的手段，服务于他们的有限目的，同时为了满足他自己的狭隘利益，也把他人变成手段。因此，随着他在这种日常生活和散文世界里的出现，个人不是从他自己作为一个整体获取活动的原则，不能从他本身来了解他，而只能从他和他人的关系中了解他。因为他发现自己依存于外部的权势、法律、政治结构、国内关系等等，它们先于他存在，不论是否合乎他的内心意愿，他都必须服从它们。此外，单个的主体对于他们绝不是什么整体，相反，从他人的观点看，他仅仅以他的行动、愿望和意见，出现于他们自己直接的孤立的利益的环境之中。使人直接发生兴趣的，只是对他们自己的目的和意图的关系。即便是一个集体所能进行的最重大的行动和事业，在这个较多表象的领域里也只不过是众多的个别努力而已……［因此］个人在这个领域里不能再保持外表上自主的、完整的生命和自由，而这种生命和自由却正是美这一观念的基础。诚然，在［散文世界的］人类的直接现实中，在后者的事业和体制中，既不缺乏系统也不缺乏某些活动的总体性；然而，这个整体只不过是个体性的集合，它的事务和活动都分裂成不可胜数的部分，以至于落在各个个人身上的只是这个整体的一丝一毫……这就是我们自己和他人所意识到的世界的散文，它是一个有限的世界，变动不居和相对化的世界，个人无法逃避的由必然统辖的世界。因为个别的存在都陷于某种矛盾之中，在这种矛盾里，他把自己看作一个封闭的统一体，同时又一向完全依存于他人，而解决这种矛盾的斗争，只要还在试图解决，只要这种搏斗还在继续，它也就不会停息。”[33]因此，黑格尔从资本主义当作艺术作品潜在内容而提出的困境方面，区分了资本主义结构的特殊性：它构成在个人经验中不具备任何生存等价物的集体总体，决定个人的现实，同时在结构上仍无法达到后者的理解或意象创造力的范畴。

不过，从我们现在的方法论观点来看，这种描述可以用来阐明介于文学批评和社会学之间的那个时刻。在这个时刻内，前者由于自己的力量使然，开始不知不觉地进入后者之中；因为这一描述的关键用语总体性和个体性，对于具体社会生活的分析和艺术作品的分析都是共同的，以致稍稍拓展一下历史焦点，看似关于艺术作品的陈述，在社会和历史维度上仍保持其有效性。换言之，这里所蕴含的观念是，在具体性的某一层面上，物自体——我们后面将称作它的生存现实——可以用某些替代代码中的任一代码予以阐述，可以用某些不同维度中的任一维度重新加以明白表述：例如文学结构，某种确定的社会组织所经历的真理，某种类型的主客体关系，某种语言与它所表示的客体的距离，某种确定的专门化或者劳动分工的方式，各阶级之间某种潜在的关系等等。这确实就是具体性的所在，只有根据这种具体性，我们才能在现实的此一层面和彼一层面之间进行思考，把对观念的技术分析转变成它在社会历史的实际现实中的真理。很明显，真正辩证批评的最紧迫的任务，是根据特定艺术作品重新获得与它相适应的那种终极现实；我们在本书的末尾，将回头对这种文学方法观的意涵进行更充分的观察。

然而，若不补充说明适用于艺术作品本身形式的东西也适用于文学批评的各个范畴，我们就不能撇开由形式向内容过渡的课题：文学批评的范畴同样深刻地依赖于某种变化的具有历史性质的境况，而我们要更好地说明这一点，也只有参照视角的概念才能做到，这在美国批评界一部颇有影响的独特著作里，即维恩·布斯的《小说修辞学》里已经提出，布斯根据新亚里士多德派的批评精神认为，绝对不能将小说理解成关于现实的陈述，而应理解成旨在产生某种效果的幻觉结构（正如语句本身用于传统“修辞学”更狭隘的范围中所起的作用）。因此，虽说他无疑属于后詹姆斯学派，并且深受詹姆斯关于视角概念阐述的影响，但他对于詹姆斯学说的终极意涵仍然抱有深刻的矛盾心理。因为，尽管詹姆斯注重结构和方法，他的学说的最终目的仍在于一种小说的真实：视角于他所以是小说实践的基本范畴，与其说是由于它使小说家取得的那些幻觉和效果，不如说是由于它与我们的实际经验相吻合。在这种经验里，我们总是处于一种境遇之中，从自己单子的相对受到局限的视角来观察生活。而按照布斯的看法，这一观念在那归根结蒂是一回事的两点上颇为有害：第一，机械运用视角可能损害题材，而题材在19世纪一个无所不在的叙述者手上本可能达到极强烈的效果（菲茨杰拉德对于《夜色温柔》的两种版本的游移不决，在这里可以作为最有力的说明）。第二，纯粹的视角会引进某种总体的相对主义，我们在其中不得不接受以其自身条件而出现的任何叙述者，而且这种相对主义会导致破坏一切判断的绝对价值和标准，并因此也导致破坏文学效果源泉本身。

因为，布斯的论著是对无所不在的叙述者，即隐含的作者或者可靠的评述者所做的辩护，这个叙述者毫不唐突而又策略地让人们感到他在读者和人物之间的存在，而其方式是为读者提供对人物进行恰切判断的标准。隐含的作者自然也不是真正的作者，而是确定的文化价值的绝对化身："当我们阅读［《爱玛》］的时候，承认［简·奥斯汀即戏剧化的作者］代表着我们所最钦羡的一切。她像奈特利一样宽宏而聪明；事实上，她自己判断所达到的透辟，是更上一层楼的。她如同爱玛想像自己那样深沉巧智。她不诉诸感伤而赞同温情，能够赋予财富和地位以适当而又不过分的价值。她见到一个傻瓜就能识别出来，不同于爱玛的是，她知道对傻瓜的无礼既不道德又不明智。简言之，在她写的这部小说所确定的有关至善的概念范围内，她是一个完人；她甚至认识到，以她为榜样的那种人类的至善，在现实生活中远不可企及。她的主宰过程自然是循环的，她的品格为我们确定了价值，按照这些价值又可以发现她的品格是完善的……对于故事讲述，这不仅是技术角度的选择，还是道德角度的选择。"[34]

没有这样一个人物，没有这样一些道德判断的绝对标准，布斯认为现代小说，最终会陷于一种相对主义的主观主义，陷于他在塞林纳的虚无主义当中发现的那种终极的象征。反讽的现代概念自然正是这样一种漫无目的的价值的阙如，一种围绕自身旋转的、以自身价值为实体的一种毫无来由的含混；因此布斯著作的巨大优点之一，就是打碎了现代批评的那些石膏偶像，即反讽和视角。

然而，归根结蒂，回归到无所不在的叙述者，作为一种对于当代小说家的“解决办法”已不再吸引人了，对于当代读者来说，那是对中产阶级规范和价值的捉襟见肘的辩护。两种看法都标明了批评家基本的反历史方法，他们似乎并没有理解文学史的不可逆转性，也没有理解在我们时代政治先于旧时流行的伦理的方式。事实上，布斯所描述的隐含的或可靠的叙述者，只有在某种类别性质相对同一的境遇中才有可能，实际上它反映十分狭窄的一类读者所共有一种基本的价值共性；而这样一种境遇并不是通过命令使其回到世界上来的。另一方面，塞林纳的虚无主义，以及一般的现代主观主义的相对主义，却反映出中产阶级社会一种日益加剧的原子化，一种更大社会单位和体制的碎裂和衰颓。实际上，在从詹姆斯以来小说形式的发展中，说明这一过程在起作用并不困难。这样一种说明会显示出作为文学技巧的视角和作为社会事实的单子分离之间的关系。在对人工总体（例如纪德关于传奇小说［*roman*］是个体生存各种叙事［*recits*］的累加总和的概念）的创造中，在对作为一种主题的认识论的重视中，在对相对论性的世界现实和现象的反讽的强调中，这样一种说明会找到证据。关于反讽，皮兰德娄是反讽的戏剧家，康拉德和福特[35]是反讽的小说家，而费南多·佩索阿[36]也许就是反讽的桂冠诗人。

这就是同义反复的悖论介入的地方：因为从最久远的时代以来，当一切故事和轶事都必然涉及对此一或彼一种叙事视角的选择时，把视角说成是一种历史现象确实是矛盾的吧？不过，这恰恰是问题的所在。就视角作为一个范畴反映中产阶级在现代时间的历史境况而言，它是论述历史上不同形式的一个不相宜的概念，而且不可能以没有矛盾的方式运用于中世纪的叙事诗或民间史诗之类的作品。推而广之，我甚至可以说，对布斯所描述的困境的解决本身，也能用同样的方式仅仅被设想成社会和历史变革的结果，也会意味着更真正的集体形式、新的叙事方式对一般个体主义视角的超越。这种新的叙事方式与一个后个体世界的现实相符合；实际上这些新形式的发轫，可以见于现代文学的各个方面。

因此，布斯著作的终极价值就是一般的保守主义立场的终极价值：它作为诊断，作为解释事物现存状态中一切含有争议事情的手段，虽然有用，但它的实际建议却只能是倒退和对过去的无益的留恋。的确，试图通过没有矛盾的、普遍有效的（因而也是非历史的、非辩证的）系统的再阐述来考虑视角概念，本身在历史上就是征兆性的。布斯先生因而和他的批评对象具有某种共同的东西：因为詹姆斯也想得出制约着一般小说固有成分的普遍法则，他对形式受历史制约的性质所表现出来的认识，同样微乎其微。所不同的是，詹姆斯这样做时反映了他所处的历史时刻，而布斯先生却没有。

Ⅳ 唯心主义、现实主义、唯物主义

一切出色的马克思主义者都应该正式地结成“黑格尔辩证法唯物主义之友协会”。[37]

——列宁

这样，历史决定论这个伤脑筋的问题，便慢慢地出现在我们眼前，甚至出现在看似纯文学的语境之中。就它相当于自然科学模式隐蔽地运用于历史而言，这无疑是个虚假的问题：因为，在后者的独特事件和人们能够重复的实验室实验之间，不存在任何共同的特征。换句话说，除非能够发现相继进行的实验所涉及的因素是相同的，否则就不可能有法则概念或科学预言；但在历史中，有关不同事件中同一的或经济出现的因素的假说，只有以越来越一般化为代价才有可能，即以远离那个独特的历史事实使我们能够远距离地见出其相似性。

这是与诸如普列汉诺夫在著名论文《论个人在历史上的作用》一文中所作的那类陈述有关的归纳活动："卓有影响的个人，由于其心灵和性格的特殊品质，能够改变事件的个别特征和它们某些特定的结果，但是他们无法改变它们的一般倾向，这种倾向是由其他力量所决定的。"[38]无论从职业历史学家的经验主义观点出发，还是从萨特的存在主义立场出发，要想从哲学上反驳这种陈述并不困难；然而，这种陈述却的确符合对于过去的某种常识性感觉，值得进行比较细致的观察。

首先，如果有什么把这种历史同其他研究方式或客体区分开来的东西，那么它很可能恰恰是距离的这种不确定性，它允许我们改变焦点，并重新观察同一事件，或者从一种相对纪实的观点密切观察，或者越过较远的距离观察。在这种较远的距离中，事件只是作为一个更大运动或模式的细节出现在我们面前。米什莱说，历史的理解是一个详细说明的过程，但看来更精确的是把两种运动都纳入描述，并把这种理解视为一个不断矫正的过程，它不断矫正我们已有的关于历史事件的公认形象，详细说明这些形象，无疑也在这些形象模糊时用大量细节改正它们，而在另一方面又远离它们，并在我们贯注于某一事件的经验主义的复杂性而忘记它也能具有意义时，把它们放回到更大的语境里面。如果相对于历史精确的历史真实，作为一个哲学概念能够说具有什么有效性的话，那么，就难以看出这种真实除了是确定的否定过程以外，如何能用任何其他方式加以系统阐述。

这就是普列汉诺夫的论断可以作为一种对历史的陈述而在其中被证明为确当的语境。不过，当我们讨论到这种论断背后的意图时，可以清楚地看出，普列汉诺夫所呼唤的并不是决定论，而是事件的历史必然性。这也许不是概念而更是感觉的问题；而且我想说，必然性或者历史不可避免性的感觉，只是这种历史理解所特有的情绪，是那种伴随着精神过程的感觉，我们凭借这种精神过程，通过已经描述过的那种详细说明或矫正的活动，现在仿佛第一次突然领悟了一个历史事件，就是说，我们第一次理解了这个事件何以势必以那种方式而不是以任何其他方式发生。因此，历史必然性的观念像是历史的转义，像是历史理解过程的真正时间性的修辞手段，它事先假定，一种更加较为具体的具体，一种更扩大的历史沉思的语境，因此，它并非是证实对偶然的选择感不能成立，而是使之变得无法设想和没有意义。

因此，历史必然性或不可避免性的概念只有在事后才有效。马克思主义的这个特点，作为一种概念的运作并没有得到充分的理解，但它具有深远的意蕴。从根本上说，这些意蕴无疑是哲学或历史性质上的意蕴，它们只以其排斥社会主义现实主义类型的文学法则的方式才直接关系到文学。然而，就本书所提的方法表明了黑格式的和马克思主义的概念运作具有某种互补作用而言：仍然有必要约略地谈一下（尽管是十分粗略地）为反对攻击黑格尔的“唯心主义”而做的辩护。这种攻击往往是以正统马克思主义的名义进行的；而这样的辩护已经蕴含在作为批判哲学的马克思主义概念当中。

因为作出预言的试图，只不过是无法以合于境况的方式进行思维的征兆；而且，我们可以说，马克思主义作为一种哲学思维方式，在关系到其他哲学立场时，本身基本上就是在事后运作的。因而，也正是在这种意义上，马克思主义可以视作哲学的“终结”，因为它在其结构上拒绝体系，抑或拒绝仍然是同一回事的形而上学内容。后者产生于精神过程的一种实在，产生于使某种事物摆脱心灵对其确定客体的具体运作的一种试图，产生于因此可以以绝对方式看做普遍有效的某种事物。毫无疑问，处于境况之中并避开体系或教条，是非常痛苦的，这种痛苦的程度多大，形而上学冲动背后的那种情绪的动力就在多大程度上不言自明。

正是辩证思维的这一批判结构，这一反体系的锋芒，使得它的系统阐述变成了这样一个复杂的问题。因为，作为思想活动的马克思主义如果被描绘成一种内在的“永恒革命”，那么显而易见，对它的每一个系统表述，在它凝固为体系的那一时刻便歪曲了它。实际上，诸如布哈林就马克思主义所做的那些在其他情况下是可贵的概括，这确实是深刻的形式上的反驳：“科学社会主义”的观念助长了对马克思主义的误解，即认为马克思主义是客观系统的观念体系，而不是一种在时间中运动的形式，因此它也有助于使那种在其结构上拒绝一切意识形态本身的东西转变成另一种意识形态。

不过，从最初看，那些把马克思主义理解为一种批判哲学的人们，在心目中确实认为它源于黑格尔体系和黑格尔的形而上学，并认为是对它们[39]的必然的摈弃。他们的反应是坚持历史唯物主义是一种方法，而且颇有启迪意味的是，他们发现像贝内代托·克罗齐和卡尔·考什这样一些相互矛盾地联系在一起的哲学家，在这种语境中达到了差不多相同的结论。所以，克罗齐保留他从自己的马克思主义时期所得出的结论：历史唯物主义“既不是历史哲学的先验的新观念，也不是历史思维的新方法；它只能是历史释义的准则。这一准则劝导人们关注所谓的社会经济基础，以便更好地理解后者的形式和变异。这种概念准则不应引起什么异议，特别是如果人们记住它绝不意味着预知结果，而只是帮助寻找这些结果；它完全源于经验”[40]。

自然，克罗齐是作为一个非马克思主义者来讲话的，而卡尔·考什的术语可能更加熟悉：“马克思即便是在离开那种纯批判立场的地方，也不规定有关一切社会根本性质的任何一般的命题，而只是描述当代资产阶级社会历史形式所固有的那些特定情况和发展趋向。马克思的社会科学的批判原理，是在马克思主义其后的发展中，转变成一种一般的社会哲学的。从这一最初的误解出发，稍进一步便会认为，马克思的历史科学和经济科学必然基于更广阔的基础之上，不仅基于社会哲学，甚至基于全面综合的、既涵盖自然又涵盖社会的‘唯物主义哲学’，或对于宇宙的一般的哲学释义。这样，18 世纪哲学唯物主义的真正核心，在马克思历史唯物主义里所呈现的那些明确的科学形式，最终又被带回到马克思本人曾一度确定无疑作为‘唯物主义者关于物质的哲学习惯用语’而摈弃的那种东西。”[41]

实际上，当人们想起唯心主义者和唯物主义者在这种情况下都从基本否定马克思和黑格尔之间的关系出发时，克罗齐和考什立场的相似就不再十分令人惊异了：克罗齐是由于他本人是一个黑格尔派，而不是一个马克思主义者；考什是由于他相信，真正的马克思主义会彻底取消对于他仍是思辨的黑格尔式的辩证因素。

然而，极为矛盾的是，对于认为辩证法是一种批判的而不是思辨的工具所做的最终的辩护，却来自黑格尔本人，他在《法哲学》序言的一页著名论述中，是这样描述辩证法的："关于教导世界应该怎样，也必须略为一谈。在这方面，无论如何哲学总是姗姗来迟。哲学作为有关世界的思想，要直到现实结束其形式过程并完成其自身之后才会出现。概念所教导的也必然是历史所呈示的。这就是说，直到现实成熟了，理想的东西才会对实在的东西显现出来，并且把握了这同一个实在世界的实体之后，才把它建成一个理智王国的形态。当哲学把它的灰色绘成灰色[42]的时候，这一生活形式就变老了。对灰色绘成灰色能使生活形态变得年轻，而只能作为认识的对象。密涅瓦的猫头鹰要在暮色降临之后才开始飞翔。[43]"[44]黑格尔有关绝对理念的观念，有关历史中止时"生命的礼拜天"的观念，显然是对这段话中存在的那个矛盾的最终解决，马克思著作是对这一点所作的明显的纠正。人们不禁依稀想起了弗洛伊德早期精神分析过程的概念，他认为，在这个过程中，患者会中止他的生活以及他最基本的决定，从而在一种相对封闭的实验境况中解决他的问题，在痊愈以后，再加到生活中来。不过，一旦人们能够觉察到自己的思维与所研究的客体是一种同等的历史行动，一旦人们能够把自己作为观察者的立场纳入正在进行的批判思维，黑格尔式矛盾便迎刃而解，人们也不再需要设定一个历史终点，以便让历史思维得以产生。在领悟具有同样深刻的历史性和境遇性的一切事件的过程中，无论是精神的还是其他的事件，马克思的思想都代表着对黑格尔思想的一种推进。黑格尔替历史哲学家本身保留了一个单一的外在于历史的地位，因而他不能在其最矛盾的方面把握"境况中存在"（being-in-situation）的观念。

因此，正是黑格尔哲学的这一特定方面，而不是那种哲学的总体内容，遭到了马克思主义的摈弃。然而，认为黑格尔"唯心主义"与马克思"唯物主义"不相调和的思想家，绝不只是克罗齐和考什。这里，我们最好还是考察两种立场的关系。

不过，就马克思主义是一种批判的而非系统的哲学而言，我们会期待马克思的唯物主义不是首尾一贯的见解，而是对其他见解的纠正；是一种以辩证方式对某种预先存在的现象的矫正，而不是凭本身存在的实证主义多样化的学说。这就是说，除非我们理解马克思的唯物主义针对什么，旨在纠正是什么的话，否则就不能真正理解唯物主义。[45]因此，若不把握他或明或暗地提及的对立立场，就不可能理解他的任何著作。针对布鲁诺·鲍威尔及其“青年黑格尔学派”朋友们的唯心主义，马克思对唯物主义作了论证。针对费尔巴哈的消极唯物主义，马克思捍卫了作为黑格尔辩证法核心的积极性和相互性原则。针对绝对唯心主义和“庸俗的”（归纳的）机械论这两者的宿命论，马克思宣称人类创造自己的历史。不过，他又针对使用这句话的革命派补充说，历史不是凭空捏造出来，而是在明确的限定条件下创造出来的……大肆宣扬马克思矛盾立场的批评家，却从不试想找出一种观点，来说明这些所谓的矛盾原来是以同一些原则和目的运用于不同的历史境况。胡克后来的著作《从黑格尔到马克思》（安阿伯，1962），是对那些历史和哲学境况的可贵表述。否则就不能真正理解马克思的唯物主义；而且，应该指出，唯物主义辩证法不止有一个而是有两个基本的哲学对手，在唯心主义之外，（在亚里士多德或托马斯·阿奎那古典意义上）哲学实在论又提供了另外一种非辩证思维的原型，以及它的概念与外部现实相适应的常识性认识论，它的主客体之间机械的和“客观的”区分。换句话说，除非我们发现在现实中涉及三种基本立场，否则便无法充分理解马克思和黑格尔之间的关系；因此马克思虽说扬弃黑格尔辩证法的唯心主义精神，但是在否定哲学实在论那种本质上是分析的反辩证的思维方面，他又与黑格尔相一致。整个问题因而转向了马克思主义辩证法这两个替代物的相对结构上面，并最后变成了实在论和唯心主义各自的社会和历史功能，或者换言之，各自的意识形态的功能。于是问题变成了决定这两种哲学态度中哪一个应该理解为中产阶级主要的意识形态工具，它们中间哪一个是后来变为马克思主义具体批判对象的那种神秘化的根源。

经过这样的系统阐述，在我看来，这个问题本身就包含着它自己的答案，而且，假如唯心主义一词保留着任何类型的精确哲学内容，那么断言黑格尔式唯心主义还能以某种方式构成西方中产阶级的主导意识形态便十分荒谬。在《第一次超现实主义宣言》中，布勒东特别突出地对超现实主义这一对敌手进行了相互比较的讥讽："在对唯物主义的态度发出檄文之后，现在该到对现实主义态度打一场官司的时候了。而且与后者相较，前者还稍富于诗意，从人这方面讲，它意味着某种自豪感：诚然，那是一种丑怪的自豪，但却绝不是新的、更全然的堕落。首先应当把它看作一种适逢其时的反作用，矛头所向乃是唯灵论的某些可笑倾向。再者，它同一些范围内的高尚思想也并非水火不相容的。反之，从圣·托马斯到安纳托尔·法朗士，现实主义的态度无不发祥于实证主义；我以为它对智力和伦理的任何升华莫不以敌意相对。我厌恶它，因为它孕育着平庸、仇恨与低劣的自满自得。"[46]换言之，唯物主义是对宗教的一种反动，而现实主义则主要是对热情奔放的一种反动，或者用普通的话说，是对沉思冥想自身的一种反动，是对经验主义现在本身的任何理性超越的反动。

我们因此可以得出结论说，凡是在统治阶级意识形态采取一种宗教的或者唯灵论形式时，凡是在宗教成为反对变革和社会革命斗争的主要武器时，马克思主义唯物主义策略就会变得更加突出；在西方国家里，无疑有些地方仍然存在着这种情况，更不用说在第三世界了。

但总的看来，应该说，本质是封建的和反动的宗教世界观，以及它的等级论，它的忍受磨难和坚持灵魂至上的教义，已经被更具本土特征的中产阶级思维模式取代，而且后者已经证明同样能坚持下去。因为在西方国家，占支配地位的意识形态，显然是那种英美经验主义的实在论，对于这种实在论，一切辩证的思维都代表着某种威胁，而这种实在论的使命，则在本质上是对社会意识的一种钳制：允许给予经济问题以法律的和伦理的解释，用政治平等的语言来代替经济不平等的语言，用对自由的思考来代替对资本主义本身的怀疑。这种思维的方法，就其种种形式和表象而言，在于将现实分离成一些封闭的空间，细心地把政治与经济、法律与政治、社会与历史区分开来，因此任何特定问题的内涵永远不可能全部看见；而且，还在于将一切陈述都局限在不相联系的以及直接可以证实的事物范围之内，以便排除任何思辨的总体化思想——这种思想有可能引发整体社会生活的某种幻象。我不妨补充一点：当恩格斯在《反杜林论》开头一章里抨击“形而上学”思想的时候，他头脑中所想到的恰恰是培根和洛克传统的经验主义思想，而不是德国唯心主义学派。[47]

因此，如果这就是历史唯物主义有义务予以驳斥的那种唯心主义内涵，那么，我们势必要为黑格尔式变体和德国变体的唯心主义另立一个名目，这种唯心主义在意识形态上的歪曲完全属于另外一种类型。因为，对于马克思主义，英美经验主义显然是一种阶级意识形态，而黑格尔式变体的唯心主义所表现的，则是更属于心理类型的歪曲。黑格尔式唯心主义的幻觉，与其说是由社会和政治神秘化所造成的，不如说是由始终弥漫于人类心灵之中的、那种无意识自我中心论的永恒危险所造成的。对我们自己中心地位的这一视力幻觉，是我们意识生活中不可避免的、经常发生的事情，是一种结构上的错觉。这种错觉是由作为普遍化过程的思维和作为个体生存物的心灵性质之间的矛盾投射出来的。然而，这种“唯心主义”作为一种永恒的诱惑，却是我们存在的基本部分，它既打动“唯心主义者”也打动“唯物主义者”，因为它只不过是对我们自己观察者地位的遗忘。在这种情况下，前哲学的幼稚和武断融会一起，因为两者凝视着它们自己的概念，仿佛这些概念就是事物一般；然而，在哲学谱系的另一端，黑格尔对这个困境精巧老练的解决办法，同样是错误的，如我们已经见到的那样，它设定了绝对精神，即普遍性和个体意识的存在以某种方式被调和起来的一个用语。唯物主义的心理学功能，就是要遏制这种幻觉，它以健康的方式贬低精神本身的要求，贬低个体心灵对普遍性的要求，在自然和社会—历史世界中为我们的存在和机体重新找到基础。

在马克思和恩格斯的全部著述中，一种关于诸形象的典型综合标志出了这一主题的发展：即作为思想和文化领域中看似自主和自足的形象的视觉颠倒。他们在《德意志意识形态》的一段著名的话里告诉我们：“如果在全部意识形态中，人们和他们的关系就像在照相机中一样是倒立呈像的，那么这种现象也是从人们生活的历史过程中产生的，正如物体在视网膜上的倒影是直接从人们生活的生理过程中产生的一样。”[48]这种形象是自相矛盾的，因为其中由社会制约并由历史决定的神秘化，是根据一种永恒的自然过程来描述的：当前，阶级意识形态以及意识中那种固有的、更自然的、对一种无意识的唯心主义的倾向，仍然是可以识别的。

正是通过这同一个形象，《资本论》第二版序言中的著名论述，引发出马克思同黑格尔那些理想化倾向之间的整个复杂的关系：“辩证法在黑格尔手中神秘化了，但这决不妨碍他第一个全面地有意识地叙述了辩证法的一般运动形式。在他那里，辩证法是倒立着的。必须把它倒过来，以便发现神秘外壳中的合理内核。”[49]不过，这一形象不是倒立着的一个人的形象，而是像在眼睛视网膜上整个世界颠倒的那种形象。

人们常常认识不到的是，这种形象来源于黑格尔本人，来源于《精神现象学》论述“力量和知解力”[50]的一章，就是说，论述对可察觉的世界进行科学释义的一章。的确，对于黑格尔来说，从对外部世界的感性知觉到对它的内部法则的科学考察的演化，其特点就是创造出一个“颠倒的”世界，而这正是自然法则自身的领域。换句话说，科学思维包含将“真实”或感性世界的因素，投射到诸现象“内部”或“外部”超感性领域里去。这个领域是一般的抽象自然法则的所在，并且因此构成了经验世界的一种视象颠倒，而这一颠倒既是经验世界的反映，又是对它的解释。然而，对于黑格尔，这种意识虽然可能是科学的，但却仍然是天真幼稚的，因为科学家认为那个颠倒的世界本身就是一种现实，他设想法则存在于世界诸客体“内部”，同时又无法获得他自己心灵的意识，把它作为这种理论模式或建构的始源。

马克思和恩格斯的成就在于，他们把这种对理论的自我永恒化的分析，对抽象过程倾向于用自身来替代现实客体的那种内在力量的分析，转移到对我们身处其中的社会文化世界的日常理解的领域。商品拜物教的概念，自然是对这种感性上的晦涩的明确阐述，因为它是由我们自己历史社会的结构所决定的。不过，正是恩格斯在晚年又回到这个颠倒的形象上来，发现了它对文化理论的全部意蕴：“经济的、政治的和其他的反映同人眼睛中的反映是完全一样的，它们都通过聚光镜，因而都表现为倒立的影像——头足倒置。这里只缺少一个使它们在我们的观念中又正立起来的神经器官。金融市场上的人所看到的工业和世界市场的运动，恰好只是金融和证券市场的倒置的反映，所以在他们看来结果就变成了原因……凡是存在着社会规模的分工的地方，单独的劳动过程就成为相互独立的。生产归根到底是决定性的东西。但是，产品贸易一旦离开生产本身而独立起来，它就会循着本身的运动方向运行，这一运动总的说来是受生产运动支配的，但是在单个的情况下和在这个总的隶属关系以内，它毕竟还是循着这个新因素的本性所固有的规律运行的，这个运动有自己的阶段，并且也反过来对生产运动起作用。……经济关系反映为法原则，也同样必然使这种关系倒置过来。这种反映的发生过程，是活动者所意识不到的；法学家以为他是凭着先验的原理来活动，然而这只不过是经济的反映而已。这样一来，一切都倒置过来了。而这种颠倒——它在被认清以前是构成我们称之为**思想观点**的东西的——又对经济基础发生反作用，并且能在某种限度内改变它，我以为这是不言而喻的。”[51] 因此，归根结蒂，我们所说的抽象思维所固有的那种理想化倾向，反映了各种专门学科的确立，换言之，即劳动分工本身的确立；这是因为，思维已经变成了一个专门领域和专门家的财产，因此它倾向于使自己实体化。从这一意义上说，马克思主义的反唯心主义锋芒，只是旨在打破理性思维“颠倒世界”的符咒。辩证法用以使我们免于这种幻觉秩序，把我们身不由己地从我们的概念中投射到真正现实的世界，而这些概念据说是应用于这种世界的。我们自然无法真正外在于我们自己的主体性：这样想就是实证主义的幻觉；但是，每当这些主体性僵化起来时，真正的辩证思维的任务，就是将我们从自己僵化的观念当中解脱出来，使我们进入对于现实自身的一种新的、更生动的领悟中去。

这种思维因此从本质上说是一个过程：它永远达不到系统真理的某种终极地点，从此它可以在那里停息，因为它似乎辩证地与非真理、与神秘化相联系，它是对神秘化的决定性否定，针对着那种神秘化，它永远被迫去矫正对于现实的一次次的领悟，而它自身反过来又永远处于同真实失去接触的危险之中。[52]在我们现在描述的语境中，即将自身局限于说明辩证法是一种心智运作的语境中，辩证思维便这样证明，它是思维矫正自身的时刻，其中心灵突然退缩回来，将自身含纳于其拓展了的新领悟里，在对现实的一种新的瞥视中，加倍恢复其此前的观念，并为这些观念重新找到基础：首先，逐步认识我们的概念工具本身如何决定所取得的结果的形态和局限（黑格尔式辩证法）；尔后，在其次的、更具体的、作为明确的马克思主义形式的反映运动中，在对我们自己既是历史产物又是历史生产者的意识中，在对我们社会—经济境况深刻历史性质的意识中，来做到这一点，因为这种境况既提供了解决办法，又提出了问题，而它们又同样地引发出解决办法和问题。

现在，回想前面所作的区分，如果我们采取一种与其说是哲学的毋宁说是诠释学的观点，那么，我们在现代思想中，就可能见到不少东西是一种无意识的运动，竭力走向这一最终的辩证立场。如此，我甚至想将现代哲学的各大学派（无论是实用主义，还是现象学、逻辑实证主义、存在主义，抑或是结构主义）的那种深刻的形式主义，统统视为甩掉体系包袱或形而上学内容的尝试。这种尝试，追究到它的终极结果，就会以一种辩证的颠倒，转入我们在现在语境里可能称之为马克思主义自身的“绝对形式主义”中去，其独特的辩证和历史的自我意识的概念，则使它能够起到超常的作用并将绝对完全拘囿于个体意识或个体观察者的彻底相对性之内。说到辩证思维的另一方面，对于那些自相矛盾和自我隐含的概念，如萨特的真实性及其对不断改革的邪恶信仰（*mauvaise foi*）的不断矫正，还有维特根斯坦的“疗救实证主义”（弗雷特·莫拉语），尼采的系谱学，确实还有弗洛伊德式分析境况本身等，我倾向于把它们理解成我们在这里描述为辩证自我意识的相对专门化的歪曲了的变体。广而言之，在我看来，即使是诸如俄国形式主义的奇特化或“使之奇特”（在美国也说“使它新颖”）之类的美学概念，实际上也就是现代艺术中无处不在的那种更新我们对世界知觉的内在倾向，都不过是以美学形式在审美层面上对辩证意识运动的显现，如对我们程式化生活模式的某种骚扰，对我们日常关于事物的幻象所施行的一整套冲击，以及对我们习以为常的意识的含蓄批判和重构。从哲学上把这些概念同真正辩证思维区别开来的，首先自然是这些概念不能解释我们知觉的初始麻木不仁，它们无法对那种本体论缺陷提出充分的历史解释，而只能从伦理学和美学方面予以理解。然而，这种思想的歪曲，这种对境况中的本质因素在结构上的抑制，却得到了马克思主义意识形态理论的充分解释，后一理论断定有一种抵阻或反感，而随着我们愈益接近社会—经济的那种真理，这种抵阻或反感便愈益强而有力。然而社会—经济的那种真理，如果以其全部的透明性显示出来，就会立即迫使我们进行实践。

黑格尔的《逻辑学》是由固定概念体系转变到那种过程的流动性的至高界石。过程的流动性最终产生了这些概念，它们回归并沉浸于真正塑造性和非塑造性的精神力量，而它们作为绝对法则的一成不变，又使我们对上述力量视而不见。同理，可以想像出一种辩证的修辞学。这一修辞学中，对各种不同的心智运作，不应作绝对的理解，而应理解成我们同真实本身关系的要素，以及修辞格、转义和句法范式，因为，真实虽则在时间内的变化不可逆转，但仍然服从一种仿佛是语言逻辑的、永远无法从其客体中区别出来的逻辑。在我看来，这种设想不无裨益，因为它可能提出辩证思维重新打开通往时间和历史本身道路的深刻倾向，并在永不止息的意识形态形成的废墟上，重构变化着的真理。

V　马克思主义与社会学：重新为作品奠定基础

以此看来，很显然，即便是我们所称的黑格尔式文学批评，也包含了一种在本质上批判的、否定的、矫正的要素，就我们自己的批判工具和文学范畴而言，它是强加于我们的某种突然的自我意识的要素。现在，当我们转而论述严格的马克思主义文学批评的时候，需要借助一种类似的认识论的冲击，我们才能够识别其存在：因为这种冲击对辩证思维是构成性的，同它不可分离，是向意识的更高层面，向存在的更大语境突然转移的一个标志。

这种冲击的阙如，确实是许多冒牌马克思主义批评的征兆，暴露了其非辩证的性质。因为，马克思主义经济理论所描述的文学史的经典性断代划分——原始积累、中产阶级革命胜利、帝国主义时代——仍然是一种静态的做法，而无论这种做法是克里斯多弗·考德威尔的实践，还是在卢西安·戈德曼"同源现象"更精巧的伪装下的实践。阅读前者的著述，确实是在逐渐获得一种名为诗的形象的印象，这形象与维吉尼亚·伍尔夫的奥兰多一样，也在现代历史各时期一连串的历险过程中，改变自己的形状。这种对应现象中隐在的缺陷，这种庸俗马克思主义的显而易见的瑕疵，可以溯源到对所谓经济层面本身的一种误解，因为经济图式在什么程度上是历时性的，并且意味着为长时期经济发展提供一种持续不断的模式，经济图式本身就在那种程度上是一种理想，也确乎往往是一种无意识的唯心主义的建构。对于这种经济序列，适用于我们关于黑格尔典型运作所说的一切，如创造一种人为的连续性模式，以便从思想上把握历时性在其他方面无法设想的现实。因此，断言在封建主义、资本主义和社会主义这一序列里，马克思主义经济理论投射出一种从本质上说是黑格式的模式，显然只能是一种悖论。情况若果然如此，那么，同样清楚的是，在现实的诸层面之间，在文化和意识形态史（政治体制的演化）与最终经济发展自身之间，对同源现象的假定只能是上文联系泰纳和斯宾格勒所讨论的那些静态文化模式的更复杂的变体，更多的是对具体性做某种准备，而不是真正实现具体性。

因为对具体的领悟，真正马克思主义文学批评的典型姿态，发生于**共时性**的领域，而且，正是在这一方面，马克思主义的概念运作和一般社会学批评运作之间的区分本身，才最精确地展示出来。因为社会学方法同样蕴含着将一个特定的文学或文化事实，同一个特定的社会或文化现实中的某种更根本的“基础”相并列。同马克思主义思想一样，社会学也往往以群体或社会阶级表现自身。因而，社会学文学批评的问题，自身最惹人注目地展现在我们前一章称作马克思主义的**主观**维度的语境中，这就是马克思主义为了以阶级来表达和重新阐述经济体制的含混不清的现实而运用的那种可选择的代码或语言。

也许，在晚近法国批评中有关冉森主义极为浩瀚的文献的语境中，我们可以指出这个问题的实质。法国批评最重要的成果是保罗·贝尼舒[53]的《伟大时代的伦理》、亨利·列斐伏尔的《帕斯卡尔》和卢西安·戈德曼的《隐匿的上帝》。尤其是列斐伏尔的研究，可以说最先在批评领域里把法国马克思主义付诸实践，而且至今仍然最令人注目，尽管有其矛盾倾向和拟定的痕迹，却断然在对那个历史时期本身详尽的、富于启示的描述中，恢复了冉森主义阶级归属的问题：对帕斯卡尔著作的具体背景的这种重构，已等同于为它在基础结构中重新奠定基础。这也许是一个多少不同于那种历史背景的问题。历史背景常常用于文学，同对于最真正的、形式的文学分析，又似乎是外部或外在的某种事物。实际上，对于后者来说，作品与其背景的关系，正如一件家具与其环境的关系；充其量说，在这两者之间，即客体和背景之间，能起作用的只是文体相似性的一种交换，也就是我们前此说过的那种文体或文化类同的实践。

但是，对于马克思主义批评说来，作品就其本身而言恰恰不是圆满的，而是当作一种表示或言语的延伸流传给我们的，除非我们能够理解最初形成这种表示的境况，理解在这境况中这种表示是对其对话者的一种回答，否则就无法领悟。这就是说，对于马克思主义，由文学进入社会—经济学或者进入历史，并不是由一个专门学科进入另一专门学科，相反，它是由专门化状态进入具体自身的运动。我们曾经指出，对于马克思来说，政治经济学并不是各种研究中的一种类型，而是作为其他研究的基础的那种研究。在我们时代，它被人为地再分为社会科学的各个分支，被分裂为社会学、经济学、历史学、政治科学和人类学，这本身就已经是对它作为领悟社会生活的统一方式的一种隐含的评论。因此，当马克思主义文学研究看似由文学转变到社会—经济学的时候，当恩格斯对易卜生的评述转而成为对德国和挪威小资产阶级之间区别的一篇专题论文时（“挪威农民从未有过农奴制，而这一事实给那个国家的整个发展以一种全然不同的背景，正如在卡斯蒂利亚[54]的情形一样。挪威的小资产阶级是自由农民的儿子，由于这个缘故，他与德国悲惨的庸人相比，还是一个人”[55]）；当亨利·列斐伏尔以一篇长文论述16世纪的农民状况、国王的进步性质、婚姻和妇女财权的法律结构演化，并以此文作为他对拉伯雷研究的序言时；实际上，当次要的马克思主义批评看上去被强行归于计划经济或阶级背景概略的一种仪式似的表示时——那也绝不能因此认为，这种批评就是对材料的介绍，是历史学家如果训导有方就可以免除的那种材料介绍（虽则我相信，一般说来历史学家确实没有以适当方式供给我们这些材料）；而应该认为，它是这种批评内在结构上的一种拓展，是作为一种理解形式的马克思主义文学批评的内在而又不可或缺的一种要素。

因此，当我们把帕斯卡尔的作品重新置于冉森主义更大的社会语境，作为同穿袍贵族相对立的意识形态时，我们并没有用有关其他事物的讨论来替代对于帕斯卡尔的讨论；相反，我们因此恢复了它作为一个复杂、矛盾、多价值的历史行为的具体丰富性。冉森主义世界观的悲观主义，从而变成了内容上较富历史性的东西，而不只是一种形而上学的选择。现在，它证明是人们对生活的扬弃，这些人所属的阶级错过了它的历史机会，卡在叛逆贵族和国王及其新中产阶级官僚之间，在它作为有影响的、相对独立的社会群体的命运中，面对着历史“终结”的空白墙壁。或许，更合适的说法是，在这种分析中，形而上学选择本身在某种意义上恢复了它的具体特征，作为人类对历史境况的一种总体反应；当然，走得最远的是卢西安·戈德曼，他详细论述了帕斯卡尔和拉辛的悲剧观与皇家港群体[56]的“极端主义者”对世界的极端否定的关系，而最终是同穿袍贵族作为一个阶级的失败的关系。

然而矛盾的是，马克思主义对阶级和意识形态之间相关联的最强有力、最富启发的模式，却是由保罗·贝尼舒提出来的。他故意抛开对那个时期的经济和社会史的半强制性的考察，把自己的讨论局限于思想史层面。实际上，他作为先驱者不求助于任何人，只有圣·勃夫一人除外，后者已经这样系统地阐述过冉森主义阶级根源的命题：“皇家港是法国中产阶级贵族的宗教事业。”[57]然而，这一从本质上说是社会学的论述同贝尼舒自己实践之间的对照，却是富于启迪和教益的，因为贝尼舒比较详细地向我们表明，对于皇家港在哲学、艺术和宗教上的实践，总是要在双重意义上进行理解，不仅本身作为一种有条理的体系或世界观，而且还作为对付它的阶级敌人的一种进攻性武器，特别是对付像在高乃依作品中所体现的那种崇高的封建伦理。实际上，第二种目标，或者说进攻性目标，是在体系本身建构背后赋予活力的动机，它只是作为一种形而上学的幻象降临在我们头上，因为我们不复意识到它在其中首先是一种行为的具体语境。因此，在冉森主义中，对罪愆和自我厌恶（le moi est hǎissble）的某种更新意义的回归，与贝尼舒称为"英雄的毁灭"那种策略性和进取性运作相一致。"他者"（the other）——即封建显贵及其对社会地位和价值的深刻内在意义的全部虚夸的戏剧化——被纳入自我的湮灭当中，在"自我"自身的毁灭中同它一起消失。

这种分析不同于纯社会学类型的分析，因为它不仅描述一种学说和一个阶级之间的关系，而且也描述那种阶级斗争学说的功能作用。常常受教而又往往忘却的教训是：意识形态旨在促进人类的尊严的某个特定阶级的清白良知，与此同时它又羞辱它们的敌手。这两种运作其实完全是一码事，而且，作为一个文化上或思想上的客体，完全可以界定为这样一个两面的结构，一个思想（观念）的复合体，依据探讨它的侧面的不同，或者呈现为系统性的，或者呈现为功能性的。于是，封建的"荣誉"的代码羞辱那些不能保护自己的阶级（或者用马尔克·布洛赫的话说：穷得连马也没有），新教的行动伦理举出贵族的游手好闲的穷奢极欲而加以羞辱；而19世纪关于中产阶级的"荣誉"的观念，正如我们在前一章中看到的那样，则根据特有的生活方式把中产阶级同工人分离开来。我们由是可以说，马克思主义阶级观念同社会学阶级观念的区别是，前者认为阶级完全是一个区别性的概念，每个阶级都是既同其他阶级相联系，又同其他阶级相拒斥的一种方式。无论社会学的哲学预设是什么，它的观点在形式上都是谬误的，因为它允许我们以某种彼此孤立的方式来考虑个人所属的阶级，像城市或乡村中各社会群体那样几乎完全隔离，或者像以某种方式自我发展并相互独立的“文化”：因为，孤立的阶级或社会群体的观念，正如18世纪孤独个人的观念一样，无疑是一种实在的本质。在历史上，同样没有哪些实体平静地保持着自己的本质，而是保持着每一瞬间的关联性和斗争，在这种斗争中，阶级与个人一样，都没有不去参与的自由。因此，每个阶级在其自身存在中都包含着所有其他阶级的存在，因为它用它们来界定自身，并且只有在它成功地羞辱了对手的情况下，才能使自己长存不衰。这样，用那种方便而肯定是非常抽象的三重公式来说，资产阶级就把自己同时界定为非贵族和非工人，或者，更确切地说，集反贵族和反工人于一身。而且，运用阶级的这种关联性概念，也得出了真正马克思主义分析的标准：这种标准必然在其结构中隐含着非神秘化带来的震惊；它总是以这种或那种方式事先假定一种运动，由看似系统的和在思想上连贯的自足的表层，向它背后那种历史境况发展，按照这一运动，所观察的意识形态产物，作为局部具体斗争中的一种确定的武器，突然证明具有了功能性和策略性价值。于是，这种分析的真实性，就可以用这一转变所实现的程度，用文化事实根据群体间生死斗争的代码重新进行表述的圆满性，来加以测度。

因此，利用著名的术语来说，艺术作品或文化事实，无疑反映了某种东西，但它所反映的，与其说是作为某种自主文化结构的阶级本身，毋宁说是那个阶级的境况，或者简而言之：阶级冲突，不过，这样说就等于意识到，在反映方式本身当中，所提出的这种模式包容了相当广泛的可能性。例如，在此前描述的对冉森主义的分析中，似乎在戈德曼和贝尼舒之间就有本质的不同，对于戈德曼来说，作为一种哲学的冉森主义反映其悲剧性的社会境况，而贝尼舒的概念则把冉森主义当作一种深思熟虑的——即使是绝望的——意识形态的策略。依我看，这种不相一致可以得到极有裨益的理解，不是理解成释义当中的经验差异，而是理解成这个模式内部的转移或重新安排：理解成一种相对积极的概念，即更加强烈地坚持作家或理论家的独创性和创造力，以此代替关于“反映”发生方式的一种相对消极的概念。从本质上看，这种转移是历史距离本身的功能，是以历史事件为中心的功能：各文化客体似乎以一种相对消极的方式，从遥远的地方反映它们的境况和基础结构，这既无所谓真实也无所谓虚假，而只是媒介本身形式上的蕴含。另一方面，当我们愈益靠近这些现象时，个别行为者便开始出现，我们也便沉重地意识到他们每个动作所赖以产生的独特的生存境况；在这种焦点即特写镜头之内，阶级甚至不复可见了，而且，我们慢慢地发现自己不得不作出结论说，倘若反映观念还有什么意义的话，那么，至少必须用这样一种方式对它重新进行阐述：即只有个体作家才把自己改变成这种反映的工具。不过，这种阐述自然也只是我们与历史的距离的一种功能，或者毋宁说我们极为靠近历史的一种功能。

事实上，对于萨特说来，福楼拜的作品可以说是反映了他那个时代的社会矛盾，不过条件是，我们要根据在想像中试图解决在社会上不可调和的问题的方式，来理解这些作品是否做到了这一点。我们已经知道，对于萨特来说，阶级归属不是特定的，而是在童年以家庭为媒介学到的，因此仿佛是第一次重新创造出来一般。不过，就福楼拜的情况看，这种归属是存在异议的：对于他，资产阶级是与自我厌恶极其相同的一种矛盾的客体。因此作品本身也是如此，萨特把它说成是伏尔泰式反讽和宗教献身之间的一种想像的综合。从福楼拜童年经历来说，这两方面的情况与他父母的气质相符合，而在他们之外，在社会阶级的更大的世界上，一方面与刚刚诞生一两代之久的正在崛起的资产阶级的意识形态相符合，另一方面与他母亲出身的小贵族的意识形态相符合。这样，即便是在福楼拜作品的形式方面，也反映出要使这两种不可调和的事物相结合的一种徒劳的尝试；于是作品变成了一种象征性的转换，由具体社会现象变成了文学本身典型的存在方式，而在这种转变中，具体社会现象在福楼拜那种奇特的结合中得到了体现。福楼拜不仅把艺术宗教和腐蚀性的社会悲观结合起来，而且把形式上的热忱和内容上的突变结合起来，例如他用为某个没有信仰也不会祈祷的人进行祈祷的态度，使无聊变成了光阴的虚度。

在列维-斯特劳斯将卡都维奥印第安人的奇特装饰艺术奉若神明的著名篇章中，我们发现了一种类似的艺术观，即认为艺术是想像的解析，不过，这一次确乎是以原始社会或前阶级社会为其背景的。他在形式或纯文体层面上发现，这种艺术的特征是对称性和非对称性之间一种辩证的相互作用，是"同两种矛盾的二元性形式相符的一种复杂情况，它导致一种调和，但这种调和是通过客体的理想轴和它再现的现象轴之间的一种派生的对立而实现的"。现在，列维-斯特劳斯认为，这种纯形式的结构是卡都维奥人社会组织内部矛盾的一种反映，它揭示出二元和三元体制之间一种尴尬的踟蹰不决。这样，一个抽象的形式模式，证明原来是试想以一种想像的方式来"解决"真实的社会矛盾："既然他们（指卡都维奥人——译者）无法意识到［这一矛盾］并体验这一矛盾，他们便开始对它进行臆想了。"[58]

在这一方面，无疑就产生了关于这些想像性解决是否具有更普遍的代表性的问题；或者换句话说，特别是就精湛的个体性艺术而言，就产生了艺术家的社会学及其个人心理和境况与他的公众社会学之间相脱节的问题。不过，这一表面上的困境是能够避免的，但要按照锡德尼·胡克的观点，根据“任何文化事实的起源同它的接受之间的差异”重新对它阐述。譬如在艺术当中，无论在哪个时代都会出现所有类型的文体变体或变异。而社会和政治环境，又作为选择性动因，作用于这些变体或变异。[59]确实，在现在的语境里，我们很想把从考虑作家到考虑他的公众的这一转移，视为辩证颠倒的关键契机，在这种颠倒之中，随着方式的转换，我们的模式从艺术反映其社会基础的主动概念，重新调节为被动概念。这里，在关注作为一种动作的艺术过程自身的方式中所失去的，可以在诸如萨特的《什么是文学?》之类的著作中，通过描写艺术形式的阶级运用，在描写的精确性中重新获得。而就作品本身来说，我倾向于认为，这种主动—被动轴心与从考虑形式到考虑内容的一般转移大体一致；或者，既然可能性的范围在此处必须视为连续统一体，而在这个统一体中，对于这种现象愈益细微或者愈益一般的观察，又以此前描述过的方式缓慢地引发出辩证的颠倒，所以我宁可认为，这种主动—被动轴心是从以前表述为形式现象的东西，转变到现在证明是内容术语的东西。这样，福楼拜就通过形式的革新“解决了”一个矛盾，但恰恰是冉森主义的悲观论才表达了穿袍贵族事业的不可救药。然而，如果用一种不同的方式重新注视这些现象，人们当然就能把帕斯卡尔作品的形式特征，描述为自己有权存在的象征性（符号性）动作，这正如人们能够把福楼拜小说的情感内容，同1848年革命失败后法国社会和政治气候相联系一样。

与此同时，“想像性”解决的假说，又提出了一系列我们尚未直接触及的稍有不同的新问题，然而在过去，对于马克思主义文学批评，这些问题却是首当其冲的。因为，假如穿袍贵族未能进行革命，假如存在着从结构上看无法解决的社会矛盾，那么，我们还必须同时牢记着一些革命获得成功的事实，并且为这样一种艺术——可能是预言性而非以幻想为取向的艺术，可能预示正在策划着的真正解决，而非为不可能的解决设计形式替代物的艺术——留出一席地位。换言之，马克思主义的阶级概念，不仅涉及我们迄今已经强调过的共时性分化维度，而且涉及历时性维度：对一个阶级的界定，既可以通过它与同时代其他阶级的对抗关系，也可以通过它在历史过程中的地位，通过它参与历史演化中的一个特定的和确定的阶段。不过，衡量一个阶级这种时间上的命运，不是从外部进行的，也不是根据整个经济史进程的某种外部图解或图表进行的，相反，它是从内部进行的，根据内部温度的升降，或者作为对公开的可能性和随历史机遇的波涛前进的一种自信感，或者作为自我背弃的一种郁闷感，一种对于停滞和无效、闭关自守、损坏才能和虚掷精力的感觉。对于一个阶级经由它崛起的伟大岁月到它衰落的岁月所产生的这种改变了的情绪，马克思主义现在以进步的或反动的著名政治语言来概括其特征。

历史范围的这种拓展或收缩，对于艺术生产，无论就其内容还是形式来说，都产生了最重要的后果；而且，依我看来，普列汉诺夫在《艺术与社会生活》中的经典陈述，其准确性在今天绝不逊于当初下笔的时候："艺术家和对艺术创作有浓厚兴趣的人们，在与周围社会环境处于无法解决的不和谐时，便会产生为艺术而艺术的倾向。还不仅如此。我们那些坚信理性会在不久的将来获得胜利的'60 年代的人们'，以及怀有同样坚定信念的雅各宾派画家雅克·路易·大卫[60]和他的朋友们的实例，都向我们表明：所谓功利主义的艺术观，即是使艺术作品具有评判生活现象的意义的倾向，以及往往随之而来的乐于参加社会斗争的决心，是在社会上大部分人和多少对艺术创作真正感到兴趣的人们之间有着相互同情的时候产生和加强的。"[61]无疑，绝大多数的马克思主义批评家都曾讨论过在集体生活中艺术生产源泉的这种更新，认为这是这种或那种形式的现实主义；并且曾倾向于将过去各新兴阶级的艺术（主要突出的自然是18和19世纪伟大的中产阶级现实主义，但也兼及埃赫那顿[62]治下埃及艺术的自然主义复兴，古典雅典的原型文体演化，哥特式艺术的崛起和文艺复兴），以一种周期性的复兴联系起来。这种复兴的最晚近的显现，则可以视为社会主义现实主义。不过，我们不大想详细论述现实主义概念所固有的困难，假如我们明白，这一概念在很大程度上说，所涉及的是对艺术内容而不是对本质上是形式现象的关注。如同我们讨论卢卡奇时已经见到的那样，当现实主义问题以一种形式的方式提出来时，再现性和真实性的标准便倾向于被全然不同类型的其他标准代替，例如被蕴含于总体性和具体性概念中的形式判断取代，或被与描绘相对的叙述概念中的形式判断取代。

然而，普列汉诺夫有关18世纪资产阶级戏剧的讨论已经表明，艺术同一个兴趣阶级的关系，不一定要用现实主义内容的简单化术语加以分析。处于分析中的历史和艺术现象，实际上是自相矛盾的事实：随着法国中产阶级更加接近他们追求真理的时期，散文体的现实主义感伤剧——在18世纪50年代似乎是他们的典型产品，狄德罗是这种戏剧的理论家——尽管源于上层阶级公众的趣味，但在古装英雄剧再次流行之际便失去了人们的青睐。当然，归根结蒂，这种表面的复兴证明预示了一次基本上是中产阶级的艺术运动的诞生：这就是新古典主义的诞生，大卫的古装绘画是它的界石。然而，普列汉诺夫的分析是一种精明的分析，他利用类似贝尼舒用于冉森主义的一种模式，为现在在阶级对抗的具体情境中的一种本质的文体现象重新奠定了基础："资产阶级的戏剧，"他对我们说，"一开始就带有法国资产阶级的对立倾向，而且在表达它的革命希望方面，已不再有任何用途。”[63]换句话说，资产阶级戏剧帮助中产阶级意识到，他们自己是有别于其他阶级的阶级，是个具有自己的生活方式、意识形态和自尊心的阶级；然而，当这个阶级觉得十分强大，足以与贵族进行直接而又雄心勃勃的对峙时，它就需要吸收罗马共和国那些更激励人心的形象，如布鲁图[64]和那些伟大的护民官，以及古典遗迹中那些英雄的形象。

这样一种分析自然可以由前章概要论述的萨特关于吉伦特派举行罗马式化装舞会的讨论来完成；因为十分清楚，诉诸古装戏剧包含一种自我神秘化的因素，同样也包含一种常规的因素。然而，在我们现在的语境里，历史判断上的这种变化具有相当不同的理论意义：它强调我们一直使用的阶级描述中的根本相对性，对一个阶级兴衰命运的评估的相对性，以及它的进步和反动性质的相对性。因为，按照我们的观点，18 世纪的中产阶级既是进步的又是反动的，它们代表了一个阶级上升时的命运，然而从长远观点看，这个阶级在历史上又注定要消亡。它们同时集这两种东西于一身：属于他们的那种堂皇的普遍化的意识形态，连同它在我们自己时代的第三世界上依然富有活力的政治解放的逻辑，既是整个人类遗产的一部分，又是特殊的阶级辩护的例证。因而我们再一次在我们的印象中证实，我们同某一历史事实的关系不是固定不变的静态关系，而是一种不断拓展和收缩的关系，它依据我们对自己的距离和对我们自己境况所持的观点的辩证的调整而发生变化。这样，我们可以不把这些判断理解为一系列相互排斥的立场——持这种立场会使我们一劳永逸地断定冉森主义是进步的（鉴于它所反对的东西），或是反动的（鉴于它所拥护的东西）；而是理解为某种滑动标尺之上的一些立场，这个标尺滑动于全然拒绝和全然认同这一对相互诘难的极端之间，以其移动的方式，一部作品或一个运动，可以沿连续统一体重新确定它采取一种相对来说更否定的立场，或者相对来说更肯定的立场。

因此，马克思主义的阶级分析，证明是包含着两种不同的判断轴，这要视我们是否强调文化客体和它所“反映”的阶级之间的关系的性质，或是否关注那个阶级的历史命运而定。于是，我们就可以将下面这个模式所固有的各种可能性衔接起来：

	否定的 （反动的）	肯定的 （进步的）
被动反映： （内容）	冉森主义 （意识形态）	现实主义 （政治意识）
主动解决： （形式）	福楼拜、卡都维奥艺术 （艺术形式主义）	大卫的绘画 （开放或预言形式?）

不过，除非对这张图表有清楚的理解，否则就比引入歧途还要糟糕。正确的理解是：在适当的情况下，同一个文化事实可以被视为占据着这些立场中的任何一个立场，抑或被视为通过全部相连的现成立场来完成一种循环。因此，巴尔扎克的小说通常被理解成一种上述意义上的“现实主义”的，可以视为反映了某一衰亡阶级的反动意识形态，视为从他自己个人的境况演化出本质上是个人和形式的愿望的满足，或者视为通过《人间喜剧》复杂的人际结构预示出某种新的、后个体主义的、集体的形式组织。我认为，利用差不多同样的方式，也不难将列宁关于托尔斯泰的各种评估——如说他既反动又进步，既是一个宗教思想家又是一个革命预言家——按照这样的结合图式加以阐述。这里的含意是，这些表面上的判断矛盾，实际上应该看做是以一个共同模式为基础的变异，而不是要求我们采纳或摈弃的“一些看法”。的确，历史正好有这样的义务，它必须扩大客体于中得到保存的视野，增加它从中得到审视的视角；而且我认为，以这种方式对待不同判断或评价，并不是要表明某种理论的客观性和中立性，而是将我

们重新置于价值本身和这种结构变换的源头，使文学的表面争执转回到历史世界上冲突群体的终极现实之中。

就马克思主义文学或文化批评力图将其客体同阶级本身的现实重新统一起来而言，就它在其客体中见出阶级实践的一种相对透明的形式而言，这就是它所采用的形式。可是，拜物教化的现实——而不是幻觉——又如何了呢？当我们把作品不是看做相对隐蔽起来的关系，而是看做自己有权存在的不透明性的形式，看做某种生产出来的东西、某种十分故意地加以物化的意识时，又会发生什么情况呢？简言之，当我们想到马克思主义分析的这两种可能代码或语言时，我们就可能开始怀疑，是否我们迄今根据阶级所描述的一切，也可以以十分不同的方式加以发展，而且实际上可以得到十分不同而又同样富于启迪的结果。

这里，我们显然与作品和经济相联系而不是与社会现实相联系的背景有关：因此这种分析的坐标，不复是意识形态形成的坐标，而是商品生产方式的坐标。然而，作为客体之客体的任何透彻描述，都有以这种那种方式同亚里士多德的四因说——形式因、质料因、动力因和目的因——相协调的义务，并将其作为对某客体进行理解的各种观点的清单："其一是我们所说的实体，亦即本质（因为'为什么'最终可简约成定义，终极的'为什么'则是一种原因和原理），其二是物质或基质，其三是动力（变化）的源泉，其四是与此相对的因，是目的与善（因为这是产生一切动力（变化）的终极）。"[65]但是，亚里士多德的模式源于工匠生产和手工艺世界；它映现出一个过程，在这个过程中，模仿一种特定模式的动因形成某种材料以创造一种客体，这客体于是就具备了某种明确的用途，例如一口饭锅、一件衣服、一串珠宝或者一柄长矛。显然，就艺术作品本身只是这样一件手工制品而言，亚里士多德的模式和它被要求阐明的审美客体之间

（且不说其他事物）存在着一种预先确定的和谐。

这一预先确定的和谐很可能既适用于客体制作过程，又适用于知觉过程。我们已经约略提及海德格尔关于使用客体（objects-in-use）优先于弃置客体（objects-in-rest）的学说；同样，我们借以观察外部世界的占主导地位的实体范畴本身，也由我们周围实际客体或工具的类别和结构所规定和制约。然而，海德格尔的模式源于农民世界，在这个世界上，杯子、犁耙、斧头和牧杖铸成了在它们背后出现的自然世界。

因此，马克思主义批评必须使这两个模式（即强调制作过程，坚持环境特有的工具或客体的首要性）所产生的洞察力，适应于消费品工业化生产的现代世界。遵循海德格尔的模式，就会强调商品形态的制约方式，即对客体的所有更富思想性、更理论化的知觉进行制约的方式，当然也包括知觉的审美方式。在一个交换价值优于使用价值的世界里（从本质上说，这就是商品的定义），毫不奇怪，艺术作品的制作也应该受这种占主导地位结构的制约，而这一结构又会影响我们日常世界的一切事物，正如影响我们与客体的关系一样，影响我们与他人的关系。由是，以一个更纯朴的使用价值占优势的世界为基础的亚里士多德模式，如果想公正地对待广告世界在结构上的神秘化，就需要全面地详细检查和重新调整。因此，我们期待在亚里士多德的形式因和目的因当中，出现一种深刻的变更和扩展。此外，现代创作的范式已经变成了工厂和体制化的工作，而不是个体工匠的技巧，就此而言，我们还会期待以后根据**集体**而不是**个人**进行思考，以便使动力因在确定的过程之先，曲折地进入一类劳动者，并且含蓄地表现他们为之工作的那个阶级。因此，对资本主义现实的一种充分的亚里士多德模式的想像，会把艺术作品视为**产品**，而不是一个制作出来的客体；它不仅涉及生产方式，还涉及分配和消费方式。这意味着既研究生产者，又研究消费者，而且甚至可能发觉，自己确实触及供应和原材料来源的问题。

在商品世界上，这样为艺术作品重新奠定基础，必须首先以尽可能实际的方式来理解。因为这对于职业知识分子是清醒有益的经验，使他们记起自己研究和论述的客体也具有完整的物质基础结构，而在传统上，这个基础结构属于文学的社会学领域。由此而涉及的调查研究——如对出版工业及其逐渐在经济上的集中，对文学市场，对新的媒介和旧式发行作用的调查——仅只在公众世界外在于私人生活的意义上，才外在于文学。然而，在美国，由于中产阶级私人消费日益由大学体系消费所替代，而这种体系似乎注定要发挥中世纪寺院所发挥的那种关键作用。所以，援引这种分析的一个例证，看来是恰当的，这里我们援引已故的赖特·米尔斯论述学院知识分子生活中商品结构的最典型篇章中的一段："生产者是这样的人：他创造观念，首先阐述它们，并尽可能地检验它们，或者至少用书面形式使这些观念到达市场上能够理解这些观念的那部分人手里。在生产者中，有仍然是主导类型的个别创业者，以及种种研究机关的企业经理，后者事实上是生产单位的行政人员。然后还有批发商，他们虽则不生产观念，却以教科书的形式，把它们分配给学院里的其他人，这些人转而又直接把这些观念兜售给学生消费者。就人们进行教学而且只是进行教学而言，他们则是观念和材料的零售商，其中较好者由原来的生产者提供服务，而较差者则由批发商服务。所有学院的人，不管属于什么类型，都是别人产品的消费者，通过书籍都是生产者和批发商的消费者，通过在当地市场上的个人对话也都在某种程度上是零售商的消费者。但对于某些人，则可能在消费上专门化：这些人就成了书籍的伟大领会者而不是使用者，而且他们在书籍目录方面也十分突出。"[66]

这段话可以用作由对文学基础结构的相对外部的思考——姑且说，是文学批评层面上的一种机械唯物主义——到对文学消费的相对来说更加内在的问题的过渡。因为我们所消费的，在某种程度上说，总是一种观念而不是一个物质性的东西：这就是使用价值和交换价值之间差异的真正本质，因为客体的存在不复主要是满足某种需要，通过与身体的需要相类比来理解，而是作为一种抽象的、象征性的价值，在这种价值中我们不再能清楚地区分需要—满足和人为的刺激。我们借关注审美愉悦的整个观念，可以测度这两种状态之间的距离，即与客体的相对自然的前资本主义关系和我们自己与客体的关系之间的距离。对于亚里士多德，悲剧的情绪满足很轻易划分为它的怜悯和恐惧的功能成分，它们附丽于所观看到的命运之上，并以此同样净化个人和群体自己的社会和生存的焦虑。因此，悲剧的这样一种目的因，从其性质上说，就能服务于一种社会功能。相反，资本主义社会的愉悦，则只是对客体消费的标记：这样它就相对地外在于客体的结构或用途，因为它可以附丽于任何一个客体，同时，由于除了鼓励进一步消费并使这个体系最大限度地运作之外不具任何集体的功能，所以它又是无偿性质的。

于是，在这一点上，我们开始窥见商品社会中艺术作品的深刻使命是什么：不是当作商品，不是让人消费，而是在商品意义上的反感。现在，我们可以回过头来看看阿多诺的音乐分析。他的这些分析或许是对这种原理最充分的挖掘应用，实际上它们构成了他著作中最真正的马克思主义部分。与其他方面相对是一种黑格尔式的实践形成对照。因为在现在的语境中，十分清楚的是，阿多诺为我们提供的音乐发展史，亦即作为勋伯格和斯特拉文斯基的孪生歌剧的框架和生动境况的音乐发展史，纯粹是音乐和商品形态本身之间的斗争。大约在法国大革命时期进入音乐史的那种加速演化的新逻辑，只是资本主义自身的一种迸发——然而，这里资本主义不是与经济体系平行的一种相同的演化，不是一种同系现象，而是在音乐材料内部，作为由商品形态对其造成的内在歪曲而起作用的一种演化。这种商品形态把形形色色的音乐成分，如主题、配器、和声，实际上还有展开部的长度以及总体形式本身，全都纳入了它的轨道。这就是解释瓦格纳那种简单化的、事先包装好的、毫不费力即可消费的主导旋律的东西；这就是说明勋伯格如何以惊人的精力力图阻止作品化解成易懂的旋律，并以对消费者集中的关注和力量所提的此后无法容忍的要求，来恢复作品某种原来的总体组织的东西；这也就是说明斯特拉文斯基那些革新的东西。斯特拉文斯基虽则身处商品世界之中，但却发展最新的生产技巧。以其对新产品不断加速的挖掘，力图为其易于腻烦的听众恢复某些情绪上的冲击。

如果证明阿多诺对音乐所作的分析可以适用于文学作品，那么，我们就应该发觉自己面临着“内在的”马克思主义批评，一种马克思主义语文学，或者对一般艺术的内在社会形式的系统勘察。这个学科必然要求延伸各种局部的批评研究（它们本身已经拓展到上述黑格尔模式的更适宜的维度），使它们不论同阶级的现实或者同商品生产的现实相交叉，都发现自己再次基于具体的社会历史。我们自然无法制作出旧式美学（实际上还有诸如韦勒克和沃伦的《文学理论》之类的“新”体系）声称已经完成的、有关这些局部研究的系统清单：这种体系化被历史自身的优先性排除了，只有历史才规定作品占主导地位的范畴和结构，而它们永远是新的，并从自己的永恒更新中产生出来。

然而，我们可以看到，这种重新奠定基础的观念，正在像普列汉诺夫和卢卡奇对象征主义这样的论述中发生作用，从本质上说，他们的论述可以视为替马克思主义的形象（意象）理论奠定基础。有关这同一现象的稍有不同的阐述，也可见于萨特的“想像力”理论，他把这种理论视为对客体的一种重组：使客体脱离实践的时间，由动作向姿态转变。[67]这些分析共同具备一种境遇的历史化的逻辑：它们并不意味着有一种适用于所有时期的所有境况的形象结构，而是把具体的文学现象视为某种引人注意的事物，它使人注意自己奇特的结构特征，使自身与一种象征化过程认同，意识到自身是对世界的“非实现化”。

大体上同理，如果我们在上面已经表明文体学的一般科学，是用语上的矛盾，那么，我们起码可以为现代的文体（风格）投射出某种类似马克思主义文体学的东西，在这种文体学中，艺术—语句本身由于在从福楼拜到海明威的现代时期经受了各种锻冶和实践，因此可以交替地被视为一种作品类型或者生产方式，也可以视为一种商品类型。因为商品结构的独特影响也许在语言那种暧昧的现实中最大，这种语言的现实能够作为一种丰富的客体被轻而易举地消费掉，正如它能试图在那种由社会激发的透明性中将自己抹掉一样——巴特把这种透明性称为“空白书写”。确实，在现代文学中，语句生产本身变成了作品内部的新事件，并产生出一种完整的新形式。

马克思主义的情节理论，也可以用同样的精神加以阐发；实际上，卢卡奇已经在这方面做了大量工作。然而，对于这种理论，上面所揭示的局限，其适用程度甚至更大，因为就情节在叙事作品里是具体性本身的基础而言，对它不能进行任何独立的分析。它只是同作品本身相重叠，正如功能性的“描述”在通常情况下提供大量作为“形象”（“意象”）被分析的东西。情节只在它本身作为被消费的东西，作为某种从整个作品中“被突出出来”、生动地显现出来的东西，即在它以某种方式引起对它自身注意的程度上，才可以进行分析。因此，精心制作的情节无疑是一种独特的文学和历史现象，它为我们提供有意义的事物，既向我们揭示同时代人如何看待他们所参与的社会生活，又向我们揭示他们想如何看待这种生活。但是，一般的情节却绝不具有这类要揭示的事物，因为它只是一个实体。

这种精神也适用于作品的其他成分，尤其适用于一种人物的理论，毫无疑问，这种理论会发现，它自己的发展与把普遍存在的其他性作为一个时代具体社会生活中的范畴和判断而对其进行的分析，有着非常密切的联系；而对于“他者”（the other）的表述本身何以是小说家获得有关他的社会和现实的知识的标志，它也具有某种要说明的东西。与此同时，正如此前约略讨论过的其他类型的研究一样，这样一种理论将是断断续续理论，它承认文学作品中“人物”的无所不在，同文学人物作为一下范畴的主导地位并不是一码事；而这无疑是讨论一个恰恰同这样的人物有关的、一种最熟悉的马克思主义批评实践的时候。

实际上，对于不少读者来说，把人物解释为社会阶级的典型或代表一个特定阶级立场的这种观点，已成为马克思主义文学方法的经典形式。难道不是巴尔扎克人物的典型性吸引马克思和恩格斯注意于他吗？而且，典型的概念难道不是直到我们的时代仍然是马克思主义批评最迷恋的概念吗？当然，这种批评的瑕疵曾经屡次被人指出，其中最严重的是，对于阶级的这些图解式观念是一些先验的观念，它们最终能够从艺术作品中获取的东西，绝不会多于最初它们置于作品中的东西。这种方法被描述为讽喻的方法是再合适不过了；这样说只是表明，任何真正的辩证批评，最终都会反身自问其自己工具的来源。因为很清楚，阶级意识本身——在它作为一种生存事实而存在的那些社会里——就个人对它来说被视为他们所属的社会群体的类型和显现的程度而言，是一种讽喻的思维方法，在左拉的《家常琐事》中，各个层次的公寓住房，与从一楼的阔绰房客一直到阁楼的女仆和工人的各个社会阶级相对应，因此这样一部作品就是讽喻式的，因为阶级意识仍然于社会本身内部结构上发挥功能：它被包含于内部，作为整个社会的一种地图或图表，作为一种区别性的情感，人们借此确定自己与其他阶级的关系。

这种社会“典型性”对文学自身生产的重大价值，可以通过考虑这种典型性已不复存在的今日美国的状况，从反面来加以评估。因为，如果在美国阶级状况中有什么独特的东西，那么它势必以某种方式同过多的民族限制相关，这就是，旧式的民族经验，即个人的真实与社会—经济结构相重合的微观世界，已经不复存在。实际上，正如人们常常指出的那样，在美国帝国主义时代，我们的下层阶级在民族疆域之外；即便是我们的工人阶级，对于第三世界的农民阶层和无产阶级来说，也仿佛是资产阶级。因此，美国文学就变得虽说并非不可能，也是有争议的了，因为它如何把自己局限于民族文学的传统语言和形式之内，它就会失落有关自身的基本真实，而它如果试图讲述这些真实，它就会把作为文学的自身化为乌有。

以契诃夫的一出戏为例，如果对人物的讽喻式解释应用于单一角色比应用于一整系列人物更令人信服，那么我认为，这是由于后者仅只把自身等同于一系列人物和一系列阶级之间的关系，而前者在最典型的情况下，则包含一种真正拓展或重新奠定基础所产生的类似的震惊，即由某种内部“生存真实”到外部历史世界的严峻过渡。我们已经见到，这种外部历史世界作为一种精神活动，就是马克思主义的最本质特征。因此，在所有马克思主义分析文章的一篇最知名的分析当中，当卢卡奇从政治方面来解释《威尼斯之死》[68]的故事时，他似乎把作品本身的内部逻辑颠倒过来，由于受到压抑的东西和象征性地被授予的东西典型地涌进了可申巴赫的意识心灵，其题材确实突破了无意识自身。为腓特烈大帝作传者的命运，因兼有压抑—独裁和堕落，而象征着普鲁士本身的解体。这就是赢得托马斯·曼本人首肯的一种解释。这一观念所引起的那种震惊，是马克思主义分析在结构上的一个基本成分，旨在把作品以及读者翻转过来。然而，从根本上说，托马斯·曼是一个讽喻的作家，因此即便是这一解释，最终也在作品本身的历史结构内部，找到了对自身的确证。

Ⅵ　马克思主义和内部形式

> 就我来说，我深信，美只是一种形式的形式，而且那通常称作它的材料（内容）的东西，势必被视为已经赋予了形式的材料（内容）。
>
> ——席勒：《审美书简》

前面把辩证批评描述成批判的而不是系统的，是矫正的而且几乎是本体论复归的一种运作，但并不应理解成排除某种更统一的批评方法。不过，应当记住，在提出这样一种方法的过程中，下面这些篇幅里的论述就不是描述的而是变得更加思辨的，而且，肯定还会有替代的方法来协调马克思主义批评的基本原理。尤其是，如果对阶级的强调不够强烈，那是因为这种阶级模式，对于具有各种种族和民族群体的美国社会现实来说，从来就没有按照它应该做到的那种样子，令人满意地产生出来。今天，在上述的那种空前的全球阶级新状况的语境中，提出阶级模式的任务就变得更加紧迫了。

歌德和威廉·冯·洪堡从普罗提诺[69]那里发展而来的“内部形式”概念，以几种不同方式出现在我们面前。首先，它是一个诠释学概念，就是说，它不同于自然科学法则，并不提出以某种方式永远与其客体联系在一起的实证主义真理；相反，正如在辩证过程中由此一时刻向彼一时刻的运动一样，当它在时间中从外部形式向内部形式运动时，它所强调的是释义运作本身。这样，批评家就被召回到自己的过程中来，像在时间中展开的一种形式一样，也反映自己具体的社会和历史境况。

此外，它在作品内部一系列不同层面的序列（或者，说来也是同一回事：它在释义过程中各时刻的一种相连序列）的模式，同我们前此描述过的一些关键的接合或过渡恰相一致。自然，马克思主义批评的全部运动，正是由表层到基础现实，从一种表面自主的客体到这客体证明是其一部分或结合部的更大基础的这样一种运动。然而，我们已经看到，这一运动可以呈现几种不同形式：在一种形式中，表面上系统的意识形态，像在画谜（*Vexierbild*）中那样，又突然重新关注于阶级的一种辩论方法。在另一种形式中，却更紧密地遵循着洪堡对语言外部形式及其内部产生的意义能力之间所做的基本上是语言学的区分，而在某种意义上总是为公众生产的外部的客体艺术作品，又从内部被视为一种商品，或者直接地或者通过其否定力量，反映着它那个历史时期商品生产的状况。

这种释义也许并不完整，但却很难说是武断的：事实上，我认为可以说，在社会实体中，对这种释义惟一在哲学上贯通的替代方法，是在宗教或神学基础上结构的替代方法，而诺思罗普·弗莱的体系只是这个替代方法最新近的例证。我们因此可以把宗教界定为一系列想像的命题，而如果要回避马克思主义的理论成果，就必须相信这些命题是真实的。

不过，归根结蒂，对于马克思主义看做是文学或文化现象终极解释代码的这一社会—经济学“转换”，并不需要确证其为得当。这种确证已经蕴含于形式和内容之间的辩证观念当中，而且，我们此前已经见到，这是与旧式有关形式和质料的亚里士多德式观念十分不同的东西。因为文学素材或潜在内容的本质特征恰恰在于，它从来不真正地在原初就是无形式的，从来（不像其他艺术那些未经加工的实体材料那样）不是在原初就是偶然的，而是从一开始就已经具有了意义，既不多于又不少于我们具体社会生活本身的那些成分：语词、思想、目的、欲望、人们、地点、活动等等。艺术作品并不赋予这些成分以意义，而是把它们的原初意义转变成某种新的、提高了的意义建构；由于这个原因，作品的创作和释义就都不可能是一种武断的过程。（我这样说，意思并不是指作品必然是现实主义的，而只是指任何对其形式的文体化或抽象化，最终必然表达出其内容的某种深刻的内部逻辑，而且这种文体化自身的存在，最终都必然依赖于社会原材料本身的结构。）

我认为，这就是作为本节开头引语的席勒那段话的“唯物主义核心”：“就我来说，我深信，美只是一种形式的形式，而且那通常称作它的材料（内容）的东西，势必被视为已经赋予了形式的材料（内容）。”的确，形式与内容的辩证观念在方法论上首先取得的成果是，由于依赖于释义工作的进展和它所达到的阶段，形式和内容无论哪一个都可转变成另一个：因此，正像席勒所指出的那样，每一层内容都证明只不过是一种隐蔽的形式。但是，我们在上面已经见到，说形式当真只是内容以及内容内部逻辑的投射，也同样是对的。事实上，这种本质区分，只有在它于艺术实体自身的模棱两可之中重新取消自己的条件下才有用处，而这种实体可以交互地看做全然的内容或者全然的形式。

因此，我们叫做释义的东西，是一种用词不当：内容所以不需要进行处理或释义，恰恰是因为它本身从本质上说就直接具备意义，正如情境中的姿态或者谈话中的语句具备意义一样。内容已然是具体的东西，因为它在本质上就是社会和历史的经验，而且，关于我们自己的释义或诠释工作，我们可以说雕塑家就自己的石头说过的那些话：将所有外在的部分除去，就足以让已经潜在于大理石块里的那尊雕像显露出来。这样，批评过程与其说是对内容的释义，不如说是对它的揭示，是对隐匿在曾经作用于它的种种稽查的歪曲之下的原初信息、原初经验的一种暴露，一种恢复；这种揭示采取说明内容何以如此受到歪曲的那种形式，因而不可能与对这种审查本身机制的描述分割开来。

由于我很快就要谈到苏珊·桑塔格，所以我想用她论述科幻小说的著名论文《灾难的想像力》来作为对这个过程的一种论证。在这篇论文中，她重构了科幻电影的基本范式，从中见到了"对当代生存……对自然灾难，对世界普遍解体甚至毁灭的前景……以及［更加特别的是］对个人心灵状况的最深沉的焦虑"[70]的一种表达。情况全然如此，而且她的文章对科幻小说按照自己的条件而采用的材料作了彻底考察。但是，这些条件如果本身也只不过是一种伪装，只不过是"显性内容"，用以使我们不去专注于以形式而起作用的某种更基本的满足，那么，情形又会怎样呢？

因为，在这些娱乐的表面消遣下面，在我们观赏它们时，其表面上专心致志的下面，内省又揭示出一种次要的激发力量，与此前描述过的激发力量大不相同。首先，这些作品，特别在战后和 20 世纪 50 年代它们的鼎盛时期，十分公开地表达了科学家的奥秘：我这里指的不是有关科学家本身的外部声望或社会作用，而是关于他们生活方式的某种集体性的民众梦幻：科学家不从事真实的工作（然而权力以及社会地位却属于他），他所得的补偿不是金钱补偿，或者至少金钱似乎并不是目的，他的实验室（家庭工作室扩大到公共机构的规模，成为工厂和诊所的一种结合），他夜晚工作的方式（他不受例行常规或八小时工作日的束缚），具有某种令人神往的东西，他的智力运作本身，就是非知识分子想像脑力工作和书本知识为何物的漫画。此外，还暗示着对于旧式劳动组织方式的回归：回归到更是个人的、在心理上更令人满意的行会世界，在这个世界上，老的科学家是师傅，年轻的科学家是学徒；在这个世界上，长者的女儿极其自然地成了功能转移的象征。如此等等：这些特点可以无限地加以罗列和发挥。我想表明的是，这些当中没有一样最终与科学自身有关，而是我们自己关于劳动的异化和非异化的情感和梦想的一种大大歪曲了的反映：它是把一种理想的幻象或者马尔库塞称之为“力比多满足”的工作，当作其目的的愿望满足。不过，这自然是一种特殊类型的愿望满足，而正是对这种结构进行分析才是重要的。

因为，在这里，我们与那种直接和公开的心灵认同和愿望满足，例如 C. P. 斯诺的作品（对科学家的题材）所可能阐释的那一种，并没有关系。相反，这是一种希望隐匿自己实存的象征性满足：因此，这里与科学家的认同不是情节的主要动力，而只是它的先决条件，而象征性满足似乎以一种颇似康德式的方式，不是使自身附丽于故事的事件，而是附丽于那个框架（科学宇宙，原子分裂，天文学家对于外层空间的凝视），没有这个框架，首先就不能产生出故事。由此看来，科幻小说叙事中一切剧烈的突变——楼房倾塌、戒严状态、东京湾出现怪物——只不过是一种托词，既转移心灵极其深刻的运作和幻想，同时又激发这些幻想。

毫无疑问，我们可以继续表明，同对作品的这种幻想一道存在的，还有另一种幻想，它描写集体生活，并把科幻小说中的宇宙紧急事件用作一种方式，恢复某种战时的团结和士气：这样，把行星灾难中的幸存者团结在一起，本身只不过是对更人道的集体和社会组织的一种歪曲了的梦想。从这种意义上说，作品表层的暴力就受到了双重激发，因为它现在可以被视为对中产阶级生活呆板、穷极无聊的突破；而无论哪一种情况，在那种伪装之下的暴力，都可以理解成表达了对未能实现这样引发的无意识幻想的愤怒。

这类表面否定（消极）并充满焦虑的作品的内部形式，因而是肯定（积极）的幻想，是我们曾经用“在作品中得到满足”的语言表达过的一种幻想。不过，我们用以描述这种内部形式或经验（*Erlebnis*）的用语，与运动本身相比并不那么重要；我们凭借这种运动重新出现于那个具体的位置，这在前面一节里，曾被描述为介于私人与公众、个人与社会—经济现实、生存与历史本身之间的位置。辩证批评的任务，的确并不是将这两个方面联系起来：不论在我们自己生活经验中，还是在任何真正艺术作品中，这两个方面一直都是联系在一起的。更确切地说，这种批评应该以一种使这种关系得到揭示并再次变得可见的方式，将作品及其内容连接起来。

因为，我们必须面对某种同一性的关系，而这需要将一套用语完全转变成另一套用语：这两个方面其实是一个方面，而艺术的基本价值，实际上在于它所运用的方式，即对于我们曾在其他情况下当作个人经验问题的事物，它以什么方式使我们把握其基本的历史和社会价值。然而，这是借变换层面或视角来完成的，正如从一种形式到一种内容或者从一种内容到一种形式一样，是借从经验到它的基础或具体境况的运动来完成的。不过，用以描述经验的社会—经济维度的用语，绝不像价值生产和世界的改变那样局限于劳动用语。确实，这种经验的基本内容永远无法事先确定，而且从最重要的同世界的斗争到最细末微小的专门化知觉各不相同。这种真实性实际上更容易用一种否定的方式来描述，如逃避日常生存或某种停滞的空虚：因此它是恢复我们同真正经验中某种断续接触的东西，而这种接触所采取的形式，又如社会—经济组织本身的历史可能性相一致。

然而，在作品中得到满足的用语之所以有用，是因为它实现了任何其他有关内部形式描述势必要用或此或彼的方式予以说明的功能：它解释了对于作品本身的审查，使我们明白为了达到艺术的满足，为什么这样一种冲动必须首先被伪装起来。因为，特别是在中产阶级社会里，作品的事实和生产的事实——通向真正历史思维的锁钥——也像我们文化中的任何其他事物一样，是小心翼翼地隐匿起来的秘密。这的确就是作为一种形式的商品的真正意义，它抹去产品上面的劳动标记，从而使我们更易于忘记阶级结构，即它的组织框架。倘若这种劳动的隐蔽，像阿多诺向我们揭示的那样，不论在形式上还是在内容上，都未对艺术产品留下它的痕迹，那的确会令人感到惊奇："艺术作品的存在归因于劳动的社会分工，归因于脑力和体力劳动的分离。不过，在这种情况下，艺术作品是以独立存在的姿态出现的；因为它们的中介不是纯粹自主精神的中介，而是已经变成客体且现在又断言超越了两者之间对立的一种精神的中介。这种矛盾迫使艺术作品把自身就是一种人类建构的事实隐匿起来：它对意义的真实主张，以及实际上随之而来的它对一般人类生存意义的主张，越是令人信服地得到坚持，其中的一切就越少使我们想到它作为一种产品的性质，就越少使我们想到它把自己的存在像归因于外在于它本身的某种东西一样归因于精神。在良知上无法再忍受这种欺骗——它最内在的原则——的艺术，已经消除了它赖以实现自身的惟一因素……而且，如果说没有作品的这种隐匿，一般艺术的自主性就是匪夷所思的话，那么在后期资本主义，在变换价值的主宰之下，在这种主宰的矛盾愈益加深的情况之下，作品的隐匿，仍然会变成令人产生怀疑的东西，它本身现在也表现了这点。”[71]这样，在劳动概念内部——无论是就一般劳动分工形式，还是就资本主义社会所特有的更专门化生产类型而言——便被赋予了对劳动过程本身进行审查的原则，对产品上面劳动印迹进行压制的原则。

现在，当我们从大众文化转而讨论正式文学更为精致的人工制品时，我们发现，艺术精心制作的事实，为作品结构增添了新的复杂性，但在本质上并不改变我们已经提出的模式。特别是，艺术—文学（art-literature）可以说把它自己创造本身的全部价值纳入了这个过程之中，以致文学作品的内部形式，至少在现代时期，可以说把生产或文学的生产都当成了它们的题材——无论在什么情况下，两者都有别于作品明显的或显在的内容。

因此，举例说，认为海明威的作品基本上描写英勇、爱情和死亡之类的事情，就是一种错误；实际上，它们最深刻的题材只是书写某种类型的语句，只是某种确定文体的实践。这的确是海明威作品中最“具体的”经验，然而，要理解它和其他更富戏剧性的经验的关系，我们则必须按照关于某种激发力量等级的更为复杂的模式，重新阐述我们的内部形式观念。在这种激发力量等级的模式中，作品的各种因素都从表层开始在各个层面排列起来，而且可以说每一层面都用作更深一个层面存在的借口，因而，归根结蒂，作品中一切东西的存在，都是旨在让作品的最深层面即具体性本身得到表达；或者，如果按照布拉格学派的方式将这个模式颠倒过来，它们都是旨在突出作品的最本质的内容。[72]

这样，海明威的巨大影响，作为一种生活模式似乎首先源出于一种伦理学内容，这与其说是一种“生活哲学”，不如说是对突然发现已经不再真正生存的东西的一种本能的、不妥协的拒绝。“再没有什么好玩的了”：这就是欣喜和不快之间，真实生活同恶化和毒害主人公及其周围所有人生存的一种无法生活之间的不可变更的分界线。这也就是海明威创作的两极：一方面是那些性质上无法比较的丰盈的时刻，另一方面是怨怼和突如其来的情绪，嫉妒和愤怒的阵阵突发。两者确实都近乎象征性地呈现于《过河入林》开头几页发人深思的文字当中。其中，愠怒的船工，作为死亡本身的先行官，来到了坎特威尔上校面前。如果说这种对立同一种更普遍的对立，即同事物中的生活和其他人的生活之间的对立，同自然和社会之间的对立相一致，是并不过分的；实际上海明威自己也常常这样说：“人们，除了屈指可数的几个像春天本身那样美好的以外，一向都是限制幸福的人。”[73]

然而，这看上去首先是一种生活经验的情况，实际上只是文体（风格）自身的一种投射。海明威的伟大发现在于，如果你全然忘记了语词，而仅仅关注于据说要用这些语词加以描述的客体（对象）的事先安排，那么，就有可能产生对于言语生产力的真正源泉的回归。请看下面这段话，这段话一向给我以海明威语句原型的印象：“从史密斯的后门，里兹可以望见远处湖上的矿石驳船正开往鲍因城。她望着船的当儿，船儿仿佛一动不动，不过，她要是进门去再擦干一些碟子接着出来时，船儿就在那里无踪无影了。”[74]这里省略了某些东西：既省略了实际运动本身，又省略了可能会以某种方式“描绘”这个运动的完满文体（风格）或完美言语（*parole pleine*）；海明威也曾经在谈到别的事情时，说过省略作为文学程序的重要性。[75]然而在描绘不快时也省略了某种东西；可以说省略了对话之间的距离，而且正是这种现在利用人类材料的事先安排，才给予海明威对白以惊人的效果。因此，如果有谁说海明威是因希望表达或传达某些基本经验而动笔的，那就错了；确切地说，他是以希望书写某种类型的语句，以对外部置换的一种中性评论（*compte rendu*）而动笔的，而且也很快便发现，这种语句可以做两件事情：记录外部世界的运动，并暗示人们之间的紧张关系和不满。这种紧张和不满是用人们口头的议论来表达的。

因此，我们再回到我们最初的论点，即在一部海明威的小说中真正发生的，或者说对作家和读者同样是最本质的事件，同样是最主要的经验范畴，乃是写作的过程；这在比较单纯的作品如《非洲青山》中，也许最显而易见。在这篇作品里，内容上的猎兽只不过是形式上描绘打猎的假托而已。读者与其说寄兴趣于观看捕杀，不如说寄兴趣于海明威的语言是否适合这种场合："那边稍远一点的地方，一群珍珠鸡快步跨过大路，带着小跑的姿态，从容不迫地跑着。我从汽车里跳出来追赶它们时，它们一下子腾空而起，两腿紧紧贴在身子下面，身子十分笨重，扑楞着短短的翅膀，咕咕叫着飞过前面的树丛。我打下来两只，扑通一声着实地落在地上，躺在那里扑打翅膀。这时，阿卜杜拉割下了它们的脑袋，这样再吃它们就不算不合法了。"[76]因此，所涉及的真正"追求"就是对语句本身的追求。

从海明威创作中的这一重要之点可以推及其余：语句生产的经验是海明威世界中由非异化劳动所采取的形式。现在，被想像为技艺的书写，于是就被吸收到打猎和斗牛、钓鱼和战争等等其他技艺中去了。这些技艺投射出关于人类主动地和无所不包地在技术上参与外部世界的总体意象。关于技术的这种意识形态，清楚地反映出更为普遍的美国劳动状况，在这种状况中，处于疆界开放和阶级结构模糊的语境下的美国男性，从传统上说是按照他所从事不同职业和他拥有技艺的多寡来进行评价的。海明威对男性气概（*machismo*）的崇拜，正是同美国在第一次世界大战后巨大工业变革相妥协的那种企图：它满足了新教的劳动伦理，同时又颂扬了闲暇；它使趋向于整体性的最深刻、最能赋予生命力的冲动，同只有运动才能使你感到生气勃勃、没有受到伤害的现状调和起来。

至于说到海明威作品里的人类环境，移居国外本身就是这些作品的一种手法或借口。因为美国社会现实本身那巨大而复杂的组织，显然对于他所实践的那类精心选择的语句是可望而不可即的：因而同一种淡薄了的现实，即外国文化和外国语言的现实发生关系，是颇为有用的。在这一现实中，个人不是以我们也陷入其内的具体社会境况的不透明性，而是带着能用语言界定的客体（现象）的澄明性，出现在我们面前的。而当他晚年世界开始发生变化，古巴革命使他不得不返居美国国内时，似乎可以并不牵强地作出这样的推测：正是作为作家的他从未熟谙的美国现实的抵抗，才使他在文体上软弱无能，并且最终自杀。

如果说这多少表明了马克思主义批评重构一部文学作品内部形式——既作为对具体的伪装又作为具体的揭示——的方式，那么，对于现行的这样一种关于判断或文学评价的理论的蕴含，我们仍然有话要说。因为断言批评家的任务是揭示作品受到审查的维度，确切地说包含着这样的意思：在实行审查的社会里，至少在今日实行审查的艺术当中，作品的表层是其结构上的一种秘化。换句话说，这就是马克思主义批评必须再次同艺术中的现代主义达成妥协的地方，而且我曾经暗示过，卢卡奇（以及更传统的苏联批评家）的反现代主义，起码部分地是一个趣味问题和文化条件适应的问题。

尽管如此，面对为现代主义所作的明白无误的辩护，例如苏珊·桑塔格的“新的敏感性”和伊哈布·哈桑的《沉默的文学》，我认为，仍然需要多作些说明。这些理论反映了我们十分熟悉的首尾一致的文化：约翰·卡基[77]的音乐，安第·沃霍尔[78]的电影，伯罗斯[79]的小说，贝克特的戏剧，戈达尔[80]的野营，诺曼·布朗[81]的幻觉经验等等；而且任何批判，若不从屈服于所有这些作为现实文体化事物的魅力着手，就不可能具有任何约束力量。

不过，应该指出，这种新的现代主义至少在一个本质方面不同于20世纪初那种旧的经典的现代主义：旧的现代主义在本质上是极度反社会的，它认真对待中产阶级公众本能的敌视，而其本身就是对这种敌视的否定和拒绝。然而，新的现代主义的特征则恰恰是它的大众性：也许不是在中西部的小城镇里，而是在占主宰地位的时髦世界和大众传播媒介里。在我的心目中，这只能意味着，从现存的社会—经济结构观点来看，这种艺术已经产生出某种对社会有用的东西；抑或，倘若你的观点是一种革命观点的话，这种艺术已经产生出某种值得深刻怀疑的东西。

然而，又必须说这种艺术表达了美国现实；而且，的确就是在这一点上存在着模棱两可。就我们是美国人而言，我们谁都会对这些大众艺术的东西作出反应，它们令人钦佩地表达了那些可触的物质现实，我们美国生活的特征。因此，应该十分清楚的是，对新的现代主义的批判，不可能是外部而只能是内部的事情，它是愈益加深的自我意识（从我们赋予这个用语的提高了的辩证意义上说）的重要部分，并且涉及对我们自身的充分判断，正如涉及对于我们作出反应的艺术作品的判断一样。换言之，这种模棱两可既存在于艺术客体之内，又存在于革命者自己的立场之内：就他本身是他所谴责的社会的一个产品而言，他的革命态度必然含有某种对自身的否定，含有先于客观政治分化的某种最初的主观分化。这就是为什么新艺术戏剧比先前低俗戏剧和现代主义戏剧之间的斗争含有更复杂的性质：这两种代表消费者和艺术推销者及事件策划者的情况，已经开始融合，而且对它们还可以以我们描述过的革命的不适宜的意识形式加上第三种性质，而在我们的文化中，根据这种性质愈来愈难以区分真实的和想像的否定，实际上愈来愈难以区分想像的否定和肯定本身的发展。

对于新敏感性或者新神秘主义的意识形态，最有力的批评仍然是马克思在《1844 年经济学哲学手稿》中对黑格尔宗教观念所作的那种评论。因为，正如新现代主义的代言人断言它表达了我们的社会，黑格尔也指出宗教是人类精神的一种表达，是它的客体化，尽管他在这个词所含有的化身和异化之间犹豫不决。因此，黑格尔体系“包含着：因为有自我意识的人认为精神世界——或人的世界在精神上的普遍存在［方式］［是自我外化］并加以扬弃，所以他又重新通过这个异化的形态确证精神世界，把这个世界冒充为自己的真实的存在；［他］恢复这个世界，硬说他在自己的异在［本身］中也就是在自己身边。因此，在扬弃例如宗教之后，在承认宗教是自我异化的产物之后，他又在作为宗教的宗教中找到自身的确证……因此，理性在作为非理性的非理性中也就是在自己身边。一个认识到自己在法、政治等等中过着异化生活的人，就是在这种异化生活本身中过着自己的真正的、人的生活”[82]。因此，从承认艺术作品是伪装表达和现实异化，到同这些伪装和这种异化言归于好，只不过一步之遥。

在这种情况下，文学批评的功能就变得十分清楚了。即使说我们的时代是一个批评的时代，但在我看来，批评家把自己的活动提高到文学创作的高度，大体上像法国现在做的那样，仍然是不适当的。更坦诚更辩证的做法则是指出，批评的范围和适应性因历史和意识形态的因素而变化。因此，曾经有人说过，文学批评是反对 19 世纪专制制度（特别是沙皇俄国）斗争中的特殊手段，因为它是能瞒过审查偷偷运进思想和隐蔽政论的惟一途径。

现在，这一点不应该从外部意义上，而应该从内部讽喻意义上来加以理解。呈现在我们面前的文化作品，是一种几乎被忘记的代码中的印迹，甚至是不复识别的为疾病的疾病的征兆，是我们久已失去感官来察看的一个总体的片断。在旧的文化中，卢卡奇称作现实主义的作品的类型，基本上是那些本身内部带有自己释义的作品，它们同时是关于事实的事实和评论。现在，这两者再一次彼此分割开了，文学事实像其他构成我们社会现实的客体一样，呼唤着评论、释义、破译、诊断。它徒劳地诉诸其他学科：英美的哲学早已被剥夺了它那危险的思辨能力，至于政治科学，只要想一想它与过去的伟大政治和乌托邦理论的距离，就足以认识到思想，在我们的文化中窒息到了何种地步，它已绝对没有能力想像实在之外的任何东西。于是，继续对比内部和外部、生存和历史，继续对现在生活的抽象质量作出判断，使一种具体未来的观念充满活力，便落在文学批评的肩头。但愿它能够胜任这项任务！

【注释】

[1] 见克劳迪欧·吉恩：《作为体系的文学》，383～405页，普林斯顿，1971。

[2]《托·斯·艾略特论文选集》，5页，纽约，1950。——原注。汉译从《"新批评"文集》，中国社会科学出版社卞之琳先生译文，并稍有改动。——译注

[3] 恩斯特·切斯诺语，转引自普列汉诺夫：《马克思主义的基本问题》，74～75页注，伦敦，1929。

[4] 引自济慈：《夜莺颂》。——译注

[5] 中译从《法国文学史》，人民文学出版社，1979。——译注

[6]《托·斯·艾略特论文选集》，279～280页。

[7] 特别参见阿诺德·毫赛尔：《艺术史的哲学》，第4章，纽约，1958。

[8] 依波里特·泰纳：《批评与历史文集》，巴黎，1887。

[9] 马勒伯朗士（1638—1715），法国哲学家。——译注

[10] 柯尔倍尔（1619—1683），法王路易十四治下的财政大臣。——译注

[11] 马累，法国一村名，以路易十四的城堡著称。——译注

[12] 布舒哀（1627—1704），法国主教。——译注

[13] 泰纳语，转引自让内·韦勒克：《批评史》五卷本，纽约，1955— ，第4卷，37页。

[14] 马克思和恩格斯：《德意志意识形态》。这段文字汉译据《马克思恩格斯选集》，2版，第1卷，73页，北京，人民出版社，1995。着重点系本书作者所加。——译注

[15] 转引自马尔库塞：《理性与革命》，121页。

[16]《美学》，第1卷，81～82页。——原注。此段引文参照了朱光潜先生的译文。——译注

[17] 见同名文集（普林斯顿，1970）中《又是历史主义》一文，10～13页。

[18] 巴特：《写作的零度》，58～59页。

[19] 马克思：《政治经济学批判导言》，中译据《马克思恩格斯选集》，2版，第2卷，26页，北京，人民出版社，1995。——译注

[20] 指易卜生的剧作《野鸭》(1884)。——译注

[21] 普列汉诺夫：《亨利·易卜生》，译文引自《普列汉诺夫美学论文集》，531页，北京，人民出版社，1983。——译注

[22] 黑格尔：《精神现象学》，J.B. 巴伊译，68～69页，伦敦，1949。——原注。汉译参阅了该书商务印书馆版的译文。——译注

[23] 即辩证批评的表现。——译注

[24] 阿多诺：《社会》，载《百衲》第10—11期合刊（1969年秋季号—1970年冬季号），145页。

[25] 参见斯蒂芬·图尔明和琼·戈德菲尔德：《时间的发现》，纽约，1965。这恰巧是十分不同于恩格斯所提出的一种自然辩证法。

[26] 帕特里克·加德纳编:《历史理论》，445、447 页，格兰科，1959。

[27] 马尔库塞:《理智与革命》，175、177 页。

[28] 参见马尔库塞:《存在主义》，收入《文化与社会》，第 2 卷，49～84 页。

[29] 托马斯·曼的一部未完成的长篇小说，全名为《费利克斯·克鲁尔》(1954)。——译注

[30] 泰·维·阿多诺:《就〈黑天鹅〉致托马斯·曼》，载《标志》第 2 卷第 3 期（1955)，286～287 页。

[31] 一译《官员》。——译注

[32] 西蒙·德·波伏瓦:《大人先生们》，L. M. 弗里德曼译，131～132 页，纽约，1956。

[33] 黑格尔:《美学》，第 1 卷，150～152 页。——原注。此处汉译参照了朱光潜先生的译文。——译注

[34] 维恩·布斯:《小说修辞学》，264～265 页，芝加哥，1961。

[35] 福特（Ford Madox，1873—1939)，英国小说家。——译注

[36] 费南多·佩索阿（1888—1935)，葡萄牙诗人。——译注

[37] 这段引文汉译参阅了《列宁全集》，中文 2 版，第 43 卷，第 30 页的译文。这段引文与列宁原著略有出入。——译注

[38] 帕特里克·加德纳编:《历史理论》，159～160 页。

[39] 指黑格尔体系和黑格尔的形而上学。——译注

[40] 贝内代托·克罗齐:《历史唯物主义和卡尔·马克思的经济学》，C. M. 梅瑞迪恩译，77～78 页，纽约，1966。

[41] 考什:《卡尔·马克思》，168 页。

[42] 这里，黑格尔是引用歌德的名言:“一切理论都是灰色的，只有生活之树常青。”——译注

[43] 密涅瓦系罗马神话中庇护手艺的女神。“密涅瓦的猫头鹰……”云云原意是好主意在暮色降临后才能想出来，这里指“生活形式”只有在成熟之后才能为哲学所理解。——译注

[44] 转引自弗兰克·马尼埃尔:《帕里斯的预言者》，298～299 页，麻

省坎布里奇，1962。——原注。中译据《法哲学原理》，序言，13～14 页，北京，商务印书馆，1982，略有改动。——译注

[45] 同时，试比较锡德尼・胡克在《理解卡尔・马克思》（纽约，1933）中的话："马克思通过清算他那个时代的不同思想传统和态度，达到了批判的自我意识。……大肆宣扬马克思矛盾立场的批评家，却从不想找出一种观点，来说明这些所谓的矛盾原来是同一些原则和目的运用于不同的历史境况"（65～67 页）。胡克后来的著作《从黑格尔到马克思》（安阿伯，1962），是对那些历史和哲学境况的可贵表述。

[46]《第一次超现实主义宣言》，9 页。——原注。中译据《未来主义・超现实主义・魔幻现实主义》，242 页，北京，中国社会科学出版社，1987。——译注

[47] 弗里德里希・恩格斯：《尤金・杜林先生在科学中实行的变革》（即《反杜林论》——译者），27～29 页，纽约，1966。

[48]《德意志意识形态》，14 页。——原注。这段引文汉译据《马克思恩格斯选集》，2 版，第 1 卷，72 页，北京，人民出版社，1995。——译注

[49]《资本论》，25 页。——原注。汉译从《资本论》，第 1 卷，24 页，北京，人民出版社，1975。——译注

[50] 又译"力和知性"。——译注

[51]《1890 年 10 月 27 日致康拉德・施米特》，见福伊尔编：《基础文选》，400～401、404 页。全信极为重要。——原注。此处中译文据《马克思恩格斯全集》，中文 1 版，第 37 卷，484～488 页，北京，人民出版社，1971。——译注

[52] 乔治・葛维奇称自己类似的辩证法概念为"辩证的超经验主义"（见《辩证法与社会学》，巴黎，1962）。不过他认为，马克思主义本身就是另一种这样的"教条历史哲学"，要求真正的辩证思维予以"矫正"。

[53] 保罗・贝尼舒（Paul Benichou，生卒年代不详），研究 17 和 19 世纪法国文学的知名学者，曾执教于哈佛大学。他的《传大时代的伦理》已译成英文，改名为《人与伦理：法国资本主义研究》，纽约，1971。——译注

[54] 卡斯蒂利亚，旧时西班牙境内的一个王国。——译注

[55] 弗洛里斯编:《易卜生》,23～24 页。

[56] 17 世纪法国冉森主义者的世俗社团,以其逻辑学家和教育家著名。——译注

[57] 保罗·贝尼舒:《伟大时代的伦理》,114 页,巴黎,1948。

[58] 克劳德·列维-斯特劳斯:《抑郁的热带》,199～203 页,巴黎,1955。

[59]《理解卡尔·马克思》,160 页。

[60] 雅克·路易·大卫(1748—1825),法国古典主义画家。——译注

[61] 普列汉诺夫:《艺术与社会生活》。中译文据《普列汉诺夫美学论文集》,829 页,北京,人民出版社,1983。略作校改。——译注

[62] 埃赫那顿(?—前 1358),埃及第 18 朝法老,系阿蒙霍特普四世的称号,意为"太阳神阿顿的信奉者"。——译注

[63]《艺术与社会生活》,151 页。

[64] 布鲁图(约前 85—前 42),古罗马政治家。——译注

[65] 亚里士多德:《形而上学》,第 1 卷,第 3 章,见理查德·麦吉昂编:《重要著作选》,693 页,纽约,1941;同时参阅《物理学》,第 2 卷,第 3 章,240～241 页。

[66] 赖特·米尔斯:《白领阶层》,132 页,纽约,1965。如果想鸟瞰一下更传统的非马克思主义的文学社会学,则需要注意 Q. D. 利维斯的《小说与阅读公众》(纽约,1965);需要注意伊安·瓦特和皮埃尔·布尔第厄对罗伯特·艾斯加坡特的论著《文学社会学》(巴黎,1964)和《书籍的革命》(伦敦,1966);还需要注意汉斯·诺勃特·斐根的《文学社会学基本观点及其方法》(波恩,1964)。但是,值得指出的是,在麦克卢汉主义或德里达的《文字学》(巴黎,1967)的语境中,那些迄今为止有关公众和书籍实际生活的全部外在的问题,现在如何发现自己如同在埃里克·海乌洛克著名的《柏拉图序言》中那样,退回到作品本身中去并且得到内化,已经被视为作品的主题或内在结构的某些方面了。

[67] 参见我的《三种方法》,载《现代法国评论》。

[68] 托马斯·曼的一部中篇小说。——译注

[69] 普罗提诺（约 204—270），古罗马帝国时期唯心主义哲学家，新柏拉图学派最著名的代表。——译注

[70]《反对释义》，220 页。

[71]《试论瓦格纳》，88 页。

[72] 这里也许应该说明，我绝不认为形式主义——无论捷克的还是俄国的——同马克思主义是不可调和的；实际上，我认为以下对海明威的分析，本质上是一种形式主义的分析；但对于结构主义和形式主义文学模式更充分的讨论，将留待他处。

[73]《活动宴会》，49 页，纽约，1964。

[74]《来到密歇根》，见《首编 49 个故事》，80 页，伦敦，1962。

[75] 可参阅《午后之死》，192 页，纽约，1932，“如果一个散文作家充分了解他所写的东西，那他可以省略他和读者都了解的东西；如果这个作家写得极为真实，那他会强烈地感觉到那些东西，就仿佛作家已经讲述了它们。”同时可参阅《活动宴会》，75 页。

[76]《非洲青山》，35～36 页，纽约，1935。

[77] 约翰·卡基（John Cage，1912—　），美国作曲家。——译注

[78] 安第·沃霍尔（1930—　），美国画家，20 世纪 60 年代美国大众艺术运动领导人。——译注

[79] 威廉·伯罗斯（1914—　），美国小说家。——译注

[80] 戈达尔（1849—1895），法国小提琴家和作曲家。——译注

[81] 诺曼·布朗（1913—　），出生于墨西哥的文化学家，现在美国任教。著有《生对死：历史的精神分析学意义》（纽约，1959）。——译注

[82] 马克思：《早期著作选》，博托莫编，210 页。——原注。这段引文汉译除下述两种情况外，基本从人民出版社版译文。1. alienation 一词均译为“异化”；2. 方括弧中的文字，或系译者所加，或系英译中所无而汉译中所有者。参见《马克思恩格斯全集》，中文 1 版，第 42 卷，171～172 页，北京，人民出版社。——译注

（李自修　译）

马克思主义与乌托邦思想

人人都熟悉马克思主义的创建者们（如恩格斯的“乌托邦社会主义和科学社会主义”）曾就那个时代的乌托邦社会主义（圣西门、傅立叶、欧文等）进行的古典论战。只有记住了恩格斯将乌托邦社会主义列为马克思主义的三大思想来源之一，而这三大思想来源（另外两大思想来源当然是英国的政治经济学和黑格尔的辩证法）乃是19世纪中期马克思主义产生的必备的前提条件，这一争论的精髓才能被真正理解。但这意味着对于恩格斯来说，乌托邦社会主义较之那引起争论的教条错误来要远为复杂，它相当于一种无法实现的真理，而其现在（乌托邦）的形式在政治和知识上又是有害的，比起那些更为明显的对抗性思想形式来，它受到了更为迫切而警觉的矫正。

对于乌托邦社会主义的两大传统——我们称之为技术的或结构的传统（圣西门和稍后的贝拉米[1]）以及性欲的或美学的传统（傅立叶，稍后的莫里斯，在新左派的思想中也占有至关重要的位置）——我们在这里很少论及，而主要考察由乌托邦社会主义者提供的马克思恩格斯时代形成马克思主义必不可少的特征，这不过是他们对未来本身的憧憬（英国经济学家提供了对现实的分析，与此同时，黑格尔则提供了历史变化的基本机制，即辩证法，换句话说，一条从李嘉图的现在通往傅立叶的未来的途径）。在那些思想家中恩格斯所反对的，是马克思主义者从那时起就已经觉察到了的各种不同的修正主义以及自由改革思想，他们缺乏实现其理想的手段。对于马克思主义的修正必须从两个方面来加以理解。因为，一方面，后者认识到未来在结构上固存于现在（社会主义经济的基本特征已在资本主义制度内部渐渐发展起来）；另一方面，阶级斗争理论表明，这种类型的重大变化只有通过革命的手段才能获得，同时，也表明历史的代理人（无产阶级）要求实现这一变化。如今恩格斯责难乌托邦社会主义的紧迫意义已清晰可见：没有最初的信念（社会主义与资本主义的结构关系），也就没有有效的社会动力，也就不能令人信服地保证随着资本主义的崩溃将产生社会主义。没有马克思过渡理论的第二个特点——不仅坚持社会革命，而且还具体呈现了从事革命的行动者和阶级——改变社会的愿望就会被歪曲成希望进行循序渐进的变革，求助于理性和教育（包括对统治阶级和人民大众的教育），以及错误地寄希望于议会民主。这就是为什么恩格斯对乌托邦社会主义的批评，在今天看来更适合于用来批评各种各样非马克思主义者或“自由”批评家有关体制的批评，譬如像拉尔夫·纳德[2]、生态学论者以及同道会等的批评。

这使我们认识到，在我们今天乌托邦社会主义已不复存在。但这也并非是确切无疑的。对此卢卡奇在去世的前几年有所思考：“我们必须将我们今天的马克思主义情境与19世纪初傅立叶或圣西门等所处的情境进行基本比较。只有我们了解了我们身处的情境，并且，只有我们清楚意识到，从傅立叶到马克思以来，理论和实践的发展仍然是未来的一项任务，我们才能采取有效的行动。”[3]1848年革命并没有从我们时代的地平线上消失，这一著名的历史论断所反映的，与其说是卢卡奇日益增长的悲观主义，毋宁说是他对东欧的社会主义发展和西方的潜在的革命运动清醒而又慎重的评价。随后在法国爆发的五月事件也许可以看做是对他的这一论点的证实，比起1848年6月伟大而经典的阶级斗争来，它更类同于19世纪20年代和30年代的抗议运动（如烧炭党、学生密谋集团等）。对于那些社会主义国家则很难逃脱这样的印象：卢卡奇低估了乌托邦思想本身的不足，他哀叹马克思主义的社会机器已莫名其妙地失去了对未来的兴趣。

当然，卢卡奇的评论对于西方乌托邦思想的复活也蒙上了一层雾纱：这里所指的是法兰克福学派的著作，尤其是马尔库塞和布洛赫的著作，卢卡奇对于他们所采取的矛盾态度，就如同恩格斯对我们上面描述过的他那个时代的乌托邦社会主义者一样，既是复杂的，又毫无疑问是否定的或批评的。人们便会得出结论，他对他们的马克思主义（对于一个将政党和教条的“正统”当作是自己一生中重要大事的人来说，这几乎就是出人意料的反叛）的批评，便是法兰克福学派在阐述某些未来的马克思主义时对历史的必要性和重要性加以肯定的令人惊讶的标记。现在这一评价也许可以提供一个更为丰富的框架，以审查这样一个重要问题，即法兰克福还保留了多大程度的所谓正统马克思主义，如果没有，那么，它保留的又是什么？也许这是可能的——如果希望本身并非太“乌托邦”！——那种实践与理论相对应的景观将会被“旧”左派和“新”左派相对抗的景观所代替。

无论如何，法兰克福学派的思考表明，目前的讲座还可以从不同的方向深入下去。其中尤其要讨论的是马尔库塞关于我们的社会乌托邦想像力萎缩的诊断。他自己的著作——随同近年来逐渐增多的其他人的著作，最新的著作是厄休拉·勒奎恩（Ursula LeGuin）的《被剥夺者》——为自由社会提供了一幅乌托邦蓝图，它可以通过自身的概念得到检验，还可以在治疗学意义上得到理解，它试图重新唤醒或训练那种长眠的精神和想像功能，这种功能在展望未来时是一种积极的力量。除了马尔库塞给我们提供的对自由社会的批评外（这种批评比起强迫马克思主义者，而不是根据他们自己的权力去重新想像未来要糟糕得多），他的著作还表明，在审查我们的社会以各种不同方式“压抑”，用他自己的话来说，即对乌托邦精神和乌托邦想像的压抑方面，还有许多批判和诊断工作有待完成。长期以来，对那些西方思想家有关古老的启蒙进步意识（它一直是资产阶级意识的基础）所进行的明显“现实主义”攻击，不仅是对帝国主义的扩张倾向以及资本主义非理性的内在特征的厌恶，而且也是对其他未来社会主义景观表示不信任的一种方式（对整个《1984 年》的所谓反乌托邦的政治功能显然无须进行评论）。今天，大众文化更倾向于描述我们的体制给未来带来的结果（比如污染、生态破坏、人口过剩、放射性尘埃等等），而不去“预防”某些社会主义体制所带来的集权噩梦，然而，即便这些发展为马克思主义者提出了意识形态问题，这也不过就是美国商业本身所关心的问题。为了自身的利益，它通过接受集体强制制度或公共生活将陈旧的消费乐观主义变换成某种新的更加简朴的东西。如果马克思主义者对消费社会的批评，最终证明为了大财团的利益而将爆发一场“文化革命”，那的确是一种讽刺。无论如何，这一争论表明了这一事实：关于未来的思想状态，既是一种真正的实践，也是理论的结果，既是为了社会生活本身的质量，也是出于文化政治策略的考虑。

同时，布洛赫的著作也提出了一种解释，它恰好同我们上面所说的马尔库塞的命题相对应：后者表明了对乌托邦精神的压抑，而前者见于他的系统性杰作。布洛赫认为，乌托邦精神在现实中无处不在，它体现在所有的文化物品上，在所有的社会活动和个人价值方面，或者更确切地说，在心理现象方面。马克思主义者急于将这种系统化理论以及布洛赫所特有的、挑衅式的神秘语言当作形而上学而轻率地加以抛弃。然而，它却表明还存在着为目前的讨论所提供的另一条实用而又非凡的探索路径，它或许可以被称为乌托邦分析或方法，这种乌托邦精神可以作为一种阐释或解释的技术，而不是检查个别的乌托邦景观的内容，或我们上面所提及的文化诊断的内容。

的确，布洛赫的著作表明我们应当彻底地检查我们的某些传统观点，这些观点将意识形态著作，特别是那些带有意识形态观点的著作都看成是“虚假意识”。不过，我们需要一个历史的框架来理解为什么这种观点已不再实用。这种意识形态的观点兴起并运用于19世纪较古老的阶级社会，与我们现代的社会相比，那个社会被严格地划分成一些封闭的社会集团（只要回想一下将无产阶级描写成著名的“国中之国”就够了）；与此同时，当代先进社会则随着持久的物质压抑已很少再寄希望于那种明显而公开的诉求，秩序则通过使哲学观念和价值内化而保存下来（在意识和系统观念看来，这就是意识形态）。一个没有健全概念的维多利亚人，换句话说他在意识形态方面犹豫不决，那他很快就会与社会拉开距离。在这种情况下，对“资产阶级”意识形态的攻击就是一种更为勇敢的祛除神秘化行为，这种行为将那些观念和价值系统当作是“虚假意识”而加以抛弃；由于同样的原因，一种意识形态也仅仅只是一个完全不同的组织或阶级文化财产，它可以被彻底抛弃，而用一种完全不同的意识形态（或者用突发事件，更确切地说，社会主义的“科学”）来取而代之。

这一描述表明，由于垄断资本主义全面而彻底的系统化和标准化，又由于媒介的作用，思想在今天已经具备了某种不同的地位。首先，“主导意识形态”，如果还可以这样说的话，通过消费品的传播已散布到了整个社会系统。现在的问题已经不再只是抛弃我的阶级敌人的价值观和哲学，而是要进行更为复杂的自我分析，觉察和消除意识形态对我自己的不可避免的影响。其次，抽象的思想和古老的价值系统是否仍像通常那样具有社会功能；通过媒介文化对“激进”思想的迅速吸纳是一种教科书式的声明，它缺乏内在的颠覆力量。的确，在我们今天这个消费资本主义的特殊时期，“商品就是意识形态”，探索阿多诺的理论仍然是有价值的。

在这种新的环境下，将意识形态仅仅当作“虚假意识”来对待似乎已不再有用。大众文化已经给我们提供了一种更为复杂的批评阐释的范例。毫无疑问，以传统的眼光看来，大量的大众或媒介文化产品肯定都是“虚假意识”；即它们被认为完全没有属于自己的内容（或者说内容如此卑微，以至于完全没有自己的价值可言），它们的基本目的是，分散读者和评论者的注意力，使他们不再对他们自己的生活，以及这种生活与其社会经济系统的关系作本真思考。惟其如此，除了少数的区域影响外——例如，某些观点在计划的制定过程中就已经被系统地纳入观察者或观看者的思想之中——这些文化产品是可以互换的，已没有了对它们作进一步分析的必要。

在这一领域进行神话分析批评，然后一眼便迅速看穿这些大众消费品，譬如将滑稽书籍或恐怖电影看做是积极的、消极的或私人的现象；其实这些文化物品已经不再只是一种消遣或娱乐，而是一种无意识或半意识的集体幻想的训练。的确，对于菲德勒来说，它们比起那些表现在所谓高级或艺术文化中的个人化幻想来要真实得多。只要现在的马克思主义者受到了恰当的限制，他们就会以传统的方式希望对此有所洞见：他们愿意将一些文化产品看做虚假幻想，这些幻想将各种不同的想像的替代物或集体的敌人投射成真实的存在，而那些真实的存在却是我们不愿意或不能够去思考的。这里主要的分析方法通常是萨特的存在主义方法，其中特别是那些关于他者以及与他性的各种想像关系、各种象征性的拒斥和惩罚的模式，这些模式在商业文化中随处可见。

然而，即便布洛赫对此还认识得不够充分，但它还是给我们提供了某些具体而丰富的东西。布洛赫的著作表明，即便一件文化产品的社会功能就是娱乐，它也能通过将我们的注意力和想像力集中和限制在某些积极的方面，并通过某种天才创造来实现自己的目的，尽管内容是虚假的、被歪曲了的。他把这一内容称作“希望”，或者换句话说，就是人类永恒的力量，渴求激烈地改变自身以及与此相关的一切，并将自己的存在和社会环境加以乌托邦式的改造。即便在最低贱最卑微的商业产品之内，一切都是“希望的比喻”，那就为考察某种乌托邦内容提供了分析的工具。

当然，我们没有必要将自己限制在布洛赫的模式之中，马克思主义者应当有资格识别某一乌托邦原则的一些变体，从一种集体生活的更新变成一种正义的更新，或一种本能的满足，以及与这一切相对的噩梦。通过疏导这种强大的集体想像的源流，大众和商业文化不仅为自己提供了一种能量，而且也有能力控制和操作这种能量。

大众文化通过创造一种虚假的满足系统，其功能就像是一个社会的调节者，它消除我们日常生活的紧张，将否则便会与制度为敌的挫折转变成为制度服务的渠道，这已是不言而喻的了。更清楚的是，大众消费系统的前景与所提供的现实的满足之间，在越来越社会化的生产与个体在大众社会内部的原子化之间的矛盾也包括在这类精神紧张之中。他们典型地表明了自己在断然拒绝了那些既定的角色和价值后对群体和真实的人类关系的渴求。[4]

这些问题是任何真正的马克思主义者批评当代文化的基本问题，生动表述了我们当前探求乌托邦思想的含义，它远远不只是一种空论，也具有具体的方法论意义。

【注释】

[1] 爱德华·贝拉米（1850—1898），美国小说家，以所作的批评美国

资本主义的乌托邦式小说《回顾，2000—1887》而闻名。——译注

[2] 拉尔夫·纳德（1934—　），美国律师，美国保护消费者利益运动领导人，发表论文维护消费者利益，设立“汽车安全中心”、“公共利益研究组”等研究机构。——译注

[3] Georg Lukacs, *Gesprache mit Georg Lukcs*: *Hans Heinz Holz*, *Leo Kofler*, *Wolfgang Abendroth*, edited by Theo Pinkus, Hamburg, 1976, p. 93.

[4] Stanley Aronowitz, *False Promises*, New York, 1973, pp. 111-112.

（曾艳兵　译）

关于布莱希特和卢卡奇之争的反思

曾经受到忽视的事物必将重现，这已经不仅仅是政治历史现象。最近出现的一大批“后马克思主义理论”说明了这样一个道理：任何一种试图“超越”马克思主义的努力，最终都将以对传统马克思主义进行重新改造而结束（从反复出现的新康德主义到最近的“尼采热”，这中间经历了从休谟到霍布斯，然后又回到苏格拉底前的哲学思想）。甚至在马克思主义内部，问题的条件，即使不是对它们的解决，也被提前列出，而那些旧时的争论——马克思与巴枯宁，列宁与卢森堡，国家问题，土地问题，无产阶级专政——有些人原以为可以抛在脑后，将过去忘却，但它们总是出现，萦绕在他们的脑海里。

“被压制的又回来了”，这一说法在关于现实主义和现代主义的美学争论中显得极富戏剧性；有关这一争论的各种讨论在今天看来依然无法避免，即便我们有可能觉得每一种立场在一定程度上都是正确的，但也并不是完全正确。这一争论比起马克思主义的争论更早，在一定角度上可以说是 17 世纪“古代与现代之争”在当代的政治翻版；在这场争论中，美学不得不面对各种关于历史性的尴尬境地。

就 20 世纪的马克思主义讨论而言，现实主义与现代主义之争带来的影响已是一个不争的事实，它对 20 世纪 20 年代至 30 年代德国左派作家产生了深远的影响。1934 年，自卢卡奇发起意识形态批判以后，布洛赫、卢卡奇、布莱希特、本雅明和阿多诺之间相继展开了一系列相关的讨论，总体上称之为“现实主义论战”。这些争论引人入胜，其间，逻辑上的各种可能性迅速地得到展现，结果，争论很快地超越了有关表现主义的论题，甚至超越了理想的现实主义模式，使讨论的范围扩展到流行艺术、自然主义、社会主义现实主义、前卫艺术、媒体，最后是现代主义——政治的，非政治的——都在其中。今天看来，这场讨论涉及的许多基本主题和关注点通过法兰克福学派在 60 年代的学生运动和反战运动中得到传播，其中马尔库塞的贡献尤其突出，与此同时，布莱希特思想的复兴使他们的观点在 Tel Quel 团体[1]所代表的那种政治现代主义中得到张扬。

与法国超现实主义相比，德国表现主义的遗产为马克思主义问题的讨论提供了一个更好的框架。在超现实主义作家的作品里，尤其是在布雷顿（Breton）的作品中，现实主义问题几乎不是一个问题——首先一个原因在于他们对于小说这种艺术形式都采取了否定态度。他们的主要对手让-保罗·萨特认为（萨特是那个时代惟一一位未经超现实主义认可的重要作家，他提出的“参与”（engagement）后来被阿多诺视为政治美学的一个原型），现实主义与现代主义的尴尬境地并不存在。萨特之所以这样认为是另有原因的：他在谈论文学性质和功能时完全不提诗歌和抒情诗（《什么是文学?》[1948]）。因此，在法国，直到现代主义掀起第二个浪潮（抑或后现代主义）——以“新小说”和“含糊小说”（nouvelle vague）、Tel Quel 和“结构主义”为代表——现实主义和现代主义一直在其他地方展开激烈的讨论——关于叙事的讨论——而它们在法国似乎早就有了明确的划分，并且两者处于一种友好的分割状态。叙事问题在先前的讨论中并不突出，部分原因在于卢卡奇的主要样板是小说，而布莱希特所研究的领域是戏剧。在争论发生以后的岁月里（人们常常把布莱希特与戈达尔相提并论），电影在艺术领域里占据了越来越重要的位置，这一点表明，艺术载体以及类型的结构差异使得现实主义/现代主义之争变得更加复杂，这种复杂性远远超过了人们先前的预料。

另外，美学史本身表明，在德国文化之内，关于马克思主义的争论存在着某些具有悖论意义的变化，这源于现实主义概念内部的各种矛盾，因为现实主义概念具有令人不安的内涵，它不同于美学领域的其他概念，如喜剧、悲剧、抒情诗、史诗和舞台剧等。后者——无论它们在这种或那种哲学体系中具有什么样的社会功能——是纯粹意义上的美学概念；它们可以被分析、评价，而没有美的现象以外或者艺术活动以外的指涉（传统上，“美学”总是被孤立开来，构成一个独立的领域，用于自己的功能）。现实主义概念的独创性在于它声称具有认知和审美的双重地位。作为一种新的价值，理想的现实主义与资本主义条件下的世俗化同时并存，它预先假定一种与真实相关的审美体验形式，即，传统已经将审美领域以及与功利无关的审美判断作为纯粹的展现来对待，它不再与知识和实践相关，而现实主义理想却声称与之相连。但是，若要对现实主义概念涉及的这两大特质同时做出公正的处理并不容易。实际上，过分强调其认知功能经常会导致简单地否定艺术话语中的虚构特点，甚至以提高政治警惕性为名而提出“艺术终结”。关于这一问题的另一个极端，某些理论家，如冈布里奇或巴特，十分强调“技巧”，认为技巧可以创造现实的幻觉，神秘地将现实主义的“现实”变为展现，而这又恰恰破坏了他们主张的真实——或指涉——价值，正是这种价值使现实主义有别于其他文学类型。（在他的后期作品中，卢卡奇在这一点上一直小心翼翼，犹如走钢丝一样，这使他即便在最富“意识形态”或者“形式主义”分析时也没有摔跟斗。）

这并不是说，现代主义概念，这一作为现实主义的历史对应物及其辩证的镜像，就没有同样的矛盾。[2]在某些方面，我们可以把它和现实主义的矛盾相提并论，这样也许更有指导意义。首先，我们必须看到，我们无法完全了解两者各自的矛盾，除非将它们放入历史性危机这样一个广阔的语境中进行置换；此外，当批评试图使日常语言同时在两个互为排斥的层面起作用时，我们必须明确它们在面临辩证批评时都必须直面的两难境地。这两个互为排斥的层面就是它的绝对意义（现实主义和现代主义犹如抒情诗或喜剧一样可以无穷地抽象化）和相对意义（如同古文物研究术语，它们受制于术语规则，仅仅用于指涉过去特定的文学运动）。然而，语言并不恪守使用术语的辩证原则——换言之，作为相对的、有时甚至是属于过去的、只有考古才会使用的概念，它们继续向我们发出模糊不清但具有绝对要求的信号。

此外，后结构主义给现实主义与现代主义之争增加了一个不同的参数——犹如叙事问题和历史性问题一样——这个参数隐含于已有的讨论但很少有人提及或把它上升到一个主要地位。一些作家，如福柯、德里达、利奥塔把现实主义视为一种价值，一个古老的哲学概念：模仿；德勒兹根据柏拉图对表征意识形态的效应批评对现实主义/现代主义之争作了重新阐述。在这样一种既新颖又古老的哲学思辨中，人们发现原先讨论中的一些问题出乎预料地得到了凸现，这些问题——曾经一度集中于政治问题——开始显现出形而上学（抑或反形而上学）的含义。这种哲学意义上的总括当然是为了支持那些辩护者或支持现实主义；然而，有一点必须承认，我们无法正确估价对表征的攻击造成的后果，也无法估计后结构主义带来的后果，除非我们将自己的批评置于意识形态的理论领域之内。

有一点是显而易见的：在现实主义/现代主义之争中，假如预先设定其中的一方是赢家，那么，这场争论就会丧失意义。布莱希特与卢卡奇之争属于那种为数不多的对峙：争论的双方势均力敌，平起平坐，双方对当代马克思主义的发展都起到了巨大的促进作用；论战的一方是一位重要的艺术家，也可以说是共产主义运动中最伟大的文学家，另一方是那个时代哲学界的核心人物，也是整个德国哲学传统的继承者，他把美学当作一门学科，并赋予了独特的重要性。根据这场争论的最新说法[3]，布莱希特被置于卢卡奇之上，布莱希特提倡的“平民”风格和“普遍认同”比卢卡奇呼吁的“高雅”文化显得更有吸引力[4]。在这些观点中，卢卡奇通常被看做一名教授，一位修正主义者，一位斯大林主义者——总之，与马克思当年形容黑格尔在那些激进分子眼里的形象差不多：“犹如莱辛那个时代的英雄人物摩西·门德尔松，在他眼里，斯宾诺莎是一条死狗”。

卢卡奇单枪匹马地把关于表现主义的争论转向了现实主义讨论，迫使表现主义的辩护者们站到了他一边，并为他说话，就这一点而言，这些人对他的恼怒也是可以理解的。（布莱希特对他的敌意在这些方面也十分明显）。另一方面，这种添乱似的干预，加上其他与之相关的所有原因，使卢卡奇成为 20 世纪马克思主义的一位主要人物——特别是他毕生致力于强调文学和文化在革命政治中的作用。他对马克思主义的一个基本贡献在于他提倡的干预理论（mediation），该理论揭示了审美现象中的政治与意识形态内容，而这些内容在他之前一直被认为纯粹是形式上的审美。其中最著名的便是他对自然主义静态描述的“解码”，即他提出的“物化”概念。[5]同时，正是他这方面的研究——这一举措本身就蕴含了对传统内容分析方法的批评和摈弃——使卢卡奇认为布莱希特的方法是“形式主义”。卢卡奇这里的意思是：布莱希特试图从艺术作品的形式特质中挖掘政治和意识形态意义，这种说法缺乏依据，靠不住。布莱希特之所以提出这样的批评，主要依据是他本人在戏剧舞台方面的经验；他根据自己的经验以及对于艺术的看法构建了审美行为理论；而卢卡奇则赋予小说艺术以及作为资产阶级个人行为的小说阅读以某种特殊地位，就这样的背景而言，他们两人具有很大的差异。我们是否可以把布莱希特列入当前反对“干预理论”的运动？或许我们最好把布莱希特对卢卡奇形式主义的抨击（以及布莱希特的口号“拙劣的思想”）置于一个不那么富有哲学意味的层面，把它放入一个更加实际的层面来考虑，把它当作一种具有治疗作用的警告，避免发生在意识形态分析中可能出现的唯心主义诱惑以及知识分子对那些不需要外部证实的方法偏爱的职业倾向。唯心主义有两种：其一，我们在宗教、形而上学、文学领域中经常可以遇到的那种一般唯心主义；其二，马克思主义内部被抑制的、无意识的唯心主义危险，在脑力劳动和体力劳动明显区分的世界上，它是科学理想内在的东西。对于这种危险，知识分子和科学家无论如何警惕都不会过分。与此同时，卢卡奇对艺术干预现实的研究，虽然尚不成熟，在今天依然可以被视为意识形态分析领域里极具开创意义的先驱之作——他的研究融合了心理分析以及符号学思想，力图构建一种将文本当作具有象征意义的意识形态行为模式。的确，卢卡奇的“形式主义”与形式主义有着明显的联系，但是，对于这一点的批评在今天可能需要进行更加广泛的研究和思考。

“形式主义”仅仅是布莱希特对卢卡奇展开的批评之一。作为一种必然结果和推论，布莱希特对卢卡奇的意识形态判断也持反对意见，而这正是卢卡奇证明自己观点的一个方法。其主要表现在于卢卡奇对表现主义与社会—民主（尤其是美国国会式的民主）之间关系的驳斥，至于法西斯主义，那就更不用说了，他的这一立场在德国移民中间掀起了一场关于现实主义的争论，对此，恩斯特·布洛赫专门撰文作了详细的批判。当然，将文本或思想产品贴上阶级的标签（统称“小资产阶级”），使马克思主义在人们心中的信仰大打折扣；哪怕是卢卡奇最坚定的支持者也不会否认，在卢卡奇提出的种种观点中，这一特殊的观点——概括在《理性的破坏》(Die Zersörung der Vernunft) 的后记中，其措辞充满愤怒——是最不值得复原的。但是，阶级归属的错误划分不应该导致反应过度，也不该将这一问题全盘否定。事实上，如果对社会阶级没有一个“最终决定”，意识形态分析也是不可想像的。卢卡奇分析的真正错误并不在于它过多地与社会阶级相联系，而是没有充分地、一贯地考虑阶级意识形态的关系。最能说明这一点的是他提出的人所共知的一个基本概念，即“颓废”的概念——虽然他经常在描述法西斯主义时使用这个概念，但更多的时候用于现代艺术以及宽泛意义上的文学艺术。审美的颓废概念相当于传统意识形态分析的“虚假意识”。两者都有这样一种缺陷：无论是文化还是社会，都可能存在纯粹是错误的东西，这一点已经被认为是常识。换言之，这两个观点隐含着这样一层意思：缺乏内容的艺术作品，或者缺乏内容的哲学体系也是可能的，因此，这样的作品无法反映时代的“严肃”问题，不仅不能，而且实际上远离社会现实。20 世纪 20 年代和 30 年代作为政治艺术的肖像艺术，这种有罪的、空虚的颓废艺术的代表是游手好闲的富裕阶层人士的香槟酒杯和高顶黑色大礼帽，他们无所作为，常常出没于各种夜总会。然而，甚至斯科特·菲茨杰拉德和德里厄·拉·罗歇尔也比这要复杂得多，从我们现在的角度看，抛弃复杂的心理分析（特别是抑制和否定概念），即使那些赞成卢卡奇对现代主义批判的人，也认为作品存在被抑制的社会内容，甚至那些乍看上去社会内容最不明显的作品也不例外。从这个意义上讲，现代主义并不回避社会内容——我们人类“注定”受制于历史以及社会性，即便在我们私人生活经验的意义上也是如此——现代主义涉及、包含社会内容，它通过某些特定的技巧进行置换，把内容置于形式之中并使它处于隐蔽状态，但又不是不可辨认。假如是这样，那么，卢卡奇对于“颓废”艺术的批判应该属于对隐含其中的社会政治内容进行的质疑。

卢卡奇对艺术与意识形态关系的认识过程中显现的基本弱点在他的政治观点中得到了进一步的阐述。如果仔细分析，我们就会发现，他的理论中那些通常被称为“斯大林主义”的东西，实际上可以被细分为两个不同的问题。他的一些观点被认为与官僚机构串通一气，在某种程度上成为文学恐怖主义（例如反对坚持无产阶级多样性的政治现代主义者）；但是，这种批评与事实不符，因为卢卡奇对30年代至40年代的莫斯科采取了一种抵制态度，后来他把那个时候的莫斯科称为日丹诺夫主义——社会主义的现实主义，他对此的厌恶程度一点都不亚于他对西方现代主义的反感，只不过对于前者他不便公开批评。他当时用了一个贬义词“自然主义”来指称这种现实主义。卢卡奇揭示了现代主义的象征技巧与照相式自然主义的“不良直接性”之间有着历史的联系，这正是他最深刻的辩证洞察。至于他长期存在的党派身份问题（他本人称之为“历史入场券”），他那个时代许多持不同意见的马克思主义者的悲剧命运和耗费的才华，如科希和雷奇，有力地表明了卢卡奇选择中的相对理性——当然这一点也适用于布莱希特。另外一个更为严峻的问题是卢卡奇美学理论中的“通俗前卫主义”。它在主观的现代主义和客观的自然主义之间采取了一种形式上的中庸，如同大多数亚里士多德式的中庸，它从来都没有在知识界激起相当的兴趣。即便是卢卡奇最忠诚的支持者也没有表示什么热情。就革命力量与资产阶级中的进步分子之间的政治联盟这一点而言，斯大林后来做出了认可；卢卡奇在1928—1929年的“论纲”（Blum Theses）中也提倡了这一点；1928—1929年预示了匈牙利在社会主义革命之前反抗法西斯专制的民主革命的第一阶段。然而，这样一种划分，即，反法西斯主义与反资本主义的策略，在今天显得更加难以坚持，而且，在大部分的“自由世界”区域里显得不怎么具有吸引力；军事专制以及“紧急政治体制”在当时已经成为一种秩序——而且不断复制，真正的社会革命已经成为真实的可能。从我们当前的视角看，纳粹主义本身，因其超凡魅力的领袖人物以及最宽泛意义上的新通讯技术的开发利用（包括交通、高速公路、无线电和电视），现在似乎代表着各种历史条件的特殊融合与变革，并且已经到了无以复加的地步；而日常痛苦以及抵抗叛乱的制度化，与曾经有别于法西斯的议会民主变得一致。在跨国公司及其“世界体制”的霸权统治下，真正出现一种进步的资产阶级文化的可能性已经非常令人怀疑——这种怀疑显然是卢卡奇美学的一个基础。

最后，卢卡奇的作品似乎也昭示了我们这个时代的当务之急，即，文学专制，虽然这种专制有别于受到布莱希特批判的那种对文学生产进行规定的专制做法。卢卡奇，这位热情的支持者，与其说是因为他特殊的艺术风格，倒不如说是由于他特殊的批评方法，使他在今天成为一个新的思想热点——在这种氛围中，无论是他的崇拜者还是他的反对者都将他视为有别于传统内容分析的一个里程碑。《历史与阶级意识》表明他的马克思主义美学分析已经不同于别林斯基和车尔尼雪夫斯基，这种转变带有一定的反讽意味。事实上，卢卡奇的批评实践属于文类分析，它继承了文学话语中关于干预的各种理论，因此，如果把他简单地列入一种不成熟的模仿理论，说他鼓励我们像讨论“真实”生活一样谈论小说中的事件和人物，那无疑是错误的。另一方面，他的批评实践意味着对现实进行完全的“真实展现”最终是可能的，就此而言，卢卡奇式的现实主义对社会纪实文学方法起到了促进作用，这与最近那种将叙事文本视为符号游戏的观点形成了一种对立。这两种理论立场显然无法调和，但它们都是阐释过程中不可或缺的组成部分——阐释起初是一种简单的“信念”，相信小说象征具有丰富的意义，然后对那种经验采取的一种“括除”，在这种经验中，可以对语言与它再现的事物之间的必然距离——再现对象的替代物和置换——进行研究。无论如何，只要卢卡奇在这种方法学争论中被视为捣乱的吵闹声（或者妖魔），就无法对他的作品作出合理的、完整的评判。

就我们当前的关注点来看，作为争论的另一面，布莱希特的情况自然要容易理解一些，他似乎以一种直接的声音向我们说话。他对卢卡奇形式主义的批判仅仅是他对形式主义复杂而有趣的总体理解的一个方面；对这种复杂性的一些特点作一番分析在今天看来是有意义的。很有意思的是，布莱希特的美学思想，以及他对形式主义的解释，与他对科学概念的理解有着密切的关系，因此，如果简单地将布莱希特的美学思想归于当代马克思主义中的科学思潮是有问题的（例如，在阿尔都塞和考莱蒂的作品里）。考莱蒂认为，科学是一个认识论概念，一种抽象的知识形式，对马克思主义“科学”的追求与科学历史中的最新发展有着密切的关系——如科伊尔、贝折拉和库恩等学者所做的贡献。然而，对布莱希特而言，“科学”与其说是知识和认识，倒不如说是一种纯粹的实验；它属于体力劳动，具有实际性质。他的科学概念涉及的是普通的机械原理、技术、家庭机械设备、伽利略式的发现，而不是“认识论”意义上的科学，也不是科学话语中的“范式”。布莱希特的科学概念，其目的在于取消体力与脑力之间的划分，并取消以此为基础建立起来的劳动划分（不仅仅是知识分子与工人之间的区别）：它使了解世界重新回到了改变世界并与之成为一体，同时将生产概念与实践理想相联结。“科学”与实践，科学与导致变化的人类行为，它们之间的结合——对布莱希特—本雅明的媒体分析产生了影响，这一点我们将在下面的分析中看到——将人对世界的“了解”过程变成了快乐的源泉，而这就是合理地构建具有布莱希特特色的美学思想时的第一步。它将嬉戏和真正的审美满足恢复到“现实”艺术，卢卡奇则试图用合理地反映世界这样一种听上去有些沉重的责任替代了一种被动的、属于认知范围的审美思想。主张道德说教的艺术观（教化？还是娱乐？）这种由来已久的两难境地也得到了克服；现在，人们认为，科学就是实验和嬉戏，认识过程就是行为过程，两者都是生产形式，因此，我们应该把提倡道德的艺术想像为融教化和愉悦为一体的艺术观。在布莱希特美学思想中，现实主义的确不是纯粹的艺术和形式分类，而是将艺术品与现实本身相连，并根据对现实的姿态对艺术的特质做出描述。现实主义精神指积极的、好奇的、实验的、颠覆的——总而言之，是一种科学态度——对待社会机制以及物质世界的态度；因此，“现实主义”艺术也应该鼓励、传播这样一种态度，而不是根据传统的模仿理论进行机械效仿。事实上，“现实主义”艺术品将“现实的”和试验的态度同时进行，这不仅仅指作品中的人物以及虚构的现实，而是指观众/读者与作品之间的关系，以及同样重要的作家与素材以及技巧之间的关系。这种“现实”实践的三个方面已经远远超越了传统模仿作品对展现现实的强调。

在很大程度上，布莱希特提倡的科学是一个转义，它指宽泛意义上的未异化的劳动生产。用布洛赫的话说，是一种乌托邦，指尚未异化、劳动也不曾分工时那种令人满足的实践状态。要想看到布莱希特这一思想的独创性，不妨把他的科学观与资产阶级文学中常常出现的艺术与艺术家的传统形象结合起来看，这种传统的形象通常具有乌托邦功能。同时，我们应该提出这样一个问题：布莱希特的科学观是否依然适用于当前？或者说，这种观念本身是否反映了我们今天称之为第二次工业革命过程中的原始阶段呢？从这个角度看，布莱希特的“科学”类似于列宁对共产主义的定义——“苏维埃加电气化”，或者像狄戈·利维拉在洛克菲勒中心创作的壁画一样：在微观世界与宏观世界结合处，苏维埃新人的巨手紧握并推动着新发明的杠杆。

布莱希特对卢卡奇的形式主义以及将科学和美学融合在道德艺术中的做法提出了批评，除此以外，布莱希特思想中的第三部分——从很多方面讲，这部分都具有重要的影响力——也很值得我们予以关注。这就是著名的陌生化效应（Verfremdung）。陌生化效应这种提法常常让人想起今天各种各样的政治现代主义，比如，Tel Quel 小组。[6]陌生化效应的实践——使舞台效果呈现出这样一种情况：那些看似自然的、不变的东西变成了一种可触摸的历史，并因此成为革命变化的目标——似乎提供了一种宣泄口，使涉及过去的政治艺术从富有煽动性的道德说教中解放出来。同时，它成功地挪用了现代主义的主流意识形态（俄国形式主义的“陌生化”，庞德的“使感受变得新颖”，以及现代主义中各种各样为了克服审美疲劳而采用的种种方法），并使现代主义艺术从革命政治中解放出来。今天，传统现实主义——卢卡奇为之辩护的经典，以及社会现实主义中那些陈旧的政治艺术——常常归之为经典表征的意识形态和“封闭形式”的实践，而资产阶级的现代主义（克里斯蒂娃提倡的模式与劳特芒［Lautrémont］和马拉美的如出一辙）则被说成是革命的。之所以如此，就是因为它对旧的价值和实践提出质疑，并将自己的“文本”开放。对这种政治现代主义的美学存在着种种反对意见——接下来我们讨论阿多诺就此问题提出的看法，虽然将阿多诺与布莱希特相提并论看似有些牵强。阿多诺在《论抽象画》[7]一文中对完全形式上的实验表示反对，在这一点上他与卢卡奇一样；这种相似性有可能仅仅是一种历史的，或者隔代的巧合，也说明了布莱希特个人趣味的局限。更重要的是，布莱希特对卢卡奇文学分析中的形式主义批判依然没有脱离这样一种东西，即，政治现代主义根据文本的（封闭的或者开放的）纯形式特点、“自然性”以及作品对生产痕迹的抹去等等进行的意识形态的判断（革命的/资产阶级的）。例如，对自然的信仰必然是意识形态的，许多资产阶级艺术作品都表明了这样一种信念，这不仅反映在内容上，而且也通过对作品形式的体验得到反映。然而，在一种不同的历史情形下，自然这一概念曾经包含了颠覆性，具有真正的革命功能，只有通过对历史和文化结合点的具体分析，我们才能明白，在后期资本主义的后自然世界里，人们对自然的不同理解是否已经有了这样一种批评能量。

现在，我们应该对资本主义社会及其文化中发生的基本变化进行评判，因为布莱希特和卢卡奇已经对马克思主义美学和马克思主义的现实主义概念做出了选择。前面我们提到的纳粹主义的转折特点——这一发展过程记录了卢卡奇的基本立场——对布莱希特同样产生了影响。因此，我们有必要强调一下布莱希特的美学思想与媒体和媒体具有的革命功能之间的密切关系；关于这一点，布莱希特和沃尔特·本雅明都有过分析，本雅明著名的“机械复制时代的艺术品”广为传播。[8]布莱希特和本雅明在那个时代尚未完全感受到大众或传媒文化与代表“精英”的少数人的现代主义这两者形成的极端，而我们现在对美学的思考终究受制于这样一种情形。布莱希特和本雅明预见了通讯技术的革命价值，在他们看来，艺术领域的先进技术——比如“蒙太奇”手法带来的效果，现在我们一说起蒙太奇就联想到现代主义——可以被用于政治和道德目的。艺术家可以使用最复杂、最现代的技术对最广泛的大众说话，如果没有这样一种视角，布莱希特的“现实主义”观是不完整的。然而，如果纳粹主义相当于媒体发展过程中的初级阶段，也是相对的原始阶段，那么，本雅明对此进行抨击的文化策略，尤其是他提出的艺术观——艺术革命依赖于技巧（技术）层面的“先进”程度——也属于这样一个阶段。遗憾的是，在媒体社会的“整体系统”（total system）越来越发展的今天，我们再也不可能有这种乐观精神。然而，没有这一点，一种具体的政治现代主义计划就无法区别于其他计划——与其他事物一样，现代主义的特点在于它意识到不在场的公众。

换言之，目前的情形与20世纪30年代情况的根本不同在于资本主义已经完全转变为后期的垄断阶段，即，我们称之为消费社会或后工业社会。阿多诺在战后发表的两篇文章对这种转变进行了反思，他分析的重点与战前有着很大的不同。现在回顾他对卢卡奇和布莱希特政治实践的批评并不是件难事，我们可以把它当作随着冷战结束而告终的反共产主义的一个例子。然而，与现代语境更相关的是作为法兰克福学派的理论前提的“整体体制”，这也体现了阿多诺和霍克海默的感觉：世界正在变成一个封闭的组织，使之成为由媒体技术、跨国公司、国际官僚机构控制共同构成的一张网。[9]不管“整体体制”这一想法在理论上有什么优越性——在我看来，它没有完全脱离政治，它使马克思主义与无政府主义之间形成一种对立，而且可以被用作恐怖主义的辩护——我们至少可以同意阿多诺的说法，即，在文化领域，这个体制无处不在，加上“文化工业”，或者“意识—工业”（恩岑斯伯格［Enzensberger］的另一种表达法），所有这一切形成了一种不良氛围，这对原先简单的对抗艺术形式很不利，不管是卢卡奇的，还是布莱希特的，还是本雅明和布洛赫的看法。即使对最具威胁的政治艺术形式，这个体制也具有一种同化和消解的力量，它会把政治艺术形式变为文化商品（萌芽状态的布莱希特—

工业就是这样一个令人吃惊的例子!)。另一方面，也不能说阿多诺对这一问题的解决方法更令人满意：他将高度现代主义的古典阶段视为“真正”的政治艺术原型（“这不是政治艺术的时代，政治已经进入了自主的艺术领域；政治终结的时候，这种情况就更是如此。”[10]）；他暗示贝克特（Beckett）是我们时代真正的革命艺术家。当然，阿多诺一些最优秀的分析——例如，他对舒恩伯格（Schoenberg）的评论，以及在《现代音乐哲学》中提出的 12—声调理论——表明了他的观点，即，最伟大的现代艺术，即便是明显的非政治或者反政治的艺术，也能反映后期资本主义。然而，如果回顾一下，这一点似乎是卢卡奇式的美学“反映理论”的复苏，因为在当前这个政治与历史都感到绝望的时期，不仅参众两院无计可施，而且此后的实践也难以想像。对于这种新的、最终也是反政治的现代主义意识形态的复兴，至关重要的并不是阿多诺对卢卡奇模棱两可的批评修辞，或是他对布莱希特的解读[11]，而是消费社会中的现代主义命运。因为 20 世纪初曾经是对抗的、反社会的现象，现在已经成为商品生产的一个主要特色，同时也是商品生产中更加快速、更加急剧的再生产过程中的一个重要组成部分。好莱坞舒恩伯格的学生使用先进的技术创作电影音乐，美国最新的绘画流派的杰作是为新建的保险公司大厦和跨国银行创作的装饰画（这些建筑本身就是杰出的、“先进的”现代建筑艺术），但是这些东西仅仅是外部征兆，它们表明这样一种情形：曾经受人诽谤的“视觉艺术”现在找到了一种社会和经济功能，为当今消费社会提供变化的风格，而这也正是消费社会所必需的。

在当代境遇中，与我们讨论的问题相关的最后一个方面，是自从大约 40 年前发表在《词语》（Das Wort）上关于表现主义的争论以来社会主义内部发生的变化。如果在资本主义条件下政治艺术的中心问题是同化，那么社会主义文化的中心问题则是恩斯特·布洛赫所说的“继承”(Erbe)：在未来国际文化越来越趋于一种单一的文化的情况下，如何利用过去的世界文化？在一个致力于建设社会主义的社会里，如何利用不同地方的文化遗产及其影响？布洛赫对这个问题采取的策略显然是改变卢卡奇的狭隘的争论——卢卡奇的思想仅限于欧洲资产阶级传统的现实主义小说家——布洛赫将这一争论加以扩大，使之包括了通俗的或乡村的、前资本主义时期的或“原始时期”的艺术。为了理解这一点，我们把它放入这样一个语境：布洛赫独创性地重新使用了马克思的乌托邦概念，并且使之脱离了马克思和恩格斯对圣西门、欧文、傅立叶的“乌托邦社会主义”的批评。布洛赫的乌托邦纲领旨在将社会主义思想从一种狭隘的自我定义中解放出来，这种自我定义基本上是延伸资本主义的范畴，无论是否定还是全部接受（工业化、中心化、进步、技术、甚至生产，这些术语将它们自己的社会局限和选择强加于那些与之相关的定义上）。卢卡奇的文化思考强调了资产阶级秩序与从中发展而来的秩序之间的连续性，布洛赫优先考虑的问题暗示了有必要根据强烈的差异去思考社会主义，思考它与某个特定的过去发生的断裂，也许还是更加古老的社会形式的真理的重新发现或者恢复。新近的马克思主义人类学提醒我们——从我们的“整体体制”——区分古老的前资本主义和部落社会之间的差异；当我们对遥远过去的兴趣不太可能引发马克思主义必须予以批判的19世纪、20世纪初期令人感伤、具有平民主义色彩的神话的时候，对于前资本主义社会的记忆也许会成为布洛赫乌托邦纲领中的强有力成分，同时也是构建未来的重要成分。从政治的角度看，关于在社会主义过渡时期必须实行“无产阶级专政”的经典马克思主义的概念——彻底剥夺那些企图复辟旧秩序的人的权力——显然并没有过时。但是，只要我们同时考虑那种包含对所有阶级进行集体再教育的文化革命的必要性，它就会出现概念上的变化。卢卡奇的视角，即他对伟大的资产阶级小说家的强调，似乎非常适合这个任务，但是，对于伟大现代主义的反资产阶级趋向却是不合适的。布洛赫对“继承”的思考，对过去被压抑的文化差异的思考，以及对发现一个完全不同的未来的乌托邦纲领的思考，第一次形成了自己独特的概念，而这个时候正是现实主义和现代主义之间的矛盾开始在我们身后衰微。

在西方，也许其他任何地方也不例外，问题依然没有得到完全理解。在我们当前的文化情形下，现实主义和现代主义两种选择都让我们觉得无法接受：无法接受现实主义，是因为它的形式反映了古老的社会生活经验（古典的中心城市，传统的城乡对立），而我们现在生活的时代已经是前景暗淡的消费社会；我们无法接受现代主义，是因为它的矛盾在实践中已经证明比现实主义的矛盾更加严峻。今天的新颖美学——已经成为一种主流的批评和形式上的意识形态——必须极力以更快的速度旋转自己的轴心来复兴自己，现代主义极力变为后现代主义而不失现代特征。因此，当抽象本身已经成为一种令人厌倦的传统的时候，我们今天看到了一种对形象艺术的回归，只不过这一次是回归到一种特别的形象艺术——所谓的超级现实主义或者照相现实主义——这种艺术是后者照片的表征，而不是事物本身：它属于表征的艺术，而且是真正“关于”艺术的艺术！同时，在文学领域，大家都对缺乏情节或诗歌式小说充满厌倦，回到了策划，这种回归并非源于重新发现，而是旧叙事的拼贴，以及对传统声音进行的非人格化模仿，类似于斯特拉文斯基的经典拼贴，阿多诺在《音乐哲学》中对此进行了批评。

实际上，在这些情形下，人们怀疑现代主义的最终复兴，对现在已经自动化的视觉艺术美学传统最终的辩证颠覆，是否就不是……现实主义！如果现代主义以及与之相伴的“陌生化”技巧已经成为一种主流风格，消费者通过它与资本主义达成了妥协，那么碎片化的习惯本身也必须“陌生化”，并通过一种更加总体化的现象观察方法加以纠正。[12]在出人意料的结局里，正是卢卡奇——虽然他在20世纪30年代时不一定是正确的——在今天给了我们最后的启迪。然而，这个卢卡奇，假如可以想像，是那个根据《历史与阶级意识》中的分类对现实主义概念进行改写的作者，尤其是他提出的物化以及总体化概念。不同于我们熟悉的异化概念，物化指涉的对象是人的行为，尤其是工作（劳动者与劳动、产品、同事和他们的“存在”本身相分离）；这一过程影响着我们对社会整体的认知关系。它是一种测绘功能疾病，个人主体将他/她的个人的努力投射、嵌入到集体性里。后期资本主义的物化现象——人与人之间的关系变为物与物之间的关系——使社会变得不再透明：它成为神秘化的经验之源，意识形态依此为基础并使统治和剥削合法化。由于社会“总体”的基本结构是一套阶级关系——这套对抗结构使社会各阶级根据由此产生的对立关系对自己做出界定，并且在互相之间建立一种对抗关系——因此，物化必然隐蔽了这种结构的阶级特点，与之相伴的不仅仅是混乱，而且还有困惑——人们不明白社会各阶级的本质和存在，这一点广泛存在于今天那些“先进”的资本主义国家里。假如这样的分析成立，那么，阶级意识的强化就不是单独一个阶级提高平民主义或工运主义意识的问题，而是强制性地把那种将社会作为一个整体的观念重新开放，对认知和感知可能性进行重新发现，使社会现象再次变得透明，就像阶级之间斗争的时刻。

在这种情形下，一种新的现实主义的功能将变得清晰可辨：在消费社会里抵制物化的力量，重新发现被今天生活的各个层面和社会组织中的存在碎片化系统地破坏了的总体性，这样一种现实主义在世界日益成为一个体系的情况下能够折射出其他国家里各阶级之间的结构关系和阶级斗争。这样一种现实主义概念将融合现代主义的辩证对立面中那些最具体的东西——在一个经验已经完全变成一大堆习惯和自动化的世界里，它强调对感知的恢复。然而，那种认为新的美学功能在于颠覆秩序的习惯，再也不能根据传统现代主义关于非神圣化或非人化的理性加以主题化，也不能根据大众社会、工业城市或者笼统的技术加以主题化，而是要将它视为商业体系和后期资本主义物化结构中的一种功能。

现实主义的其他概念，其他政治美学，显然仍可以想像。现实主义/现代主义之争教育我们，必须把这两者发生作用的历史和社会结合起来对它们进行评判。对过去的主要争论表态并不意味着选择立场或者试图调和无法调和的差异。在这种已经平息然而仍然剧烈的知识冲突中，基本的矛盾在于历史本身与观念结构之间，它试图抓住现实，但结果在其内部再生产出矛盾，并以谜一样的思想形式或盲点的形式展现。我们必须坚持这种盲点，因为它的结构包含了我们无法超越的历史关键。当然，它无法告诉我们现实主义概念应该如何；但是，我们应该对它进行重新发现，这是我们无法推卸的责任。

【注释】

[1] Tel Quel，法国左派杂志，20世纪60年代名噪一时，以杂志为中心团结了一批激进的左派知识分子，这些人被称为“Tel Quel团体”。因中文没有合适的对应词，一般照用原文。亦有人据发音译作“泰凯尔”。——译注

[2] 关于现代主义内部矛盾的分析，见保尔·德·曼的“文学历史和文学现代性”，Blindness and Insight，second ed.，Minneapolis，1983.

[3] Werner Mittenzwei, "Die Brecht-Lukács Debate", Das Argument, 46 (March 1968): Eugene Lunn, "Marxism and art in the Era of Stalin and Hitler: A Comparison of Brecht and Lukács", New German Critique, 3 (Fall 1974), pp. 12-44.

[4] Lunn, "Marxism and Art", pp. 16-18.

[5] "Narrate or Describe?" in Georg Lukács, *Writer and Critic*, London, 1970.

[6] 关于布莱希特现代主义批评，见 Colin McCabe, "Realism and the Cinema: Notes on Some Brechtian These", in Screen, 15, No. 2 (Summer 1974), pp. 7-27.

[7] "你说你是共产主义者，人们坚持要改变这个已经不适合人们生存的世界……然而，现实中，你是统治阶级的文化奴仆，就你的立场而言，将物质世界变得无法辨认，这种策略不太好，因为斗争涉及物质事物，而你的主人也必须对物质世界的大多数事物负责。" "Uber gegenstandslose Malerei", in Schriften zur Literatur und Kunst, Frankfurt, 1967, vol. 2, pp. 68-69.

[8] See Illuminations (London, 1970) and "The Author as Product", in Understanding Brecht (London, 1973); Jürgen Habermas, Strukturwandel der öffentlichkeit (Neuwied, 1962); Hans-Magnus Enzensberger, The Consciousness Industry (New York, 1974); Oskar Negt and Alexander Klunge, öffenlichkeit und Erfahrung (Frankfurt, 1973)

[9] 在法国，对于这一立场的最新看法——如让·鲍德里亚——将"社会主义"纳入这种新的反乌托邦视角中。

[10] Thomas Adorno, "Commitment", in *Aesthetics and Politics*, New York, 1979, p. 194.

[11] See Darko Suvin, "Brecht's Caucasian Chalk Circle and Marxist Figuration: Open Dramaturgy as Open History", in The Weapons of Criticism, ed. Norman Rudick, Palo Alto, Calif., 1976.

[12] 例如，Stanley Aronowitz 对电影发表的看法。"日本、欧洲电影

人经常将摄影镜头直接停留在动作上，让动作自我展现，美国电影则采用极快的速度万程拍摄和剪辑，其效果是，将一个动作分割成一分钟或两分钟的分动作，这与电视的做法很相似。美国的电影观众在看电视的过程中已经适应了电视中间的广告插播，于是大家认为他们不能忍受这种缓慢的动作。因此，当代电影生产模式实际上依赖于源于作为商业文化时代粗俗方式的戏剧时间。那些用这种戏剧时间替代动作与人物的电影制作人显示了技巧背后的政治，这种政治比'反动'内容更加阴险。站在这个角度看，电影制作人，如霍华德·豪克斯（Howard Hawks），他拒绝用分割时间技巧替代艺术，对极权主义的抵制大于自由派或左派电影人，后者通常关心电影内容的人文主义，但是屈服于那种将听众变成观众的电影技巧。" *False Promises*，New York，1973，pp. 116-117.

（王丽亚　译）

马克思主义与理论的历史性

詹姆逊与张旭东的对话[1]

一　理论的历史性

张旭东（以下简称“张”）：我的第一个问题是关于您个人“理论语言”的全貌以及您“方法论”的构成。一般人看来，您结合了马克思主义与广义的结构主义——后结构主义，继而创造了一种兼容并包的批评风格。您能否谈谈当代“理论”发展中不同取向相互渗透的过程，以及这种渗透在您本人工作中的表现？

詹姆逊（以下简称“詹”）：这里有几件事情需要交代一下。首先，我们所泛称的“后结构主义”不是一个精确的概念，而是包含了从语言学到精神分析的一系列内容。它是一个历史概念，而作为一个历史概念，它又是从马克思主义的问题性中生发出来的。我说的不是马克思主义本身，而是马克思主义所致力探讨和解决的问题。以法国情形为例，第二次世界大战后主导法国思想界的当然是存在主义。但它很快变成了马克思主义的存在主义。而结构主义的问题性正是在此刻开始凸现的。我所指的不是结构主义本身的立场，比如语言是人类意识活动的最终决定因素之类，而是它所探讨的语言在社会文化生活中的作用和位置。这一问题是从马克思主义的框架中生发出来的。战后，马克思主义在寻求一种更为贴切精微的关于文化和意识形态的概念。而所有具体的后结构主义题旨都来自对于这一问题的探讨。

还要补充一点：我近来还对另一种重要的影响来源深感兴趣。这便是布莱希特的影响。布莱希特在1944年到1945年间在柏林布莱希特剧院的出现是一个重大事件。尽管人们一般并不把布莱希特视为哲学家或理论家，但他的辩证思想却为日后的后结构主义明确了任务，这就是反人道主义。在布莱希特的作品里人们可以看到对两种事物的猛烈攻击。一是对经典资产阶级传统的攻击（而卢卡奇则为这一传统辩护）；一是对所谓的社会主义人道主义的攻击（卢卡奇显然又是这一观念的倡导者）。这种反人道主义在阿尔都塞等人手中得到进一步发挥。阿尔都塞写过关于布莱希特的文章，两者间的联系是清楚的。人们也都知道一些问题是由布莱希特提出的。

我所要强调的是，人们当然可以脱离历史而谈后结构主义文本本身的价值，但如果你想在更大的语境中弄清楚问题的来龙去脉，你就得注意马克思主义的框架。在战后法国，80%以上的知识分子自认为是马克思主义者，至少是认为马克思主义的问题——基础和上层建筑的问题，意识形态的本质的问题，表象的问题，等等——是他们各自议题中的基本因素。

这也可以说明另一个让某些人感到吃惊的现象，即德里达为何要介入马克思主义的主题。一两年前我们都看到了德里达谈马克思的书（指德里达的《马克思的幽灵》，英译本题为 *The Spectres of Marx*——译者）。我认为原因是在法国知识界非马克思主义化以后——现在只有不到20%的人自视为马克思主义者——大理论家更为明确地意识到他们自己的工作是如何建立在马克思主义问题性（再强调一次：不是马克思主义本身）之上的。德勒兹的情形亦是如此，尽管不幸的是德勒兹生前未能写成他的论马克思的巨著。此外还有许多其他人。德里达的补救工作带有一种多重性：一方面他评论马克思的著作；另一方面他又要介入一个目前已没有激进派选择余地的政治环境。再者，他也在试图历史地拯救马克思主义的基础。他本人的思想也是以一种奇特的方式从这一基础发展出来的。这一切把他和马克思主义联系在一起。

至于你的问题在当前理论界的具体反映，我想这同“理论”的本质有关。理论出现于伟大哲学体系的终结点，出现于一种市场环境。在这种环境中，理论总不免要变成不同的理论商标。如果有人觉得这么说太不恭敬，那么我们可以说理论往往以多种“名牌理论”、“个人习语”或“私人语言”的方式存在。哲学体系的特点是将现实中形形色色的观念统统吃进，再赋予其一种单一而自成一体的语言、概念和术语系统。在这个意义上，哲学的终结意味着没有人再认为这是可能的了。这也就是说，我们不得不同时操起各式各样的理论语言。我们找不出什么将这些语言综合在一起而变成一种万能语言（master language）的办法，而我们甚至连这样做的愿望也没有，这就造成了你问题中所暗指的局面：一个人现在用的是马克思主义语言，可是一转眼又说雅各布森的语言，或列维-斯特劳斯的语言，或拉康的语言。人们常常指责我在这一点上搞折中主义，但我觉得我们还是应该在语言上着眼。这就好像有些事情只有用法语说才清晰有力，有些事情只有德语才讲得明白，到了法语里就一塌糊涂，而又有些事就非用中文不行。理想状态应该是随你所讨论的问题而从一种语言跳到另一种语言，但这几近于不可能。从这一角度看，我也认为马克思主义同某些后结构主义理论的关联极为密切，尽管这种关系并非一眼就可以看破。

讨论这类问题必须重构具体的历史环境，否则很难有令人满意的答案。我希望在我说明这些复杂问题的同时，这些说明也可以用来引导我们进入一些更为基本的理论、哲学问题。但我必须标出各式各样的名字，否则就像是我把这些观念都算在了自己的份上。事实的情形并非如此。毫无疑问在这些哲学指涉的镜像中，不了解原始材料就会晕头转向。

张：人们通常觉得您一半是“法国”的，一半是“德国”的——前者指后结构主义，后者指法兰克福学派。现在你告诉我们这个“法国”并非只是同“辩证批判”相对立的种种语言学、符号学和“理论”，而首先是马克思主义问题性的一部分。

詹：对，是这样的。我在学生时代就可以说流利的法语和德语，并接触到法、德两种学术思想传统。但这纯属个人背景上的偶然因素。人们往往习惯于在法、德两种传统间选择，或扬“法”抑“德”，或扬“德”抑“法”。我一方面觉得这种做法可以理解，另一方面也觉得它非常古怪而可悲。前面已经说过，我并不认为严丝合缝的综合可行。同时我也不觉得借用来借用去是个成功的办法。以阿多诺在法国70年代的借用为例，人们当时把“反同一性”的阿多诺列在后结构主义的名下来反对马克思主义，在我看来，这是对阿多诺思想的歪曲。此类结合并不如意。如何在不同立场间对话实在是一件很复杂的事情。人们不妨回忆哈贝马斯与福柯的对话，或乔姆斯基与福柯的对话。除了在一些基本的政治、文化问题上，在这些语言间对话几乎是不可能的。我相信德、法传统两者都是伟大的哲学—理论传统，在这个意义上我或许可以算一个欧洲中心论者。我的思想只是碰巧形成于这样一种氛围。因而英美思想——经验主义、日常语言哲学、维特根斯坦，诸如此类——对我来说多多少少是一种障碍，用保罗·德曼的话，是“对理论的抗拒”。所以，客观地讲，我对这些东西并不热中。我认为自皮尔斯以来在英美传统中有极为有趣的东西，但我的基本理论框架仍然是来自德法的。

张：这里我想打断一下。我相信把您当前的理论框架放在历史语境里谈会对读者有所裨益。但在西方理论中心之外，人们仍倾向于用一种更为粗疏的意识形态眼光来看问题，把多种立场按激进主义、自由主义和保守主义的分野来安排。您能不能谈谈西方马克思主义同战后自由主义思想或立场的关系？

詹：战后西方的自由主义立场在很大程度上是为反共和反马克思主义所界定的。在这一点上，苏联式的共产主义本身是什么并不是很重要。因此，对于西方左派来说，自由主义从来都是信誉扫地的。不过目前出现了形形色色的自由主义的回潮。它们身上的污点相对较少，因为至少它们不用在口头上口口声声反共了，无论它们在更深一层的政治信仰上有什么变化。但很清楚的是，我们（按：指西方新左翼）从来不指望自由主义能提供任何激发思想的东西，因为它本质上是一种冷战自由主义，只不过在哲学上涂上了英美哲学的色彩。

张：我想您理解这个问题时我们关心的并非马克思主义理论与自由主义理论的结构性关联，而是人们乐于从激进—自由—保守的立场分歧看问题的旧习。

詹：我完全理解。这是生存策略，人人都会这么做。但我认为最好还是从哲学问题本身开始，然后，或者说最后，再来决定这些问题是出于激进主义立场，还是自由主义立场或保守主义立场。所有这些后结构主义问题都可以在所有这些方向上反映出来。最终人们必须做出政治上的判断，我认为这至关重要；但问题应该首先从其内在的观念性上予以分析和讨论。对艺术作品亦是如此。我历来主张从政治社会、历史的角度阅读艺术作品，但我绝不认为这是着手点。相反，人们应从审美开始，关注纯粹美学的、形式的问题，然后在这些分析的终点与政治相遇。人们说在布莱希特的作品里，无论何处，要是你一开始碰到的是政治，那么在结尾你所面对的一定是审美；而如果你一开始看到的是审美，那么你后面遇到的一定是政治。我想这种分析的韵律更令人满意。不过这也使我的立场在某些人看来颇为暧昧，因为他们急不可待地要求政治信号，而我却更愿意穿越种种形式的、美学的问题而最后达致某种政治的判断。

张：在您的哲学—理论构成方面，我想问问海德格尔占有什么样的地位。同时也想请您谈谈海氏在整个西方马克思主义批评理论中的地位。

詹：各国的情形很不一样。我 50 年代在德国求学。海德格尔好像是在 1951 年被重新允许执教的。我那时所了解的德国思想界由海德格尔的思想支配。法兰克福学派的影响来得要晚得多。在法国，海德格尔也有他的信徒。前往德国黑森林拘禁海德格尔的法国士兵都要求他签名留念。但海德格尔对整个法国思想界的渗透要慢得多。在此必须提到德里达，是他把海德格尔的某些方面提上议事日程的。这个海德格尔并非德国人了解的本体论的海德格尔，而是“颠覆形而上学”的海德格尔，其角色非常不同。把德里达视为海德格尔主义者实在有点不伦不类，因为德里达绝对不持有任何本体论方面的立场。他对此不感兴趣。在他看来那是海德格尔可悲的一面。然而海德格尔对于消解哲学的运作却是必不可少的。因为海德格尔也置身于同样的历史性问题之中。这一切很复杂。我看海德格尔目前在德国基本上是过眼烟云了。眼下的德国几乎笼罩在哈贝马斯的影响之下。当然现在有美国的海德格尔主义者，在美国海德格尔是个颇为景气的行业，不断有新的文稿面世。我本人的思想形成受萨特的影响很大，因而有许多海德格尔的东西我并不需要，因为我已从其萨特版中了解到了。

不过我觉得海德格尔思想中某些成分同马克思主义并行不悖，这就是所谓的实用的海德格尔：这个海德格尔大谈工具和生产。这为“日常生活的现象学”打开了局面。而这一领域，由于众所周知的历史原因，一直是马克思主义理论的空白。这一问题在马克思主义中一直没能得到发展。（不过阿尔都塞及其学派认为“日常生活”这个概念本身也是意识形态性质的。）但这毕竟是海德格尔的一个方面。海德格尔还有另一方面对马克思主义的“实践”概念颇具吸引力。在萨特中这一方面有其不同的表现形式。在海德格尔的《存在与时间》中，整个对“定在”（Dasein）的看法，即把它视为能动的、第一性的因素（它只在后来才具备“思辨”的特质）在马克思主义的框架里显得生动而有益。

张：您如何描述海德格尔在您著作中的体现，或许我应该先问，您是否认为海德格尔存在于您的作品中？

詹：我在德国读书时念海德格尔念得十分认真。不过我一直更倾心于《存在与时间》，即存在论的海德格尔，而非后来的“本体论”的海德格尔。但我一直认为海德格尔的本体论极具魅力，只要你把它理解为一种乌托邦精神，而非对世界的描述。顺便一提，我认为这是整个现象学的问题。现象学的目标是乌托邦，而非事实存在之物。在海德格尔也有一个大问题，即有关现代性和技术的问题。在海德格尔的著作里，对这一问题并没有哲学上的答案，而是作为一个问题标明在那里。他的框架（Gestell）概念是如此神秘，以至至今无人能敲开这个硬壳而找到某种现实的问题与观念。但这的确是海德格尔觉得很重要，很需要思考的方面。显然，整个后现代性问题及其新的技术形式，比如控制论之类，使得以不同的方式思考这一问题变得更为紧迫。但这也许并不是海德格尔所想到的。总之，我或许可以说在我一生的不同阶段，我都是海德格尔的同路人，而在最近几年里，我对他的兴趣变得更强烈了。不过我不能说海德格尔对我工作的影响更为强烈，除了他的有关主动性、生产、实践等概念。

张：所以人们应该把散见于您文章中的“存在”“去蔽”等

字眼理解为某种乌托邦观念的标记。

詹：对，正是如此，我想我是用这些字眼来戏剧性地标示出一个乌托邦的空间。不过这不是我惟一可用的语言。这种语言当然也有其不利的一面。从乌托邦的角度看，“存在”在根本上说是人类存在和自然存在，因而社会领域就被剔除了。这对我们来说并不是很有用。

张：近来人们似乎越来越有兴趣讨论和描述你的学术生涯和思想发展。在不少人看来，它们简直是奇迹。比如柯林·麦克埃布（Colin MacCabe）在为您的《地缘政治的美学》（*Geopolitical Aesthetics*）一书所作的序中，就以一种很有意思的方式描述或总结了您的治学道路。大体上说，他把您的写作分为两个阶段：头 20 年是通过评价德、法理论传统而“耐心”地建立起自己的理论前提，然后以《政治无意识》为转折，则是一场“爆炸式”的文化批评攻势。按他的说法，这一切是一场精心的自我设计和理论战略。

詹：我很感谢柯林为我的工作提供了一幅整体画面。目前这样做的人并不多。但我有些疑心柯林有意对我著作中的马克思主义方面或政治因素轻描淡写。我无意自己讲自己的故事，而且我看得出他的描述自有其说服力。但我自己恐怕不会这样讲。在我看来，方法论问题之间的张力与冲突总会打开通向更大的哲学问题的大门。最终这会导向基础和上层建筑的关系，也就是说如何把文化、意识同语境或形势联系起来。对个别文本的探讨总是由理论上的冲突为前提的。因而“爆炸式的文化分析”也可以用在我的文学工作方面。也就是说，在哲学—方法论方面与阅读个别文学文本方面之间的冲突，同哲学—方法论与阅读大众文化文本之间的冲突并没什么不同。所以在我看来这并不是从某种经典看法向某种更倾向于大众文化、文化研究的方向转变。也许近年来我在电影和大众文化方面写得较多，但同时我也有好几篇很长的文学和理论分析尚未发表。这些文章的路径就非常不同。我并不想把这两方面合二为一，不过我认为真正的摆动可以说发生在普遍与特殊之前，发生于具体的读解与更为一般的理论探讨之间。我并不觉得我是先把自己的理论工夫修炼到家，然后再转向具体分析。在目前的全球资本主义环境中，在这个后现代时代，人们以往在现代性的世界里所进行的理论思考本身必须予以重新考虑。而这亦是我们目前的理论工作。许多思辨性的问题还远未解决，现在还不是沉溺于“阅读本文”的时候。理论仍在途中，它还需要进一步的理论工作。

张：我想可以从麦克埃布的文章中引申出来的是：人们能够在观念上暂时专注于某些理论—哲学的“基础设施”；一旦这一基础工作告一段落，它便可用作某种思考的模式和动力，使人不致迷失在四分五裂的现实中。

詹：我在《政治无意识》里描绘了三种不同层次上的语境，提供给人以不同的认识事物的框架。人们可以专注于直接的社会历史层面，在此我们面对诸如福利国家的全面倒退这样的问题。我们亦可以从更大的方面着眼，探讨阶级间的互动关系。事情在这个层面上的变化就相对较慢。问题包括阶级的历史，不同阶级对于他们以往的斗争与失败的记忆，等等。最后，我们则要面对生产方式这个最大意义上的语境。因而这里已经隐含了这样一层意思：语境并不仅仅是政治意义上的此时此刻，而是需要在更长的时段上加以考虑的问题。当然我们引用的是布罗代尔（Fernand Braudel）的不同时间性的观念。我并不常常写具体的政治斗争方面的东西，部分原因是因为艺术作品需要较长的时间才能完工，同时也需要更长的时间来加以分析和阐发。只有在大众文化领域里我们才会有立即的回应。在如何表现这些直接的、立即的反应方面长期以来有许多陈书的成见。然而就是在这一领域在那些朝生暮逝的文化或政治现象中也同样有一种时间滞后的效应。我并不认为我本人擅长做这方面的工作，特别是因为我的思想形成于外国语言之中，而不是在所谓的“美国研究”领域。

还要补充一点。这是我从卢卡奇那里学到的。卢卡奇教给了我们很多东西，其中最有价值的观念之一就是艺术作品（包括大众文化产品）的形式本身是我们观察和思考社会条件和社会形势的一个场合。有时在这个场合人们能比在日常生活和历史的偶发事件中更贴切地考察具体的社会语境。我想我会抵制把美学和历史语境分别对待，然后再捏合在一起的做法。人们往往以这样的眼光看马克思主义文学分析。这也无须责怪，因为我的确是在同时关注审美的和非审美（即外在于审美）的事物。而这两者之间常常会出现裂隙。较为拙劣的马克思主义分析往往会在处理社会主题和处理形式、意识形态主题之间造成断裂。但从原则上讲，把社会历史领域同审美—意识形态领域熔于一炉应该是更令人兴趣盎然的事情。因为它带来了写作批评文章本身的形式问题，而在这方面谁也没有现成的灵丹妙药。总之，卢卡奇对我来说意味着从形式入手探讨内容，这是理想的途径。

不过，卢卡奇与布莱希特等人从反面的批评的意义上同在卢卡奇头上的人道主义之间的不同在于，卢卡奇谈的总是成功的、为人所把握的形式。而在我看来我们一样应该注重种种失败的形式，注重某种再现方式在特定语境中的困难甚至不可能性，注重形式的残缺、疏漏、局限和障碍。在我看来，形式的失败，而并非老卢卡奇意义上的成功，可以成为导向某种社会意义和社会真实的线索。

张：您所说的“失败的形式”指的是先锋派的“艺术作品”

还是大众文化产品？

詹：有意思的是两边都有这样的例子。或许一个探讨大众文化的有趣的角度是将其视为形式的失败和不可能性。同样，我们也可以在所谓纯文学中谈这样的失败和不可能性。这也就是为什么对我来说，一种更为妥帖的文化研究概念不应让人觉得要在“雅”和“俗”之间做非此即彼的选择，比如，研究经典作品了，就不能碰电视、流行音乐之类。在我看来，两者是一个整体领域中的辩证的组成部分。而最精彩的议论，往往是由那些不固守“精英”和“大众”、“德国”和“法国”之类的人为框框的人做出的。我可以理解为什么人们总是要这样画地为牢，有时我也有类似的感觉，但这毕竟不是最富于创造性的态度。

张：我想您的读者大都能看到这一点，即在您的批评文章中“政治”和“美学”两者都是无时不在、无处不在的。在许多人看来这正是您的文章令人信服之处。但我还是要问，“理论”在您的工作中是不是一个核心环节，在此，您不但获得了一种“哲学”形式和个人风格，也获得了某种权力、主体性、某种思维的原则。这使您能够以一种居高临下的姿态对事物进行读解和编码，并在叙述中保持某种一致性、连贯性和能动性。人们能说现在的文化语言是一种精神分裂的语言，而您却似乎不受此约束。这一切能不能反过来在理论中得到解释呢？又能不能同您在理论上的潜心研读联系起来呢？

詹：在此，我们同样只能给一个历史性的回答。我的早期理论著述［指《马克思主义形式》及《语言的囚笼》——译者］似乎是为我后来的文化分析铺平了道路。但当时它们却也产生于特定的语境中。那时，法国和德国的批评传统在英美世界都远非为人熟知，因而我的任务在某种程度上讲是将这些理论大众化、“庸俗化”。在此“庸俗化”在法语里的意义是教学上的普及而已

（笑）。现在，有关这些理论的种种翻译介绍层出不穷，传播甚广，美国知识界自 70—80 年代以来也在理论上变得不那么肤浅幼稚了。像我那两本书那样的东西已经不是必需的了。要说新理论，如果新理论可以被不断制造出来的话，比我更适合这种工作的也大有人在。这是我要说的第一点。

第二点是，具体的阅读只有当它包含理论要旨的情况下才令我感兴趣。因而在我的工作中理论与阐释的关系一直是非常紧密的。当然我以前所写的东西并不是我所感兴趣的一切。也有许多我觉得更有意思、更有价值的文本我一直没机会写到。并不见得你对什么感兴趣，你就有资格写什么。这真是很奇怪的事情。一般人总觉得只要你对什么感兴趣，就总要就这些事情发发议论。我对一些伟大的文化新闻工作者深怀敬意。伟大的文化新闻写作总是能够对时下所发生的事情作出立即回应。但我自己的情形不同，让我觉得谈起来精神振奋，言之有物的作品得让我能全神贯注于具体的理论问题。反之亦然，在我谈理论问题时，也从不愿脱离对具体作品的阐释。尽管有些人看来我有时候过于抽象。我对许多哲学问题兴味索然，因为它们无法与具体作品和具体环境相结合。

从更大处着眼，你所说的我的方法上的一贯性只有在一种新的意义上才有可能，这也是我思考后现代主义与后现代性的原因。80 年代以前的语境同目前相比显得更为清晰、稳定。在我刚刚开始思考这些事物的时候，至少我所描绘的那种后现代一下子同一些非常基本的基础结构性变化勾连起来。这些变化当然主要是经济社会方面的，比如全球化的趋势。这便给了我一个融会贯通的框架来审视一切，把它们理解为某个特定历史阶段的文化逻辑。也许别人手边上并没有一套现成的历史分期理论。

二　马克思主义与晚期资本主义

张：但这种历史分期论的框架来自马克思主义。

詹：当然是这样。它从根本上讲是马克思主义的历史分期论。我的一些同事和同志认为对后现代主义作历史阶段论的分析是向资本主义花里胡哨的趣味妥协。但这种历史阶段论是基于这样的看法：资本主义的发展经历了现实主义阶段，民族主义阶段，帝国主义阶段，资本的全球扩张（尽管这还不是我们目前意义上的“全球化”），最终达致目前形式的全球化的资本主义动态。我认为这些是资本进化的不同阶段，对这些阶段的思考带有深刻的马克思主义的印记。所以我很高兴看到有人刻意避免使用“晚期资本主义”这样的字眼，因为这恰恰表明他们了解有关资本主义发展的不同立场，了解这些立场的政治含义。有人指责我在以阶级观点看问题方面做得不够。这也许是事实，但我相信阶级、阶级动态和阶级斗争的存在。在我看来它们总是活生生的。但是它们在今天的存在方式非常复杂。现在不存在界线分明的工人阶级意识形态，也不存在一清二楚的统治阶级意识形态。整个局面比以前复杂得多。我并不认为马克思是经济决定论者，但我认为谈马克思主义就不可避免地要这样那样地谈经济，这是马克思主义的一个内在的、历史的、不可逾越的特征。它要求你最终触及经济结构。如果你总把自己局限于阶级，你就会很快陷入有关权力的政治考虑，这反而会让人丧失同经济结构的联系。因而我对福柯等人强调权力的做法未敢苟同。我觉得这把事情看得太简单了。在我眼里，有关后现代的理论最终是一种经济理论。也就是说，不管你从何处着手，如果你的步骤正确，你最终会谈及资本主义。因此，贯穿我著作的框架来自我们所处的时代本身。其马克思主义的成分来自这个历史阶段的根本的经济动态。

张：是不是在这个意义上马克思主义变成了一种哲学了呢？

詹：不，我不这样看。德里达在他的近著里反复强调马克思主义既不是本体论也不是哲学。我同意他的观点。马克思与弗洛伊德两者的独到之处在于，它们都致力于马克思主义传统中所谓的“理论与实践的结合”。也就是说，世上并不存在任何可以写在纸上的马克思主义哲学体系。当然，有很多极为重要的哲学思辨或理论建设给人以一种马克思主义哲学的感觉，比如卢卡奇的《历史与阶级意识》就是这样一本书。我还曾大逆不道地说海德格尔的《存在与时间》未必不能这样读。这样的著作还有不少。我觉得苏联马克思主义，或者说马克思主义的“东正教”最可悲之处就在于它抱着这样一种观念，即人们可以绘出一幅世界整体的无所不包的画面。这幅画的名字便是辩证唯物主义。其写作方式与陈旧古老的哲学论文的写作方式如出一辙。你从“物质”出发一步步往前走，如此等等。我对这种观念一直是强烈抵制的。也许在一个非常空泛模糊的意义上我们仍可以把马克思主义称作哲学。但我不会在任何实质意义上把它当哲学来看。

现在有许多人讲马克思主义不是哲学，更是一种非常不同但却更为糟糕的东西：它是一种历史哲学。对此我们应有不同的思路。无疑，马克思主义在历史方面颇有一番抱负，而我个人对所谓的历史哲学也极有兴趣。这里面的确有许多令人兴奋的东西。包括资产阶级的历史哲学，第三世界的历史哲学。但我的感觉是将其中的种种特殊的问题概以历史哲学的名称并不妥帖。这同马克思主义是不是哲学自然是两个问题了。

张：您在美国创立的“元批评”（meta-commentary）概念如今已被人广为接受。但这个概念所揭示出的问题的领域，甚至这个概念本身的功能，都预设了马克思主义的思考方式和批评路径。在这个意义上，马克思主义似乎并不甘于做理论市场中的“一家之言”或一种品牌。在马克思主义传统之外的人看来，马克思主义似乎有其源泉，在与其他立场交手或介入整个文化领域的时候，马克思主义往往把自己放在了别人之上。

詹：这要从几方面看。首先我们可以从不同的理论话语的角度看：在此人们会说，不管你怎么大讲理论话语的多样性，到头来马克思主义还是一家独尊，以势压人。但我们不应忘记如今马克思主义并不是只此一家，别无分店。事实上有形形色色的马克思主义理论话语。因此这样的说法并不能成立。那么是不是马克思主义中还残存着以往哲学的基础，因而让那些反本质主义者们看得疑心重重呢？要是马克思主义当真是一种他们意义上的哲学的话，这么想倒也情有可原。可事实上不是这样。这样的指控并没有击中要害。我倒要说有许多事实上在做元批评工作的人没有意识到他们干的正是马克思主义。我不认为人们一定要有意识地在思想上信仰马克思主义方能够获得马克思主义的世界观。再说，马克思主义业已充分渗透到各个学科的内部，在各个领域存在着、活动着，早已不是一种专门化的知识或思想分工了。

至于有人觉得我占有某些别人无法占有的秘密真理，那我们只好诉诸思想言论的［公共空间］（public sphere）了。这个［公共领域］全部含义便是各人作各人自己的阐释，公众或取或舍或信或疑，悉听尊便。我觉得真正的问题倒可能在于当今许多人没有把自己的立场、观点发挥到淋漓尽致，因而在理论、意识形态的竞争中被淘汰出局。问题或许在于有些人压根就没意识到自己所说的是意识形态。在此，我认为马克思主义就是一系列意识形态，而我们都受到各自国家的、民族的、个人的以及心理的特定处境的制约。总的来讲有许多根深蒂固的意识形态或阶级信念是我们自己意识不到的，马克思主义亦不例外。所有著名的马克思主义者都来自特定的个人、阶级和民族背景。他们生产出来的是一些马克思主义意识形态。我一直愿意对各式各样的意识形态感兴趣，在它们之间穿梭走动。我自己并不知道如何描绘我本人对马克思主义的看法。尽管我能够理解它们的意思，但我认为上面提到的种种诘难并不公允。对这个问题也许很难有令人满意的回答。

张：但这样的看法恐怕依然存在。这是不是同马克思主义理论话语的“整体”（totality）、“大叙事”（grand narrative）有关呢?

詹：让我回到原先讲到的理论变成了个人语型或“私人语言”这一点上来回答这个问题。我的感觉是，如果你打算对一系列由不同学科专业造就的人发言，那么你就得在某种程度上在不同的语言间翻译，在某种程度上说他们的语言，即使你随后就要批评并颠覆这种语言。用这个例子作比方，我看人们以为的将我作品统一起来的信仰或哲学成分，不外是这样一种翻译机制。不过我要捍卫这一点：在其微妙与灵活方面马克思主义是一种远胜于其他系统的在不同语言间翻译斡旋的模式。那些伟大的带有普遍性的体系莫不如此。天主教思想就曾经是，或许目前仍然是这样一种体系。某些天主教神学家，像耶稣会士，曾经在各种哲学语言之间游刃有余，其方式极具威力。就我所知，在这些普遍性体系中马克思主义是惟一的世俗思想体系。像结构主义符号学之类的体系则没有这样的抱负，因而我觉得它们并不成功。不过它们同存在主义和马克思主义间的联系值得用历史的眼光去加以分析。这里面有很精彩的故事。但马克思主义的确是惟一一种包罗万象的逻辑转换的技巧或机制。

如果说马克思主义是一种与众不同、得天独厚的思维模式，原因不过在此，而非因为你自己一口咬定发现了真理。马克思主义的“特权”在于它总是介入并斡旋于不同的理论符码之间，其深入全面远非这些符码本身所能及。齐泽克（Slavoj Žižek）想告诉我们说拉康主义也是这样一种转换模式，甚至是一种优于马克思主义并包容马克思主义和辩证法的模式。我一直对拉康心醉神迷，对这样的看法不妨姑妄听之。但在这方面比起齐泽克来我还是自叹弗如（笑）。我认为最重要的是在不同符码间进行“中介”，而不是哪种符码或“哲学”比别的更强。

张：也许人们印象中的马克思主义的“强力”（您的写作便是一个例子）也同“创造力”的概念有关，因为马克思主义的思维方式总在不停在吸收外界因素再对之加以理论转换。在西方知识界普遍呈现疲惫之相的今天，也许并不是人人都有这样的能量、兴趣和动力去拓展更大的空间。

詹：我想人们在自己的工作中都有激情，而当这种激情获致其形式上的表达时，人们已经相对地精疲力尽了。从这一点看，我同马克思主义的联系并非出自信仰或出自某种“真理”概念，而是出自兴趣。政治和政治立场会使人产生一种内在动力去不断地向新问题挑战。西方左翼的许多人在苏联共产主义终结之后深感乏顿，因为他们一时不知道这种内在动力向何处去，有的则转而致力于地域性或局部性问题。但在我，资本主义以及不同于资本主义的选择的可能性一直是迫在眉睫的问题。

目前的世界同 20 年前相比出现了很大的变化。这就给我的工作提供了推动力。我一如既往的工作就是吸收和消化这些新事物。我希望我不会有一天对这些问题失掉了兴趣。但这种事常有。我更愿意把我自己的内在驱动力作为兴趣，而非政治介入来看待。因为政治的议题常常变化，人们也并不是一直处身于同样的政治环境中，或一直了解问题的关键在什么地方。在当今尤其如此。但把文化同经济勾连起来的兴趣却是恒常的，至少在我是这样。当然，文化和经济都在变，因而这种兴趣的性质、结构也在变。我们谈创造性，这也许是创造性的活动领域。

张：但马克思主义的迻译、中介活动是否也生产出自身的一套符码系统和理论规范呢？

詹：马克思主义固然是一种符码体系，但我觉得它更是一个有待探讨的问题领域。我所做的一切都围绕着这个问题，这个问题在我看来仍然意义深远。如果我们谈的是同其他理论的对话，那我们有从性别理论到后殖民主义的一系列理论。它们提出了非常不同的理论取向。

张：我盯住这个问题不放的原因是这样的：中文读者难免或多或少地从一个西方提供的眼镜看世界。因而要了解自身所处的社会历史的境遇，就不能同时去了解“西方文化”、“西学”或“西方理论”这个媒介或机制。在寻求某种历史性答案的路途中，某些理论方法上的“真理性”有时会被非历史化，以便满足人们在概念的层面上了解西方思想文化结构的强烈愿望。在这样的情形下，您的一些著作，也许整个西方马克思主义话语，都获得了不少人的偏爱，因为它似乎让人能够在忙于吸取的同时保持一个较为全面而积极的主体立场。

詹：这对我来说是个自己的作品在其他国家里传播的问题。我相信环境的第一性。我认为民族国家业已消亡的说法非常愚蠢。我认为当今不同的思想社区和团体间的交流越来越多。但我觉得知识分子是附着于自己的民族情境的。因此我们可以看到两方面的问题。首先，美国是当代资本主义最发达，但也是最凶残的形式。在现阶段，美国人的立场较之欧洲人或者中国人的立场也许有某种特殊之处。比方我注意到某些知识界的问题在德国就不会或不用被提出来。我的看法也许有点沙文主义，但比起别国知识分子来，我觉美国知识分子有义务有责任正视更多的问题，尽管我们有时觉得别国的思想环境更为可爱。这是其一。

第二点，我总是以一种论争的方式构思我的文章。作为马克思主义知识分子，除了对文化及其运作机制作一番理论探讨，我们还得与其他的思想意识形态交锋。我肯定在中国或在整个亚太地区有着形形色色不同的意识形态立场在不断形成，但我在此地探讨这些事物的方式会与中华人民共和国，或它的香港和台湾，或其他地方的知识分子的处理方式非常不同。对手会不一样，有的时候意识形态的发育程度也会不一样。我想这一切赋予我作品以一种特殊性。

我们都对某种理想的精神生活形式油然而生思古之幽情。在包括我个人在内的许多人看来，法国的知识界堪称典范。但我们在这儿的处境不一样。我们由此而思念法国知识分子所扮演的社会角色，不过这种角色现在亦陷于深重的危机之中。这种处境可以说明我的工作的特殊之处。在美国的文学、美学和文化界，与理论的兴起相伴而生的是一种多元论，形成了许多小团体，个人自行决定在哪种理论语言或团体中活动，而无须与小圈子以外的立场碰面。这是一种典型的美国形态。而我的立场是我觉得我必须这样或那样地与所有不同的立场进行对话和接触。当然，有时我做得好，有时做得并不好。如果你认为马克思主义就是从内部去吸收别的语言体系，同时揭示这种语言的局限性，那么这也许的确是马克思主义的一种特征。这与其他的文学或文化的意识形态或哲学形成了对照。

张：一般读者，特别是非西方读者，在探索某种理想的精神生活形式的同时，也在寻找一种叙述或表现的形式，以便用它来组织自己的个体的或者是集体的经验。这种经验不加组织，就会变得脆弱而零散。马克思主义是不是在这个领域向人们作出了保证呢?

詹： 当然是这样。后现代主义时代的叙事及其同晚期资本主义的关系是全部问题之所在。无论在世界的哪一个角落，人们都无法逃避晚期资本主义的引力场。而在我看来这正是我们组织经验的能动因素。人们并不一定要在存在论的意义上面对破碎的现实。人们既不是要把破碎的世界标示得一清二楚，也不要还其某种统一性。人们只是为破碎的世界提供其理论形式。

我所提供的框架是一个历史的框架，我认为它最能让人去获取一个连贯的叙事，即使这个叙事说明的只是不连贯性。我觉得这是我们当今的任务，然后我们可以回过头来谈其他问题，比方说谈失败的形式。有人觉得因为历史上曾有过伟大而成功的表现范式，我们如今也得努力奋斗去造就一个新东西出来。我认为这种想像方式不对。我们如今完全可以强调表现的不可能性，有时正是这种不可能性给我们提供了认识世界和组织经验的线索。我觉得我的全球叙事比自由主义的叙事、市场的叙事或其他政治叙事更适合于这种工作。

张： 所以当代经验的叙事并不是某种新兴的内在性或主体性的庇护所，也不是怀旧或集体主义的栖身地。可是无论从文化上讲还是从政治上讲，这些因素都在叙事中起到一定的作用，不是吗?

詹： 是这样。如果人们继续用这类的术语，人们能生产出不同的话语。卢卡奇对我提出的问题是：如果连贯的东西才是叙事，那么你如何应付顽固地、倔强地拒绝叙事的材料呢？在我看来，辩证思维同样可以把它变成叙事，只是这种叙事与传统叙事的方式不同而已。

张： 在许多方面，包括中国在内，某种积习仍旧让人觉得一旦你有了一种叙事形式，你就更接近真理；而为了要获得一种强有力的叙事，你首先得有一种强有力的主观性。

詹：我们必须指出连贯性不是来自主观性，而是来自现实世界。并不是你在自我上面下功夫，或抓住某种信仰或信念，你就能让世界变得连贯起来。同时制造出连贯性和不连贯性的是现实世界，是资本主义。因此我们注意的焦点也应该在这些地方，而不是在这样或那样的主观源泉上。当然，为了要驱逐自我，我们得首先创立某种与自我的关系。

张：这并不是说新的语言和叙事不能构建出新的空间与立场。在中国的文学、文化批评界，在美国的东亚研究界，许多新的问题和立场同种种理论话语的进入有着密切的关系。

詹：当然不是这个意思。但我并不认为我们单凭意志力便可使这些事情从无到有。密涅瓦的猫头鹰只在黄昏才起飞。这也就是说人们虽能够体察新的世界中的存在（being-in-the-world）的降临，但注意到它，将它加以理论上的发挥并不意味着你可以将它进一步带入存在，或使世界有所变化。我不觉得个人可以从自身中产生新的东西。

另一个问题是我们在当今如何看待问题。对此我有一个复杂的问答，一个黑格尔式的回答：我们在辩证法或主客观对立中看到的是这样一个事实，即主观是客观世界的一部分。主观是由客观造就的。我们可以就理论持同样的观点：理论并不是来自子虚乌有，然后由喜欢理论的人接过去肆意发挥。理论来自特定处境。理论是这个全新的晚期资本主义环境的一个有机产物。因而它本身是一种新现象，然后，作为世界的客观现实的一部分，它自会循其自律性的发展道路并对现实产生反作用，带来思想上的变化，带来大学体制内的变化，改变知识分子的角色，以致影响整个文化生产本身。

如果人们把理论视为某种主观性的东西而与我们所谈的客观的文化、历史和社会现实对立起来，人们就是以一种非历史的方式看待理论。但理论是形势的一部分。因而理论的兴起本身成为一个关键的有待探讨的文化历史问题。

比起早年这些理论刚刚出现时，目前则是进一步探讨这一问题的时候。我们要问理论何以在那时出现，结构主义或后结构主义何以在那时出现。这的确是一个社会、文化的事件，它不是出自某人的异念怪想，不是出自主观或技术性领域，更不用说技术本身亦是社会现实的一部分。

另一方面，马克思主义中确有一种糟糕的、简直是灾难性的倾向，说我们想要的新事物应是这样或那样，而你们艺术家就得给我照着样子创造出来。如果借用密涅瓦的猫头鹰的比喻，艺术家不过是新现实的记录仪。你不能事先预定好他们会做什么。作为知识分子，如果你看到了新事物的出现，你就把它变成你研究的客体，你就能做出些新东西。如何没有新东西出现，我们便依旧我行我素。我认为理论生产与此并无不同。艺术作品是记录仪，理论也是，以往的哲学在它们存在的时候亦不过如此。

张：马克思主义作为一种更为自觉的记录仪，是不是能在工具理性或“人类欲望与社会工程”之类自由主义公式外提供给人新的答案呢？

詹：马克思主义不是包治百病的灵丹妙药。有许多马克思主义形态在这方面做得十分糟糕。我个人认为理性的言辞在此于事无补。在德文中有两个意为“理性”的词：一是 Verstand，一是 Vernunft。你所指的是 Verstand。相反，把自身理解为世界之一部分，而不是对立于这个世界的理性是 Vernunft。我没有把握说我们现在能达到这一步。这是一个极为复杂的观念。但在艺术、感知、理论等方面我们所能谈论的最关键的一点便是走出自我，让自我变成一种记录仪，一个捕捉现实内容的机制。我不愿过早地判断事情是否“理性”。事物本身总是理性的；它们存在在世界上，它们是真实的现象，它们自有其历史根源并为自己作出终极的说明。但理性或非理性这样的词汇并不是非常有效的讨论办法。

在 70 年代的法国，“欲望”是个颇为流行的字眼，德勒兹的信徒比德勒兹本人更喜欢用它。这类概念在我看来代表了一种要发现一个一举解释所有事物的根本概念的企图。诸如“权力”、“经济学”、“欲望”、“理性”之类都是这种企图的表现。这就是人道主义。它是要提出一种人类本性或人类实质的理论。然而我却更强调境遇，这意味着世界自有其发展的逻辑和节奏，而这一切无论对于个人还是对于民族国家都很神秘。但这正是我们必须面对的问题。就这个问题而言，那些有关终极性动机的言辞变得大而无当。

张：作为现代性的产物，马克思主义总是寻求世俗化和非神秘化；但与此同时，它是不是也提出了自己的本真性或整体性概念呢？

詹：我们先来看宗教。我正在重读柯耶夫（Alexandre Kojève）关于黑格尔的讲演。他的论点是黑格尔是位激进的无神论哲学家，但绝不是个反宗教论者。因为在黑格尔看来形形色色的宗教是现实存在的、真实的社会现象。宗教的确将社会现象神秘化了，但却并没有矢口否认这些现象的存在，或将它们归于纯粹的幻觉和谬误。我对当代宗教一直很有兴趣。比方说，伊斯兰原教旨主义在社会主义缺席的环境里一直把自己树立为对抗美国生活方式的根本性的出路，我们应该看看究竟是什么使得它能够这样做。这里面有很多问题。不过我觉得这些新的宗教运动与以往生产方式条件下的无所不包的伟大宗教体系非常不同。

回到欧洲来看，更为具体的问题是乌托邦契机变得越来越关键了。我指的是意识形态与乌托邦之间的辩证关系。非神秘化总是有价值的，即使有时进行这种工作的人本身毫无社会理想可言。我们人人随时随地都被各式各样的假象所包围，我们头脑中的幻想也每每流溢于社会，将这些幻觉击破很有必要，也很痛苦，因为不痛苦就达不到效果。马克思主义自然是一种十分有力的非神秘化的形式；它以后仍会继续如此，因为经济往往是人们最不乐意谈的，而阶级更为许多人避之不及。对这些事情进行具体的非神秘化曾是马克思主义的一项长期工作。但要获得这种非神秘化工作的真正的、最富创造性的成果，我们就必须把它同探索不同于资本主义的社会发展道路的广阔视野结合起来，我们就必须把非神秘化同某种乌托邦的因素或乌托邦冲动联系在一起。在我看来，马克思主义的这两种驱动力是结合在一起的，而非它在进行非神秘化的同时暗中有一套半宗教的宗旨。

我还想在两类不同事物间作一区分。一是我们在目前历史阶段和日常生活中所称的宗教性质的东西，一是关于未来的乌托邦憧憬。对于后者你自可以称之为宗教，如果你非要这样说不可。但我认为它本质上亦是政治性的。也许我文章中那些海德格尔式的瞬间就是要猛烈地强行灌输一种乌托邦观念，把它设置在我那些消解性的非神秘化的行动旁。我觉得只有更为广泛的、马克思主义的乌托邦内驱力才能与种种宗教冲动相抗衡。难道市场不也有它自身的乌托邦吗？在某种思想意义上的确如此。但这种乌托邦并不是目前这个地球上大多数人所能享有的。目之所及，我还看不到其他的能够替代马克思主义的乌托邦形式。

最后我想告诉你我对解放神学（liberation theology）推崇备至。在一些国家，解放神学比起某些形式的马克思主义来是将社会政治同日常生活现实联系起来的更为有效的方式。但我仍偏爱乌托邦这个字眼。我们得记住斯大林主义以及整个庸俗马克思主义传统同种种宗教运动间的关系。这段可悲的历史不会不留下任何痕迹。因而迄今对于许多人来说马克思主义仍不过是一种狭隘的排斥异己的启蒙主义理性。我则不这么看。有些伟大的马克思主义者的确能把马克思主义同其他问题联系起来。布洛赫（Ernst Bloch）是一个最引人注目的例子，但此外还有许多人。

张：您如何在乌托邦观念和人道主义之间划清界线呢？

詹：这些概念的含义常常是游移不定的。在阿尔都塞学派和布莱希特等人所限定的意义上，对苏联的有关资产阶级伟大传统以及资产阶级思想本身的攻击是一种全然不同的事情。而在西方，人道主义的观念是组织在个人的连贯性以及个体经验的自律性价值这些概念周围的。整个后结构主义运动就是反自律性主体，是对哲学上的人道主义个人主义的批判。它使得我们去设想一个社会领域，一个集体，一个生活共同体。目前出现了一种所谓的社区主义，是一种右翼的有关集体性的人道主义，值得加以批判。

张：您给我们说明了马克思主义的社会政治性质。但在中国，马克思主义，确切地说，西方马克思主义，首先被视为对消费社会的异化和庸俗化现象的审美的抗议。在一个引申的意义上，这也启发人们对所谓极权社会种种僵化的教条进行批判的反思。当代中国对西方马克思主义的大量引进始于80年代，其阅读方式亦打上了那个特定时代的印记。举例来说，在刘小枫的《诗化哲学》里，阿多诺、马尔库塞这样的西方马克思主义者有时与谢林、荷尔德林、尼采或海德格尔这样的“诗意哲学家”相提并论。在此，“诗意”成为西方马克思主义的一个引人入胜的特征，并使之在中国市场上与其他当代西方理论话语的竞争中获得了不少人的青睐。您怎样描述西方马克思主义的“存在论”或者“诗意”的方面呢？

詹：近来出现了一股把谢林重新定义为马克思主义思想源泉之一的趋势，齐泽克的文章就是一个例子。我认为这也是在建造马克思主义的乌托邦特色。其目的是从狭窄的经济决定论中解脱出来，以寻求一种存在论的、诗意的景观，去探讨世界存在及人类生活的种种可能。在这个意义上，这种趋势是颇有意义的。

不过我要再次强调，我们必须强调这种你所谓的诗学马克思主义的种种影响；我们必须历史地看待这种影响及其出现的阶段，它在美国60年代当然激起了阵阵回声，马尔库塞的著作更是见证。这些影响在更大的意义上是政治性的。政治有不同层面上的表现。有的是直接的经济层面，比如这次法国的工人罢工和游行示威。但一种至关紧要的政治却是对更为合理的社会制度的憧憬和描绘。我们有充分的理论去致力于这种远景，去思考这种想像和期待为何在此时此刻出现，为何出现于特定的民族国家境遇之中。这一切都不是偶然现象。它在这些特定的阶段自有其具体的政治、社会和历史功能。日后也许会出现不同的社会环境，在其中对于替换性选择的想像会变得不太重要，或用布莱希特的话说是，不太有用了。但我们必须不断地取代历史境遇中的理想，并不断地揭示其意识形态的功能。

在我看来这种理想总是非常重要的。不过这并不意味着这是人们惟一要做的思考、分析，并不意味着这是惟一的政治。在目前环境下，人类生活业已被急剧地压缩为理性化、技术和市场这类事物；因而重新伸张改变这个世界的乌托邦要求就变得益发刻不容缓了。

三 辩证思维

张：您似乎更多谈到了马克思主义是怎样取决于它所处的环境。您能不能也谈谈马克思主义的能动的——如果我们得避免使用“主观的”这个字眼——方面？无论如何，马克思主义是一种认识世界和组织叙事的有力机制，这同其能动的方面是分不开的。也许谈这个问题就不能不谈到辩证法。

詹：辩证法的问题是个复杂的问题。有些马克思主义理论主张我们干脆甩掉这个概念，因为它太唯心论，也太难向一般读者说明了。阿尔都塞就持这种观点。我也觉得在哲学讲座之外谈辩证法显得有些过分。但我认为辩证法可以以多种多样的形式现身。

我同时认为辩证法从来没有真正实现过。当然我们有黑格尔的卷帙浩繁的著作，我们有马克思的较为零碎但却同样数量惊人的文字。我更愿意以一种乌托邦的方式把辩证法视为一种未来的思想模式，而不是在 19 世纪 20 年代出现在柏林，19 世纪 70 年代存在于伦敦的现成品。我看我们可以有更简明实用的探讨辩证法的方式。目前我感兴趣的有三种。一是强调环境本身的逻辑，而不是强调个体意识的逻辑或诸如“社会”这样的异化了的实体的逻辑，强调环境的逻辑就是强调环境的恒常的变化性，强调这种变化的首要性以及这种变化所带来的可能性和不可能性。我想这种思维方式会走向我所认为的辩证思想。

第二，就所谓的哲学或历史辩证法而言，辩证法思维寻求不断地颠覆形形色色的业已在位的历史叙事，不断地将它们非神秘化，包括马克思主义历史叙事本身，比如社会主义之必然性等等。这并不是将因果性也一股脑抛开，因为有叙事就会有因果，而叙事的逻辑说到底是一种因果逻辑。但辩证思维总是瓦解已为人接受的叙述形式和历史因果律。读读马克思的《雾月十八日》，你就会发现你看到的并不是简单的综合，而是形形色色的新事物和社会历史的更为错综复杂的因果关系。而这一切如何在马克思手上自然而然归于一种叙述历史的简洁方式真是让人百思不得其解。

第三，是对矛盾的强调。只要你坚持以矛盾的方法看问题，你的思想就总会是辩证的，无论你自己意识得到还是意识不到。我看人人都有某种生存论上的患得患失，这使得我们宁愿对矛盾视而不见。我们总希望一切稳稳当当，我们总希望时间是德里达曾痛加批判的那种"在场"的实存。我们总乐于把自己设想为统一完整的主体，我们也总乐于相信我们面对的问题相对好办。要是每当我们把自己表现为整体时我们都能起而打碎这一幻觉，正视矛盾和特殊经验的多重性，我们就正是在以辩证的方式思考问题。

这些也许都只是对辩证思维运作方式的较为实用性的描绘。我从三个角度看，即如何考虑具体的环境，如何考虑历史，和如何考虑现实。

张：您把辩证思维的运作描绘成思想与现实的缠斗，而到头来事物存在的方式成为思想观念的形式。这令人想起本雅明对巴黎城市空间所作的批评测绘，而本雅明本人又师承《雾月十八日》。那么辩证法同寓言（allegory）的关系又是怎样的呢？在阿多诺看来，本雅明的思维模式是"反辩证法"的。

詹：我们可以作些尝试性的回答。首先，不少人一直把辩证法描述为一种方法或体系。在某种意义上我同意。但这样说也很误人子弟。因为说到方法，人们往往会觉得只是学一套处方。一旦学到手，你就万事大吉，真理在握。辩证法不是这个意义上的方法。它含有方法的因素。这使得很多人常常这样来形容它。卢卡奇也是这么做的。

至于寓言，我想这是不同的事情。这是一种再现事物的模式。尽管我们说要抓住历史变化中的环境、打破旧有的关于变化的叙事形态，并着眼于活生生的事物间的矛盾，但这一切没有一样是实物。随之而来的问题便是怎样描述这些事物，怎样为你的意识找到一个模型。寓言就在此刻出现。它提醒我们，告诉我们即使我们强调环境，环境却并不是一个实在之物供我们简单地“再现”。即使我们信奉叙事，叙事也不是一件轻而易举的事情。说世界自有其叙事结构不等于说你能够以一个小故事就把它说得清清楚楚，不等于说世上有现成的表现技巧可供人调遣。同样，重视矛盾并不意味着矛盾是看得见摸得着的东西，或我们可以画出一幅矛盾的图示。强调寓言因而便是强调再现深层现实的艰巨性甚至不可能性，我的确认为这种再现是不可能的。不过你一旦这么说，就给各式各样有关沉默、混乱和不可知论的意识形态提供了口实。这并不是我想看到的情况。寓言是一种知其不可为而为之的再现论。

张：您提出的“认知的测绘”（cognitive mapping）概念是不是要用个体在陌生的城市空间为自己定位和定向的比喻来建立辩证思维同寓言表现方式间的桥梁？

詹：这个说法很有意思。我自己以前还没有这么想过。

张：在您看来，辩证法从来不是一个纯粹的思想或思辨行为，而是一场不停的战斗。它把一切都卷了这来：经济、政治、个人背景……

詹：以及你自己的意识形态。对，我同意。成功的辩证思维所带有的标记是震惊，是讶异，是固有观念的倾覆。你可以在一瞬间洞察真理，但你自己的意识形态会卷土重来，把你淹没在有关世界的种种假象以及你自己的主观愿望之中。于是你又被逐出了真理。在此，精神分析给我们提供了一个很好的类比。在精神分析看来，真理的瞬间是一种倏忽不定的、痛苦的瞬间。你注定失败，但有时却出其不意地夺回了阵地。

这是不能把辩证法视为哲学的另一个原因。因为一般人认为在哲学里一旦你把握了真理，你就可以从容地将它见诸文字。黑格尔觉得自己做的正是这么一件事。然而资本主义却复杂得多。马克思就很清楚资本是看不见摸不着的东西。于是这一切成了一场极为有趣的文学实验。再现（Darstellung）的问题就是人们如何把事物以某种方式拼凑在一起以图窥见无形的东西。如果辩证法是如我所描绘，它就不可能成为系统哲学。

四　文化研究与地域

张：在某些中国读者眼里，“文化批评”概念基本上是由您1985年访问时带来的，因而有很深的詹姆逊色彩。目前“文化研究”（cultural studies）在大陆和港台的某些学术圈里流行起来。这两个概念的关系与差异是什么？

詹：要回答这个问题，我们最好以“文化研究”在美国的狭义含义入手。在美国“文化研究”是一门新学科。年轻一代的学人开辟出这样一个新领域，为的是探讨一系列我们俗称为大众文化的现象，包括音乐、电视、性别、权力的形式，族裔问题等等。这一开创性工作意义重大。它使得知识分子能够更紧密地跟踪从所谓后现代性中生发出来的日常生活的种种形式。

但对于别的国家，“文化研究”似乎含义不尽相同。在此不同的国情，比如不同的历史经验，不同的文化史，不同的文学现象和社会运动再一次起到很大的作用。当美国的文化研究工作者与外国同事碰头时，常常会出现一种紧张的局面。我们知道“文化研究”始于英国的伯明翰学派，但即使英国人也对美国人的所作所为大吃一惊。我总觉得美国人往往缺乏一种历史感，不愿意把过去包含在当前的问题之中。只有少数领域例外，比如妇女研究领域，因为在此对历史的思考是不可或缺的。文学与大众文化之间，以及旧式的美学家与新派的文化研究工作者之间的破裂在这一领域留下了深深的伤痕。当然这种破裂不是没有缘由，它部分源自美国学院的结构本身。有些原因也可以在美国的阶级结构中去找。在美国文学一直被视为精英文化，而大众文化则带有民粹主义的标记。

我本人的文化研究概念要比新一代美国知识分子所提出的概念范围更广。这绝不意味着我想贬低他们工作的价值，或给人们对它的兴趣泼冷水。我只是认为它太美国化了。美国文化的特殊性或与众不同之处在于美国人以为自己就是普遍性，以为美国便是历史的终结。美国人认为美国的现实不是由文化决定的，而别的现实都是由特定文化决定的。特殊的文化传统造就了法国人或中国人，并决定他们不同的所作所为。但美利坚合众国则代表普遍的人性。因此，美国人看问题无须任何历史角度，也许连阶级观点也不需要。这在“文化研究”这一学术形式中亦有表现。他们不在自身特定的环境中看待自己。我们在某种意义上确实可以说美国文化就是晚期资本主义，但这并不是说我们就不需要与这种文化拉开一定的距离，并看到自己态度中相对狭窄封闭的一面。

你只要读一读格罗斯伯格（Lawrence Grossberg）和纳尔逊（Gary Nelson）编辑的《文化研究文集》，你就能发现外国人，特别是澳大利亚人，对这种美国式的村俗气感到多么愕然。而美国人对自己的局限性从来是一无所知，还认为美国的一切都马上具有普遍意义。我想我并不是对美国的事物漠不关心的人，也不是一个反美分子。我只是希望我们在看自己的时候能够更加辩证一点，更有些自我意识，更能把自己放在具体的环境中看待。当然这一切都是晚期资本主义。但这是美国的晚期资本主义。欧洲人同我们就不一样。日本人就同我们不一样。我想这种盲目性给“文化研究”带来了很大的局限。也就是说，它阻断了分析具体对象与思考理论问题之间的联系。我不得不认为这是一种退步。无论这些具体分析多么引人入胜。它们本身并不是目的。它们是要建立起同理论问题的联系。

张：不过“文化研究”作品的外观都很理论化。

詹：是这样的。但目前许多理论连同对理论的攻击一道变成反理论的东西了，至少它们在理论上的抱负已经消磨殆尽。对此我们同样应该以马克思主义的观点去分析。

张：您前两年曾就格罗斯伯格和纳尔逊编的《文化研究文集》写过一篇文章，发表在《社会本文》(*Social Text*) 杂志上。在那篇文章里，您说“文化研究”仅有的政治是学院政治。这话是什么意思？

詹：我不希望这句话造成误解。“文化研究”的许多分析出自不同的族裔团体之手，出自于集体经验。因而我必须补充说明一点：学院政治目前已经空前地扩大，它包含了种种社会冲突和社会矛盾。加利福尼亚大学系统关于少民族学生配额的争论就是一个例子。我那么说只是想挑明“文化研究”的政治的具体性，并没有任何反学院的意思在里面。在某种意义上，它的确是一种“身份的政治”(identity politics)，但在学院界，这也是为争得别人承认的斗争。要是你争取建立一个墨西哥裔美国人研究项目，或黑人研究项目，或妇女研究项目，或任何此类性质的项目，你也是在学院的框架内表达一种更为一般的社会政治要求。

汤普森（E. P. Thompson）曾对此深感失望，叹息道老派左翼知识分子已经销声匿迹，如今惟见学院里的专业人员为各自的理论斗来斗去。但学院也变了，美国学院的变化尤其显著。这一切都不仅仅是或不纯粹是学院问题了。

张：昨天在美国现代语言学会（MLA）的年会上，有人把您称作“红色康德”。而您在《后现代主义》一书的结论中，确有一段话带有点儿康德的味道。您说我们应该区分开三个不同的层次：趣味或审美判断的层次（您在此说您很欣赏一些后现代主义在建筑、食品、音乐、电视、录像等方面带来的变化），分析的层次和价值判断的层次。您说这种分层符合我们的利益。

詹：我说过这种话？有意思。我想我要说的还是我们刚刚谈到过的问题，这就是摆脱自我，从而使自己能够更充分地、更完美地、更直接地去经验和体验种种社会和文化的现实。在趣味的层面，我们对种种文化现象的心醉神迷得有时都让我们自己感到吃惊。眨眼间“电脑朋克文化”（Cyberpunk）出现了，我们感到这里面有新东西，有意思的东西。一般来说我们喜欢这类新东西。当然时时也有倒胃口的，但我们大概不会为自己不喜欢的东西去劳神费力。因而趣味的层面是一个惊讶的层面，在此人们感到身体里有了新的需求。分析的阶段则是考察这些事物的运作和功能，考察这些新出现的事物到底是什么，为什么它会出现，它出现的客观条件是什么，为什么“电脑朋克”会在此时此刻出现于美国文化，等等。我把这一切归于分析的层面。接下来就是价值判断的层面，在这里我们必须找到一个历史角度。也许某种历史观点并不会马上在具体现象之中出现，但我们日后可以慢慢确定“电脑朋克文化”到底是晚期资本主义的表现还是对晚期资本主义的抗拒。

我觉得人们可以不无武断地把感知和思考划分为三个层次。

不过我并不沉醉于这种公式。我想你说得很对，它们的确可能重新陷入某种传统的美学模式。

张：那么您觉得在康德式主体性的区分与当代主体位置的多重性之间有没有任何有趣的重叠呢?

詹：我想我们同康德的区别在于强调历史。换句话说，我对那些“永恒的”、“无时间性”的事物毫无兴趣，我对这些事物的看法完全是从历史出发。这使得任何康德式的体系都变得不可能了。

张：从地缘政治上看，从哲学到理论，再从理论到“文化研究”的转变也演示出文化权力或文化生产力从欧洲向北美的转移。您如何描述这一过程，又如何看您自己在这一过程中的作用呢?

詹：这种关于自己的知识往往让人最不自在，人们往往也最不愿意去谈它。说到理论，美国的作用有点儿像个传送带。法国理论最早是经由英国传到美国来的。新左翼出版社（Verso）就翻译介绍了许多理论，诸如阿尔都塞的理论。英国当时是美国的传送带。而如今美国又好像变成了中国的传送带。我们在70年代所经历的兴奋和激动也许在中国有更集中的表现，因为各式各样的理论一次性地送上了门去。

我们知道有种观点认为现在理论和实践有新的分工。现在是第三世界出实践，第一世界提供理论和思考。但我们应看到越来越多的理论形式来自非西方世界，在目前的情形下印度是个突出的例子。同时我觉得美国有种基于自身环境的、根深蒂固的癖好，这就是对自己的行为不加思考，这就使美国无法变成理论生产的中心。人们也许会认为理论中心也会像工业生产中心一样从英国转到美国。但这种情况并没有发生。我觉得两者不能相提并论。

不过我们也应从经济角度看问题。不管怎么说，目前向全世界输出的晚期资本主义本身的确是美国文化。因此关于晚期资本主义的理论也会随着美国文化而四处传播。是好事也罢，是坏事也罢，这反映了这样一个事实，即美国的生产，或不如说将“美国”不断地生产出来的娱乐业和文化在当今世界占支配地位。我不知道作为美国人我们对此应该做些什么。我不喜欢整日作负罪状，或进行自我谴责。我在性情上受不了成天捶胸顿足说我们真不该做这些坏事，我们为我们的所作所为感到羞愧。我觉得美国的许多事情需要加以分析，而我们在此占据一个得天独厚的角度。如果我们把自己看成是有政治责任和文化责任的知识分子，我们就有许多工作可做，就有许多重要的任务等着我们去完成。

相反，要是我们只是在市场社会里随波逐流，认为自己的工作不过是制造新产品推销新产品，那我们为自己描绘的知识分子角色就不那么吸引人了。

还有一点很重要。全球化资本主义与帝国主义阶段的不同之处在于，在全球资本主义制度下，来自不同国家民族背景的知识分子越来越能够直接与对方对话。在相互接触时，他们能够反击，而他们的确一直在反击。

人们普遍感觉到在当今世界的大部分地区，严格意义上的政治斗争变得越来越没有希望了。市场无处不在，我们对此无计可施。比如这次法国工人罢工就让人看不到一点儿希望，因为他们并没有一个政治纲领。我的感觉也是这样。我们应作为公民来思考这些事情。但我不认为我们提得出任何新理论。不过要是有人提出了新理论，我们会注意。我想这一切至少部分地同我个人的位置有关。我的特殊的位置是同美国的社会现实联系在一起的。我的工作在美国，我的教学面对的是美国的听众。我的后现代主义概念出自我作为一个美国人的经验和体会。同时，我精神世界的一部分又在别处。我的思想是以这样一种方式形成的。要是我的思想成形于不同的环境，也许我会更多地谈论一些美国文化的具体问题。

张： 如果晚期资本主义是组织人们经验的能动因素，那么人们或许会期待在其所及之处出现一个批判性的、政治性的知识分子统一战线。但至少就目前情况而言，这种势头并没有形成，很多人更对其出现的可能性深表怀疑。西方和非西方世界的鸿沟依然存在，不同国家、民族、地域、文化间的差异似乎使得任何跨语境的分析和理论思考都难以令人信服。您对此作何置评？您觉得某种思想界、知识界的“统一战线”有任何意义或可能性吗？

詹： 正如全球性劳工运动从未形成，真正的国际性的知识分子联盟也没有出现。不过，既然新的技术可能性使得商业中心与金融中心间的接触和交换急剧加快，知识与思想的网络也一定会抓住这种机会并利用这种可能，不然的话就太不可思议了。我觉得事情正朝这个方向发展，当前世界各地不少国家里的思想文化运动或活动比现代主义或帝国主义时代有着远为明确清晰的意识。

在这一背景下出现了某种跨国文学作品、作者和思想人物。像德里达或拉什迪（Salman Rushdie）这样的人物就在一个更高的国际交往的层面上生活和写作，他们同各种各样的语境接触，但又同这些语境保持一定的距离。这种活动似乎是人们以前称之为“世界文学”的那种文学样式的新型态。人们通常认为“世界文学”应是由一些经典作品组成，它们能超越直接的国家、民族语境而打动形形色色的读者。然而实际上歌德和其他人倡导“世界文学”时的用意并不是这样。要是我们细读歌德在这方面留下的零散文字，我们会发现他心目中的“世界文学”指的是知识界网络本身，指的是思想、理论的相互关联的新的模式。歌德自己在魏玛遍读当时来自欧洲各地的优秀报刊，像《爱丁堡评论》（*The Edinborough Review*），《两世界评论》（*Le Revue des Deux Mondes*）等等。这些报刊都鼓吹和强调这种不同语境间的思想、文化联系。在歌德看来，真正新颖的有历史意义的事物乃是人们如今有机会有条件接触到他国异地的思想环境并与之沟通，为此，他创造了“世界文学”（Welt-literatur）这个概念。但这个概念在目前的新语境下似乎已不那么恰当了。我相信某种类似的事物正在一个远为巨大的规模上出现，但我们在鼓励这种事物发展的时候必须特别小心。就文学而言，这并不意味着创作某种立即具有普遍意义的作品，从而跨越民族环境去诉诸所有的人。相反，我认为“世界文学”的含义是积极地介入和贯穿每一个民族语境，它意味着当我们同别国知识分子交谈时，本地知识分子和国外知识分子不过是不同的民族环境或民族文化之间接触和交流的媒介。

我们要了解其他环境里发生的思想或完美事件，就不得不去深入理解这些环境本身。由此生发出来的便是一种真正的思想生活的比较学，而不是把文化活动从它们各自的语境中孤立出来，投入到“绝对”的领域中去。这显然对我们的学识和同情心提出了极大的要求。同时这也提出了不平等和不可比性等问题。它要求我们去探索一些极为复杂的方式去处理我们的研究对象，并把这些对象在不同语境中的特定的价值、意义和特权预先考虑在我们的处理之中。在我看来，所有这一切都为世界范围里的左翼观点和方法的形成提出了极为具体的任务和极为丰富的议题。在这个领域，尽管有某种暂时的政治上的或社会上的悲观主义，尽管世界范围里的集体实践仍然不够活跃，但现实世界的丰富多彩和变动不居仍将使左翼知识界在很长一段时间里保持旺盛的活力。

张：谢谢您在百忙中接受这次采访。

【注释】

［1］1995年12月31日，于芝加哥美国现代语言协会年会。

（张旭东　译）

批评的历史维度

如果马克思主义只是其他很多体系中的一种，或者马克思主义文艺批评也只是其他很多方法中的一种，那么，以直截了当的方式清楚地阐述马克思主义及其批评应该是可能的。但事实相反，如果我们不是像马克思那样尽可能地从黑格尔那里获取复杂的、辩证的理论资源，那么，将容易导致这种阐述注定每一步都具有内省和自证的艰涩。难道我们可以忽略哲学思考去采用一种论争方式纯粹地谈论阶级、历史、意识形态以及特定环境下的既定文学作品的功能吗？什么是本雅明和布莱希特所主张的“朴素思想”（Plumpe Denken）？可以肯定地说，正如所有真正马克思主义者所看到的那样，人们难以容忍庸俗马克思主义那种诋毁的做法，他们以虚张声势的做法使人们远离真正的问题，同时却诱导大学中的某种知识分子话语得到更多的尊重和认可。

我认为问题的关键在于，我们常常处于阶级、意识形态和文化历史的“境遇”中，我们从来就不可能仅仅是白板，真理也从来不可能存在于一个静止的系统中，它总是一个更普遍的“祛魅”过程的一部分，这就是最简单形式下的辩护和辩证法本质。可以证明，来自知识分子立场的“朴素思想”的价值是对更复杂的黑格尔哲学和马克思主义哲学的修正，只不过置换了那些深奥的理论罢了。所以“朴素思想”的理论并非新创，而是从其前辈理论中获取能量并祛魅的产物，是对真正黑格尔学派学说的“扬弃”（Aufhebung）、否定和超越。

这就是为什么我像重视概括未来方法一样重视归纳当今的各

种批评实践方法。事实表明，不仅我们中的绝大部分方法是由早些时候“方法”中的一种或两种构成，而且可以从根本上假定，马克思主义的观点早已隐秘地存在于所有这些方法之中——当然，除非真相被压制或暗中对立，意识受到威胁，批评中的形式主义成为其反面或梦魇。所以，我们实在不必为马克思主义文艺批评辩护；恰恰相反，应当把矛头指向那些企图逃避历史的人。我们也不能说马克思主义只是对那些方法的一种选择，而宁可将马克思主义视为那些理论的终结，和作为惟一的能够实现其他方法以各种途径方式努力达到的理论体系。

我们的前提是，所有有关文学作品的形式上的陈述都必须有一个潜在的历史维度来支撑它们，当然，也许批评家并没有意识到这一点。可以这样理解，如果我们能够找到这样做的优越之处，那么在那些批评里我们应该能够把关于形式和美学特性的陈述等转换成真正的历史存在。而这一体现并不是脱离形式批评走向别处，而是穿越它们后获得全面的观照，使我们能够了解事物的另一面，对马克思主义者而言，另一面即人们不以为然的历史。但是，如果我们在表达一种观点时仅仅是用历史学家的专业研究简单取代文学批评家的方法，那么这也是很糟糕的。可是，我们需要考虑的是，专业上的规则已超出现实本身；并且其专业的构成要素和内在逻辑也掩盖现实本身。文学批评尽可能地取消自身，瞥见和社会背景一致的意识瞬间，即黑格尔所称的“具象”。

接下来，我想将这种瞬间感与发生在文学研究领域的现实联系起来。要探究这些问题，自然会涉及近年来认为很有价值或广泛流行的且自我包容又相互排斥的诸种批评方法，尤其是文体分析、道德批评、神话批评、精神分析和结构主义等。毋庸置疑，下面我们将对上述诸种方法逐一评述，但这种批评并非消解它们的相对自主性，也不是取消它们的半自主的方法论。我想表明的是：没有一种阐释模式是完全自足的，它们所表现的自主性来自阐释过程中的任意的限定和设界。我还想表明的是，如果将其中的任何一种方法延伸，即使完全用它自身的术语，也会再次进入批评的历史维度，并发现这是所有文学分析和阐释的或隐或显的综合。这样，我们会自然而然联想到谢尔盖·杜勃洛夫斯基（Serge Doubrovsky）有关马克思主义批评过程的著名描述。他说："当你超越文本进入它的社会语境的那一刻，你才真正抓住了文本的要旨。"[1]这种表述提示我们，历史维度不仅仅是以形式的或学院式的综合的面目出现，而是以一种令人震撼的方式重现，它所产生的新奇和推力使我们进入现实的一个新层面。这是一个包含变换程序、改变技巧和移动思想视点的过程。而这一切使我们猛然扩大了视野，把我们从种种纯文学批评方法的束缚中解放出来，使我们开始体验到通常所有精神活动中的深刻的历史性的运用。

一

我们从今天普遍运用的文体学开始。文体学可分为泾渭分明的两种。一种我们称为古典文体学或语言学文体学。以施皮策（Spitzer）和奥尔巴赫（Auerbach），还有让·皮埃尔·理查（Jean-Pierre Richard）等为代表，他们各种各样的句法或文体被理解为一个更基本或者是想像中的实体的外在形式。这就是拉伯雷或福克纳的风格，抑或是巴洛克、欧洲现实主义的精神，时代风气等。另一种文体学——戴维·洛奇的《小说的语言》是一个很好的例子，里法特尔（Riffaterre）也是一个合适的例子——专注于个别作品的内在效果，通过列举该作品的语言特性，如词汇的范围、对某类句子结构或某些词语类型的偏爱，以试图表明该作品所具有的特征和整体风貌是怎样对读者产生独特效果并实现其审美目的的。如果我们对第二种文体学作修辞学的分析——当然我们不是就某部文集或某一阶段的创作而言，而是就普遍的话语或特殊的单个词汇的性质而言——那么，这两种相对的文体学的区别就更清楚了。似乎每一种文体更强调个人的独特风格，从词源学的角度看，这种文体的风格与自身的笔迹一样，具有独一无二的几乎是生理上的特征。那么，面对这两种方法，一个是唯心论的和思辨的，另一个是经验论的和分析的，我们如何选择呢?

其实，我想说的是，它们中的每一个都以自己的方式与不同的语言观，也与近期发展中的不同的历史模式相对应。修辞学是比较古老的也是最基本的前资本主义语言构成模式：起初，它是一种集体的和阶级的现象。作为一种工具，它主要用来将个人的演讲变为超个人的雄辩术和修饰某些非个体或前个体的高雅的文体和精巧的书写。其深层社会价值是注重口头语言的表达，这种表达将通过训诫、诗体悲剧、沙龙辞令和书信体诗歌等贵族文学形式得以估价。

另一方面，文体又是一种中产阶级现象，反映了日益发展的中产阶级个性化的生活方式和语言本身所散发的集体性的活力，而同时旧的集体和前资本主义社会集团则逐渐分崩离析。因此，此时文体的出现不是源自群体的社会生活，而是来自孤独个人之沉默，因而具有极端的个人风格，带有身体或生理学性质的内容和词汇组成上的物质性。

对此我们可以从文学的公众层面用另一种方式重新表述。按照这种方式，修辞反映那种相对而言是同类的公众或阶级的存在，说话者对他们说话，通过他们所偏爱的标准化程式和固定形式了解他们，在古典作品中形成的雄辩传统的持续影响对他们探测。但风格与之相反，它一直以来就是个人化的和对公众缺席的困境的策略性解决。它是在由多种私人语言进入现代作品并导致现代作品的本质被破坏的背景下出现的。

如此明显的区别使我们可以对刚描述过的两种文体学或修辞学方法产生的效果给予真正的历史评价，这样我们就可以理解英法长篇小说传统（顺便提及的是，两者的不同起源产生了不同的文学批评类型）的差异等诸如此类的问题。因为，如果说英国小说的现代化时间远比法国小说（1900 年前后）晚的话，那么这是否意味着可以用小说中修辞的张力来说明。英国小说从开始到康拉德和福特及此后，都无法控制对言辞优雅的追求和家常式述说，即西塞罗式的或者亲密无间的话语；而在法国小说传统里，自名噪一时的书信体小说以降就很难找到类似的叙述了，至少在巴尔扎克去世之后就是如此。这样的叙事（我是指英国小说）有沉浸其间的读者群，如果在您的眼前不能立刻呈现出一个满是维多利亚时代的家具和其他当时的物件装饰的世界，那么您是很难读懂那些英国小说的。于是，18、19 世纪伟大的英国小说就形成一种直接的近乎即时性的社会交流的形式，在人物塑造上体现了口语化的审美追求：言说的优先权，与其说是写作，毋宁说是述说。小说中的句子不是作为精品来字斟句酌，而是作为一种口头交流方式即生即灭——诉说、闲聊、重复、大呼小叫、信马由缰及惊愕等等。这就是说，在当时的英国文坛，个性化的散文句子和个性化的散文段落都没有成为主导的文学或文体范畴。尽管它们只是表现在熟悉的个人层面上，但在注重言说的时期，其影响力和重要性都明显超过了后来更具有现代审美风格的艺术句型和视觉文本。英国长篇小说的修辞层面非常清楚地表达了英国阶级调和的思想，古老的封建贵族也正是利用这种调和来维持他们对国家政权的控制。这种状况一直发展到第一次世界大战中期，封建贵族才让位于资产阶级，并由资产阶级来调整自己的统治方式以适应后来的商业和生产活动的发展。

然而，在法国，小说中的修辞随着 1857 年《包法利夫人》的出版而被一举废除。从那以后，小说就不再是某种自然风景的说明书，也不再是准口语化的故事讲述，而成为构造个性化句型和文体实践的托词。古已有之的那种文化惯例——讲述故事的情境以及它的叙述者和公众——现在统统消融到个性化作家的沉默和孤独之中，因为他们面对的是缺席的受众，就像缺席的上帝一样。在法国历史上，仿佛不乏政治和阶级社会现代化的标志性事件：1830 年的七月革命彻底将贵族赶出了政府统治领域；1848 年 6 月的大屠杀造成了资产阶级和无产阶级之间持久的对抗；1848 年以后的法国革命、中产阶级的兴起宣告了社会多样化和单质化过程的开始；新兴的文学语言——强调的是文体而不是修辞，从深层上讲，强调的是主体而不是集体——成为一种意识形态的反映。在这种情境下，可以清楚看到，没有一种文体分析不最终具有政治或历史的特征。

二

现在我们转向道德批评。如果不对受到阿诺德传统浸润的人过于苛求，也不坚持说文学是一种道德力量和总是将文学的主题或内容作道德选择的话，那么，马克思主义的立场也许是一种悖论。如果每一件事都是道德问题，那么文学当然也不例外。但是在今天，在政治和政治问题已经取代伦理道德问题的情况下，这种主张只能意味着社会上个体地位的整个转换。我们希望尽可能地限制道德选择和道德行为的理论单独进入那些情境中，在那里，个体作为具有清醒的自我意识和负责任的道德或理性的人而互相面对，即一个自主的个体或主体须正视他或她自身及发展。这样说就等于认识到，在现代世界和现代文学里，有太多的远比上述情形复杂得多的经历和情境，其中个体的人或人物面对的主要不是道德选择的人际关系，而是如何对付远比自我或任何个体大得多的那种决定性的力量，这种力量来自社会，来自政治，也来自历史运动。并且还有其他情境，即在其间个体须正视原有的“自我”的力量和本能的影响，而这种自我是不能被自主理性的意识吸收的。在这些情形中，我们都可以看到：相对于一个更加政治化或心理分析的文学和批评来说，伦理道德内容及其批评方法已经过时。因此，以伦理道德选择为基本主题的文学，为了自身的发展必将要求一种非常稳定的阶级语境——否则，在社会剧烈变动和精神沦落之中是无法精细地探讨人际关系的。

如此看来，即使非常典型的伦理道德作品也是其自身社会和历史的表征。我们来看一个很能说明问题的个案。乔治·爱略特的杰作《米德尔马契》无疑是一部伦理色彩很浓的作品，我们可以简要地概述它所包含的双重教训：一方面，《米德尔马契》告诉人们，表面上看来每个个体互不干涉地独自生活，实际上暗地里却相互影响，只是我们很难意识到而已。乔治·爱略特把这种相互影响的大网叫做“人类命运的秘密汇流”，它左右着我们每一个人，组成了现实生活的经纬，但却悄然隐退于我们日常一般的意识之外，只是偶尔光顾我们的视野，旋即稍纵即逝。

> 她那高尚纯洁的精神不虞后继无人，只是不一定到处都能见到罢了。她的完整性格，正如那条给居鲁士堵决的大河，化成了许多渠道，从此不再在世间享有盛誉了。但是她对周围人的影响，依然不绝如缕，未可等闲视之，一部分也有赖于那些微不足道的行为，而你我的

> 遭遇之所以不致如此悲惨，一半也得力于那些不求闻达，忠诚地度过一生，然后安息在无人凭吊的坟墓中的人们。[2]

《米德尔马契》给我们的另一教益是探讨意识本身的可靠性，以及在我们以纯粹书本的方式对理想、概念、价值等的理解和那些来自于我们实实在在的生活本身的对这些东西的具体理解之间的深刻的不同。这里我们仅考虑一下小说中两个人物的喜剧性的际遇的变化：卡苏朋先生对神学有深入的研究，他试图将自古以来的神学作为一个完整的传统保存下来，而他的猝死却使这些努力付诸东流：多萝西娅起初对宗教不感兴趣，后来却在现实里艰难地理解了那些相应的教义。这里长篇小说再次凯旋式地假定了它作为一种自我意识的祛魅和作为卫护和提纯真正的伦理内容的功能。

可是，根据历史学家的观点，这样的内容在方法论上是值得怀疑的，或者说，像阐释法律上层建筑中的法规和条例一样，我们首先要从否定入手。正如没有任何法律条文是针对没有人会做的事而制定的；也正如在某个特定时期某种禁忌已人人皆知，违反它就肯定犯罪，因此毋须告知。正是在这个意义上，我们说伦理道德是社会境况的表征，它唤起人们修补或矫正道德偏差。因此，乔治·爱略特关于村社的小说结构，她对人类关系隐秘交织的开掘，使她的小说有了很强的社会表征：礼俗社会日趋瓦解，社会问题与日俱增。这正是她同时代的人们感觉和经历到的社会的整体印象。这部小说所表达的与其说具有鲜明的政治性，不如说是反政治的，它以最基本的方式反映了社会现实的境况。

小说中另一个重要的题材——也许我们可以称之为乔治·爱略特的存在主义的维面——表现了当时中产阶级文化中出现的无

所不在的难以捉摸的不信任感，如今这种不信任日益突出，并成为存在主义的一种更具冲击力的表现形式。这是一种起源于哲学上的反智主义的不信任感，一个在词与物之间逐渐加大的鸿沟。它来自中产阶级世界日益增长的自主性，反映了原有社会规章的瓦解，而私人化语言和私人化哲学的激增则揭示出日益增长的个体存在的自主性。另外小说还表现出商业和媒体对语言的异化。简言之，小说展示了现实中中产阶级生活的劳动的区分和结构上的困惑，这是一个比先前任何一种社会更为复杂和更为强烈的困惑。乔治·爱略特小说的语言极力采用被贬低的口语表达的方式，以寻找一些原初的未被侵蚀的内容，可她已回天无力了。但是语言重新发现的过程本身就提供了认识具体的历史事实的最可靠的线索。所以，我们如果不把伦理话题置于具体历史境遇中，不把它看成是对深层社会困境的回应，不把它转换成乔治·爱略特自身都未意识到的政治话语，那么，我们是不可能充分理解《米德尔马契》的。伦理范畴——这个在某种程度上半自主的概念，在乔治·爱略特看来却是最终的或绝对的，在英国的文化环境里，道德哲学和宗教问题的半自主性有其自身的渊源，因此，采用社会学分析有其存在的理由——在文学理解的所有最终的阐释中，伦理范畴并不是最重要的。

三

至于神话批评，也与上述批评大同小异，只不过神话批评家是一些囚徒罢了，当然这并非说他们陷于某个具体的社会阶级和人群的牢笼，而是说他们走不出自己设定的乌托邦幻景。神话是什么，神话是关于原始社会生活和新石器时代社会的想像意识，它以一种前个人式的讲故事方式来加固部落联盟；并通过对部落文化中英雄的丰功伟绩的庆典来传承他们共同的过去；它还通过共享的象征符号和仪式来凝聚每个成员的精神（摘自杜尔凯姆的有关宗教的描述）。因此，如果在现代社会我们在文学中找到或仿佛找到了神话模式，那不是小说家能够再次发掘出远古想像和集体无意识的资源，而是他们对这些资源和人类自身的起源有一种怀旧感。弗莱对此十分清楚，所以他一再坚持将神话转换或降为文学的展示：

> 建立在类似和同一性上的神话学的结构原则已成为文学的结构原则。对自然寒暑交替的循环现象的感悟为神话提供了两种基本模式：从春天、黎明、出生、结婚和复活而来的生长模式；从死亡、变形、牺牲而来的消亡模式。这两种模式在文学中又以喜剧和悲剧的原则出现。[3]

再如：

> 整个文学的历史，从原始到如今的精致，这里我们瞥见了把文学当作能够在原始文化中研究的一个相对有限而简单的模型群的复合体。如果是这样的话，那么对原型的研究就是一种文学人类学，它所关注的是仪式、神话和民间传说这样的前文学范畴如何演变成文学的。[4]

然而，我们在弗莱那里并没有发现比在列维-斯特劳斯那里更多的东西，诸如历史是怎样开始真实的历史记载的，人类社会如何由野蛮进入文明，新石器时代口头的神话如何变成更复杂的社会形态的文学样式的。（弗莱最近有关社会和艺术的论述，我归结为：牺牲文学的历史功能来成全文学的社会功能。用利科的专业术语说，弗莱给我们展示了一个与恩斯特·布洛赫并无两样的肯定性阐释学，后者从最深层和最原初的对集体主义渴求的角度强调艺术的起源。但是，弗莱并未背叛最细微的感觉，阐释学能够用于另一种同样关键但却是否定性的意图，所谓的祛魅——利科称为怀疑的阐释学即对意识形态和虚假意识的批判。准确地说，否定的阐释学将其对象作为历史个体，他能够单独处理和修正在具体的社会历史情境压抑性结构中对乌托邦愿望的歪曲。）

当然，我这样做并非放弃神话批评，只不过颠倒了优先权。毕竟我们在巴赫金的著作里发现了神话批评的回潮。神话批评意欲以自身的方式说明历史和社会的内容，捍卫其来自古老的集体主义形式。用于表现整个村社狂欢和仪式的文学价值就在于它构成了对我们现在的社会生活和市场体系的谴责，由此凸显出对今天的意义。从今以后，所有真正通俗的因素已经消失。[5]其实，在弗莱有意神秘化的地方，暗指神话的因素仍在今天的社会里起作用。弗莱用他的原型理论来促使我们明晰当今文学和遥远的古代神话有共通之处，激发我们明白在我们的精神探索和氏族部落的人们之间有连续性。从相反的一面看也是可行的，似乎还更具现实意义。我们可以援用神话和文学的素材来刺激我们对历史的差异性的感觉，帮助我们对历史上所发生的一切有更生动的理解，抑或是对现代社会强权的理解。所以神话批评应该告诉我们的不是现代作家创作了神话，而是他们的希望，并且能够解释在现代社会生活结构中产生这种补偿性愿望的根源。

四

可是，我们必须把弗莱的原型理论、荣格、宗教神话批评理论与弗洛伊德的变体明确地区分开来。弗洛伊德的理论无论在内涵还是在意蕴上都与上述诸种理论明显不同。真正的弗洛伊德理论就像马克思主义一样是唯物主义的，也就是说，弗洛伊德的理论是不可能真正依附于某种思想观念和哲学体系的。恰恰相反，他关注的是偶然性和不受人的意识自制力左右的东西，即头脑中那些与秩序和意义格格不入的、令人讨厌的又不可改变的——人类的性本能。将弗洛伊德的批评说成是惟一的一种方法无疑是一个错误，更糟糕的是，那种认为好像存在一种惟一权威的、充分信赖的正统变体的看法也是错误的。弗洛伊德通过自己的职业生涯形成了一系列关于人的心理的著名的模式和假说，但这些模式并不总能重新合成有限的综合物，因此一种由弗洛伊德发现而催生的文学批评便面对一系列丰富的主题，围绕其中任何一个主题都可以进行与众不同的阐释性批评。我要指出的是，绝大多数源自弗洛伊德的批评模式都可产生一种本质上是寓言式的文学阐释，其中最具代表性的无疑是将文学作品中一系列要素视为人物的心理结构——本我、自我和超我。然而，最初人们指责的是弗洛伊德借助联想的阐释和里面的不道德，这些被认作寓言式阐释把一部文学作品的有机构成人为地拆解为无生命的东西或者机械式的拟人化。

然而弗洛伊德的寓言并非我们在一般意义上对寓言的理解，而是有它特殊的含义。他把寓言作为文化和历史的表征而非作为排列在各种修辞格中的一个词条，这大概是前所未有的。这里，我们可能会想起阿多诺的有关评价：我们应把弗洛伊德的心理模式理解为一个新的可能（event）而非一个新的理论；我们还应把弗洛伊德体系看做在西方意识中发生的一场深刻的变革和重构。所以，毫无疑问，在弗洛伊德那里，俄狄浦斯情结贯穿于整个历史，超我和本我以及压抑与升华也都是这样的。只不过在当今社会看来仿佛更有用些，或者至少更有趣罢了。我们应当把弗洛伊德式的理论看做是历史时期的反映，当古老的自主理性王国开始瓦解，当主体不再作为一个自足的智性的整体被感知，也不再被看做一个背负着义务的存在放置在伦理道德批评里，而是开始分出一个自身的“他者”，努力去感知围绕自身的黑暗的不可接近的但又确实存在的无意识王国。这样，弗洛伊德的精神分析模式便成为一种精神的寓言，意识在那里突然洞晓了自己与那些隐秘的难以觉察的本能的关系。这样的发现同时也使意识认识到自身并非是完整无缺的，也非真正自主。它并不能完全自主和完全理性地控制自身。当然，这个发现仅仅是一个社会可能，因为其在科学上还仅是个假设。

用这样的观点来看，那些用弗洛伊德的批评方法剖析的作品就通过寓言式的结构反映出对人们所体验的意识和心理活动的根本性的解析。这些作品预示了文学中个性时代的结束。作为伟大的超现实主义导演布努埃尔（Bunuel）的《玫瑰传奇》以及他和达利（Dali）合作的影片《一只安达鲁的狗》所具有的多重层面、它们的循环而不连贯的系列镜头以及主人公的以双重性格所表现的超我和本我等都证明了寓言这种古老实践的无与伦比。纪尧姆·德·洛里恰（Guillaume de Lorris）的诗歌也证实：爱情这个中心主题的完整图景要求人们超越某个情人的主体视野。作为文学范畴的一般视点，表现的材料——一面是文化，另一面是心理——很难进入情人的有限意识。尽管这些作品具有怪异风格，也尽管它们具有非人化和几乎非人的层面，但它们都表现出努力在旧有的个体崩溃的废墟上建立新的概念整体的企图。不错，尽管它们反映了精神上的分裂，但同时它将通过展示这个完整过程这一事实来努力克服这种分裂。

可以说，弗洛伊德的阐释标志着一种断裂，同时又是对存在的一种重新统一。弗洛伊德理论告诉我们，就我们自身而言，意识只是其中很小的一部分，并且还是令人怀疑的一部分，它的自我反省和自我感知都不再值得信任。同时也告诉我们，在意识领域，我们可以调整其结构，也可以纠正其被扭曲之处。因此这种寓言批评理论和后个人主义社会结构是合拍的，它既不适应古老的礼俗社会组织，也不适应晚近流行的具有自主性的和个人主义的资产阶级主体的统一。

同时，这种寓言有一个远比起形式特征更为特殊和重要的政治层面。如果我们没有忘记在弗洛伊德的著作中，他频繁地把精神世界比做一个城市或一个政府，我们就不会对弗洛伊德理论中对政治术语的热中感到诧异了，因为在他那里，心理的、寓言的同时也就是政治的。因此布努埃尔的《渴望谋杀》也是一部引起轰动的反映当代无政府主义的纪实文献，我们还可以在他后来的电影《黄金时代》里发现更多的政治性内容。再举一个大家熟悉的例子，托马斯·曼的《威尼斯之死》讲述了这样一个故事，一个被压抑者的复归，和在严厉刻板的审查制度下精神的崩溃，但故事同时也与卡夫卡或霍夫曼斯特的《臣仆》和《蓝天使》的主旨相近，它预言性地象征了普鲁士独裁统治的内在衰微。由此，弗洛伊德的批评揭示出的寓言证明了文学作品在其结构中存在许多明显的政治内容，同时也通过这些事实表明资本主义的垄断对现代人自我意识的摧残。

五

最后，我们转向探讨结构主义，也许要单独挑出几个正式的结构主义批评方法是很难的。在实际运用中，结构主义批评方法常常可以分成相对不同的两类。其中之一我们称之为结构主义运动中的非政治性的一支或称右翼，他们往往从语法结构、叙事层次或情节结构入手，在分析从表层到深层的准句法结构的基础上建立基本的叙事运动，从而对个案作品中的形式作精细的描述性分析，完成由契约的破坏到契约的重建，由对象的失去到对象的恢复，由矛盾经由中介而达到综合。

结构主义批评的另一支属于政治谱系。在那里我们面对的是作为整体的文学作品——以《泰凯尔》（Tel Quel）的文学评论为中心——它们旨在话语形式与资产阶级的或革命性意识的形式之间作明显的政治性关联。而话语形式则主要指文本的内在构成、叙事惯例、人物性格的形成过程和具体化以及对待语言的态度。

然而事实上，这两种研究都是后马克思主义的，即使形式主义色彩很浓的结构主义批评方法也暗示了文学与文学外在结构之间的关联。这里的任务一点也不比我们已经讨论过的那些批评方法简单，因为我们不可能在它的批评方法里揭示某些历史层面，而批评本身已经表明了其判断中的社会性结论。

结构主义方法的缺陷是不难总结的：这些批评理论几乎完全出自有限的策略性的和自足性的方法类型中，它以纯粹经验的态度来研究文本个案，在完成分解之后又将其弃之不顾，而转回作为重要的研究目标的一部分的结构主义批评方法和范畴本身。所以我们讨论的并非结构分析的技巧：作为技巧，它将允许我们把情节和叙事系统与新批评所青睐的诗的字里行间产生的细微东西区别开来。我们这里要讨论的正是从这种研究中得出的结论性东西。

为了说明这一点，我们再来举一个著名的例子，多次重印的雅克·埃尔曼（Jacques Ehrmann）的论文《高乃依〈西拿〉结构的转换》[6]，给读过这篇文章的人都留下了深刻的印象并深深使之折服。我想这大概得益于他用悲剧性语言来对行动模式的分析——这些模式有收与授、买与卖、掠夺与居奇等等，这些争斗都获得了公正的回报——高乃依和他作品中的主人公只是作为这一行动的序列。很清楚，发生在这个复杂的交换系统中的每一个行动都会使其对话者或互助者做出直接或间接的相应变动。通过以上分析，埃尔曼理应成为结构主义传统的主流，因为他的方法来自于马塞尔·莫斯（Marcel Mauss）的《礼物》(Essay on the Gift)，那是一篇极富新意的论文，列维-斯特劳斯在他的著作《亲属关系的基本结构》（The Elementary Structures of Kinship）中把它吸收到研究妇女交换的婚姻礼俗的问题中。据说这是结构主义的第一部丰碑式的著作，由此结构主义进一步知识化和哲学化。

埃尔曼从高乃依的作品来总结的这种交换模式的意义何在？我们看到的是他拒绝做超出单个文本的纯文学研究的结论。他告诉我们："一个批评家如果将他的视野扩大到一个时代的所有作品或主要作品，那么，他的研究目标就会走样。而随着目标的改变，他研究的性质也会发生变化，即不再是文学研究，而将成为社会学或人类学的研究。这样，我们就会明白在什么情况下文学结构的分析将终结美学和文学方面的探索而转向了人类学和社会学的领域。"[7]

但情况并非如此简单，埃尔曼所讲的人类学和社会学的层面早就以潜在的形式存在于他关于交换的概念之中。来自交换这个范畴实际上是从人类学、社会学、经济学领域进入文学和结构分析的，因此它们在本质上具有深刻的可比性。于是问题的关键不是批评家是否像埃尔曼那样拒绝进入其他领域，而是去完成最后一步，把《熙德》的词语结构和那些深刻的社会经济因素联系起来——莫斯的封建等级制度以及资产阶级上升时期的市场体系等——已经潜藏于交换这个概念中。这种关联已蕴含于结构分析中，在我看来这是结构主义批评的基本矛盾，因为这种本质上的可比性迫使读者得出结论：孤立地用纯粹的经验类型对对象的研究是难以置信的。

然而，即使上述结论中所有与结构主义方法相关联的各种社会现象诸如等级制度、市场体系等等都具有某种历史性，但也仅仅在更为抽象的语言及交往方式的关系上。如果要继续深入，那么我们就会发现，我们自身就处在一个非历史的王国中，因为像交换这样的概念是所有人类思想和社会活动中的一种先在的普遍的概念。

当然，我们只是恰当地举出一个在结构主义情节分析上十分精致的特例而已。而列维-斯特劳斯则给我们提供了一种研究文学与外部结构之间关系的另一种模式。他并不满足于廓清和描述出叙事结构，而是继续探究这种叙事在原始部落生活中的功能。于是，他提出原始叙事或神话是原始人思维的另一种形式——《野性的思维》，即前意识理性，叙事就成为原始人企图调和那些不可调和的对立面的努力，他们希望通过一种形象语言，去解决类似画谜或梦的那种困扰原始氏族公社人们意识的概念性的或具体的矛盾和难题。[8]这样，叙事再次成为一种行为——一种原始人在想像中试图把握当时的社会境况和努力解决那些最紧要问题的行为。最后，对于这种文学批评，我们是否可以这样说：即使不放弃对艺术作品的纯粹的形式分析，也可以立即对事件作历史性阐述；而这种阐述与作品内在的纯粹的结构形式是一致的，并同时赋予其元政治行为的所有价值。

六

以上我们论述了进入最终的历史层面的多种文学批评方法。

将文学批评系统地交付给历史学家手里，并把文学研究全布置于历史规律之下，这是否有点太草率了。但我所理解的历史绝不能与一般的经验历史相混淆。用一个有点唐突但流行的短语说，我所讲的历史绝不是那种“资产阶级的历史编纂”，因为那种历史并非真正哲学意义上的历史，也并非假定了社会发展各个阶段的统一的全部含义。无疑我们应当反对那种怀疑哲学历史的观点，反对那种认为作为整体的历史是一个被解决的假问题的观念。尼采就是这种新的和被广泛认可的哲学立场的标志，亦可被看做是历史性和尚存的过去和传统的消亡的存在主义象征，这一现象对我们今天有着特殊的意义。然而马克思主义者的“历史哲学”需要与传统的先驱者在一定程度上严格地区别开来，因为它更强调历史的断裂和非连续性，我把它称为历史的“差异性”，它与以往的“主叙事”的连续性和同一性是不同的。就像马克思主义既是一般哲学的终结又是实现一样，它在历史哲学领域也是如此。它论证了那些零散的、各个相同的历史事件如何具有相同的主题及相同的境况，由此将新石器时代人民的苦难与我们今天最富戏剧性的，同时也最不清晰的斗争连在一起。

几年前，用这种观点来捍卫马克思主义的历史观似乎是非常必要的，至少它提醒人们明白什么才是第一位的。现在我却疑惑这样做是否还有必要。在刚刚过去的几年里，我们一起见证了长期以来为我们的经济发展和对外政策解释和辩护的所谓自由世界的理论和政治体系的瓦解。那么，今天是否还有那么多的人固守着过去美国自由主义的承诺和曾支撑美国人生活的价值理论？现在我们已经把以暴制暴的冲突和新殖民主义理解为不是选择或好或坏的政治领导人的问题，而是美国制度的更深层的结构性的缺陷。目睹了美国整个经济体系的恶化，我们已经能够看到在种族主义和重商主义的炮弹双重轰击和摧毁下美国人的生活方式已残留无几，且我们已经了解近期更多的冲突源自于冷战初期美国扮演的角色这一事实。由此马克思主义再次为我们提供了最好的答案，它揭示出发生在我们周围的一切的内在联系，并从历史和经济的角度给予了充分的令人信服的解释。马克思主义哲学是一个整体性的阐释，这使它优于所有那些仅从某些方面解释问题的批评方法——文化批评、存在主义、精神分析、自由主义以及伦理的改良主义——在这些批评的有效性解释中都模糊了资本主义经济结构中存在的所有文化弊端的来源。

而且，坚持马克思主义的历史理论并不是说我们最终的阐释都要依据这些历史观点。你可能已经觉察，本文中的一些阐释符码建立在托尼斯（Tonnie）关于礼俗社会和利益社会、古代社会组织及其结构和当今我们熟悉的具有深刻的主体性和单个个体体验、分裂的原子式的社会聚合之间的不同的经典概念上。其实，早在黑格尔那里就蕴含了这种观念，并和当时的社会思想相当一致。不幸的是，由于它与保守的或法西斯式的思想有关，因此它只能炫耀地返回老的民族和人种的礼俗社会中。但这个特殊主题的问题在于它所描述的社会现实仅仅是来自资产阶级的视点，而正是资产阶级的生活方式导致了社会的堕落。不过它所指出的礼俗社会和利益社会的对立归根结底是两种不同的社会类型，这一点对我很有启发，至少它不像精神分析和存在主义那样误导我们。正鉴于此，它作为一种变异，越来越被认为是马克思主义理论对现代社会学理论的贡献。

就变异而言，如果不是一个彻头彻尾的喜剧的话，那么颇具反讽意味的是，如果马克思《1844 年经济学哲学手稿》中表述的观念可以这样理解，从中占有工人群众的劳动力，以及他们的工作义务和劳动产品，那么这个诱人的理论将可以化解富裕社会里的中产阶级的心理抑郁和精神混乱，因此会受到他们的热烈欢迎。

任何真正的马克思主义阐释都必须坚持两个老的且很熟悉的基本术语：商品生产和阶级斗争。也许有人会提及那些庸俗马克思主义的幽灵或者苏联教条主义，那么我就会列出一系列马克思主义的辉煌著作来反驳。就在昨天，阿多诺还在向人们证明商品形式是20世纪现代主义的核心。[9]至于阶级斗争，它本身无孔不入地存在于我们社会的个人生活和日常生活之中，这一点正是马克思主义教科书首先要告诉我们的。如果说没有这样的体验和这样的概念，马克思主义就名不副实。

即使承认了马克思主义的这两个基本主题，但要将它们与文学分析联系起来仍是一个难题。为了更简洁地说明这个问题，我打算回到本文刚刚引用过的雅克·埃尔曼的论文上来，他告诉我们："我曾说过，我对把文学看成一种经济形式不感兴趣，但这并不意味着文学现象不应该视为经济现象。依照这样的观点，这其实是一个问题：一方面，仪式、商品甚至妇女的交换在古代和现代社会的共同体中形成了一个交流体系；另一方面，文字和想像的交换在文学和艺术上形成了另一个交流体系。事实上，后者的交换体系易于与前者比较。"[10]

简言之，我们在这里忆起了吕西安·戈德曼关于社会现实的各种类型之间的所谓同构、类象或结构平行的理论。而这正是结构主义社会学的方法原则和许多结构主义的马克思主义版本所需要的形式。它包括纯粹的文学作品的词语结构与各种法律体系、政治意识形态、一定时期的市场组织形式等等之间的同构类推。

据此再来关注《西拿》，我们发现，在埃尔曼看来，悲剧中的各种事件——一步步图谋反对国王，西拿自身的怀疑，在对奥古斯都的倾慕和所爱的女人又是国王的死敌之间的挣扎，国王最后以仁慈的姿态化解了谋反，演出结束——所有这些戏剧情节都沿着一个“赠送礼物之环”的程式发展，整个戏剧是通过奥古斯都的宽宏大量作为一个绝对的礼物在内部结构和实现的。这样，对埃尔曼来说，该剧就把戏剧叙事中的内在结构置于高乃依时代流通领域的商品交换之中。

如果还需要一个更有说服力的例子去阐明文学形式和它所表现的社会现实之间的关系的话，那么我就用保罗·贝尼舒划时代的文学社会学力作《人与道德》（Les Morales du grand siecle）[11]为例来阐释。对贝尼舒而言，高乃依的剧本表现的是一个正在没落的反叛封建贵族集团——“投石党”的文学和意识形态，他们越来越受到中央集权的压迫，从黎赛留到马萨林，到后来的路易十四，再往后转向了来自议会贵族（代表上升的资产阶级）和正在兴起的中产阶级。但是，这些贵族的政治观念是充满矛盾的，因为他们对王权的反叛源于一种返回更古老时代的封建秩序的渴望，他们不可能挣脱君权神授观念的束缚，也不可能在不涉及他们的封号和不动摇整个封建统治的意识形态基础上显示他们的力量（一个半世纪以后的法国大革命就是这样一场革命，贵族对国王的反抗，其后果是灾难性的。）因此，在这种情形下不可能有真正的解决方法，于是想像性解决就产生了，一种意识形态的和政治的希望也就实现了。《西拿》就是其中最明显的表现形式。因为只有君主保持了法律上的权威，才能解决贵族们的难题，所以君主们慷慨地将那些新贵们想用造反获得的特权主动送回到新贵们那里。因此，奥古斯都国王在剧中的姿态比静止地反映表现巴洛克式的世界观更有意义，而且仿佛可以暂时平息和搁置那个时代所有的深刻矛盾。依照这样的观点，高乃依的悲剧就不仅仅是社会阶级和作品之间、社会形态和思维模式之间相互关系的文献，它首先是一个事件，一个能够体现历史上特定时期的具有意识形态功能的事件。

因此，在我看来，同构类推这种方法虽然得出的结论不一定是虚假的，但却是静止的和实录性的，完全来自于观念的历史，也就是说，它是非马克思主义的文学社会学方法。我更愿意把这种强调文学文本和社会境况之间关系的方法叫做情景模式法，因为它能够清楚地表达马克思主义美学的悖论：如果说艺术作品的力量直接与那段历史编撰相称，那么，我们今天再来欣赏一部作品便不会产生与它的具体历史内容的矛盾，高乃依的伟大也并非永远，他的剧本反映的“投石党”运动这样的历史斗争稍纵即逝，对于今天的我们只能唤起历史的好奇心而已，一个已经消亡的阶级曾有的骚动对我们来说已没有意义。实际上，我们不会忘记列维-斯特劳斯在他的《野性的思维》的结束，选择了“投石党”运动的例子，表示不能将历史作为一种认知模式。列维-斯特劳斯暗含的是：历史是一个被搁置的东西，它要求在特定的历史情境下对其进步性和反动性做出恰当评价。如果这样一种关系在我们今天的中产阶级式的生活中还具有意义的话，那么，当我们把目光转向更早的与我们无关的历史斗争时它就没有任何意义。当然，“投石党”的理念的进步性和反动性是并存的：反动性在于他们谋取巴黎人民支持古老的封建贵族统治的意识形态服务功能，进步性在于他们预示了对封建中央集权的反抗。高乃依的例子还说明，这样一种矛盾状态也可以以一种非常特殊的方式并存于一部文学作品中。作为在人类历史漫长的阶级斗争中的一个极端重要的历史事件，实际上并非存在于“投石党”运动那个时代的历史书里，而是存在于文学形式的骨髓中。如果用这样的观点来审视艺术作品，那么文学批评方法便在历史真实的领域找到自己的最终根基。由此，文学作品再次向我们展示了它作为一种社会活动的价值。

【注释】

［1］Serge Doubrovsky, *Corneille et la dialectique du heros*, Paris, 1963, p. 15.

［2］George Eliot, *Middlemarch*, Boston, 1956, p. 613.

［3］Northrop Frye, *Fables of Identity*, New York, 1963, pp. 33-34.

［4］Ibid., p. 12.

［5］See Mikhail Bakhtin, *Rabelais and His World*, Cambridge, 1968 and *Problens of Dostoevsky's Poetics*, Ann Arbor, 1973. A revised version of the latter work is now available, ed. and trans. Caryl Emerson, Minneapolis, 1984.

［6］Jacques Ehrmann, "The Structures of Exchange in Corneille's *Cinna*", trans. Joseph II. McMahon, *Yale French Studies*, 36/37 (Fall 1966), pp. 169-199.

［7］Ibid., p. 198.

［8］See "The Structural Study of Myth", in *Structural Anthropology*, New York, 1967, pp. 202-228.

［9］See, for example, his *Philosophy of New Music*, New York, 1974.

［10］Ehrmann, "Structures", p. 198.

［11］Translated as *Man and Ethics*: *Studies in French Classicism* trans. E. Hughes, New York, 1971.

（胡亚敏　李恒田　译）

具象的相对主义或历史编撰诗学

论及宏大的叙事历史，犹如搁浅在荒滩上的叙事废船，里面存放的大量词语，如同大型动物残骸，只有少数胆大的掠食者偶尔前来光顾，取走有用的猛犸长牙或切下冰冻鲸脂。今天，这些叙事历史中惟有吉本（Edward Gibbon）或米什莱（Jules Michelet）的长篇巨制偶然置于学生面前，人们因视野的限制而无从了解其中那些传奇性的名字。和同期的一些立体现实主义小说一样，这些著作文风艰涩，节奏缓慢，对于那些打算寻找轻松愉快和一目十行的读者来说，无疑是一个磨炼。这类著作现在几乎已无人问津。海登·怀特在分析这些古老的叙事现象时[1]，鼓励我们重新解读这类著作，通过找到尚存的某些秘密，给人们带来一点惊喜。他的做法至少有个令人心动的特色，即借鉴文学研究领域的批评方法并重新加以改造——或许文学研究者对这一做法难以认同——但却证明他那超乎期待的智识和分析能力。

在考察这些叙事历史之前，我们最好先谈谈怀特的著作与那些撰写宏大叙事的史学家有哪些不同。首先，他对历史话语的叙事性毫无兴趣，由此可将他和巴特的研究区分开来。[2]并且与巴特那种相对表层的文体分析探寻相反，在他的著作各章中也找不到我称之为作为客体的历史的严格意义上的叙事分析（换句话说，即从普洛普、列维-斯特劳斯，一定程度上也包括格雷马斯），他们的叙事分析在“事件”的排列上主要侧重于历史而非话语。最后需要提及的是，怀特的书涉及很多方面，其中只有几个方面关涉我们从事的文学或文化研究。对历史学家而言，也有一个我们今天应该汲取的教训：经验主义也是一种理论。在当前语境中，运用某种模式，即使是一些最浅显的无须思考的历史，即使我们只是列举一些载入编年史的不动脑筋的“事实”，也依然意味着整体的形而上学思考，在事实排列中仍然可以看出对历史的整体的哲学思考。由此推论，所有的“历史哲学”都可以被视为潜在叙事。怀特试图将一些伟大的理论家和历史哲学家（黑格尔、马克思、尼采、克罗齐）与那些伟大的叙事型的历史学家并置，以消除一些无意义的区分以及由此带来的伪命题。

怀特的计划是对历史叙事作某种深度的具象性的分析，这种方式可能对那些不厌其烦地研究19世纪所谓的现实主义小说的人很有吸引力，但是结构主义者却轻蔑地告诉我们说这些小说并非经典；而一些马克思主义者，以布莱希特为代表，也告诫我们没有必要用卢卡奇那种过时的或斯大林式的欣赏品味去研读这些作品。而怀特在书中结论说，积极的、参与性的历史认知能力是功能性的，而不是“事实性”的，而这种功能正是叙事形式。这一点足以使叙事在小说研究领域恢复尊严，也足以使我们看到那些别样的纯文学活动，如现实主义作家（不仅仅是现实主义作家）精巧的表达形式，而我们许多人虽置身其中却不知道它的区别。

当我们细致地考察这些在怀特手中变得难以辨认的批评工具时会更吃惊地发现：弗莱的各种原型——传奇、悲剧、喜剧和讽刺，这里最好称之为“叙事结构”（emplotments）——使我们突然意识到与此类似的史蒂芬·派柏（Stephen Pepper）的“世界假说”（形式主义、机能主义、机械论、语境论）。也许这些还不够，怀特又加上了曼海姆的政治“观念类型”（但怀特只保留了无政府主义、保守主义、激进主义、自由主义）。当然，最后一点最令人新奇：只要它们保持了真正的形而上学和严格遵循纯美学的理解，在世界观上就没有任何问题。事实上，长期以来，“世界”这个术语运用于文学批评，广泛地指一种既定形式的所有可能的哲学映射，但一直避免某种低等的认识（和历史）的意义，因为这些意义多少保留了一些相对永恒的“生活的悲剧感”、“喜剧精神”、“失落的或堕落的世界的讽刺景象”等等。现在这个被禁用的词突然被重新提起，这一来自另一学科的术语在研究文学上大显魅力。同时，我们也沮丧地看到，在运用这个术语时要避免考虑各种形式或原型所暗含的意识形态意蕴是极其困难的。

只有从这一高度——即把文学不仅仅理解为一种构成或形式体验，而是理解为一个既定形式的过程，这个过程要履行历史的、意识形态的，甚至是政治原型的（protopolitical）功能——今天的文学研究才能重获一种紧迫的使命感。尽管如此，我们从其他学科大量借鉴的东西（过去的精神分析及结构人类学，今天的人类学方法等），还是可以刺激我们的思想，尤其是“元历史”这一术语大大超出它在自身学科上的空泛，从三个方面触发了我的思维，使我获益匪浅。

第一个方面的触发是引起了我对原来的关于真实与虚构叙事的划分方法的反思，换句话说，即对历史和小说的反思。根据史学在内容上的“事实性”，它的既定形式的力量应趋于增强而不是减弱，也就是说，它应该像原始材料那样，像历史“事实”（史料）那样，是独立存在的东西。强调历史话语的“整合力”是基于内容上对于事物的性质必须只能有一种可能的看法。因此，历史编撰美学初步假设，形式和内容可以分开，而不是一体的。如果我们对这个理念反感的话，那是因为新批评试图通过阅读抒情文本（这里主要指现代主义诗歌而不是传统的修辞性诗歌），以清除这种人为的区分。因此，我们需要探索一种可能性，即长篇小说中的现实主义也是一种话语类型。在这种话语类型中形式和内容不一定是统一的，通过其特定的结构，文本的内容可以与其形式保持一定的距离。

于是，这种区别将允许我们在两个领域中模仿《元历史》：一个是形式的历史，另一个是意识形态和审美判断的历史。即使怀特对19世纪历史学家的研究不是在历时意义上（它在某种意义上更接近联合体，下面我们将会看到）的多种历史中的一种，那么，它仍暗示了处理基本叙事结构的整个变体的范例，这样就提供了避免陷入长期主导19世纪长篇小说研究这种专题性的死胡同的可能。

再则，这种观点——各种历史被并列起来，就像把那些相互变异的结构并置一样——可以评价，实际上这种评价也是不可避免的。尽管我们可以用“相对主义”来指责怀特，但他还是在其研究对象的基础上提出了一些令人耳目一新的看法。通过他的研究方法，我们可以看到他的意识形态策略。这样，“在历史记录的任何地方，一些机构实体，诸如政府、教会、民族或国家，所构成的是‘问题’而不是‘数据’，［兰克的］方法可能不起作用”（《元历史》，175页）。“［布尔克哈特］在幻觉破灭的基础上，构造了一个社会历史理论，这个理论在预测未来危机时是准确的，正如疾病出现前会有症候一样。布尔克哈特把他自己从现实世界隐退当作逃避将要来临的混乱中所应承担责任的一种行为”（《元历史》，235～236页）。“任何把尼采的思想解释为一种纯粹和一致的传统意识形态立场——诸如保守主义的，自由主义的、反动的甚至是无政府主义的——的企图都必须面对一个事实，即他在关于历史的概念上，任何社群的看法都被严厉地拒绝”（《元历史》，372页）。“克罗齐试图把兰克在半个世纪之前为古典保守主义所用的方法搬用到古典自由主义之中——也就是说，通过论证来阻碍任何形式的激进主义”（《元历史》，422页）。像米什莱的叙事结构——传奇作为一种形式——一样，他所持的怀疑态度也令人失望。对于他来说，法国大革命时期的历史学家与贝多芬式的雅各宾英雄最为接近，或与同时期音乐界里柏辽兹的自负而又狂躁的歇斯底里最为接近。在其他章节中——尤其是关于黑格尔、马克思及托克维尔等篇中——如果读者愿意花时间学习一下怀特的编码组合法（combination of codes），并对这些思想家中的任何一位感兴趣，就可以开卷获益。

但是这是一个大环境，现在我们回到堆积概念的仪器上。这个仪器像所有复杂的理论系统一样，当拖出重炮发射几发（公认的选择）实验弹时，往往引起人们的反感。我们清楚地看到，怀特的综合——与我们前面提到的理论家如弗莱、派柏和曼海姆的分类方式是一致的——没有前辈们的傲慢，而是模仿肯尼思·伯克（Kenneth Burke）。回味伯克的著作，他以其别样和新锐给我们以很大的冲击，他的理念设计与哲学家的固守没有两样。除了风格不同之外，怀特和伯克最根本的区别可能在于深层结构的性质上，而这一点正是怀特分析的基础：伯克的“编剧式”的方法（通过约定和分别对幕、场、人物、机构或目的的强调来衡量既定文本的特性）。与怀特运用的古代修辞传统一样历史悠久，但这种方法对于我们今天的人来说仍具有鲜明的形象性。它以其奇特和不合时宜来抵制阐释学的“二次阅读”或“症候阅读”，而这种阅读在马克思、尼采以及弗洛伊德的著作传播开后，对于我们来说也司空见惯。不过，怀特的“终极决定场”，即转义的四重系统可以说构成了类似于语言学基础结构的东西，因此与伯克的假说相比，他更有说明力，或者说至少他的观点更适合当今的时代精神。[3]

鉴于《元历史》不仅是一种历史哲学研究（虽然它是自柯林

伍德以来在这一领域最重要的著作)，同时也是一个方法论的宣言书，是一个比在此前任何时候都更持续的对深层具象阐释学的论证。尽管雅各布逊重新发现了转喻的声誉，并从总体上恢复了对修辞学的兴趣，也尽管有许多美国和欧洲的批评家经常使用这种特殊的修辞分析，但遗憾的是，由于怀特在他的文本中大量运用这种方法，反而妨碍了人们对他的方法论的把握，以至于我们不能确定具象主义（figuralism）在分析历史编撰中是否真正有用，或者正好相反，历史编撰和其结构只是用来示范其方法的最便利的对象。尽管弗莱已经通过他的批评实践表达了其剖析的基本要点。

这种双重的焦点也许可以说明怀特在澄清纯理论的一些歧义上的失误。例如，当我们试图确定四个“主要修辞格”（隐喻、转喻、提喻和反讽）和其他几组变量（弗莱的叙事结构、派柏式的世界假说和曼海姆的意识形态类型）之间的确切关系时，就提出了一个需要思考的问题，因为这些修辞格是否还会将另一个变量系统加入到这个本来已很复杂的类型学中，或者相反，它们是否还会表达某种更深层的东西，如那些表层组合中的基本精神或潜在形式。

实际上，表层组合本身就存在歧义，在这些表层组合本身，世界假说和意识形态类型之间的关联似乎比它们中任何一个与叙事结构的联系都紧密（这里，尽管意愿是好的，但概念与叙述，认知与虚构原有的区分似乎倒置了本末)。很明显，怀特所称的“选择性亲和力”在这些可能性之间起作用。例如一个保守意识形态趋向于提出一种有机的世界观或论证模式，而一个无政府主义者或千禧年主义者的“隐含的意识形态模式”倾向于以传奇的形式来实现自身等等。这些在结构上具有亲和力或和谐的列表附录（来自《元历史》29 页，我增加了几个合适的修辞格）将阐明怀特的方法和这种方法带来的问题。

叙事结构	论证模式	隐含的意识形态模式	修辞格
传奇	形式论	无政府主义	隐喻
悲剧	机械论	保守主义	转喻
喜剧	有机论	激进主义	提喻
讽刺剧	语境论	自由主义	反讽

作为一种经验主义的批评实践，模式的运用在区分文本中不同层面时会产生一些饶有兴味的效果，当然条件是仅仅当这些层面被理解成相互矛盾的时候。这实际上是对格雷马斯（而不是戈德曼）的同构观念的反驳：如果这些层面真正具有结构上的同构性，那么，它们则可以相互叠加而不可能获得初始性的区分。事实上这正是怀特本人所得出的结论（然而他还没有感觉到需要调整他的模式）："每一个大师级的史学家的著作中那种辩证张力源于他们致力于将某种叙述结构模式与某种与之不一致的意识形态意蕴或观念的媾和"（《元历史》，29 页）。无疑，怀特在研究这一问题时采用的方法是非常成功的：例如在论述托克维尔的精彩章节中，怀特表明我们当代人之所以迷恋于这样一位作家，是因为他内心充满错综复杂的意图和哲学指向的冲突（在托克维尔的例子中，"交换不仅出现在过去和现在的社会观念之间，而且出现在现在和未来之间"[《元历史》，206 页]）。它是由悲剧的情节结构和自由主义的意识形态，以及终极的反讽借喻结构结合而形成的复合体。同样的，黑格尔也被视为试图协调人类历史上个体事件的悲剧情节结构与人类历史整体运动的实质性的喜剧景观的复合体。他通过将"转喻"（因果关系）和隐喻（形式主义）置于一处的策略而得到这一结果。"黑格尔之所以采取这一策略，一方面是为了将现象变成具有提喻特征形态的秩序，另一方面则出于自我消解反讽的必然性"（《元历史》，121 页）。最后，在他

最具特质的一章中，怀特把马克思看做经济基础的历时性观点与上层建筑的共时性观点的结合（这一看法也许来自阿尔都塞关于资本的结构主义论战的结论），换句话说，马克思主义被看做社会经济因果关系机械论的转喻与文化和人类活动有机论阅读的协调统一，而其主导的修辞格——提喻——则表达了希望将当时社会所呈现的转喻性质的碎片重新整合和建设的理想。

这些都是一些有用的见解，但是，他们还是留下了一些未解决的问题，即对怀特的概念系统的局限性和笼统性的质疑。首先，或许可以借助问难对方论点的方式进行，像托多洛夫在一个类似情况下[4]所做的那样。托多洛夫指出，弗莱的表格系统提供了 13 个模式，但批评家发现只有 5 个模式在真正的文学史上出现过。就“元历史”而言，即使我们合并世界观和意识形态两个相关的“层面”，但由原型组成的变量系统仍然使合并存在 16 种不同的逻辑可能性。如果我们将这 3 套系统相互分离，可能性的数量将上升到 64 种；如果（上帝禁止!）那四种修辞格也作为第四套变量（而不是作为合并的某种基础结构的话），最终可能性将多得惊人，由此表明这套设置的某些方面的混乱。

现在从实践的观点看，怀特对这种异议置之不理是完全正确的。正如我们所看到的，一方面他提出如果他的类型组合图仅仅只是同构或“单义”的话，那是乏味的，也是没有文学和史学研究价值的。这里起作用的是价值论的假设，它使我们想起新批评用最大可能的词语张力或内在复杂性来证明诗歌的成功。在这一谱系的另一端，他提供的只是一种经验主义的观察，其实，某些合并不是简单生成的，因为在某些变量之间存在着基本逻辑和结构的不相容性；故“一个喜剧的叙事结构就与一个机械论的论证方式不相容，正如一个激进主义的意识形态与一个讽刺剧的叙事结构不相容一样，如此等等”（《元历史》，29 页）。

不过，人们会奇怪，文本、文化或者上层建筑现象是否可以大体上认为和生物有机体有同样的构造，也就是说，如果缺少某些重要器官就无法存活。尤其最不可能的是——假设从 18 世纪的文化生产大爆炸开始——在某处并不存在所有结构都要组合的例子，怀特也感到这是不可行的。但恰恰相反，极有可能从少量的档案研究如一些行为古怪的英国公务员或者退休的法国邮差身上，发掘一个具有普遍性的历史，他们构成我们需要的最终的、不可思议的一些合并条件，这些正好充实孟德尔式的表格中最后的空白。

这样一种不可预测的进程提出了有关选择性信用的整个问题：如果兰克被认为是一个文化对象，换句话说，如果他独特的历史话语模式使他成为识别自身的一个亚符码，而那个邮差的话语模式仅仅只是他的个人习语，像斯威夫特孩子气的说话或傅立叶的个人拼写，那么，需要解释的是社会和文化的关系如何使一种私人语言而非其他私人话语进入公共领域。（这不是说那个邮差不会在将来的某一天拥有他的正当权益：怪异的私人癖好——想想维柯或者乔治·索海尔——经过岁月的积淀而登堂入室汇入文化“主流”）。

我之所以有如此多的联想和异议，并不是要证明怀特是错误的（对一种方法作这样的判断似乎没有多大意义），而是想说明他的批评程序是不完善的，而这点恰好是有可能接近真正的历史的关键所在。实际上，我想说明的是，他这种技术上被称作“组合”（combinatoire）的运作方式必须由三个部分组成，而怀特只给出了其中的两套，也就是说，那两套（或更多）的变量的组合为机械论命名提供了空间，但缺失的是历史选择的机制——基础的限制的境遇，这样就导致缺乏完整的纯逻辑的可能性，以至于丢弃了那些不能被经验所体验的具有决定性意义的历史危机。这里以格雷马斯的一个颇具戏剧性的现成民间故事的变异为例，其中有个角色具有父亲和祭师的双重功能：这一特殊的变异——虽然保留了原作的逻辑可能性——但根据常规，这种双重身份在立陶宛对于信奉罗马天主教的独身牧师来说是不可能的（这个故事又产生了新的变体，主人公的哥哥恰好是一个牧师同时又承担父亲的职责）。[5]

很明显，这个缺失的系统很重要，因为它在变量的纯逻辑运动和组合形式之间提供了概念上的连接。在具体的历史情境中，那些可能性有的十分活跃，有的可能从一开始就被排斥在外。而这个系统的缺席使我们要花很大力气去证明用于指责"元历史"的唯心论的特性。其实，这里不是没有大量的社会政治史料，也不是没有为怀特那样的历史学家创造意识形态选择的历史策略情境的意识，而是这些内容只是在一些老套的"现实主义"或有史学"参考价值"的语境中构成一种基础结构。我们看到，海登·怀特已经开始建构新的、"结构型"历史，不过，这种历史建构必须与历史底线的某种新的结构概念相对应，而困难的是这种概念怎样才不会成为上面提到的限制性情境。

如果没有这种系统，最好的结果是只剩下一个类型学。而现在我们转向这个类型学，研究这个基本对象的更具普遍性的方式。这里我们不是要讨论这样一个议题，即类型学"总是历史思考在中途受阻的标志，它往往在通向具体历史的道路上遭遇挫折又不断尝试，成为一种将内省力转化为永恒的人类本质，转化为人类精神徘徊的象征的思想"[6]。类型学的操作给自身带来了回报，在那种令人沮丧的乏味感中，我们将最终的目标置于分类体系的相似性框架中，随后思考下一步我们该做什么。可是，不难发现，怀特的类型学即分类方式表面看起来很有趣味，但一旦实际操作则相当困难。

从一开始就非常清楚，怀特的四重修辞格优于雅各布逊的隐喻/转喻二元对立模式：试比较巴特的历史叙事三分法（隐喻、转喻和反身）[7]，洛特曼文化四分法（洛特曼将文化分为语义的），按怀特的理解就是词与物即隐喻的支配关系；句法的，即转喻的；另外两种类型分别是语义和句法的综合或排斥。[8]很显然这两类都锁定于二者必居其一的刻板框架中，这种选择看起来就像生产某些对它们加以综合或超越的东西一样。其次，我们也清楚地看到，派柏关于世界假说的四重方案使怀特能够以更综合和更抽象的方式描述其对象，并继续沿着诸如唯心主义和唯物主义这样的明确对立发展。

于是，怀特修辞格的多样性允许他提供给每种修辞格一定的自主性，而这种自主性在二元系统中是不可能拥有的（正如通常所指出的，二元中的两项联系得如此紧密，在隐喻和转喻互相转化变得事实上无法区分时，一个分析矩形就形成了）。这样，每种修辞为了便于说明，可以根据意义之类的东西得以表达（尽管转义理论的构成正是在颠倒这些优先权和把既定的“意义效果”视为个体转义的反映中实现的）。因此隐喻成为思想的原初阶段，在此阶段，最简单的语言活动（词＝物）恢复或建立起一种对所指的信仰。自相矛盾的是，隐喻是言语中的字面矩形；而转喻显然标明其最初（也许是幻觉）的散落，它分裂成某种思想碎片，只能机械地从一处移向另一处。

提喻对转喻的同化似乎在新近有了相当的发展（热奈特把这一发展归功于杜马尔西亚斯[9]）。重建它们之间的差别，使之获得文艺复兴时期修辞家那种传统的四重修辞格，是怀特方法的一个策略性特征。对于他来说，区分是基于这样一种观点，即转喻支配部分与部分的关系，提喻则趋向于强调部分与整体的关系，因此提喻成为一个重新整合的矩形和一种试图设计出整合转喻碎片的新的统一体的标志。

具有反讽意味的是，最后——从上述修辞格中产生了一个不稳定的怪物——标志着整个修辞系统进入了一个意识或自我意识的阶段。

> 在此，语言本身的问题性质已被认识……具有反讽意味的是，具象性语言返回自身并在疑义中给自身带来曲解的可能性。于是反讽的修辞格提供了一个语言学思维模式的范例。这是一种激进的自我批评，它不仅针对既定的经验世界描述，而且也针对那种要充分捕捉语言中事物真相的努力。简言之，这是一个按惯例表达思想上的怀疑论和道德上的相对主义的语言学礼仪模式。(《元历史》，37～38 页)

在这个发展过程中，将证明借助某种反身语言可能会影响到话语内在逻辑的性质转化，而这种发展不可避免地揭示出它与辩证思考的密切关系。实际上，怀特很清楚地表明认同这两者的关系："在我看来，辩证法无非是一种进入所有话语形式的修辞格的形式化的洞察力，而这些话语形式并不是在整个语言学的单个形式内规范地表达对世界的看法"(《元历史》，428 页；"整个语言学的单个形式"指各种科学的亚符码)。

因此，黑格尔和马克思都属于赞成具象性的方法的人；实际上对黑格尔历史哲学的具象性解读充分说明了黑格尔关于世界历史的四个时期"与由修辞本身投射的形式所表现的意识的四个模式是一致的"(《元历史》，125 页)。最初的东方和近东伟大的古代文明就体现了"意识中对隐喻理解的可能性"(《元历史》，125 页)，紧接着是古希腊个人主义的转喻的变化，接下来分别是古罗马和中世纪的先是抽象后是具象的提喻的重建，最后是现代后神学时代反讽的自我意识。

在怀特对马克思的解读中，这种世界历史（马克思主义关于从原始社会通过奴隶社会和封建经济再到资本主义的社会进化阶段理论[10]）的修辞性逻辑对马克思关于经济价值观念发展的四个阶段和货币出现的理论从另一个层面作了重新表达：

> 价值的基本形式（孤立的或偶然的），总额（或总计）形式，一般等价物形式，还有货币形式。在第一种形式中，商品价值与假定的其他某种商品的价值相等。在第二种形式中，商品的价值正如马克思所说的"是根据商品世界的其他数不清的要素来体现的"，这样，某一商品的价值能用"一长串的"不同商品来表示。在第三种形式中，整个商品的价值可以按照一系列商品中的某一种来表示，比如当皮毛，一定数量的茶叶、咖啡、小麦、金子、铁等被认为与一定数量的其他某种商品，诸如亚麻布等值的时候，所有商品的通用价值，也就是生产这些产品所需的劳动力的总量就只根据另外的一种商品来换算。在第四种形式中，当黄金这一特殊商品被偶然发现作为标准，通过这个标准每种商品的价值得以确定的时候，价值就形成了。（《元历史》，288 页）

怀特对马克思的价值阶段论所作的独创性的修辞解读可以看做是他的贡献，是他对如何将修辞格运用于其他领域的一个更普遍的思考。这些尝试中最值得注意的就是让-约瑟夫·古克斯（Jean-Joseph Goux）的观点。在《象征性经济》（巴黎：瑟伊出版社，1973）中，古克斯认为与黄金的凸现相伴随的是政治权力、父权制的独裁、男性中心主义和语言的凸现（古克斯是仿照德里达的书写和口头表达的理论来处理的）。显然，这一设计很快被吸收到怀特的修辞系统中。如今，《泰凯尔》（Tel Quel）为我们保留了评价这个修辞系统的资料。

首先我们必须认识到，个体修辞的意义如果不是由隐喻/转喻这种静止的对立来决定的话，那么它的意义则来自于其中一方与另外三方的关系：每一个修辞格都是通过它在四重图示中的位置来理解的，而且到目前为止可清楚地看到那个图示是历时的。换句话说，每一个修辞格可被理解为一个阶段，一个包含于可理解的更大的不断发展的过程的阶段，而这个过程也许被大大戏剧化了。海登·怀特借对米歇尔·福柯的批评之际反思自身[11]，将元历史置于了一个恰当的位置。这篇著名评论的核心是质疑福柯在研究中的意识形态观念（该文为完成历时的和辩证的历史理论，将替代福柯本人关于历史是一系列不连贯的同时发生的系统的观点），并且表明“确有一个转换系统建立在福柯的人类科学形式的连贯性这一思想中，尽管福柯似乎不知有此系统”（《元历史》，45 页）。阅读这篇文章或《元历史》的读者应该已经猜到了那个深层结构——修辞！——的本质，怀特发现它们在福柯的四个认识层面起作用。在当前语境中，足以说明在怀特重新解释之后，我们不可能再以同一方式认识福柯了。然而，很清楚，尽管发现这些观点类似于维柯的“语言历史主义”[12]可能有损于福柯的地位，但怀特的修辞系统从两者的相遇中得到加强，这使福柯的著作（像他之前的马克思和恩格斯一样）成为有利的证据。

不过这里有一个与《元历史》不无相关的教训：对真正的历史思维的否定，其自身会受到惩罚。《解码福柯》的确为我们提供了一幅名副其实的“被压抑者的回归”的画面。在这幅图景中，曾被遗弃的历时思维以神话形式作为一种补偿方式在作品背后浮现。事实上，神话思维就是当抽象的历史思维的概念工具无法利用时，大脑不得不自己采用的时间与变化的思维方式。神话有着讲述真情的特征，它不仅存在于怀特重新诠释的福柯的作品中，也存在于海登·怀特本人的作品中：那就是以循环的方式看待变化与时间的趋势。福柯所预见的身份这个旧疆界的消失，以及以救赎和预言的方式暗示某个新的、改变了的后人本主义和后尼采时代的到来，这难道不是一个更具循环性的设想吗？或者，如果你不愿意，历史叙事或神话的循环性结构本身就是神学联想的工具。这种神学联想的必然结果就是对历史纪录的非唯物主义的解释。

可以肯定，当我们避开《元历史》的细节，转而试图解读那些历史学家书写的更多的历史故事时，循环这一类型变得不可避免。这种循环早已存在于修辞格自身。当修辞从新颖的隐喻转向排除怀疑论的反讽形式时，这种转变预示了向源头的回归和修辞循环的再生。我们从怀特对史学发展的描写中看到，历史编纂从编年史的平易到启蒙时期历史学家如休谟和伏尔泰的具有颠覆性的怀疑态度，随即又以充满活力和焕然一新的面貌进入一种新的更加兼容并包的现实主义的传奇史学。但到那个世纪末，在尼采的攻击和克罗齐的怀疑论——克罗齐曾经是历史循环论的最重要的捍卫者，同时也是一位思想家，他“认为当代人不能无误地判断自身所处时代的本质”（《元历史》，398 页）——之后，历史学又变得厌倦自身，最后进入一个新的咀嚼怀疑的反讽阶段。

这不应作为反对历史循环观中所隐含的（深层是意识形态的）悲观主义的理由：相反地，对于怀特来说，即使他以反讽的自我意识认同他的元历史立场，但这种循环对于最终呼吁对反讽本身的颠覆仍是必需的：

> 我认为确认反讽观点（元历史以及“大多数现代学院派史学”中的观点）为超越它奠定了基础。如果可以证明反讽只是许多可能的历史观中的一种，并且每一种历史观在意识到的诗学和道德层面上都有恰当的存在理由，那么反讽的态度将剥夺它作为历史进程所必需的视角的地位。于是，历史学家和历史哲学家将会解脱出来，用与他们自己道德和审美愿望相一致的任何意识形式来将历史概念化，理解其内容，以及建构其叙述过程。（《元历史》，434 页）

像萨特的最初版本所承诺的那样，自我辩护的形式可分解为未辩解或不可辩解的选择，这不禁会引起一种治疗上的焦虑。在这些段落中，怀特自己的选择可以视为维柯思想巨涛的回声，这巨大的浪涛将以排山倒海之势席卷一切，汇入新一轮时间循环中。与福柯和结构修辞学家相比，维柯才是海登·怀特书中最大的“缺席者”，现在怀特应该为我们（同时也为他自己）对维柯有更明确的理解。

但我们仍然坚定地拒绝承认历史的重演，并坚信“元历史”的循环观从整体上看只是一种幻象，这种幻象是由一系列现象——历史编撰和历史理论——自主产生的。而这种自主性本身并不完全，只有当它重新融入到作为整体的社会文化历史中，才能被具体地理解。现在是读者再次思考马克思和恩格斯在《德意志意识形态》中提出的严重警告的时候了：“道德、宗教、形而上学和其他意识形态，以及与它们相适应的意识形式便不再保留独立性的外观了。它们没有历史，没有发展，而发展着自己的物质生产和物质交往的人们，在改变自己的这个现实的同时也改变着自己的思维和思维的产物”[13]。

即使怀特最后提出的“信仰的升腾”也不能解决他将历史作为叙事引发的所有问题。实际上，对于像马克思主义者这样的群体，他们“对所指的信仰”就不仅是相对主义与某种绝对信念形式之间的问题；而且也是叙事分析的有效性问题，和暗含的对于历史现实地位的巨大焦虑。我们会欣然同意，历史编撰就是叙事，就是文本。然而《元历史》并不是在最佳时机提出这一特殊问题，因为它假定此问题事先已被解决。

【注释】

［1］本章源于对海登·怀特的《元历史：19世纪欧洲的历史想像》（Hayden White，*Metahistory*：*The Historical Imagination in Nineteenth-Century Europe*，Baltimore，Md.，1973）的评论。有兴趣的读者可以在我给格雷马斯的《论意义》（A. J. Greimas，*On Meaning*，Minneapolis，1987）的前言中发现我新近关于《元历史》的一些不同看法。

［2］See Barthes' “Historical Discourse”，in *Introduction to Structuralism*，ed. Michael Lane，New York，1970，pp. 145－155.

［3］伯克具有开创性的著作《四个主要的转义格》（“Four Master Tropes”），对两者作了富有建设性的比较，重印于《主题的语法》附录（the appendix to *Grammar of Motives*，Englewood Cliffs，N. J.，1954）。

［4］*Introduction a la littérature famastique*，Paris，1970，p. 18.

［5］*Du Sens*，Paris，1970，pp. 254－257. 一个更充分的关于组合的描述，参见笔者《迷人的叙事：作为文类的传奇》。（“Magical Narratives：Romance as Genre”，chap. 2 *The Political Unconscious*，Ithaca，N. Y.，1981，pp. 103－150.）

［6］Fredric Jameson，*Marxism and Form*，Princeton，N. J.，1971，pp. 93－94.

［7］Barthes，“Historical Discourse”，p. 52.

［8］Lotman，*Statii po tipologii cultury*，Tartu，1970.

[9] Genette，“La Rhétorique restreinte”，*Communications*，16（Fall 1970），p. 161.

[10] 必须指出的是，《政治经济学批判》“导言”表明马克思绝不认为这是一个不变的次序，他是根据斯图尔德所称的“多线性发展”的观点设想资本主义的出现的。将马克思作为“单线进化论者”的做法后来发展为博厄斯学派的人类学家攻击马克思主义的一部分，而马克思的观点被恩格斯的《家庭、私有制和国家的起源》中相对简单的看法所支持，参见马文·哈里斯：《人类学理论的兴起》（*The Origins of Private Property，the Family and the State*：see Marvin Harris，*Rise of Anthropological Theory*，New York，1968，chaps. 9 and 10，pp. 250-300）。马克思关于这一问题比较合适的选集可以参看 *Pre-Capitalist Economic Formations*，ed. E. Hobsbawm，New York，1965.

[11] “Foucault Decoded：Notes from Underground”，*History and Theory*，12（1973），pp. 23-54.

[12] Ibid.，p. 48.

[13] Marx and Engels，*The German Ideology*，New York，1972，p. 47.

（胡亚敏　梅启波　译）

道德对伦理实体，或者 阿拉斯代尔·麦金太尔的 亚里士多德式马克思主义

引人注意的是，阿拉斯代尔·麦金太尔（Alasdair MacIntyre）在不久前的《追寻美德》（*After Virtue*）[1]中强调了这样的黑格尔主义特征，他是这样说的，“任何一种道德哲学……都典型地以一种社会学为前提。因为每种道德哲学都为行为者与其原因、动机、意图和行为之间的联系明确或含蓄地提供了至少片面的概念分析，同时便大体上预先假定了这样一个断言，即这些概念体现在或至少存在于现实社会中”（《追寻美德》英文版22页，下引只注页码）。麦金太尔的这部著作显然是近年来有关伦理问题的最重要、最卓越的再阐释，也是关于这个主题的任何陈述都必然会容忍的一部著作。它主张对亚里士多德古典德性观念的回归，他把这种德性观念理解为是与一个已存在的团体或城邦不可分割的，在这些团体里德性是与现实的社会实践而不是与无法实现的命令或法规或斯多葛派的节欲相一致。因此，这种措施是黑格尔式的，在其中个人的道德观念消解在集体的伦理实体的幻象中；而且对于麦金太尔来说，从任何现代立场来看，亚里士多德惟一的大缺陷，确实是他未曾有对历史性本身，没有对历史性概念的经典思考。然而这不是亚里士多德个人的缺陷，而是他思考时所处的那个社会的结构或生产方式必然导致的结果。在这一点上，麦金太尔对亚里士多德哲学结构局限性的提出与马克思在

《资本论》第一卷里的相似评论不谋而合。因此，麦金太尔的这本书是一种黑格尔式的亚里士多德主义，而最终是马克思式的，因为马克思在这本书里的任何地方都为麦金太尔对历史和社会生活的看法提供了最丰富的最终来源。

的确，假如有人想把《追寻美德》挪用到马克思主义的传统中，那么只需指出一点，即该书第一部分对我们占有的资本统治之下的道德范畴的物化作出了最尖锐、最具毁灭性的分析。麦金太尔所针对的这种概念敌对者——很显然是功利主义——被他本人明确地与市场体制的个人自由主义联系起来（就像整个新保守或极右的“回到德性”运动中他的一些表面上的同盟者那样）。

从麦金太尔对亚里士多德伦理学在城邦自身中的集体基础或社会基础的讨论中，我们也能学到一些东西；我尤其思考了他这样的说明，即对于总体的希腊人和亚里士多德个人，德性都不是规范、戒律，或一个人用暴力强加于自身的禁忌。应该说，情况正好相反。道德的沦丧，或者一些邪恶的当下形式的建立，构成了对团体的暴力形式，一个人实际上对团体作出规定的进行中的集体**事业**不承担义务：“对法律的违背毁坏了使对善的共同追求成为可能的那些关系……对这些违法行为所作出的回应只能是把那些违法者看成是他们因此而自己把自己从团体中排除出去了。”(142 页）这时候，这里便有了对作为集体事业的团体观念，它已经开始暗示一些关于团体形成方式的较新的思考方法，我们当代人似乎正摸索着取得这样的方法——也就是说，把乌托邦看成是一种围困的状态，看成是一个永远被围困的团体，就像厄休拉·勒奎恩关于荒歉的乌托邦的想法（《被剥夺者》［*The Dispossessed*］）中和萨特（《辩证理性批判》［*Critique of Dialectical Reason*］）关于“融合的团体”的想法中同样都有的某种生动的东西。

然而，恰恰是出于反乌托邦主义的立场，麦金太尔放弃了他所继承的马克思遗产中的积极部分——同样也扬弃了尼采的超人乌托邦，甚至一般意义上放弃了所有公开的政治运动和政治事业。在此，论点首先是语言学意义上的和维特根斯坦式的："两人（尼采和萨特）都把自己任务的一部分看成是创立一种新道德，但是在两人的著作中，正是在这一点上他们的修辞——尽管相互之间非常不同——都变得模糊而晦涩难懂，并且用隐喻式的断言取代了论证。超人和萨特式存在主义者—马克思主义者属于一种哲学动物寓言集的篇章，而不是在严肃讨论的范围里。对比之下，两人哲学上最有力量、最有说服力的东西是他们批判中的否定部分"（21 页）。十分相同的东西也包含在他对马克思主义本身时断时续的讨论中，在这些讨论中，基于不能**说**的东西就不应该去思考的理由，对未来社会主义或共产主义社会的预测就被看做没有实质内容，因此是非哲学的东西而遭到排斥。

这种对乌托邦因素和预测因素的拒绝有两个特征看起来是值得注意的。第一个与判断中波普尔式的弦外之音有关，它暗示着马克思主义对未来的观点在某种"科学"意义上是多少带有一点预言性的。麦金太尔重申了文艺复兴和马基雅弗利式的理解，把"命运"看做可预见之不可预见物，看做未来事件的必然不能预见的形式；但这是在一个非常不同的语境中，一个对文化研究领域中的人们来说有着最大兴趣的语境。因为，麦金太尔书中说出了当代总体思想中最新最深刻的倾向之一，也就是说，越来越将叙事本身强调为人类理解力的一个基本范例，这是该书的一个显著特征（保罗·利科［Paul Ricoeur］最近的《时间与叙事》[2]也有某种戏剧性的论证）。坚持讲故事，这自然是麦金太尔的亚里士多德主义的一个很显著的成分，实际上包含了生活的可理解性和它的社会角色及可能性之间的一种基本关系；可是，这也是麦金太尔对当今伦理范畴日益物化——即非叙事化——的批判中的关键一步。

关于麦金太尔的反乌托邦主义另外要提到的一点，是它概括了马克思主义自身内部的大辩论之一，即对空想社会主义的批判。“他们没有什么**理想**可以实现”马克思在关于巴黎公社的演讲的高潮时刻这样高喊着说起工人们；更确切地说，马克思是坚持认为我们应该理解工人们是在进行着揭露和揭示已经开始出现在资本主义生产方式的夹缝中的合作与集体的社会关系的新形式。那么，对马克思来说也是这样，社会主义是我们世界中业已存在的倾向之一，而不是关于要以某种伦理命令方式实现的未来的空洞幻象（众所周知，这是第二国际倾向于陷入的康德式观点）。

因此，麦金太尔“回归到亚里士多德德性观”的主张，如他很敏锐地意识到的那样，同样受到他对作为一项政治运动的马克思主义提出的质疑；也就是，从资本内部是否可能重新产生出一种社会团体的生命体，一种具体的社会组织，它出于自身利益是与那些德性的实践不可分的。

他的回答，自相矛盾甚至讽刺性地（考虑到他这本书整体的语气和姿态）使一种飞地理论成为必然，这种理论与20世纪60年代后期及以后典型的对小团体或微观政治越来越多的关注相一致。“在官僚个人主义的文化范围内，德性的观念变成了边缘性的；在存在于主流文化边缘的社会团体的生活中，德性的传统才居其中心位置”（209页）。甚至对于修辞学上的“边缘性”而言，这是在一部被一般认为其要旨很保守的著作里可以发现的相当惊人的论述。然而，这在麦金太尔的框架里却是完全合乎逻辑的，因为他必然能够辨别出那些因为其趋向于具体而不是阐述理想和空洞道德律令的德行实践而十分近似于城邦的仍然存在的社会团体。麦金太尔的飞地与20世纪60年代激进主义的飞地之间的根本不同不在于概念，而在于那些飞地本身的内容。虽然民族团体和宗教团体得到强调（参见234页），但是很有意义的是，麦金太尔的中心象征说明是从“最后的亚里士多德主义者”即简·奥斯汀的作品中汲取的，在她的小说中，婚姻用来象征以前的城邦的最后空间：“海伯里和曼斯费尔德公园那些有限的家庭不得不充当希腊城邦国家和中世纪王国的替代物”（224页）。

关于《追寻美德》的整个复杂讨论将不得不被忽视或者误读，让我们在这种家庭生活的象征性再现中看到另一种资产阶级私有化的症状。然而，无可否认的是，这是一种非政治化的症状。另一个被用来反对历史唯物主义的论据真的不是由于历史唯物主义空洞的乌托邦主义，而是由于它越来越缺乏任何种类的乌托邦政治：“当马克思主义者组织起来并走向权力的时候，尽管他们在言辞上仍然是马克思主义者，可实质上他们正在并已经变成了韦伯主义者”（103页）——这是一种有力的责备，但也是一种假定马克思主义自身没有进一步发展可能性的说法。可是，马克思主义在这里只是**所有**当代政治运动的标志，标志着更普遍地缺乏任何“一组可以容忍、可供选择的政治经济结构，无法用这样的结构来取代发达资本主义的结构。因为我……不仅把马克思主义作为一种**政治**传统已经山穷水尽的观点看做已为现在高举马克思主义旗帜的一系列几乎无限多的、互相冲突的政治联盟所证明的看法——这丝毫不意味着马克思主义不再是关于现代社会最丰富的思想源泉之一——不过我相信这种山穷水尽在我们文化范围内的任何一个其他政治传统那里也是一样的”（244页）。认为这样一种灰心丧气并不同样代表了今日之左派的特点，代表了它同各种后马克思主义的调情以及它对整个各种各样乌托邦遐想的回归，那么这将是一个错误。（在这个意义上，整个所谓的马克思主义危机实际上是一个列宁主义的危机，它不是马克思主义“科学”中的危机，而是马克思主义“意识形态”中的危机，它奇怪地处处抛弃了在政治和社会意义上吸引人的对一个完全不同的未来的想像。）

然而，撇开简·奥斯汀不论，麦金太尔证明也和我们其余人一样，是一个乌托邦主义者。因为他在著作的结尾处提出了对未来的另一种想像，是关于一个新的黑暗时代的想像，在这个时代里，一群群的人们着手去建造“新的团体形式，在这些团体里道德生活将得以维持，以便道德和文明会在即将来临的野蛮、黑暗的时代中幸存下来……不过，这一次野蛮人不再是远在边疆之外等待；他们已经控制我们一段时间了。正是我们对此毫无意识，所以我们部分地陷入了困境。我们不是在等待戈多，而是在等待另一个人——自然是很不同的——圣·本尼迪克特（St. Benedict)”。然而，人们会忍不住对此补充说，这样的一个圣·本尼迪克特，他无疑研究过一个叫做《追寻美德》的古老文本里关于他要担当的角色的断断续续的预兆和预言，他将必然被那本书送回去，像读亚里士多德那样完整详细地研读马克思。

【注释】

［1］Alasdair MacIntyre，*After Virture*：*A Study in Moral Theory*，Notre Dame，Ind.，1981.

［2］Paul Ricoeur，*Time and Narrative*，trans，K. McLaughlin and D. Pellaner，Chicago，1984.

（陈　昱　译）

单子生产论[1]

唯名论

艺术对其敌人或类似欺骗的这种防范具有变换的和不确定的意识形态内涵，从根本上改变了——我们在前面已经提前预见到的——我们完成从某一普遍的艺术观念，即把艺术看做过程或价值的观念，向个别艺术作品的转移的时刻。这种焦点的转变——改变了我们这一讨论的进程，揭示了今天所谓的阿多诺批评方法中仍然具有生命力的、尚未开掘出来的一切——可以用阿多诺的伟大主题之一来说明，即**唯名论**的主题，其多元意义甚至在此开始之际就可加以概述。

唯名论对阿多诺来说既是一种哲学倾向，同时又是一个历史事件。用美学术语来说，它意味着对普遍性的拒绝。比如，拒绝黑格尔把艺术具体分为类和风格的做法（以战略撤退或局限的形式展开的辩证攻势：阿多诺恰当地提及克罗齐，那正是这个主题出现的时代，却又没有进而探讨我们所说的“现代艺术”——也就是唯名论艺术的出现所带来的后果［AT 398/377——AT 为 Aesthetic Theorie 一书的缩写，前面数字指德文版页码，后面指英文版页码。下同］）。对这些历史化的审美普遍性（如黑格尔的象征、古典和浪漫三大形式）的拒绝也伴随着混淆的批评情感，甚至那些比较局部的普遍性或抽象性也都成了各种先锋运动的“主义”（在本书中，大多是与阿多诺精神相抵牾的）：它们仍然有其真实性，但只是作为新艺术（Novum）的知识符号和症候，而不是可以把个别作品置于其中，就如同在哲学上把特殊置于一般之下的风格或时期。

这里，阿多诺最接近于当代的（或后现代的）反偶像崇拜。这种反偶像崇拜是针对历史叙事本身，针对各种艺术史的故事，针对时期和演进的更大的历史范式的，由此，当下（包括个别艺术品的“当下”）的创新自尼采以来就似乎总要蒸发出来。阿多诺与后结构主义的这些反历史焦虑之间的区别在于一个事件（Event）的信息性在场（唯名论这个概念暗示一种因果关系，与历史倾向相一致），但也与历史的迁徙一起进入作品本身的形式（这与它仅仅作为特殊的例子表明某一更大历史或社会叙事的情况比起来，具有更深刻的社会和历史意义）。

然而，在这个静止历史类型的假“普遍性”背后，唯名论也贯穿着康德的更静止的普遍性，对此，我们前面已经提到过：对我们今天来说，这些先验图式都根据广泛的专业区分整理出来。它们可以理解为一种原型心理学，在这种情况下，美学的任务就被削减为对各种刺激物的分析，从文化产业机器一直到亚里士多德的净化（这是阿多诺后来终于放弃的东西——［AT354/339］）。它们也可以看做在我们通常称作感知的经验内部对各种概念格式（grids）和范畴的探测：在这种情况下，阿多诺将把它们当作要改变身体的直观性而进入比较“精神化的”和理想的抽象思维形式的不正当尝试，也就是通过升华的某种压抑，对在审美体验或其他方面不能加以哲学化的东西抱有一种以精神为取向的哲学恐惧。

因此，艺术品在这里融化成一组组抽象模式。普遍主义者能够从不同角度汲取和利用这些模式。比如，趋向于在传统心理范畴外部寻找根基的结构主义描述；趋向于比较崇高的、比较传统的高级哲学的形而上学意义（在这个领域内，个别作品——甚至对阿多诺来说，个别作品的个别真理—内容——仍然被宗教的或生存的或审美化的宗教“体验”的普遍性取代了）；最后，趋向于专门化的哲学美学的特殊普遍性，包括和谐、共鸣、比例、审美表象（Schein）、表现等范畴。然而，这些特殊的审美或形式范畴——如所能看到的，已经覆盖了美学各种独特的历史经验——却不能单纯地看做是哲学上的虚假概念，因为它们自身，它们空洞的概念内部，携带着这些特定历史作品积淀起来的经验。

实际上，当作为哲学学科的美学结束之后尚有待于出现的另一种哲学美学仍然与这个已死的概念性纠缠不休，它不能放弃这种概念性，而必须解开这种纠缠，临时地将其用于新的目的，同时明确地贬低它的价值，降低它的声誉。比例、模仿或表现这些非常不同的概念都按其形式本质所不正当地努力的目标——以及在它们自身内部必然遇到的障碍和设防——就是给一般艺术品确定一个单独“定义”（我们知道，这样一个使命已经由其内部的一般艺术与个别作品的同化而误导了）；阿多诺所教导我们的不是看到一般与特殊之间的关系，而恰恰是如深嵌于艺术自身内部一样深嵌于个别作品内部的深刻矛盾和无法解决的张力。

而这意味着传统的美学概念与矛盾的对立面和使其非普遍化的东西达到系统认同时，仍然可以得到辩证的应用：于是，丑即刻就可与比例形成对比，而破碎的概念便可以遏制和谐的价值；模仿必然会受到其不可调和的对立面即表现的束缚，而审美表象本身——即不可译的 Schein——则在其以胜利者的面貌出现时即刻就会受到破坏，即受到那种要超越美学、不只成为单纯的审美表象的万能欲望的破坏（这种破坏也可以看做是我们开始时以唯名论的名义引发出来的许多变化多端的形式的另一种）。传统美学与形式概念之间一种战争状态的诱发即刻揭示了它们在这个或那个历史时刻的特定艺术实践中的各种历史性和深刻的环境根源。

但在这一点上，阿多诺也与自身相矛盾：在传统的意义上，他仍然是一个**美学家**，也有其独特的描述性的形式范畴，这很快就会看做是**结构**的范畴，同时，也有其特殊的历史实践环境——即美学现代主义的唯名论或最小主义时刻（从勋伯格的表现主义到贝克特的戏剧）。不管他自己特殊的形式范畴——当然经常卷入到局部的辩证风暴之中，与其他局部的形式范畴形成对立——是不是与其他传统概念明显区别开来以便保持这种功能和这种结构的中心性的一个结构概念；它是否能将形式主张超越其自身历史的审美时刻（这目前已经事过境迁，我们已有足够的力量谈论我们自己的非常不同的审美时刻了）——这些就是《美学理论》摆在我们面前的终极任务。

然而，唯名论的问题绝不会由于这些概念的难题而枯竭，如黑格尔可能会说的，这些难题现在已被归于“观念”或“思想”的方面；它们在心理主体方面也有等同物，这个主体对普遍唯名论的抵制也是不能枯竭的。实际上，当代（或后结构主义）哲学普遍致力于描写甚至赞扬破碎的主体性，“主体的解中心”，“精神分裂症”，自我的压抑功能或个人身份的幻觉或身世的连续性，一直到主体的“衰落”、失色，降低“水平”，逐渐消失、破裂，通过自身以外的东西（无论是意识、语言，还是教条和意识形态的他性）适当地瞥见意识决定的结果。从阿多诺的辩证观点来看，这些当代的现象或构型都被看做是唯名论的症候，它们已经渗透到主体性，给予各种瞬时的主体“体验”以一种直观性，而这种直观性是不能简约为或混同于比较普遍的，或比较抽象的，或比较知识遗传的东西的。这不单纯意味着，这种后当代主体性的审美趣味非常不同于旧的资产阶级或贵族大众的那些规矩的、比较划一的审美趣味，它也宣告普遍美学或审美常量说之终结的倾向，甚至向每一种审美统一和作品自身的封闭性等观念发起挑战（这对阿多诺的美学计划形成了巨大威胁；如我们将看到的，莱布尼茨的**单子**将被重新起用以回避这一挑战）。

主观唯名论还意味着，以前的主观性的这些碎片现在自相矛盾地变成了客观的东西，因此，可以认为它们自身构成了作品建构的物质，建筑材料，石头、玻璃和合金（它们与比较传统的审美原材料和艺术语言一起制造或构成了传统的作品）。如上面已经暗示的，从主观到客观的辩证逆转——就其清除了虚假问题、开拓了新的实际上是未探讨的阐释可能性而言——乃是阿多诺重要的审美遗产，可与之相媲美的只有俄国形式主义的一些比较直观的思辨。从这一视角来看，其由始至终根据音乐进行的主要阐释非但不是什么专业化的局限，反倒为与其他艺术进行最具创造性的理论类比打开了大门。

最后，我们必须注意到阿多诺在《美学理论》中所用的唯名论这个术语在许多方面都具有的核心意义——即作为一次事件，尤其是作为发生于艺术史本身的东西。其历史范式仍然是那个熟悉的范式，即现代性的出现（如我们所理解的马克思关于商品形式的阐述，韦伯关于合理化的阐述），以及现代主义的出现（如在艺术家的形式中所看到的，而从欧洲的视角来看，最具象征意义的是波德莱尔）。这一神话般的“堕落”——堕入资本主义和现代化——如我们所看到的，已经自相矛盾地刻写在《启蒙的辩证法》这个题目上了，其中，一个压抑的模仿和自我扬弃的抽象和控制过程——曾被抛回到人类历史的起源，越过荷马而径直回到对自然的魔幻控制的最初形式上来——现在，在 18 世纪，仿佛突然地学会了一种辩证飞跃，残酷地消灭了古代魔幻的、迷信的和公开的模仿形式，追求更高的抽象层面上的模仿过程，忠实于更深切的模仿冲动，在阿多诺和霍克海默所说的反偶像崇拜中系统地消除了模仿的一切踪迹，禁止由此而发生的一种世俗的、怀疑的和数理式思维的深刻印象。

在这些对科学理性的古老描写的美学语境中所保留下来的，是每一种状态产生历史性的方式，以及在消除过去的过程中产生过去的方式：科学“进步”因此是共时的，而不是历时的，不仅仅把旧的生产方式作为“野性的思维”而荡涤干净，而且，通过每一种新的行为把自己现已是“合理的”、科学的先驱步骤改造成迷信和形而上的生存。当然，阿多诺和霍克海默在早期著作中主要关注的是这种启蒙科学的理论因素如何残酷地把自身的官方哲学变成了蒙昧的神话；所以，甚至比任何马克思式想像，即首先对前者的、然后对自身的目的及其实现的想像，都更有效地把以前的全部哲学变成了神学的实证主义，也变成了有待于被驱除的黑格尔式甚或神秘玄学的迷信错误。

然而，那种探讨试图戏剧化地描写理论自身固有的没影点，就像闵西豪生式的理性一样，抓住自己的辫子，踢开脚下的梯子，纵身投入那个终极黑洞，它最终将消除其自身理论基础的最后踪迹，在把全部思维作为某一早期的、古老的、从此不再需要的阶段而清除的过程中找到其极端的抽象使命。因此，这种科学的“唯名论”也试图废除被称作主体性的东西；当然，其动力从此便与“经济”交织在一起（在宽泛的马克思思想中指劳动过程和商品形式，而尤其是如我们所看到的，也与等价的出现和“同一性”的诸种抽象概念交织在一起）；在现代化启蒙运动的初期——从根本上脱离理性和科学；知觉和感性、再现和模仿都纷纷逃入这个新建构的拒绝和补偿的边缘空间——的时候，“美学”的出现无论如何不是一个次要的或非构成性的过程，而对于启蒙运动的描述如此重要以至于从此以后，如我们所看到的，只有“堕落的”文化产业才提供了描写延长其殖民逻辑的一幅生动图画。

然而，我们赋予科学的暂时性与审美单子的历史动力构成了重要的类比（正如漫画也是一种类比一样）；第一种类比的悖论可能揭示其对立面，尤其是有关“创新”（Novum）的棘手问题。因为人们感到审美创新也消除其前历史，把它所依赖的革新技术变成过时的、无用的技术：如果坚持用“共时”这个词的话，那么它的使用——比旧的美学术语“内部”和“外部”更有效——就是为了排除或消解这样一个幻觉，即这种革新可以从外部，可以从某一“历时”叙事的有利视角窥探和定位，从这种外部叙事，我们静静地观察着颜色的出现（在瓦格纳的作品中），或“观点”的出现（在亨利·詹姆斯的作品中），当从我们身边走过的时候，它们在我们的积分牌上与各种表演者和标着日期的书卷的数量一起疯狂地累积着。

不过，所论个别作品的历史性也包括在消除过去的那个时刻的过去；因此可以说，黑格尔的扬弃说在别处无论多么理想——在物质突破和动荡的人类历史中，个体和集体的过去不留踪迹地消失于死亡之中——但只有在这里，在美学的单子之内，扬弃才作为一个近乎唯物主义的描写性概念而真实地存在（阿多诺也会说，正如对莱布尼茨的单子概念本身一样，这是对那种独特“物质”客体的被赋予灵感的、被毁形的、被神秘化的期待，而那种客体正是艺术作品本身）。“创新”的体验并不是从外部体验艺术品的体会，比如说对新的语文或图像信息的体验（尽管这样的信息为我们进行那种体验做好了准备），而是与审美体验合为一体的，在某一深层意义上它本身就是作品的“真理—内容”（Wahrheitsgehalt）。

在此，我们必须停下来强调一下已经提到的一个后果，也就是说，仅就所有现代主义作品中的“创新”和革新的价值来说，这种美学实际上把所有“真正的”艺术归属于迄今为止被看做是艺术史内部的一个单一时期，即现代主义“本身”。这样一种归属的基本问题在于最明显的断代问题（换言之，也就是如何对待巴赫，克雷蒂安·德·特鲁瓦或普罗佩提乌斯的问题）：新兴的金钱和商业经济将其内在逻辑和动力不平等地过渡到文化生产的过程中来。《启蒙的辩证法》（把奥德修斯描写成第一个“资产阶级”）的无拘无束的时间框架意味着不能狭隘地在（仍然相当短暂的）工业资本主义的阶段之内去理解一种“资本主义的”文化动力；而另一方面，19 世纪末标志着成功的欧洲资本主义之第二阶段或“帝国主义”阶段的“现代主义”，也可以看作是较早的、较缓慢的、似乎更具再现性的诸种文化的“内在真实”。更加丢脸的，但无疑在逻辑上与这些立场保持一致的，则是对人类学所说的非资本主义艺术的排除：阿尔塔米拉洞窟壁画的发现只被作为魔幻模仿的例子——即作为原型启蒙运动对自然的控制，而非作为与我们自己时代的艺术和文化截然不同的艺术或文化形式。非西方音乐的地位也是不可想像的，除非在我们西方人所理解的黑格尔的“艺术终结”的意义上。其未言说的主要立场——即一切伟大的音乐都是资产阶级音乐[2]——只有作为相当不同的社会和生产方式的乌托邦投射才是可想像的（远远超越了后现代主义与伟大传统之关系的热门话题），在这些社会和生产方式中，我们认为是艺术的东西——尤其是不再按我们的方式在社会上加以区别的“艺术品”——将被称作别的什么。

> 如果社会的原子结构得到改造，那么，艺术就不必再将其理念（Idea）——首先，特殊性何以成为可

> 能——牺牲给某一社会的普遍性：只要特殊性和普遍性相背离，自由就不可能存在。然而，自由会把那些权利给予特殊性，今天，那些权利只有在艺术家不得不屈服的个性约束中才能找到美学的证据。（AT 69/62）

稍后我们再回到这个极具特点的观点上来，也就是说，当代艺术家的自由并不存在于在某处自由漂流的主体性之中，无论是选择的还是任意的，而在于材料本身的客观约束之中。但是，从传统上把哲学的"调和"看做普遍性与特殊性之间的和谐，并由此断言这样一种看法在阿多诺的美学中起到了规范作用就是错误的。的确，这种和谐（"具体的普遍性"）不仅具有最糟糕意义上的规范性，而且在历史上也是难以实现的。在这种历史环境中（我们一直称之为唯名论），恰恰是最可靠的作品揭示了特殊性与普遍性之间的不相容性，因此，这些作品在传统的规范意义上也都是决定性的"失败"。

至于阿多诺有关创新的观念，在更好地理解"生产力"——或马克思所说的"社会生产所达到的发展水平"——与艺术品之间的关系之前，不可能予以较完整的阐述。然而，迄今已经暗示的是，"创新"在现象学的意义上并不是一个时间观念；而且，其概念和理论化（在以波德莱尔为端倪的现代开始时）与唯名论关系重大：现在，普遍性变成了同一性的重复和回归，其惟一的抵制——也许可能脆弱——似乎在此时此地是独特的，它没有名分，无可比拟，是不可重复的关头，不能与任何其他事物交换，因一时疏忽而成了"创新"的，因为不再有任何类范畴来为其分类。然而，那个意义上的唯名论不仅是抵制坏的普遍性的一个形式，而且是一个困境和普遍化了的历史环境、一次危机，其对艺术品产生的结果将是我们现在必须要检验的内容。

表象的危机

阿多诺关于艺术危机（或现代主义的出现）的最熟悉和最广泛流传的阐述，我们并不将其归功于他本人，而归功于托马斯·曼。后者将阿多诺的早期理论（《新音乐哲学》）用在小说《浮士德博士》上。问题的核心是表象（Schein）的危机。Schein（表象）是德语中随处可见的一个词，但在英语中却很难找到一个同义词，因此常常译成“审美表象”，或“外观”或“审美幻觉”。这些有争议的表达方式暗示了在那个表象或幻觉的**背后**还有其他东西的存在。除了一个“本原”的明显在场之外，它们还意指与作品的“真实意义”同样多的东西，或从另一方面，意味着其基本的非审美的材料，如油画颜料，或词语，或穿戴服装和涂抹化妆品的身体。这些表达方式的棘手之处并不完全在于这样一个暗示，即在特定环境下，表象可能会消失，完全蒸发掉，把观众丢在那里无所事事地凝视着一块块涂鸦的画布，或几乎毫无愧色地目睹一群人在平台上大步行走，不适当地挥舞着双手，大张着嘴（也即福楼拜和托尔斯泰作品中人所共知的艺术自身的陌生化）。[3]然而这种幻觉隐蔽的时刻（或我们对幻觉的“信仰”的突然觉醒）作为一种幻想理论的审美表达恰恰是有用的——当走出幻觉时，我们便对真正的现实有了更加生动的认识。

棘手之处恰恰在于对“审美幻觉”的这种模糊认识，它像是纯粹的装饰，或附加于最初事物本身的外部装饰，但促使人们思考有勇气生发这种幻觉的艺术究竟是一种什么艺术，它最初究竟是什么。事实上，这恰恰是新时代或现代艺术史中所发生的（如我们已经看到的，对阿多诺来说，这可以看做是倒退到古代政权［ancien régime］的一个过程）：每个后续形式或年代都拒斥其前面的过去，将其作为罗曼司、谎言和最粗糙的破烂，与此相对照，其自身的奉献则是汲取新的东西，从对真理的富于激情的追求中，从对准确性和细节的更加执著的描写中汲取新的东西。我们看到，在有限的形式下，这里已经有了“对深刻印象的禁止”，反模仿的冲动，被用作抵制一个有限的过去的治疗工具。对表象或审美表象的这种生成性批判也并非总是根据现实主义的价值来进行的：“真实”——或近来流行的一个术语“真实性”——将起到相同作用，二者似乎都不局限于任何规范的美学。然而，甚至“现实主义”也可用来抵制自身，比如，就在昨天，罗伯-格里耶就以新小说作为对“现实”的更加革命性的奉献而抨击了位于巴尔扎克式现实主义核心的意识形态幻觉。

因此，审美表象的危机在适当的限制之下可以用作现代主义美学的“永久革命”或现时代艺术的不断更新的基本原动力。但对某一外部观照者来说——或至少对美学史学家来说，他感觉到了这个过程愈加迅速的原动力，为之所醉迷，并与之保持着一定的距离——这是这一划时代的结束或没影点，成了一个纯理论问题，使我们又回到了那个终极问题上来，即完全脱离审美表象的艺术是否是可想像的，或相反（黑格尔伟大的“艺术终结”的概念），与审美表象相关的怀疑最终能否彻底废除艺术，成功地不留痕迹地消除深刻印象的一种反偶像崇拜。

我们已经知道指责审美表象的深刻动机是艺术自身的终极社会犯罪，如在塞壬的故事中，在西方文化的黎明时分，就已赤裸裸地毫无评论地揭示出来的一样。但这个“原罪”显然由于阶级社会的理性主义和世俗化（即狭义的历史意义上的启蒙运动）而得到了强化，结果，“审美表象”、“审美幻觉”所能舒适地、以清澈的良知生存的惟一场所就是文化产业。真正的艺术要废除审美表象就不能不破坏自身，就不能不转向沉默，因此必须保持其幻觉的表象，其非真实的奢侈地位，仿佛在充斥其形式的活生生的罪过中表演，而有时又奇怪地称作反映性或自觉性。而“虚构”——表示表象的另一个有力的专有名词，并以曲折的方式表达说教意义——显然以各种风格和形式成了文化产业必须出售的主要商品（其后结构主义的一个变体被称作“再现”）。此外，无休止的脱口秀、测试节目、游戏、彩票、模拟法庭，甚至新闻本身，都不能完全表明德兹嘎·维尔托夫（Dziga Vertov）的纪录片在一个社会主义社会中所希望唤起和满足的对真实的渴望，就好比隐蔽的蠕虫蚕食了对大众文化中虚构和再现的满足。现在，审美表象的危机甚至延伸到商品化和堕落的区域，即它曾经得以安全实践的那个区域。

然而，当我们把“虚构”这个替代性术语用于其官方领域之外时，它就更具暗示意义。在那个外在领域里，小说和电影中对故事的所有可想到的内部和外部置换都是再熟悉不过的了（从反小说到新闻片）。但一幢非虚构的建筑又将怎样呢?[4]难道它不仅仅是某一绝对的功能主义的问题吗？建筑的装饰美化不正是所要清除的虚构因素吗？同时，一幅绝非不可想像的非虚构绘画恰恰是此后已经定型的艺术史的基础概念，在这种艺术史中，故事被追溯、抛弃、灭绝，最后只剩下可画的（painterly）材料本身——甚至在它们之后，只有抽象的思想或概念——成了审美思辨的客体。（到昨天为止，这至少是某一现代主义传统的霸权的宏大叙事。）但虚构的另一种同一性——表象——可能会生存于这些基本材料之中，至少在博物馆和掌管观照经验的机构对其加以适当建构的时候。阿多诺自己有关“抽象”的论述与此相当不同，可以用作显示其个人特性的辩证法的开端，对此我们稍后将详加阐述，因为这种辩证法并非聚焦于商品形式与“伟大艺术”之间的对立，而聚焦于二者的同一性：

> 波德莱尔既不与物化抗争，也不简单地提供对物化的再现；他通过对物化自身原型的体验抗议物化，而这种体验的媒介则成了诗歌形式本身。正是这一点使他权威性地超越了晚期浪漫主义的伤感。这部作品的历史原创性在于他用先于活的主体性的艺术品的客观性切分了吞并一切人类残余的商品形式的压倒一切的客观性：因此，绝对的艺术品与绝对的商品化相遇。现代这个概念中抽象的残余是商品本身征收的最后一次贡品。如果垄断资本主义所消费的不再是使用价值，而是交换价值，那么，同样，现代作品的抽象性——关于其性质和功能的令人恼火的不确定性——就成了现实的指数。……审美抽象在波德莱尔的作品中显露端倪，而对世界自身的一种寓言式反动也成为抽象的了；这种抽象从一开始就仿佛是对深刻印象的一个禁忌。这个禁忌尤其指向了德国乡下佬在陈述（Aussage）的口号下所希望拯救的东西，也即仍然留在表象里的有意义的东西；当意义的灾难过后，表象本身也成为抽象的了。(AT39-40/31-32)

在对抽象的这番分析中，所牺牲的与其说是作品的“虚构”维度，毋宁说是其“意义”，而如果你愿意，也可以说是假象，即特殊和一般——物与其意义——仍然以某种甚至遥远的方式“有机地”或“经验地”与之相关。这里，唯名论把经验过的直观性的残余与其“普遍性”脱离开来，这种“普遍性”现已成为商品形式的普遍同义语和抽象：不过艺术品为了保留其矛盾的真实性而顽固地死抱着二者不放。这一阐述显然远离了我们开始时提出的关于表象的那些问题；除非我们在此准确地处理审美表象自身非同寻常的变化，在这种变化中，商品形式无处不在的权力现正自相矛盾地被迫服务于它试图控制的审美冲动（而且在所说的文化产业中成功地做到了这一点）。然而，这里的悖论在于，现代——或阿多诺所说的一般艺术品——是与商品形式的权力邻接的，所以，要激发先于这种环境（如对美的鉴赏）的某一“审美冲动”就成了一个不合逻辑的推论。

然而，商品化仅仅是阿多诺用来戏剧性地阐述审美表象的危机和苦难历程的众多符号之一。与其相关的马克思式主题——生产动力的问题——将在后面一章中加以探讨。这里，只适于强调商品化与唯名论的语言之间的哲学关系，对此，我们已经有所涉及，而且，这种关系——远远超过了“非同一性”关系——构成了《美学理论》的关键（只要把一个文本中可变的和无调的因素看作第二个维也纳学派中隐约出现的伟大的“管弦乐曲”的话）。因此，商品形式对于唯名论的境遇就如同虚假的普遍性对于孤零零的特殊性一样：前者空洞的抽象决定了孤立数据——无论是世界的还是自我的数据——的异质性，它们已不再可能**意指**什么了，如果按传统把特殊包含在一般之下的方式理解“意义”的话。

借以探讨这种境遇——音乐的境遇——的终极和基本审美中介又使我们回到了审美表象（或表象）的危机上来，并具体调动了全部的分析范畴。要提出关于音乐的虚构性问题——能否构思一种非虚构的音乐？如何想像一种敢于面对虚构的罪过和审美表象的原罪，同时又使自身赦免其罪过的音乐？——在音乐领域里提出这些问题就等于开始把 Schein（表象）和虚构等同于作品本身的**时间**，这是以新的方式提出整体与部分的问题，即刻涉及历史的“心理主体”，他能够或不能够听到和记得这种关系（“听觉的拜物化”），也即刻对一个“整体”或总体形式的概念提出了问题，人们就是根据这种形式来感知特殊性的，最后，它不可避免地突出了这种建构，致使其他艺术媒介的动力也完全可能转向比较片面的审美范畴，如语言中趋向**表现**的范畴，或绘画中趋向**模仿**的范畴。

这些对立因素秉承传统审美反映论的不同时刻，在《美学理论》的诸多置换中出现或消失，如 Schein（表象）对立于 Ausdruck（表现）（AT168/161），或模仿对立于建构（AT72/65），或蒙太奇对立于意义（AT231－233/221－223）。在阿多诺的著作中，这些对立是转换的星群：从这些对立中得不出什么确定的逻辑结论或哲学结论——趋于赞扬建构概念的偏见或倾向是显见的，但这个术语本身却应该尽可能具体化或特殊化（这使阿多诺的著作又回到一种传统美学上来）。同时，每一个对立的环节都在两个层面上被历史化了，如蒙太奇与意义的对立表现了现代艺术发展中的一个特殊历史时刻，但在阿多诺的文本中却是作为特殊的“历史”或叙事时刻出现的。因此，它在文本中就如同在形式的某一“外部”历史中一样具有境遇性和暂时性。

最后，所有这些对立都可以用于关于特定艺术媒介的讨论。如在音乐中，Schein 与表现的对立表现了历史上的一个重要时刻，即于突破性的 1911 年诞生的表现主义：在所有对立的这个最原型的对立中，趋于主体绝对表现的唯名论冲动与艺术品对 Schein 的某一残余的最终内在形式的承诺相遇了。不言而喻，在音乐中，最后这一点与时间本身相对应，与作品的长度相对应，与音乐发展的纯粹绵延相对应；同样不言而喻的是，如果阿多诺的所谓“表现”似乎总是表现痛苦、痛苦的呼喊、纯粹的不和谐，那么，这种对峙或矛盾的戏剧性内容就开始清晰起来，上面提到的非虚构音乐的问题的相关性也便随之清晰起来。在音乐中，虚构性不过是时间的绵延，是音乐作品的表象或审美表象。一段正常的音乐需要多长时间？几个音符就算是那种意义上的音乐了吗？单个的音乐句——清晰的乐句或主旋律，乐调或音调——就足够了吗？奏鸣曲的形式却与此相反，暗示着乐句或主旋律在（经过适当的变体）反复和被认可之前实际上并没有表达出来，哪怕是第一次。

> 反复是奏鸣曲的关键。自贝多芬以来，它就赋予决定性的东西——主旋律的动力——以一种回顾性的认可，就好比一部影片对观众产生的影响：当影片结束后他仍然坐在那里，回过头来再次观看影片的开头。贝多芬通过一种特技（tour de force）掌握了这一点，这成了他的标志：在最后依次重复的最佳时刻，他呈现了那些动力产生的结果，对前一个时刻加以认可和证明的过程的结果，以及一开始就存在的东西的结果。这标志着他与哲学上伟大的唯心主义体系的共谋，与辩证法家黑格尔的共谋。在他身上，否定的本质，因而还有生成本身的本质最终回溯到现存事物的神正论上来了。因此，通过反复，音乐——它本身就是资产阶级自由的仪式——就好比它生存于其中和在它之中生存的社会，仍然沉湎于神话般的非自由而不得自拔。它操纵着与自然的循环关系，致使根据简单的回归事实而回归的东西看起来大于自身，而成为形而上学的意义或理念（Idea）。[5]

如此说来，奏鸣曲这种形式的目的就是生产一个理念或必要的情感，这种理念或情感具有社会意识形态意义，认可和证明了现实的总体性：同时——只要认为阿多诺的思想具有形而上学的维度的话，当我们讨论艺术与自然的关系时这将非常清楚——奏鸣曲的这种意识形态功能和撒谎癖本身不过是对所有艺术深陷的形而上学泥潭的一种扭曲的历史反映或表现：

> 一种制造何以能揭示还没有制造出来的东西，甚至对自身概念都不真实的东西何以能包含一个真实内容。只有当内容不同于其表象并有其自己的形式时才能捕捉到这一点。(AT164/157)

因此，何以会有**建构**的一种“自然真实”就将是阿多诺美学的形而上学维度所要探讨的核心问题，这将在后面的一章里加以阐述。

这里，在我们眼下面对的音乐语境里，问题恰恰在于建构的音乐时间的真实性，而表现主义音乐趋于简化为几个简短瞬间的倾向不过是审美表象的终极危机的外部征候，不过是整个唯名论音乐避免冗长和细腻乐句的清晰度的形式结果和最终产品。然而，这与其说是以某一终极乐点或音符的名义，毋宁说是以不和谐音丛的名义做成的，其形式的戏剧性在于这样一个事实，即它需要某一最小时间来表达它的表现痛苦。甚至最简单的哲学辩证法都能提醒我们，不和谐只有通过和谐才能表达出来；但是，如果我们把和谐看做一种听觉习惯，看做最早为音乐所震惊的听者的一种传统音乐文化，那么，我们就要在其引导下反思“现代音乐的衰老”和有关创新的悖论，这和其他任何事件一样在自身内部就变成了古代史。

另一方面，如果我们考虑不和谐仍然需要作为时间框架的和谐，为其自身的暴力销毁准备先决条件的一个最小绵延，那么，我们就表现了审美表象危机的历史环境，为了表现其真实——不是表象本身,而是其危机，其罪过，其不真实性和不可能性（“奥斯维辛之后的诗歌”），这种危机必须把自身作为最短暂的时间延续而保持下去。阿多诺对表现主义危机的这个“结论”表示失望——后来的勋伯格和十二音调的体系使和谐的观念以及不和谐的真实性全部消失殆尽——这在别处已经讨论过了。这里所看到的是一段有趣的历史轨迹，即勋伯格此时致力的极端表现主义，在 30 年后出乎意料地由撒缪尔·贝克特的戏剧形式完成了；这段神秘的历史揭示了从表现主义跳跃到极小主义的断续火花，而如果只把这看做是阿多诺的个人趣味就将是轻浮之举。另一方面，如果这是彻底摆脱这些趣味的问题，那就必须附加一言，即韦伯恩纯洁的最小主义也是他所厌恶的；伯格激进的芜杂——是托马斯·曼后期放纵的勒弗库恩（Leverkuehn）的作品的真正模式，而非勋伯格或斯特拉文斯基的模式——则似乎是他所偏宠的。一个芜杂的极小主义！奇怪地吸收了周围一种堕落了的大众文化的零星碎片。

关于现代艺术史的一个非常不同的哲学观念就这样奇怪地取代了从波德莱尔一直延续到现代枯竭之时的一个比较传统的观念（比如，用一种形式缩写取代勋伯格十二音调的死胡同）。这另一种历史——于其中，现代主义又被回溯到一般的“伟大艺术”——现在终于弄清了万能的唯名论母题的终极功能；因为后者在哲学上为前者奠定了基础。从唯名论所处困境的角度看，实际上，贝多芬的历史地位（“他的音乐中同样萦绕着唯名论的母题和黑格尔的哲学”［AT329/315］）从前现代的经典变成了 Schein 和建构起来的最具现代辩证性质的展示：

> 审美表象危机的威力可以用这样一个事实加以衡量，即它甚至影响了在表面上最不倾向于幻觉价值的音乐。甚至在这种非幻觉或反幻觉的音乐中，升华了的形式中的虚构因素消失了，不仅表现（非存在的感情的表现），而且结构本身的虚构，如总体和整体形式，都是

> 作为难以实现的东西出现的。在像贝多芬那样伟大的音乐中，但也许完全超越了非永恒艺术的界限，所谓的基本素材，最终阶段的分析所要涉及的终极建筑材料，证明是空洞而没有内容的，本身就是空洞的、没有价值的(nichtig)。只要它们不萎缩成虚无，它们就能在生成过程中融合成一个整体。然而，作为独特的形式因素，其深处的内在冲动总是要再次回归**某物**：无论是一个母题还是一个主题。其最基本决定因素的这种内在的不把一切整体艺术拉向无形，其引力按组织程度递增。只有无形才赋予艺术品以整合的权力。正是在形式完整的时刻，在与无形的本性保持最大距离的时刻，自然的时刻，那尚未成型、尚未表达出来的时刻，才能有力地回归。当最密切地审视一件艺术品时，其最客观的形式和形象会形变为乱哄哄的一堆因素，文本消解成纯粹的文字。当你以为确确实实掌握了艺术品的细节时，它们却突然变成了不确定的和未加区别的东西：这就是艺术中介的本性。这也是审美表象在艺术品的结构中得以出现的方式。特殊性，也即作品的生命线，及其具体性，都在微观审视下从观照主体那里逃走了。过程在每一件艺术品中都凝结成某一客体的表象，现在开始颠覆它作为静物的地位，再次漂流到它的源头。(AT 154/148-149)

这里所提出的是一个更令人反感的观点，比说贝多芬不是一个特别和谐的作曲家还令人反感；这种观点认为，贝多芬最伟大的主旋律或乐句充其量不过是类似于“曲调”的一种表象——这种曲调无疑只存在于作为一种拜物教的文化产业之中。相反，伟大主旋律的功能力量是与其建构的人工性成正比的，这是以形式的功能要求为动机的（它们必须是在这里可以修改，在那里又易于产生变体或适于调整，通过最小重构而用作过渡或桥梁通道——简言之，它们听起来像是预制的建筑零件或勒·克比西埃的单元模件）；然而，而且恰恰由于这些原因，它们才作为有意义的审美形式或表象出现在我们面前。因此，贝多芬的音乐就像贝克特的戏剧一样也是一种极小主义，但**看上去**却是有机的和浪漫的，而且充满了后期浪漫主义的鲜活，就像一个外来的海市蜃楼一样激动人心。因此，阿多诺笔下的贝多芬，与皮埃尔·梅纳德重写的塞万提斯一样，与“原文”完全相同，同时又是一个根本不同的历史文本。（“在 17 世纪初创作《吉霍特》（Quijote）是合情合理的，必要的，甚至是不可避免的；但在 20 世纪初则几乎是不可能的”，等等。）

因此，尽管看起来不合时宜，贝多芬的音乐是**蒙太奇**，与爱森斯坦或丘安·格里斯的蒙太奇一样是非虚构的：蒙太奇，用以“抵制作为逻辑意义结构的艺术品”的最有效手段（AT233/223），也标志着建构原则的成功：

> 美学的建构原则，计划的整体对细节的绝对优势，以及后者在微观结构中的关系，现在都是［这种看似无序表面的］对应物；在这个意义上，根据其微观结构，所有现代艺术都可能被看做蒙太奇。（AT233/223）

作品基本因素的无价值，甚至其看似有意义或和谐的结合的幻觉性质，这一观点的逻辑结论证明是对艺术家（且不管“天才”）之主体权力的修正。当探讨生产动力时，我们将进一步探讨这个结论。现在尚需得出一些初步结论，因为自相矛盾的是，建构材料只有根据人类代理、根据作曲家或听众来判断时才是无意义的。实际上，它们作为历史上的特定材料或技术而具有自己的意义，决定着自己的形式发展：

> 技术和内容的关系究竟多么紧密——且不论传统智慧如何——贝多芬本人的说法可以证明，据说通常归于这位作曲家的天才的那些效果实际上不过是对短小的第七交响乐的熟练掌握。(AT 320/307)

因此，部分之于整体的关系不仅使人联想起传统的美学理论，而且联想起一种审美趣味和一种经典化的美学实践，今天它在我们眼里已经是全然陌生的了，但在《美学理论》中却恢复了一种惊人的几乎属于后现代的相关性，它被重构为一种历史危机，一个难以解决的结构矛盾。因此，我们可以用阿多诺本人关于贝多芬的一段冗长论断来结束本节关于阿多诺著作中有关唯名论和建构的论述：

> 贝多芬面对着［统一与特殊之间的］二律背反，这不是由于有计划地以上个世纪普遍流行的实践精神消除了个别因素，而是——主要因为与他自己所处时代发展中的自然科学的亲缘关系——通过祛除其感性，剥夺其各种属性而造成的。因此，他并不是简单地把音乐融入了一种新的生成或过程的连续之中，因而没有使音乐形式受到越来越强烈的空洞抽象的威胁。至于个别时刻，在价值降低的同时，它们也开始相互渗透，并据此通过它们自己逐渐消失的过程来确定自身的形式。贝多芬音乐中的个别因素是（另一方面又不是）趋于总体形式的冲动，它们只能依靠首先允许它们存在的那个整体才能

> 存在；而就自身而言，它们趋于基本音调关系的相对不确定性，因而也趋于无形。如果非常仔细地听或读他那极其清晰的音乐，那就好像一个虚无的连续体。他的每一部伟大作品的绝技就在于它把虚无的总体性改造成存在的总体性的方式——就仿佛一丝不苟地遵循黑格尔的教导一样——但只是作为审美表象［Schein］，而没有声称任何绝对真理。但甚至这一点至少也是通过内在的精确性暗示出来的，这种精确性就是作品的终极内容。一方面是扩散的和难以捕捉的，另一方面是迫使它构成某物的无上权力——这是自然本身发挥作用的两极。作曲的主体是出众的艺人，他铸造和抛掷巨大的建筑材料，他的对面是混淆的最微小的统一体，他的每一个乐章都在那里分解，其结果甚至不再是原材料，而自身就是音调关系的抽象系统。(AT276/264－265)

事实上，阿多诺极小主义的问题与其理论的含混性是一致的。如果《美学理论》说到底表达了阿多诺个人的审美经验，因而投射出他自己有限的个人“趣味”，那么，其哲学立场就不仅仅以历史的方式被相对化了，作品也便降低到文献的地步（尽管这是具有非凡智慧和资源的文献）。另一方面，如果把极小主义作为艺术史上一个独特时刻，可以出于任何理由从中概括出更多的有关艺术品的普遍真理，那么，我们就不知不觉地回到了一个比较传统的哲学美学上来，它仍然试图以后当代思想所特别不接受的方式从特殊性中推断出一般性来。

当然，颇具特点的是，这种极小主义也包括对极小主义的批判（它的框架就首先谴责“主义”）。因此，上面关于贝多芬的分析引出的细节运动——细节变成了“反本质”和非基础或反基础，作为结果而对任何内部自我证明的现代拒绝，也即黑格尔可能会说的内容的丧失或倾向性贫乏——在历史上的先锋运动构成主义（Constructivism）中——宣布了艺术自身的终结："事实上，构成主义未给发明［Einfall］、未计划的和本能的东西留有任何余地"（AT450/421）。阿多诺和黑格尔一样，也幻想一种甚或几种艺术终结之后的艺术，这个事实复杂得很：《否定的辩证法》中提出的模式观念在增补的断片中重新提出，暗示艺术家可以继续发明，在艺术品不再能呈现具体形式的环境内投射艺术的模式（AT452/423）（于是，后现代画家在关于艺术的理论著述中找到了刺激，这在今天似乎取代了一直由其他艺术家所提供的实际刺激）。实际上，阿多诺在另一处预见性地暗示了在最无法容忍的无调形式之后音调的回归，在无调的霸权之下，音调又奇怪地成为创新的了：事实上这似乎是后现代音乐中所发生的一切（AT62/54）。

然而，极小主义和建构学说的正确使用似乎不应考虑其致命的实证性：所以，不是标准，而是一个矛盾境遇的建构和重建的再现的修辞特点和组成部分被推到了极限，这里，艺术的不可能性不是怜悯的场合，而是某一表达结构的揭秘，这个结构实际上就是具体的历史矛盾。那么，所取得的成就，实践的结果，就只能根据事实来衡量和评价。在艺术中也同样，"智力的悲观主义，意志的乐观主义"这句口号是惟一真正给人以活力的伦理。

物　化

但是，对阿多诺这些判断的语境化辩证地"把它们置于运动之中"，将它们重写成一种环境和一种矛盾的形式，由此，我们再次面对着《否定的辩证法》的作者的历史辩证法的地位问题，尤其是一致性或反映的老问题（如果愿意，也可以说是基础和上层建筑的问题）：如何表达文化或审美行为与社会环境之间关系的本质上属于语言的问题。《美学理论》对这个问题进行的哲学上的天才解决——艺术品作为无窗口的单子的概念，下一章将对此加以检验——事实上，就一切实用的意图和目的而言，对这个问题没有任何破解。换言之，单子既是一种反映，同时又不是反映，正如艺术品自身既是社会的同时又不是社会的——或更确切说，就其反社会性来说它又是彻底的社会的（见下文）。这当然是黑格尔辩证法的古典形式，同一性和非同一性的同一性。

使这个古典形式复杂化的是两种对峙的非同一性的形式：一方面是自然，这个绝对的他者；但也有社会，非常不同于第一种他者的他者，当然也丝毫不像传统的“第二性”，尽管经常作为“现实的总体性”而出现在本体论的语言中。因此，著名的大拒绝（Great Refusal）的反射——涉及的是社会——就是武断的和绝对的（走过了漫长的道路才开始解释阿多诺对左翼政治的敌意——如果不是采取另一种方法的话）：与这个世界共谋的事物不会有任何真理（AT 93/86）。但是，这往往强加一种非常不同于古典的非同一性的否定性（这在解释法兰克福学派的时候造成了增补术语方面的麻烦，也就是与实证主义相关的“实证”和马尔库塞的“文化的肯定性”中的“肯定”，其内涵意义总是否定的）。

于是，在所有的激进思想中，那个致命的二元选择又重新出现了：无论在何种形式下，无论以什么术语表现，都会在肯定与否定、进步与反动（或倒退）、抵制与屈服、激进（或乌托邦）思想与意识形态、拒绝与共谋之间进行区分。阿多诺的具体分析包括了这些二元判断，这也是他的分析中所不可或缺的（甚至在政治上臭名昭著的“进步”一词也再次出现，尽管被置于生产力发展的一个完全不同的语境之中，对此我们将予以检验）。这些判断与一致性和反映（或基础与上层建筑）等老问题是相同的，这似乎显而易见，因为在艺术品与社会之间只有一段距离容纳它们；旧的一致性模式与艺术品自治说的共谋起初看起来似乎有些自相矛盾——然而，彼得·比格尔已令人信服地向我们表明，正是这种审美自治的学说（或制度）使这种政治判断成为可能。[6]

下面是阿多诺对这个问题的最深刻陈述：

> 艺术是社会的，这不纯粹据其生产过程而言。在生产过程中，在任何特定时刻，生产力和生产关系的辩证法都在发生作用，而不仅在其内容和原材料的社会源头。相反，它的社会性产生于它与社会自身的对立位置，只有通过把自身限定为自治的单位才能占据的一个位置。(AT335/321)

然而，我想要表明的是，这种鲜明的对立在阿多诺那里要复杂得多，而且具有辩证的变化内涵。

比如康德规定的审美“无利害关系”或“无实践目的的目的性”。在历史上，这是审美自治学说的第一个古典形式，经过阿多诺有力的辩证改造而重新提了出来：

> 如果“无利害关系”的概念不纯粹是指无关紧要，那么，最强烈的实践关系的影子就必定与这个概念相关，就有理由认为艺术品的尊严也可以用它努力挣脱的利益的大小来衡量。(AT24/16)

(他将在别处［AT396/375］把“无利害关系”解释为自我保护本能的悬置，这被看做是启蒙的辩证法中权力意志的来源。) 但是，对无利害关系学说的这一“实证的”重新评价几乎即刻就受到了辩证的质疑：

> 然而，当艺术品一占据与现实的否定性有关的位置时，无利害关系的概念就发生了变化。艺术品就其本性而言涉及利益与其否定之间的关系，这与康德和弗洛伊德的解释恰好相反。甚至与挣脱了行动客体的艺术品的思辨关系，也被体验为对直接实践的拒绝，因此它本身也是一种实践形式，是对游戏的拒绝。只有被体验为行动方式的那些艺术品才能真正证明它们的存在。(AT25-26/17)

因此，开始时作为对生意和商品世界之堕落实践而被悬置和否定的东西逐渐变成了一种高级的实践形式，现在废除了以前的“无利害关系”或“无目的性”概念，而成了一种高级的利益形式和比较真实的目的。[7]

康德公式中的另一个——对立的——因素，即艺术品看起来的确具有的“目的性”或利害关系，是甚至更加复杂的辩证改造的客体，因为它似乎最紧密地与社会自身的动力相关，因此，作为一股冲力，也是最暧昧的和深受污染的：

> 康德的“目的性”概念为他保证了艺术与自然的本质之间的联系，它实际上与 Technik［在德语中与“技巧”和“技术”二词的内涵相关的一个术语］密切相关。艺术品以某种方式“有目的地”组织起来，以便有别于纯粹的存在，这种方式叫做“技巧”；只有通过技巧，艺术品才能获得“目的性”的幻觉。(AT321/308)

通过把康德关于自然的目的论转向人类科学，阿多诺有意把“启蒙”的动力和西方理性和统治的原罪引入美学的核心，这正是他在别处力主抛弃的东西。下面我们将追溯康德美学的这种任意的再社会化后来在审美“生产力”的辩证法中的冒险。对阿多诺实践的辩证法来说，具有比较直接教益的似乎是这一主题在物化这个同源概念中的延长，而在他对艺术品的分析中，物化也起着同样重要、同样含混的作用。

在阿多诺的美学中，物化首先是一个实证概念，即是说，一个被评价的概念——也即它在马克思主义传统中的惯常位置的颠倒。[8]在马克思主义那里，它不仅仅指代物一样的人类关系（金钱，现金交易），而且——以所谓的商品拜物教的形式——指一种特殊的物质病理学，在这种病理学中，以前使用价值的世界上的实物现在变成了抽象的对等物，把被赋予了力比多的一种新的物质性的幻影投射到商品之中：在这个意义上，“物化”实际上处于物质本身的另一个极端，物质似乎变成了奇怪地精神化了的客体，似乎比物本身更具有物性。

作为唯物主义者，阿多诺不能把他反资本主义的美学——其环境就是《启蒙的辩证法》中已经判断过的几乎完全商品化的一个世界——置于反物质的精神性的便利形式之中，这是他公开反对的，并将其归结在他所谴责的所有“内向性”和主观化之内，而这种谴责又是贯穿《美学理论》的一个哲学任务（这将在适当的时候予以详尽检验）。他也没有依靠葛兰西或萨特试图以不同方式解开唯心主义和唯物主义之缠结的二元论所用的那些实践概念，或用别的概念取代它们。其结果是一系列不稳定的转换，根据这些转换，物化——对阿多诺来说绝对是艺术品的本质——在从社会转向美学（或相反）时改变了它的价值。

“被称作物化的东西在最激进的地方摸索着物的语言。实际上，它试图回归那已被人类意义所根绝的自然的理式”（AT96/89）。借助一种计谋，捣毁了自然的那股激进的力被迫服务于它那至少是理想的重建。但这不是纯粹的局部策略：“物化是艺术品的本质，同时又作为显现［Erscheinendem］与艺术品的本质相矛盾；其物的属性是辩证的，正如它们作为思辨和观照对象的地位一样”（AT153/146）。但这却是致命的抗毒剂：

> 艺术品根据那条法则而具有先验的否定性，正是那条法则使它们注定要变成客体：它们把所客观化的东西从活着的直观性中攫取出来而杀死了它。因此，它们自己的生命是建立在死亡之上的。这事实上是现代开始时所超越的那个质的障碍。艺术品以模仿的方式把它们的形象抛给了物化，也即它们的致命原则。成功地逃避这一原则的希望乃是艺术的幻觉时刻，自波德莱尔以来，艺术就始终试图甩掉这个时刻，同时又不使自身再次成为物中物。现代的先驱者波德莱尔和爱伦·坡作为艺术家乃是美学的第一个技术专家。如果不是顺势吸收了这种毒素——即作为对生者之实际否定的物化——艺术抵制“文明”之统摄的矫饰就将仍然是一场无助的白日梦。自现代肇始以来，通过把无法用自身内在的形式法则加以完全改造的外在客体吸收进艺术，艺术的模仿一极就屈服于它的反原则了，这种情况一直延续到蒙太奇的出现。（AT201/193）

因此，在这一点上，物化是从社会借回来的，以便在一个完全物化的世界上给美学一种连续的、更加危险的生存——然而，似乎有一种抗毒剂不受物化世界的侵袭。但在最后时刻，物化似乎已被改造成一种主动的（攻击自身的）武器；在赞成和反对仍然被称为精神（Geist）的那种艺术属性时，阿多诺强调了艺术品的被生产和被建构的属性，“这自然包括其精神的客观性。美学反映必须保证它在批判地消解艺术品的客观性的同时表达这种客观性”（AT274/263）。在这些段落中，批评和接受活动似乎独立于作品本身，被赋予了一种增补力量和功能，这在艺术品中并不是含蓄的。这种观点在阿多诺的著作中是罕见的。阿多诺基本上是反主观的，拒绝探讨艺术的接受；同样，他关于一种迟到的美学的研究（我们已经涉及了这种美学的问题性和内在矛盾）也可以解作对文学批评和阐释的自治性的错置和拒斥，而这种自治性在当下理论的霸权时刻已经得到肯定。然而，这段话的意思是清楚的：商品形式必须是有形的实物，这样，消解商品形式的活动才有意义——作品必须把自身指代为商品，才能获得脱离商品地位的工具。但所有这些论断都没有最后一个武断和惊人：“艺术只有通过它抵制社会的社会力量才能保持活力；**如果不屈服于物化，艺术就成了纯粹的商品**”（AT335/321；黑体为本文作者所加）。

开放的封闭的单子

不管阿多诺的马克思主义属于哪一宗，可以认为，在所有的马克思主义美学家中，他是最忠实于马克思的方法或表现（Darstellung）模式的。当然，从历史上看，《资本论》的伟大形式构造已经不可利用了，正如在唯名论的破坏下，人们已经不再重构一些早先的奏鸣曲或交响乐了。但是，《美学理论》却固持1857年《政治经济学批判》导言的方法：当一个范畴——生产——在结构上优越于所有其他范畴的同时，在写作中却不允许它成为主要主题或母题；用后结构主义的话说，不允许在自身周围把那些术语组织成一个特殊符码（或“私下语言”）。所以，在马克思的著作中，生产的范畴起起落落，有时成为较小范畴（分配，消费）的同级术语，有时则统领全局；而在另一些时刻，又突如其来地被揭示为历史的动力。这里，概念仍然与作为其名称的术语保持着一定的距离，但却可能完全将其融入一种语言的同一性，标志着成功的概念在物化的同时几乎成为诗歌语言的条件和动力（我们已经看到了二者间的亲密关系）。

所以，能够讲述各种思辨语言的正是这种美学，而所有这些语言最后都没有僵化成阿多诺的“方法”，就好比卢卡奇、布鲁姆、马歇雷、巴赫金或德里达的方法一样，阿多诺的方法也可以放在理论手册里，贴上一个方便的标签。比如，我们刚刚看到，物化在阿多诺的形式分析中就仿佛在卢卡奇的思想中一样基本，而且，他的解读往往比卢卡奇自己的解释还要细密。尽管如此，人们并不因此而到阿多诺那里寻找“物化理论”的根源。在此，美学环境的历史就像在萨特那里一样无处不在和不可逃避；但是，萨特至少在有生之年试图两次撰写这些环境的“线性历史”[9]，而阿多诺却没有。部分与整体之间的矛盾，就像从唯美主义到新批评的当代资产阶级理论中的任何因素一样，都得到了详尽阐述。但是，那个原动力从未被规定为一个学说，它的理论建构可能已引发出无休止的哲学争论：在被经典化之前的最后一个时刻，问题总是被引申，我们也往往会谈论一些别的什么，而那需要另辟篇幅。

因此，要想与阿多诺同日而语，要正确地理解他，试图忠实于他句子中变化多端的智慧，要求我们——总是在其正在消失的时刻——付出不懈的努力，用保罗·德曼暗示性的句子来说，以便防止生产概念的**主题化**。生产的概念似乎是阿多诺著作中价值建构的基础，赋予其权威性和理由，这种说法并没有错，而只是误导：它不是一个逻辑程序，在逻辑程序中可以达到更深刻的前提，然后使其以自己的名义独立展开。就眼下来说，更谨慎的做法是把一个看做是对另一个的调整，这也会把我们带入一个完全不同的概念或文体维度。惟其如此，阿多诺的方法就是马克思的方法，而其哲学形式却更贴近《芬尼根守灵夜》。

仅就《美学理论》在某些方面也是关于在别处进行的具体分析的一种抽象写作这一点而言，对这一美学范畴学说的比较直接的指涉当以阿多诺的《试论瓦格纳》(*Versuch über Wagner*) 为最适当，这是他（在 1937—1938 年流放期间写成的）论音乐的长篇专著，而且是一部杰作，其中，对本雅明论悲剧的著作的卓越模仿在阿多诺自己的著作中生产出堪与那位年长的批评家于同时写出的《论波德莱尔的主题》相媲美的作品，后者描写了现代主义和大众文化的共时出现。

瓦格纳辩证的歌剧形式——从作曲家相对朴素的、未经指导的业余爱好中汲取了相当“现代的”革新技术——实际上是关于建构与表现的教科书，其中，第二股冲动持续的驱策力干扰了第一股冲动的系统论，这在第一个维也纳学派建构的奏鸣曲的瞬间性之中已有例证。但表现也不是一个自治的范畴，在瓦格纳的作品中取得了特异的发展，其“未受控制的强化时刻几乎无法容忍时间意识的空当，因而以外部姿态的形式发放出来”（W35/39——W 指《试论瓦格纳》，前面数字指德文版页码，后面数字指英文版页码，下同），阿多诺意在说明，瓦格纳的母题有时看起来是比生活还粗糙的卡通式母题，其目的是要戏剧性地表现瓦格纳式人物自身的绝对时刻。但是，即便根据迄今对瓦格纳作品中“姿态”的最小描述，也能清楚地看到，这不能作为自治的范畴而坚持下去，但也必定与繁衍它的“表现”范畴构成张力和矛盾：

> 表现的时刻应该在基本序列中从一个姿态跳向另一个姿态（最著名的姿态是《特里斯坦》前奏曲中的“渴望”或“盼望”），而事实上却排除了那种插入的音乐舞蹈形式的所有重复，呼吁母题的姿态性原本努力拒斥的那种彻底的变体，瓦格纳的“心理变体”原则只有以最合理的、对音乐形式本身施与暴力的方式才能取代这种彻底的变体。(W37/42-43)

于是，抽象的审美范畴被改造成了用来衡量和描写具体音乐（或生产）环境的工具。它们最终不能（甚至在历史上也不能）与这种或那种比较全面的或辩证的理论或美学达到一致；相反，恰恰是那种直观的不相容性和矛盾描写了技术的和历史的问题，这些问题的解决将构成新作品的**创新**。一般与特殊之间的关系既不同于文类项下各种传统哲学之间的关系，也不同于唯名论把特殊性变成“独特风格”之一般性的改造：历史环境、问题或矛盾的概念本身就在一般与特殊、永恒的审美范畴与独特的、不相容的文本之间起到了中介作用。

迄今为止对现代的这种最丰富的探讨何以产生于音乐，而非产生于现代先知们和思想家们聒噪一时的语言、视觉或建筑领域，显然有其深刻原因。在音乐这门艺术中，生产者与理想的消费者之间的距离是最小和最难以废除的：作为作曲家(composer)，阿多诺仿佛就像在作曲时一样聆听音乐作品——从专家的角度看，这常常使其他艺术的批评家们感到胆怯或愤怒，对他们来说，其他同样可靠的接受立场也是有的，并具有防范音乐的价值。[10]然而，这里仿佛没有外部：实际上，对艺术来说，一个最悖谬的结果似乎是把它的意义置于其他的变动之中，除了聆听的时刻外几乎没有自身的存在。

另一方面，恰恰是音乐客体的这种脆弱性，艺术客体进入感官——二者在某一时刻似乎难以区分——的这一比较彻底的转化，似乎突然改变了旧的主客体问题的面目，同时又没有通过施加暴力来“解决”问题，没有将其作为虚假或形而上学的难题而抛弃，也没有在两极之间抛入虚幻的和解或虚假的调和。然而，这种新的艺术品也是从那个领域中投射出来的，那里，纯粹的技术知识——那种知识的进化发展似乎与自然科学中的知识发展一样严密——在整个音乐史上是极为重要的，不可或缺的（完全不同于在诗歌或绘画史上关键而断裂的时刻，某种指定语言的韵律潜能所发生的作用，或者色彩或视觉的心理生理力量所发生的作用）。

因此，音乐体验把关于主客体关系的一种特殊解释与对客观技术动力学的强调协调起来：从这种非凡的联合中将奇迹般地产生**创新**这一概念，也即当其意识形态在各种现代主义的不同意识形态中令人厌烦地枯竭之后很久又得以再生的**创新**。

这些问题中的第一个——它将采取再造的莱布尼茨的“无窗口单子”的概念形式——构成了主客体辩证关系的一个结果，这种关系也可以“解决”传统马克思主义关于基础与上层建筑的两难问题，或美学作品与社会现实之间的“对应”（或“反映”）问题。黑格尔的伟大公式——同一性和非同一性的同一性——的美学翻译是武断的：“如果艺术品是以纯粹审美的方式经验的，那么，它就甚至不能得到审美地理解”（AT17/9）。艺术品审美自治的学说是正确的；但也只能将其理解为一种美学理论的对立面，或一种“唯美”哲学的对立面。作品完完全全是社会的和历史的，只有这样它才能成为自治的。艺术的宗教，对文化和美学的赞颂，是一种社会行为，一种意识形态，与艺术品本身没什么关系。

不妨换个方式说：显然，每一件艺术品都是“关于这个世界的”，有关艺术品的一切都是社会的——其材料，其创造者，以及作为悠闲阶级的活动的艺术本身（或文化）等等；作为世界上的物，艺术是社会的，但艺术品最重要的方面却不是在那个意义上的在世界“之中”。作为世界上的物（a thing-in-the-world），它要么是一件奢侈品，这就被置于真正的人类需要和痛苦（或人类经验和社会生活的某一更深刻的基本现实）的对立面了；要么就是世界的某一微小碎片，试图“反映”那个现实的另一些更大的碎片，而且是以要么轻薄的、要么对社会负责的方式做到这一切。

由是观之，就可以说艺术或“多”或“少”是社会的，或“多”或“少”是历史的。而阿多诺恰恰认为用这种方法衡量“真正的”艺术品是无意义的。糟糕的艺术品——庸俗文学、装饰艺术、应用艺术和手工艺品、文化产业的产品——所有这些已经是社会世界的物和商品了，因此对于这种评价活动来说都是游戏；如我们在第二部分中看到的，艺术和文化本身深刻的罪过并未受到否定、修正或合理化。但我们还看到，真正的艺术品截然不同于这里所说的艺术客体或艺术制度。

正是为了解决这样一个问题——如何理解其每一个部分都具有社会性而本身又不是社会的东西——才启用单子论的：

> 艺术品是理性哲学在巅峰时期主张的世界原则，也即单子：即是一物同时又是一个力场。艺术品是相互封闭的，盲目的，而在其隐居式的封闭中，它们代表着位于自身之外的东西。于是它们便在传统上成了歌德所习

> 惯的那种专制的生活原则，与召唤隐德来希的单子的概念意思相同。似乎想像得到的是，那些比较有问题的目的论概念成了这个世界的有机性质，越来越适合于艺术品。艺术品作为反映特定时代精神的总体关系系统而与历史和社会相交织，政治在未被给予窗口的情况下超越了自身的单子状态。(AT268/257)

隐德来希，即心身问题，灵魂作为外在部分之内在形式的学说：这些唯心主义指涉是阿多诺的单子论倾向所最深刻质疑的，如果我们不能理解其关键的历史区别的话；对他来说，那些古老的问题——意识、灵魂、创造和宇宙论——恰恰是唯心主义的、虚假的，但其旧形而上学的准解决方式——尤其是莱布尼茨的解决方式——可以作为对唯物主义就艺术品提出的截然不同的问题进行的扭曲和神秘化的解决，也只有在艺术品的问题上，单子论才有其合理性：

> 社会以有争议的真理和意识形态“出现”在艺术品中，这个事实很容易导致历史上各种哲学的神秘化。纯理论过分轻易地相信在社会与艺术品之间存在着一种和谐关系，而且是事先由世界精神确立的。但是理论不能屈服于艺术与社会之间关系这样一个问题。在艺术品中得以完成和圆满的过程被认为与包含着艺术品的社会过程具有相同的意义：按照莱布尼茨的公式，艺术品以无窗口的方式再现社会过程。一个艺术整体中各个因素的布局遵循着内在规律，这些规律与艺术品外部的社会规律相关。社会生产力和社会生产关系在祛除了实在性(facticity)之后重以作品的形式出现，因为艺术劳动也

是社会劳动；艺术品也是社会劳动的产品。艺术品内部的生产力与社会的生产力也没有什么差别，只不过它们不参与具体的社会秩序。人们几乎想像不到艺术品内部的任何行为或发明——不管其形式多么隐蔽——是不在社会生产内部有其等同物的。(AT350/335)

所以，恰恰是单子学说——最重要的是构成单子学说的无窗口的封闭性（在哲学上与目前讨论的“开放”和“封闭”作品没什么关系）——最坚决地肯定了艺术的社会性和历史性：

艺术品中起构成性作用的是历史时刻：最真实的作品是毫无保留地奉献给历史原材料而不浮于其上的作品。在这个意义上，艺术品无意中撰写了自己时代的历史；历史不是它们调停的惟一的知识形式。这恰恰说明了它们之所以不能用历史主义加以衡量的原因。历史主义试图把艺术品简约为它们外部的一个历史，而不是追溯其真正的历史内容。(AT272/261)

但这里必须提请注意的是：与世界的分离是要付出代价的，即使单子具有了与历史和社会本身所具有的同样深刻的历史和社会能力。它不能是**政治的**，熟悉阿多诺社会主义现实主义观点（或萨特的政治参与）以及他对布莱希特的深切敌意的读者对此不会感到惊奇。“实践”现在已成为一个熟悉的思想—形象：“实践并不体现为艺术品的效果，而被囊括在作品的真实内容之中”(AT367/350)。无论如何，阿多诺非常清楚历史、社会和政治这三个层面的分离（这自相矛盾地再次肯定了《政治无意识》中的三分图式）：

> 社会斗争和阶级关系是通过艺术品的结构表现出来的；然而，它们所采取的政治立场却是**纯粹的**副现象，一般会妨碍作品的形式刻画，最后甚至会阻碍其社会的真实内容。(AT344/329)

阿多诺的这些主张和观点常常激发起左派的政治热情（上面的主张显然具有号召力），这不应使人忘记左派从未对真正的政治美学的可能性甚或向往予以任何审查；甚至对最具“政治性的”艺术品的直接政治效果也未予任何审查。同时，当意识到把具有明确“政治倾向”的艺术品移入另一个较体面的领域该有多么容易时，如阿多诺对布莱希特采取的做法一样（即汲取他所喜欢的部分），此番讨论便显然是徒劳无益的了。

但是，这些说法的精髓，它们所激发的方法，是显而易见的。社会在艺术和语言内部的在场，当以间接和隐蔽的形式出现时，其激励作用就越大，“越圆满，而对自我和社会越来越少的再现就会成为主题，就会越来越不自觉地把出于自身的这样一种再现具体化”（NL 55——NL 指 Noten zur Literatur [《文学札记》]，数字为页码。下同）。

因此，关于这种文化政治的一个基本问题就是，这些观点何以不回溯到浪漫主义关于个体与社会之间的原型对立上来：它们不能这样做恰恰因为社会已经存在于“个体”的内部，侵蚀和破坏着它本身有责任培育的一个个体化过程和一种个体性。而这将奇怪地、自相矛盾地、良莠不分地成为拒斥公开的政治性艺术的原因：

> 今天流行的关于政治性艺术的理论事先假定了其于交流社会的基本的主导生活现实的优越性和牢固性——

即人之间的异化，以及客观精神与社会之间的异化，这正是这种艺术同时要表现和判断的。政治理论要求艺术直接对人民讲话，仿佛这种直接性能在一个普遍中介的世界上直接显示自身一样。(NL 120)

生产力

然而，阿多诺还有另一个同样具有煽动力的方法来扭转局势——他故作惊讶地说："关于美学的社会思考，人们习惯上忽视了生产力的概念"(AT69/62)。当然，马克思主义美学几乎没有认真采纳经济生产概念而只采纳阶级关系、阶级斗争、意识形态或政治立场这些传统概念，尽管在20世纪60和70年代，一种关于生产的修辞已广泛流行起来。当然，没有人——尤其是文化斯大林主义者——敢于提出美学的相关性，哪怕是关于纯粹经济生产的庸俗唯物主义观念（即生产**力**——机器和技术——对于生产**关系**——阶级立场和意识，以及与工厂权力组织相对立的集体等的优越性）。然而，对阿多诺来说，恰恰是这种生产概念包含着艺术品的历史和社会维度，艺术品与历史的关系仿佛是由先进的生产过程所标志和追溯的，而其本质的社会性却是由生产本身的集体社会性事先给予的。

姑且重点谈谈生产力的问题，不仅因为这是阿多诺美学中最不熟悉的或传统的特征，还因为这个问题重新开启了"创新"或新的概念可能性。"创新"是所有现代主义的核心，我们发现我们必须根据这一纯粹否定的告诫而从此停止对"新"的讨论，这就是说，无论它是别的什么，它都不是时间的或现象学的概念。它现在显然与现代化相关，即在资本主义的端倪，新的和更加多产的机器驱逐和废除了以前的机器：这个历史范式非常近似阿多诺自己的艺术“进步”史观，即新的形式无情地根除了旧的形式和传统，这在音乐史上尤为突出。科学和技术发明是与艺术建构同步的。

这个范式是人所共知的，构成了现代所有意识形态的主叙事，从俄国形式主义到庞德，中间还有在艺术上各异的先锋运动的最驳杂的宣言：阿多诺美学理论的独特之处在于其从哲学上诉诸经济理论，能够为马克思主义提供一个坚实的基础，否则，马克思主义就会成为关于风格变化和时尚动力学的一个更加疯狂的故事。

> 在现代的许多真实显现中，由于不信任机器艺术的准变形，艺术主题严格避免了工业内容，然而，在这些显现中——也许最重要的是在这些显现中！（如克里[Klee]的作品）——并没有通过可接受或容忍的简化和对建构本身的强化而将其不可抗拒的动力消极地表现出来。现代的这一特征就像工业化作为人们日常生活的一股力量这个事实一样几乎没有改变：于是便非同凡响地出现了现代美学思想所采纳的一种不变的形式。当然，美学领域和工业生产本身一样为这种历史动力提供了同样大的发展空间，后者在一个世纪之内从古典的19世纪工厂，经过批量生产时期而达到了自动化。艺术现代主义的形式过程从下面的事实中汲取其历史内容，即特定历史时期最先进的物质生产和组织不仅仅局限于它们得以产生的那个直接领域。它们以社会学仍未予以充分分析的方式影响到距它们最遥远的生活领域，深入到对这种影响不加戒备的、而且以为是其藏身之所的纯粹主观经验的领域。只有那种艺术是现代的，据其

> 独特的经验方式，通过经验本身的危机，那种艺术吸收了在当时流行的主导生产关系之下的最先进的工业状态。然而，这涉及一种否定的经典，即各种现代主义在其程序和技术中加以拒斥的禁忌：一套特定的否定，而事实上构成了仍有待于完成的颇似经典的东西。（AT58/50）

最后几句话值得特殊强调，因为它们为艺术的“创新”之谜——“与此时此地直接摆在我们面前的事物一样空洞”的现代的那个“盲点”（AT38/30）——提供了一些意外线索，对此，阿多诺的技术修辞大胆地暗示说，正是在流线型或未来机器的全新闪亮之中可以找到伟大艺术的永恒之新：这一印象即刻被这样一种记忆打消了，即曾经一度如此“先进的”装备竟然如此迅速地变成了古董。

这个问题又由于下面的事实而复杂起来，即，审美现象——由于是文化的，是上层建筑声称与之相等并加以取代的那个整体的一个功能性部分——［因此］也是意识形态的。惟其如此，“新”既是一种审美价值，是历史上资本主义生产的一个原生范畴，也是一种意识形态补偿。因此，在《最低道德》（*Minima Moralia*）的一段犀利的批判中，阿多诺突然超越本雅明而认同“新的时尚，因此，现代性的思想”是对“不再有任何新事物的事实的叛逆”（MM 316/235——“MM”指《最低道德》一书，数字为页码。下同）。整个现代（完全出于本雅明《关于波德莱尔的几个母题》一文中的精神）现在成了“对颓废经验的第一次意识”。这里，在最花哨的媒体的意义上，创新成了一种感觉（“在开始集体屠杀时说的一句话中，戈培尔吹嘘说，至少纳粹党不是令人讨厌的”［MM319/237］）；而现代政治反射给现代艺术的惨淡之光实际使得后者的“真实内容”逐渐暗淡下来，不过成了一种重复，那就像普通的人工刺激一样，希望那是一次新的体验：“爱伦·坡、波德莱尔、瓦格纳这些毒品并非一无是处”(MM320/238)。然而，这种毒品不再是先锋所要求的那种艺术了，“仿佛化学家的蒸馏器中出现的新物质一样令作曲家震惊的一种音乐”[11]。

那么，如何“记住”位于审美价值核心的仍令人烦恼不已和怀疑的这种“创新”呢？对一个看似不可逆转的时间概念加以非时间化，这要求我们以某一不太直接的现象学或经验的方式去重构这个概念所要回答的问题，如果它能够回答的话。显然，人们会担心以前的“新”作品的地位，因此重提围绕“历史主义”这个术语所提出的一些复杂问题，不管通过判断而赋予它什么样的直接意义。而情况往往是，人们以笛卡尔的方式面对我们所理解的过去的神秘，仿佛从零开始演绎而重构其先验的可能性——就是说，从一个想像的起点开始，仿佛过去还不存在，而我们还根本没有记忆，这是错误的。相反，我们应该从事实开始，从这样一个前提开始，即我们有时的确能够充分“理解”过去：我们能够不时相信我们“懂得”了列宁在每一次行动中究竟在想什么；我们的确感觉到了19世纪30年代的巴黎是一个什么样的生活世界；我们的确明白了鲁迅的最初作品是如何震撼了他的同代人；我们的确感到了第一次世界大战的爆发在欧洲各国首都引起的骚乱，或第一首本土马佐尼曲在设计者中激发的知识活力。

对过去的这些确信都是不可证实、昙花一现的，屈从于无休止的冷静修正和新的怀疑，因此在哲学上是虚幻的；但可以对它们自身所包含的东西和所进行的东西加以检验。我曾按照柯林伍德的方法试图在别处表明，它们涉及对一种环境和一个问题的重构，而问题的“答案”则具有了我们似乎重新参加的一次行动的价值和新意。[12]阿多诺的美学并未提出这种历史主义的问题：但他把艺术作为生产的观念却与历史主义观点是一致的，并为其提供了额外发展的可能性。

比如，眼下这段话表明，我们对旧事物之“创新”所采取的最认真的方法涉及对禁忌和束缚，对否定、限制、禁止、犹豫和厌恶的一种突如其来的直觉认识。但这些并不是承袭的教条或审美道德，与传统公共领域的高尚情操和未经检验的审美行为毫无关系，它们是新的禁忌。实际上，新作的新与其说指作品本身(其令人耳目一新的新发明就其自以为是的傲慢而言完全可能成为最值得怜悯的古旧之物)，毋宁说指这些新的禁令，因此，关于这些禁令，我们最好这样理解，即它们不是告诉你不去做什么，而恰恰告诉你哪些事情**不再**需要做了，哪些事情你不能再做了，哪些事情将是陈旧的。对此，某物（苏格拉底的精灵）会提醒你这可能不太正确，应该避免，理由是你自己并不怎么明白，也许永远不会全部明白。

这种禁忌可以施与最广泛的审美材料：比如，最好不再沉湎于其中的某种句子，发自肺腑、流传广远但从现在开始最好彻底忘掉的某种感觉或情感（这样就会有趣地看到你是否能构想从未有过这种感情、甚至从未想过这种感情的人物），一种令人厌烦的声音组合，其结构令你烦躁的一种叙事，不管多么真实，但只要一重复就会令人难堪的一个哲学论题。如此说来，新就是当你排除了这些东西之后所发生的事，只要其结果不是沉默的话。这种推理就其内在动力来说当然会导致最小主义，而在结构上，其内在动力已经被写入了最小主义的价值：但在现代艺术史上，旧的审美技术的贬值，一整套现已被禁止的内容和形式的过时，都被认为是一次解放，接踵而来的是看似的确非常丰富的大量的新形式。

因此，提出贝多芬不再能够创作这一问题并不是不可解决的。现在的问题是要换一个角度——如何防止我们自己把他用乐器所创作的东西贡献给纯粹的主观性或“天才”。“作品的主观因素本身是一种客观性”（AT69/61）。如何展示这一点，如何以令人信服的、确定的方式破坏我们的主观主义倾向——同时又不屈服于实证主义——正如我们一开始就暗示的，乃是《美学理论》最基本的使命之一。

艺术品的原材料完全是历史的，这是我们不能经常学到的有用的一课，但却不能彻底完成那项特殊的任务。比如，我们都从普鲁斯特那里学到了现代主义的历史性，所以能够欣赏阿多诺对那个学说的纠偏式重写：

> 普鲁斯特［他之后还有卡恩维勒（Kahnweiler）］认为，绘画改变了我们观照的方式，因此也改变了客体本身。这个学说也许与它所指的经验一样真实，但这个公式还是过于唯心主义了。这个公式的反面也许并非全然没有说服力：历史上发生变化的正是客体本身，所以，人的感觉系统适应了这些变化，绘画最终发明了说明这些变化的适当指数。在那个意义上，立体主义可以解作对社会世界内部一个新层面的合理化的一次反动，这种合理化以新的规划把世界本性描画成几何图形；立体主义是为实现这一新的环境而付出的努力，这个环境本身敌视经验的东西，敌视经验本身，正如它以前的印象主义一样，但不完全是工业化的规划阶段。这将标志着立体主义在性质上新于其前任的东西：印象主义试图以自身的内在动力唤醒和拯救在商品世界内部瘫痪的生命力，而立体主义则无望于此，把世界受制于几何化的

> 性质看作其新的规律，新的秩序，从而保证为审美体验提供新的客观性。(AT447/418)

但是，甚至视觉艺术的例子对于区别外部客体与为表现这些客体之变化而发明的“技巧”而言也留有太多的余地。然而，普鲁斯特美学力图以这种自相矛盾的创新和力量加以涂抹的恰恰是这种区别，并在这个过程中发明了“陌生化”这个概念，其最初的效果恰恰是知识的陌生化。在阿多诺的著作中，主体与客体之间这种有争议的区别甚至还没有论及，但音乐将更充分地起到这个作用。下面是阿多诺有关赋格的论断：

> 赋格受音调关系的束缚；它本身就是出于改造的目的发明的，在这种改造中，形态被放置一旁，而音调则对一种模仿的音乐实践起着主控作用。特殊的程序，比如，由赋格主题构成的真正的或音调的应答只有在这样一种环境中才使音乐具有意义，即一种过时的多声部正面临新的任务：改变旧的位于音调引力核心的单声部，把音调融入多声部的空间，并在音乐思想中给复调和谐和音的进步留有余地。这种新形式——赋格——的所有特征都可以从这个客观需要中推演出来，而作曲家却又似乎没有意识到。赋格是多声部的特殊组织形式，已成为音调和彻底理性化了的形式；这是这种形式的一般意义，此外还有一些个别体现，没有这些个别体现它就不会存在。因此，赋格格式的松散倾向，甚至最终对这种格式的摆脱，已经事先写入它的内部了。当音调不再具有约束力的时候，赋格的基本范畴——如 dux 与 comes 之间的区别，赋格应答的固定结构，而最重要的是使其

> 回归主旋律的相似于重复的母题——便失去了作用，在技术上无用了。但当个别作曲家清晰表达的和由动力驱使的表现需要不再渴求赋格的时候（它本身比后来的音乐自由思想所愿意假定的要复杂得多)，这种形式在客观上已经不可能再成为一种形式了。(AT297-298/286)

因此，创作主体不必自觉于这种生产的历史环境，正如资本主义某一特定阶段的发明家—企业家（爱迪生）不必特别担心作为整体的资本主义制度一样。然而，作曲家—发明家通过创作表达了那个制度的客观需要——阿多诺用了“欲望”（begehren）这个词，但实施那个“欲望”的却是作曲家的整个感性，他的“表现需要”，甚至已发展到最清晰的表达和由动力驱使的那些表现——创作主体的这种接受性不简单是更自觉于自身历史位置的理性的非理性对立面。它并不是与另一种比较理智的自觉形式相对立的某种创造性“直觉”。相反，“创造精神”的内在技术运作本身就是黑格尔称作“客观精神”的东西，但在目前的语境中最好看做一个社会在特定发展阶段的集体生产。

> 根据其艺术选择和决策的无限细致和差异性，个别艺术家事实上承担了实施集体的客观精神的角色，在这个过程中他自己的私人角色消失了；也就是在传统的天才观念中被含蓄地称作被动接受的东西。(AT402-403/381)

这或许是重新阐明阿多诺的生产论与本雅明的立场之异同的时候了。从两个相对清晰的观点来看，后者也是一位“生产论者”：即强调技术，强调城市机器的改造对于精神改造的比喻价值（如在论波德莱尔的文章中所示）：在那位先进艺术家的作品中，还有对生产的一种相当不同的（更具布莱希特特点的）强调——这是“作为生产者的作者”所主要阐述的立场。但这篇文章所力图证明的却相当不同于阿多诺在艺术品**内部**认同的最先进的社会生产形式。本雅明所寻找的是能把现代主义先锋艺术家与工业无产阶级联合起来的一个环节和阶级关系。他不是通过证实两种生产的同一性，而是每一种生产各自具有的相同的先进性而发现了这个链环。因此，艺术家与工厂工人在价值和态度上的阶级一致性通过各自的生产活动体现出来；由此可以见出相互间的共感。这一比较的结果或多或少是人们所预料得到的：从阿多诺的角度看，本雅明的辩证法要么太外在化（比喻的机器），要么太具中介性；从本雅明的角度看，阿多诺的辩证法太具唯心主义色彩，直接把工业生产与精神形式相认同。

但是，仅仅生产力的模式这一点（在马克思主义中是一种“庸俗的”或简化的生产观念）就由其正统的补充，即生产**关系**的观念（从阶级关系一直到无论是在劳动过程中，还是在为商业代理而开展的扩张性或契约性空间中的那些清楚表达的构成性立场，都涉及艺术家与正在消失的企业家之间的类比）而终于完成。马克思提出的生产活动概念就在这些“层面”之间调停，在策略上只能在特定场合用于一个或另一个层面：“先进的”在这里指最新的机器，或相反，指资产阶级思想一般认为是尖端的科学和技术知识，以及工人的熟练技术（这能够说明战时对物质装备的彻底毁灭之后神奇地复兴的这种或那种“先进”工业大国的惟一的认识论资本）。所谓的创造性主体也融会了这个层面的基金或集体能力，在这个层面之下，它只能走向美学的消亡。但用这种方式来比喻这些艺术生产——从劳动而非机器的角度将生产视为一种社会上普通的先进生产活动——即刻提出了迄今还没有人提出的那些复杂性和矛盾，这同样是阿多诺美学的核心。

生产关系

当从生产力的概念过渡到生产关系的概念时，传统上与马克思主义相关的一切否定和判断性主题便又重新出现了：首先是劳动分工，就像生产力的状态一样深深地写入了个别艺术品中。正是在这一时刻，被松散地指称为“创造性主体”的东西证明包含着两个不同的因素：作曲家的精神运作以及当代被肢解了的主体性的那个非常不同的部分，即被损坏和萎缩了的“自我”，这个自我试图通过作品“表达”其主体的痛苦，在这种环境中，那种痛苦和那个“主体”本身（以对自觉的和不稳定的个人身份的全部感觉）实际上证明是作品原材料与其内容的组成部分。这等于说“作品的主观因素事实上是一件客观物”（AT68/61），艺术中的“主体性”只有在我们把艺术品理解为社会和历史之客观性的组成部分时才能真正领会得到，我们将看到，阿多诺相当不充分地将此说成是“第二反映”。（在后面的一章里论述这种主体性的全部含义比较适当些。）

就眼下来说，只需简要地说明一下所涉及的矛盾——其不同的构型在马克思式的社会科学中比比皆是，但在阿多诺给出的美学形式中却不多见。比如，劳动分工决定某一过程，最好不要按传统的资产阶级方式把这个过程看做个体与集体之间的对立，而应看做一种倾向性的集体化，其中，以前的个体化形式受到重组、质疑、零碎化，其自身存在也往往受到威胁（《启蒙的辩证法》系统论述了这种环境，而《最低道德》却从主体的角度将其表达出来）。但这却是一个客观的、辩证的过程，既不应该屈从于保守的同情的修辞——因为个性的丧失并不总是值得惋惜的东西，也不应该向其致以社会主义现实主义的敬意，仿佛集体化总是意味着马克思所说的真正合作的再生。这个过程从根本上说涉及社会劳动激增的、越来越复杂的集体性（原始的“劳动分工”仿佛一个魔幻机器，它以一种几乎是无限的力量使自己重新分化并重新连接）；只有这时才会出现韦伯所说的官僚化（bureaucratization）的社会问题，这在我们的社会中主要指商行和跨国工业的集体组织。自 20 世纪 70 年代以来，这也是对抗群体生活中的一个政治事实，在他们所处的境遇中，孤立的浪漫的叛逆者或孤独的异类的受害者的文化形象实际上都消失了，而所谓的“边缘”或对抗团体实际上也都以一种或另一种方式被集体地调动起来，获得了制度框架。

但是，现代社会中这种张力或矛盾却以上述那种区别重被写入个别艺术品中，这就是先进的艺术技巧的集体性与残余的个体的孤立性和主体性之间的区别，当这些残余要求作品最后一次充当其主观表现时，这种区别本身就成了艺术技巧的内容和原材料。事实上，后现代主义——如果有这种东西的话——在理论上可以是这样一个时刻，即现已完成的旧的主体性完全消失的时刻；因此，构成贝克特极小主义的那种张力便与勋伯格表现主义的时刻——痛苦的无声呐喊——一样蒸发掉了，致使先进的集体生产和技术自由地“释放”自身，这个过程的终极产品便不再是艺术品，而是商品了。

但生产力与生产关系的区别也可以说是主次颠倒的一种辩证法或矛盾，据此可以说，恰恰是生产力的主导保证了瞬间的审美愉悦，这种愉悦在生产关系中或在阶级社会中是受压抑的：

> 艺术品中传达的集体力量的每一个理智单位——看起来主观的单位［仅就它们体现了个别创造者的方法而

> 言]——标志着它内部潜在的不同社会生产的程度：以封闭方式把一切都包括在内的单子。这最惊人地见于艺术家对批评的反动以及据此而做出的修改。通过这种违背最初的创作冲动或灵感而不得不做出的改善，艺术家有意无意地充当了社会的代理人。他体现了社会的生产力，因此而没有感到受社会关系实施的审查的约束，并基于自己的职业专长感到有能力对社会关系进行批判。……每一个真正的艺术家之所以执迷于技术和方法问题，原因就在于此；这里，工具的拜物教有其真正的合法性。(AT71-72/65)

正因为被伤害的主体的这种痛苦——还因为从辩证的观点看，那种痛苦本身是与普遍的社会和阶级制度的非正义，也即与社会**关系**是一致的，盲目相信技术和**生产力**——往往改变了作品的原始内容而追求似乎更高级的技术目标——的艺术家才是最可靠的。

然而，生产力也是理性化的场所，这里指的是韦伯或法兰克福学派所说的“工具理性”。我们已经在某种程度上重新捕捉到了这种转向物化和商品形式的辩证法：

> 在工具理性中，在艺术中与在其他事物中一样，有工具的拜物教目的。致使对工具的控制已成为绝对的了，甚至达到使工具本身客观地成为目的的程度。(AT439/412)

因此，在生产力携带着工具理性或有害的“启蒙的辩证法”的地方，阿多诺对生产力的赞扬成了一种毒物或特洛伊木马。但如我们试图表明的，这个学说仍然有益于使当代批评摆脱主观化倾向，进行一种新型分析，把绝非不相容的或敌对的两个因素，即形式与社会或历史综合起来。也许应该说，正是当有关生产的学说完全变成了实证和非辩证学说的时候，它才开始与另一个辩证幻象产生共鸣，给人以迫在眉睫的“艺术终结”感。

因此，从否定的方面结束这一讨论，并以一种悖谬重新构建其主要教训才是适当的。生产力的学说给予当代批评的真正教导不是如何辨识审美成功，而恰恰是如何判断审美失败：“有许多迹象表明，在艺术品中，可以通过技术错误或过失识别形而上学的非真理”（AT195/187）。然而，这一卓见——在传统的意识形态分析与形式或技巧阐释之间架起了一道桥梁——却不能得到完整的理解，除非我们记得阿多诺在《美学理论》中从未提到这样的“坏艺术”：这里，他所说的技术错误都可见于宏大的先进的美学生产（如最常提到的理查·斯特劳斯的音乐［AT319/306］）。一个不同的备忘录进一步强化了、也许自相矛盾地改造或辩证地处理了这个命题：

> 完美的艺术品这一思想所包含的意识形态性和“实证性”必定受到事实的纠正和驳斥，即，那个意义上的完美的艺术品并不存在。如果这样的艺术品真的能存在的话，那可能是说，在普遍缺乏赋予艺术以使命的那种调和的情况下真的可以进行调和。（AT283/271）

完美的艺术品从这种矛盾中，从对真理的没有保留的承诺中，汲取了最深刻的真理——这从定义上说不可能保证获得或完成或成功地创造出传统规范美学所说的伤感的艺术品。但是，关于一切真实作品必定失败的这一奇特观念事实上始终暗含于生产的学说之中，甚至暗含于生产学说所包含的“创新”的观念之中。葛特露德·斯坦因曾说，“每一件杰作都携带着一定程度的丑来到这个世界上。……我们作为批评家的任务就是面对杰作，揭示它的丑。”[13]这与阿多诺把创新当作丑和伤疤是同一种观点：

> 每一件有意义的作品都在其材料和技巧上留下标记和踪迹；现代作为一种逻辑必然性的构成性义务就是追溯那个标记或踪迹，而非炫耀最新的时尚。这个义务一旦实现就可称作现代艺术内部的批评时刻。材料上的标记和每一件性质出新的作品都必须屈从的艺术程序实际上都是伤疤，都是以前的作品失败的地方。当新作品作用其上时，它便以与留下这些踪迹的人构成对抗而告终。（AT60/52）

正是在这个意义上，人们一般把阿多诺的美学看做伤痕美学：他始终不渝地坚持痛苦，就如他始终不渝地——无论在哲学思想上还是在艺术上——把真实性看做最棘手最难解决的矛盾一样。然而，仍有一个开放的问题——与以前的专著和文章相比，《美学理论》对这个问题似乎更加喋喋不休——那就是，在阿多诺的著作中，个人痛苦与制度矛盾最终是否是同一回事。对《美学理论》与主观主义的各种论战加以进一步检验不一定能回答这个问题，但可以证明这是阿多诺思想中的一个深刻问题。

主体、语言

我们已经看到，阿多诺认为“生产力深嵌于技术过程内部，即真正的主体，它已经凝固成技术”（AT69/62）。同时，他热情地引用了阿道夫·鲁斯的话：“装饰不是发明出来的”（AT46/

39)，这意味着一个压倒一切的逻辑结果，即美学革新不能看做发明，自不必说“创造”了，但恰恰可以看做发现，是与自然科学类同的一种活动，这似乎把创新和迄今未受质疑的特征置于物本身，也就是置于艺术的原材料之中（如我们不久将看到的，这对于艺术**发明**的概念具有深刻的内涵）。

这些立场现在已是人人皆知了。但也意味着这样一种可能性，实际上意味着一种义务，即重读或重写文本，要求用一种间离效果把作品中看上去主观的东西通过放大艺术视角而揭示为深层意义上的客观的东西。因此，尽管阿多诺坚持作品的客观逻辑，但他的美学中仍有一个开放的空间，以供表达对文本的批评见解，并进行批评改造活动，或者说他断片地、似乎不太情愿地论证为“第二反映”的某种东西。

因此，在我们即将概述的主体立场中有一种含混性：这些立场往往自以为是对主体性的历史和哲学分析，也就是说，以为是主体性的幻觉（甚至意识形态）；同时，也可以将其看做方法论线索，表明在我们阅读这些作品时是如何把这些看上去主观的因素（或用黑格尔的术语“时刻”）加以客观化的。

当然，阿多诺发表的第一部书是论克尔恺郭尔的，在一段著名的话中，他颇具启示意义地痛斥了资产阶级“内在性”的概念和体验，把资产阶级灵魂看做庸俗的资产阶级家庭的**内部装饰**。[14]这也可以清楚地看做是对各种“精神化”艺术的审美判断和审判，而这种艺术，如果具有重大价值的话，在另一个意义上也可以重新客观化，从而在历史上和哲学上揭示其“真实内容”。这里仍然有一个需要定位的要清除自我的理想：有时在作品内部作为其客观倾向而存在，有时在我们与作品的关系中，如在赞扬黑格尔美学中的客观化精神时，就预示了过程中的构成主义，“它恰恰在主体消失的时刻达到了艺术品的主观的成功”

(AT92/85)。

但是，如我们已经表明的，阿多诺的哲学并不包含对旧的、甚至虚假的范畴的破坏（和迄今尚不存在的新的乌托邦哲学术语或语言的投射），而是透过这些范畴或语言的一种嬉戏，调动起它们的非真实性以便投射其反面。比如，“表现”这个范畴既是一个哲学问题又是一个历史问题（主体的社会立场），也具有审美价值，一方面与模仿、另一方面与建构等认知的但却不相容的范畴，但最重要的是与审美现象（Schein），构成了危险的对立的张力。对此，当记得对阿多诺来说表现主要是痛苦的表现时，我们就会有更直观的理解（痛苦的表现采取不和谐的审美形式或新的更鲜明的丑的形式，它们本身具有与审美表象的价值相冲突的倾向，如我们已看到的，审美表象危机的一个根本特征就是与现代相一致）：

> 表现与表象之间的对立是根本的对立。表现除了作为痛苦的表现便几乎难以想像——快乐顽固地抵制表现，而人们一般认为极乐仍然是无法表现的——因此，表现内在地构成了艺术所避免的那个时刻，即其形式法则通过艺术自身的构成因素而趋向的那个彻底的内在性。(AT169/161-162)

因此，表现的直观性、对激情的无耐性，防止作品封闭成纯粹的审美客体（因而不再是艺术而成为商品）：艺术只能通过恪守关于现实和真理的反美学主张才能成为艺术。而通过对客观表现的承诺而保证的这个真理也有颠覆整个审美表象的倾向（如我们已经在表现主义音乐的技术萎缩中所看到的一样）。

但这不是说艺术品的主观表现始终是艺术品内部的外来体或

异化冲动：它也以独特的方式变形，成为客体，阿多诺对其描述的方式可以说是本雅明**辉光**概念的翻版（《美学理论》曾就这个概念进行了一场无休止的正反两方面的对话）："表现是艺术品的注视"（AT172/165）。这个公式的最美之处在于它没有说出来的，但我们可以从无窗口的单子这个相关形象中推断出来的东西——即是说，这个注视是**盲目的**（AT174/167），之所以盲目，是因为我们把它看做一个客体，因为它不能回视我们，或不能看到任何经验现实。

但是，表现也与时间的辩证法密切相关，这不仅因为它的内容——这些特殊的激情，这些强烈的但却过时的感情——始终是历史的。仅就超越了所有特定的内容这一点来看（事实上，由于与纯粹的一般痛苦相同化而似乎被简化和消除了差异——也就是说，变成了永远不能真正得以"表现"的东西），表现说明了精神主体自身的历史地位，其倾向性的压制，其更加严重的历史局限和非自由——以至于表现的每一时刻都在自身内部携带着共时的历史：

> 表现的语言有别于比较陈旧一些但却没有定论的意义的语言：仿佛艺术品通过与其结构内部的主体相同化而重复了那个主体在世界上出现并摆脱这个世界的全过程。艺术品具有表现性，不是在它们传达主体性的时候，而在它们与元历史一起震颤，天赋的元历史与灵魂和生命一起震颤的时候：凭意志对主体性进行表现时的震颤是对这个原初的历史性的无法忍耐的替代。这种情况规定了艺术品与主体性的亲和性：这种亲和性将持续下去，因为原初的历史在主体内部继续生存着，在整个历史中一遍又一遍地重新开始。只有主体才能构成表现

> 的工具，不管它具有多大的中介性，哪怕在它自认为是直观的地方。甚至在所表现的东西相像于精神主体，并具有传统意义上的“主观”冲动的地方，这些表现仍然是非个人的，经过一个综合的自我而非发自自我。艺术品中的表现是主体的非主体维度，与其说是表现，毋宁说是印象：没有什么能比得上猿的眼睛那样具有表现力，那样客观地悲叹着它们不是人类的事实。(AT172/165)

主体性往返于表现和精神主体自身的两极之间，每一极都根据对方的变化而变换主客体的位置，这个特殊的辩证法在论抒情诗和抒情诗中的代词（代词本身既是客观的又是主观的［AT249-252/239-241］）的一个补遗中得到了最富戏剧性的形式表达，完成了阿多诺早期的一篇论抒情诗的纲领性文章《论抒情诗与社会》[15]。

实际上，阿多诺关于语言和风格的创见在于他强调了通过这种最具主观性的现象说话的那种客观性（而这种客观性不同于巴赫金的集体言语，也不同于后结构主义推出的非人类或无人性的语言维度）。这里，异化成概念和社会总体性的语言维度事实上是针对自身的，重新取向的：

> 如果抒情内容事实上是通过个别主体性运作的客观的东西——否则就几乎无法解释是什么限定了它的样式，限定了它对独白的诗人和其他人的影响的——那么，这只能在抒情诗在作者所不知的社会动机的促使下撤出社会表面，在将社会表面内化并与之保持距离的情况下才能实施。而实施的媒介恰恰是语言。……最伟大

的抒情诗正是实际上消除了纯内容的抒情诗，主体用语言说话就仿佛语言自身在说话一样。主体在屈服于作为外物的语言时忘却了自我，这种忘我以及表现的直观性和不自觉性实际上是同一回事：这说明言语何以在自身之内调和了抒情诗与社会。(NL56)

阿多诺对本雅明的这一深刻思想进行了两方面的探讨：一方面，最明显地、最富戏剧性地提供了一种辩证的和乌托邦式的"方法"，尤其是对莫里克和乔治的主观表现的解读，他们的主观表现实际上是其社会经验的底片，可以反向地回读；而另一方面则致力于最终将走出现代时期的主观语言的客观形式：

语言切断了将其与主体相关联的线索，因此为不再为自身说话的主体说话——荷尔德林是第一个以其艺术感觉到这一点的人。(NL478)

但荷尔德林的新古典主义是向史诗和并列结构的回归，向社会和语言经验的形式的回归，这些形式当它们在《启蒙的辩证法》中消失的时刻就已经被记录下来：

[《奥德赛》中六音步的] 涓涓细语就是史诗的声音和内在声音，在这种同一性中，固定意义和单义与过渡意义和多义混合在一起，为的是再一次成功地摆脱它们。神话的不加区别的流动是永远同一的；而叙事的目的则是多元与差异，因此，恪守固定史诗客体的同一性恰恰可以把非同一性与相同性糟糕的同一性和未表现出来的无差异性区别开来。(NL34)

但正是在这里，阿多诺间歇性的文学分析与那部奠基之作，当时大多数辩证美学得以具体实施的那部力作——卢卡奇的《小说的理论》相遇了。该书关于文学形式自身的历史命运的论述预示了法兰克福学派将要予以清晰探讨的其他辩证轨迹——概念，压抑，主体，技术，意义等。因此，现实主义的可能性本身就“由于纯主观主义”而被排除在“叙述者的观点之外，这种主观主义已不再容忍未经主体性改造、因而颠覆史诗所要求的客观性的一种内容”（NL41）。

然而，在这一点上，历史的一种反向重写，尤其是抒情诗与社会、语言与主体之间关系的历史，便自行书写出来。在趋于确立和澄清阿多诺现代主义关键内容的一段惊人的话中，他断言抒情诗与其语言只能是一个现代现象（卢卡奇在其论小说的奠基之作中提出的论点），而

> 其概念，对我们来说是直观的而实际上是“第二自然”的，本质上也是现代的。同样，风景画和它所提出的“自然”的思想最初也是在现代时期得以独立发展的。我知道，在这一点上我是在夸大其辞，你们能找到很多反对的例子。最有力的将是萨福。我且不说中国的、日本的、阿拉伯的抒情诗，因为我读不懂原文，而翻译又必然采取一些改编的策略，妨碍了充分的理解。但古代传给我们的正当的抒情陈述只是间歇的和片断的，正如古画中预示了风景画的那些偶尔出现的背景一样。这些抒情的瞬间并不构成形式。在文学史上被归类为抒情诗人的那些伟大的古代诗人——如品达，阿尔凯奥斯，还有瓦尔特·封·德·福格尔魏德的大部分作品——用当代的标准来衡量都远不是抒情的。它们都缺

乏直观性，都抽空了我们无论正确还是错误但却已习惯了的、只有精确的训练才能超越的抒情标准。(NL52－53)

这实质上都是历史主义立场——阿多诺除了在论述古代音乐时略有反思外，在别处从未提及——暗示了马克思提出的生产方式理论的反向影响——就是说，只有在最先进的社会构型（主要是资本主义）中，以前的社会构型的隐含“真理”才能充分揭示出来。当然，以前构型（此处指间歇出现的抒情诗）的那个真理也是通过完成和废除以前的它隐含于其中的形式而揭示出来的。

关于语言之客观性的这些不同反思达到了理论高潮和经典化，进而常常回到本雅明的理论上来，尤其是在《美学理论》中提出的艺术品的“言语性”：自相矛盾的是，这个观点是针对一些语言学理论提出来的，这些语言学理论把语言学著作看做纯粹的语言和交流的例子，而忽视了“现代的艺术形式把交际言语改造成模仿”这样一个事实（AT171/164）。言语（在此指被模仿的）与模仿言语的特殊文本的对立——使人想到马克思著作中“一般资本”与“许多资本”之间的对立——并非出乎意料之外地提供了看待一般与特殊之关系的别一方式：

语言敌视特殊，然而又寻求后者的救赎。它通过一般性并在众多的一般中调和特殊，然而，只有当语言的普遍性不是静止的，不被赋予本质存在的假象，而聚焦于特殊表现的极端（即特殊）时，才能公正地对待自身的普遍性。因此，语言的普遍性从与自身内在逻辑相对抗的一个过程中汲取真理。（AT304/292）

同时，阿多诺美学观点对于一般实践批评所具有的深刻内涵远不止是对文学方法的这一重要的局部探讨。已经阐明的是，事先由一种先验的主体性概念所定义和界定的这些方法在此都被系统地排除了：建构的重要性把接受置于括弧之中；各种各样的心理研究都被武断地当作文化产业的客体的操作技术；甚至亚里士多德的净化说也遭到拒斥（尽管弗洛伊德的疗法与康德著作中仍然看似“心理”的东西一道[16]，在阿多诺手中只经历了细微的改造）。

更有趣的是关于意义的各种不同、更具策略性的批评方法。在对哲学美学进行历史批判的同时，阿多诺也希望以新的方式重申哲学美学的主张，重新把哲学凌驾于艺术经验之上。然而，从总体上看，比较有限的关于意义的文学批评理论遭到了辩证的颠覆，被转换成艺术品的内在因素，成了艺术品的内容，因此历史性地驱除了象征的矫饰：

> 艺术通过剥夺象征的对象而吸纳了象征；先进的艺术家自身就具体地完成了对象征的哲学批判。现代的指数和特点因此而成为绝对自治的了，它们是符号，但其意义已被忘记。它们已渗透到审美媒介之中，抵制各种形式的意图，这是同一个过程的两个表现方式。(AT147/140-141)

这里的关键词是“意图”，标志着反对意义的论战的第一阶段。但阿多诺的立场明显有别于近来关于这个话题进行的批评争论，尤其不同于下面两个问题，即是否可以根据文本决定“意图”（关于文本的一个试探性构型仅仅提供了有待于解码的一个附加文本，而非某一内在真理），以及即便可以确定意图，但意图是否能构成理解的基石或基础。阿多诺提出的并不是那个意义上的理解（Verstehen）学说，关于特定作品中意图的可确定性，他的看法是不断变化的。在关于这个问题的讨论中，他的主要观点是，即便意图是可以确定的，但意图并不是文本之外或之后——就文本的用法给予我们暗示——的东西，而恰恰是文本自身的组成部分，既是原材料的构成因素，又是创作主体，他作为美学的“理性策略”的组成部分而被融入作品之中。事实上，意图在特定作品中的出现一般来说是有用的否定征候：

> 艺术品中真理与意图的区别对批评意识是有用的，尤其是在意图服务于非真实的、大多是永恒真理的地方，这些真理实际上不过是神话的重复。（AT195/187）

这里当然指的是海德格尔所讨论的关于艺术与死亡和存在的永恒的神秘对峙（也得到了伽达默尔的证实）：但这些永恒的真实在普通层次上也由于“人类状况”所催眠的一种人文主义批评而变成永久的了。这里，意图转化成习惯上所说的意义了，对此，阿多诺不厌其烦地坚持说，不管怎么说，那都不是他所说的“真理—内容”：“理解、意义和内容并不是一回事”（AT516/476）。甚至在有关作品的传统看法上，“如主观道德批评在易卜生的《野鸭》中看到的固有罪孽”（AT515/475），意义和意图也不是“真理—内容”，因为它只认同作品的这一特殊构成因素，而没有进一步安排用以判断作品的方法——无论所判断的是形式语言（意图实现了吗?），哲学语言（是真是假?）还是历史和社会语言（环境本身的语言）。意义或信息范畴是不充足的，不仅仅因为它们不可能造成这样一种可能性，即，如在贝克特的作品中一样，意义的缺乏也就是作品的意义所在，意义的缺乏构成了“对意义自身性质的判断，这包括和发展了意义的历史”（AT230/220）。

在习惯用法中，它们在形式上也是不充足的，而作为征候也同样是不可或缺的：

> 作品的内容无论如何都不可简约为意图——如果仅仅为了下面这个简单的原因，即不管经过多么认真的思考，意图都注定不能得到完全的再现，那么，只有严格的教条主义才会取消作为艺术品的一个时刻的意图范畴。在艺术品的模仿与其对"启蒙"的历史原动力（或工具理性）的参与（*methexis*）之间的辩证关系中，意图占有其适当的位置：不仅作为在作品中穷尽的主观能动的组织力量，而且作为这些力量所具有的客观形式。……如果艺术品的物质性与其空洞的同一性相抵触，那么，其根本的过程就必然涉及物质性与意图之间的一种辩证关系。没有这种辩证关系——这也是同一性原则的内在形式——形式就可能由于缺乏模仿的冲动而不能存在。因此，剩余的意图就说明不能仅仅把作品简约为模仿。这些相互综合的审美意图的承载者就是被称作意义的东西。（AT226/217）

与"意义"的范畴一样，意图的范畴作为传统审美范畴的一个变体而被保留下来，没有这些范畴的相互作用和相互消解的批判，关于艺术品的讨论就是空洞的：这里，在阿多诺著作中起作用的是弗洛伊德所说的多元决定，不仅指对梦的最终形式同时起决定作用的多元因素，而且指在分析阐释的过程中所作的发现，即那些"道路"中的任何一条都可以回溯到梦的内核上来。在阿多诺的理论中，这种内核当然就是（尚未得到独立检验的）"真理—内容"；显然，弗洛伊德阐释学的隐喻空间在此并不适当，因为作品的真理—内容并不像解释学意象中实体本质的（*substantifique moelle*）原型一样，隐藏在作品的背后或深藏于作品的内部。

然而，人们借以超越部分范畴的嬉戏而趋向真理—内容的这种“分析方法”在《美学理论》中的出现确实恰如其分，它被称作“第二反映”，阿多诺用这个术语指的似乎不仅仅是第二次阅读或高级的反映形式。因为作品内部的第一“反映”的确指其技术和生产能力，标志着集体知识和劳动的投入：这是技术和社会生产的层面，历史上作为作品材料的原动力和生产者的意图（如我们已经看到的，这不排除主体本身的历史地位）而被区别开来。

如此说来，“第二反映”就可能意味着从作品那里抽身出来，以至于不仅用肉眼看到艺术品内部的特征或能量，而且将其看做艺术品自身。阿多诺就这个“方法”——在美学思想领域内这不过是另一种意义上的辩证法——所作的耐人寻味的评论意味着它能做成两件事：把作品中看似主观的东西变成客观的，把客观的表象回归其原来的生产动力：

> 创新，也就是尚未被占据的空间和位置，其真实性位于非意图性之中。正是这一点使其与反映即新事物的原动力相矛盾，赋予其第二力量。因此，第二反映恰好相对于其传统的哲学体现，如以不断为艺术品堆积意图而告终的席勒的“伤感”论。第二反映旨在尽可能捕捉艺术品以清晰强烈的意识所表现的、但实质上趋于盲目的程序和语言。（AT47-48/39-40）

那么，这个“方法”原则上要避免可能被用来代替艺术品的概念构型；但其目标却是高级的哲学思考（阿多诺将清楚地阐释黑格尔的“概念”[Begriff]),在与作品达成极乐的认同时,这种高级的哲学思考也保持具体的形式而不丧失自身。它保持着与作品的距离,从更广阔的视角观照它,因此需要给一些新的意义定位,而这些新意义的构型则是美感和技巧的问题。我们且以这些暂时的尝试之一结束本章:

> 艺术品所中介的,使艺术品有别于世界上纯粹客体之存在的,必定是通过反映、通过概念[Begriff]而被第二次中介的东西。然而,这只能当概念详尽描述作品的细节而非脱离细节进行概括的时候才能成功。在贝多芬的奏鸣曲《告别》的第一乐章结束前不久,三个小节的迅速连接似乎在展现马蹄声,这一短暂的音段几乎使任何智力辨认都感到羞愧,它表现的明显的消失甚至在这个乐章的语境内也几乎难以辨认,与其说体现了对这个声音的性质的一般反映,毋宁说体现了终极回归的愿望,因此显然是瞬间与持久的混合。只有能在内在精神中,在审美整体的建构中识别出这种微观的逻辑细节的美学哲学才能说履行了诺言。然而,这样一种哲学自身也必须是一种自足的表述和中介的思维模式。(AT531/490)

自　然

最终,在对艺术形式和思想的这种历史的、往往是技术的详尽反思中,有可能考虑的是,美学——其矛盾和历史不可能性正是《美学理论》似乎要不断证实的——重申了自身,这见于阿多诺抛弃的、后来作为末篇载于他死后发表的文集的那篇前言手稿。在那里，哲学又一次被凌驾于整个美学领域之上。因此，在结论中，我们必须论证这种哲学化的具体内容，其惟一的、谜一般的口号——“真理—内容”或 Wahrheitsgehalt——必然要提出这样一种怀疑，即关于真实性的理论也许不过是一个委婉的说法而已，阿多诺不厌其烦地痛斥其对手海德格尔的恰恰是这种真实性的空洞乏义和意识形态性。

更令人不安的——然而却是与其哲学对手的一次出乎意料的会合——乃是本体论在阿多诺最深入的哲学探讨中的重新出现，这种探讨主要是描述艺术品的性质，将其作为与非同一性或与自然的接触，对此，那个备受指责的术语“存在”往往几乎不像是一个不和谐的替代。当然，这不是谴责阿多诺向叔本华、向神秘主义即便不是向宗教的倒退的问题，马克斯·霍克海默似乎在晚年经历了这种倒退（“一个完全不同于此世的另一个世界的吸引……最终导致了对一些哲学倾向的更加肯定的评价”[17]）。尽管如此，对艺术品的本体论阐述在整个《美学理论》中似乎不安地共存于它与社会和历史矛盾的关系——如我们已经看到的，这正是阿多诺在文本的别处所一味坚持的。

自相矛盾的是，恰恰是要从纯粹思辨的美学语言中攫取艺术经验的意志，以及要剥夺唯物主义和实证主义之流的美学唯名论而再度强调的辩证使命，阿多诺才走向了本体论，即从哲学上描述艺术品既具有审美自治性同时又具有反美学或深刻的社会和历史意义的独特性：

> 作品借以与经验形成对比的精神中介只有与某一适当的话语维度相融合才能实现。如果艺术品是纯粹思辨的［Anschauung——“直观”——具有准视觉思辨的衬音］，那它就会仍然被禁锢在直观感觉的偶然性之中，

> 而现实作品则以其自身的特定逻辑抵制这种偶然性。作品在多大程度上以其具体性、明确的发展和内在差异揭示这种偶然性，这将决定作品的性质。视觉上的思辨和现实中的构思之间纯粹的对立，在那个意义上也是深刻的理性的对立，强化了理性与物质感性之间的二分法，这也是社会为其意识形态目的而使之长存的。相反，艺术必须以它所体现的客观批判抵制那种对立；如果只把艺术驱逐到感性的一端，那就仅仅重新肯定了那种对立。所有艺术的深刻的批评客体都是非真实，这种非真实不是理性，恰恰是理性与特殊之间的静止的对立；如果艺术把特殊作为纯思辨的客体抽取出来，那它所认可的就恰恰是那种物化了的僵化，所赞扬的也恰恰是社会理性为了与自身拉开距离而抛弃和排除的废品。因此，根据传统的美学规律，作品成了更加严密的思辨客体，致使其精神性得以物化，超越比较真实的审美显现而达到纯粹表象的半自治。(AT151/144)

因此，正是作为与他性、与自然或与存在的关系，艺术品才能摆脱审美思辨论微不足道的唯美主义，以这种出乎意料的优势，艺术不但不再需要与技术理性相对峙，反倒在艺术的过程中把那种集体的社会知识形式吸纳进来。

事实上，这两个结果似乎自相矛盾地把两个不相容的审美诱惑——一方面是与非同一性的形而上关系，另一方面是把艺术作为先进的社会生产而加以肯定——结合起来，界定了艺术品的神秘性以及艺术品提出的哲学问题：

> 今天艺术所提出的形而上学问题，转向了精神这

种被制造的、在哲学语言中纯属“预设”的东西何以也能够成为真实的问题。这个问题的关键不是手中的个别艺术品，而是其内容［Gehalt］。然而，有关制造的物品是否真实的问题不过是关于审美表象、关于审美表象作为真理的表象而得到救赎的问题。但真理—内容却不能是制作的或建构的。艺术中的一切制作是一场漫长的斗争，表明制造了物体的东西永远不能存在，制造了艺术的东西永远不能认识：美学所说的精神［Geist］就是这个意思。艺术恢复了潜伏在历史原动力中的一种被压抑的自然，这个思想就是在这里产生的。艺术渴望成为自然的成像［imago］，但这个自然还不存在；艺术中的真实就是一种非存在。它在那个他者之内与艺术偶遇，理性把那个他者固定在同一性上，将其简约为纯粹的物质性，称作自然。然而，那个他者既不是一个统一体，也不是单一的概念，而是多元的。因此，艺术的真理—内容采取多元的形式，而不是把所有个别艺术品都包容在内的某一终极的抽象。因此，艺术的真理—内容在个别作品中得以实现的方式与理性试图简约为许多认同的所有那些多元的现实是不可分割的。艺术中最深刻的悖论也许莫过于此了：它只能通过对特殊和特别组织的个别作品的建构和创作，而非任何更直接的途径，才能接触非制作的东西或真理。然而，个别作品却与其真理—内容处于最极端的张力之中。以至于这种真理只能在建构的客体之中出现，而没有任何概念形式，乃至否定其自身的建构。每一件艺术品都作为其自身真理—内容的再现而消失；后者使艺术品本身陷入最不相关的状态，这只能在最伟大的艺术品中才能

经验得到。(AT198/191)

这段话中带有的《启蒙的辩证法》的暗示使我们想到历史与自然之间的关系——我们似乎在此窥探出来的形而上学（或本体论）与马克思主义之间的不相容性——几乎没用任何哲学上的技巧就作为自然对历史的替代而协调起来了：标题所指的那个过程被说成是对自然的反应，这个自然一开始就带有敌意和威胁，采取了后者有争议的统治形式，逐渐出现在那种统治的工具——即“启蒙”或理性，工具理性，“糟糕的”理性或 Verstand（以区别于 Vernunft）的历史中，作者们把这些统治追溯到要控制和统治自然的最早尝试，如符咒、仪式、祭祀、模仿等形式，他们视其为最早的“启蒙”形式，与启蒙不可分割（除了在用雕刻形象作为禁忌的反模仿时刻，启蒙变为科学的辩证转化标志着模仿把矛头指向自身的转化）。甚至关于受压抑的、受损害的、成为牺牲品的主体的主题也是事先给予的，其前提是：理性或“启蒙”为了保证其优势也要求统治内在的人性（简单说就是压抑本能）。

在《美学理论》的语境中，如上引段落所清楚阐明的，这意味着“艺术恢复一种被压抑的自然”的思想能够在社会意义的所有矛盾和连接结构中识别出自然或存在的在场，因为自然的统治作为终极动力而被深深地刻写在这些矛盾和结构中。同时，在这个意义上，人类驱策力和动机后来的和更加复杂的社会形式——完全与商品化一致的生产（或在确立交换价值时起作用的“被固定在同一性上的理性”）——都会携带着人类与自然的最初关系中的原始驱策力（或原罪），这不仅是恐惧，而且还有自我保护的“本能”。而在这个意义上，作为人类历史的本来无限的“启蒙的辩证法”就不会有真正的开端——此后一直被称作自然的那个悲哀的恐怖的东西首先由于人类对它的恐惧而被想像出来——

也可以说，如阿多诺所说的那样，“自然并不存在”：阿多诺著作中体现的布洛赫思想在《美学理论》中尤其不那么明显。书中，艺术的乌托邦性质，及其对希望和对非存在的承诺，都确定无疑地退避三舍，只在几个冷静的局部参考文献中才出现过。

在阿多诺美学中，我们所说的本体论母题现在又策略地重新捕捉到这些主题，尤其是关于审美主体、生产活动和主观主义的论战，现在似乎又具有了一种不同的意义和表象。审美体验中主体的真正位置不是净化的特点（亚里士多德的净化），也不是与客体的“调和”，更不是对最后这个客观的偶然性的创造性掌握（如在萨特那里），而恰恰是主体自身的严重消失，而这又明显有别于灭绝、屈服，即主体向超验存在的屈服（如在海德格尔的著作中，以及对康德的崇高概念的几种解读），更不用说人的实际昏迷或暂时忘却了：

> 与传统的审美体验构成极端对立的审美惊奇[Erschüttering]与自我的任何特定满足无关，更不用说快感了。它反倒被看做是消除自我的纪念，自我通过这种审美惊奇而意识到自身的局限性和有限性。这种体验也严格区别于由文化工业使之持久的自我衰竭。对自我的这种衰竭来说，审美惊奇观念将是空洞的虚荣，肯定了要彻底消灭艺术的愤懑的深切动机。但是，为了让自我重新获得哪怕是最小的于自身本性中窥见毒素的能力，它所要的不是分散精力，而是最极端的紧张：正是这一点使审美惊奇——不管怎么说也是一种不自觉的行为——没有走向倒退。康德正确地把主体的力量设定为他欣赏崇高的必要的先决条件。(AT364/347-348)

然而，主体在不自觉消亡的时刻具有这种共时力量或证实——使它有能力面对这个经历而不陷入法兰克福学派罗列的各种倒退行为，从法西斯主义和神话到它们在美学方面的各种等同物——也是对启蒙的辩证法在自我身上留下的全部伤疤的放弃，最明显的就是“自我保护”的驱策力：

> 如叔本华所知，审美体验能够冲破严格的自我保护的符咒，投射出意识状态的形象，在这个状态中，自我不再满足于自己私下的兴趣，包括其个体的生存。(AT515/475)

这里，我们应该顺便提及的是，关于审美体验与心理主体之间关系的这种新的乌托邦式的论述无疑吸收了康德的两个伟大母题：无利害关系论和崇高论，无论在这里还是在别处，阿多诺都始终予以重读或重写，正如这里与非我或他者的相遇一样，从本体论上说这是他的美学的核心。他的论述辩证地贯穿于各种传统描述，从对这些传统描述的批判中（尤其是把审美体验等同于快感或需要之满足的观点中）汲取力量，但有时也可以肯定地修改这些描述：

> 与艺术的传统关系，不管有多大的相关性，都［不是快感或快乐，而是］羡慕：之所以羡慕，是因为艺术品不仅仅是为观照者而做，艺术品就是艺术品自身。这样的作品给人的启示，它们之所以能压倒观看者，就是因为它们真实。在卡夫卡的作品中，这种真实压倒了一切其他因素。艺术品不是什么高级的快感工具。不能把与艺术品之间的关系看成是烹饪式的综合，恰恰相反：

> 艺术品的观看者消失于物中：这是只有在现代再现中才能完全实现的东西，就仿佛银幕上的火车径直向你开来一样。(AT27/19)

艺术品的这种他性，在将其建构为真理—内容之他性的这些段落中也许更加准确，现在终于——在阿多诺感到有必要论述传统的“自然美”的不可或缺而又相当重要的章节中——被认同为 Ansich，自在的存在或自在的自然：“在一个由普遍同一性统治的世界上，自然美是留在非同一性事物上的痕迹”(AT114/108)。

这里需要澄清几种冲动：首先，对自然的哪怕最短暂的经验都会体验到神秘，不仅是非我的神秘，甚至不仅是抵制同一性的东西的神秘（无论是自我的逻辑还是理性—商品化的逻辑），而最重要的是主体尚未**制作**出来的东西的神秘（即上面已经提到的一个悖论：从定义上已经“制作”或“建构”的艺术品的——未制作出来的——“真理—内容”）：

> 对自然的体验只能是对表象的体验［或确切说，是现象、表象的行为，幻影的事件］，而不是对作品原材料的体验和生活的再造，更不用说科学知识的亚层次了。(AT103/97)

自然与人类或与实践之间的这段实质的距离说明了阿多诺并未满足于他对自然的哲学描写：“自然美作为一种幻影本身就是形象［Bild］”(AT105/99)，这种描写不知不觉地滑入了阿多诺试图否认的我们与自然、与艺术的思辨关系之中，看来也是在所难免的。也许，这是阿多诺最接近存在哲学的地方：自然表象或幻影是一个事件，这个暗示令人想起海德格尔把存在作为发生的事件的学说；尽管同时赋予这个事件以否定的力和并非主体的惊奇的努力，这在精神上更像是萨特的，也应予以特殊强调。

但是，阿多诺马上就会提醒我们，甚至在形而上学或本体论的意义上，对自然的全部体验也都是经过历史和社会的中介的：比如，他关于自然景致的讨论几乎即刻进行了调整，仿佛自然以其自身内在的引力而趋向于他所说的“文化景致”（AT101-102/94-96）。在这种文化景致中，自然观照与文化和历史的观照是不可分割的：“没有历史的回忆或记忆，美就不会存在”（AT102/96）。当然，这是从对自然的本体论讨论向自然概念的历史和对自然的体验的回归，进而即刻提出了对这一张力的比较熟悉的辩证的解决办法（比如，通过资本主义对自然的破坏，我们直观地感觉到自然本身）。

然而，由于把自然作为形象的哲学思考（或确切说是作为纯粹的概念可能性）这个母题是近来有些人在阿多诺与其大敌海德格尔之间进行哲学调和的关键前提，所以值得回忆一下阿多诺的自然史观中与海德格尔存在主义中的存在论（Seinsfrage）不相容的东西。即便抛开阿多诺“自然史”观（海德格尔哲学中与此相同但却更高尚的一个术语是“向死亡的存在”）所揭示的有机论和达尔文视角的令人头晕的恐怖不谈，阿多诺坚持的幸福观和短暂的乌托邦幻想中也包含着身体的唯物主义，这在精神上非常不同于早期海德格尔的英雄法西斯主义情绪，也不同于后者的仪式的庄严性，如在《艺术品的起源》中关于城市兴起的精彩描写。这实际上是阿多诺著作中最具政治性的，其物理性至少要求我们将其与布莱希特的汤与雪茄的唯物主义进行一番比较。

最后，我们也可以以另一种方式对这个问题——尤其是历史与自然之间的张力——提出质疑，然后再来解决美学与“真理—内容”之间关系这个关键问题。我们可以引用阿多诺就审美体验的历史语义和伟大艺术的“真理—内容”的社会历史性质所作的最率直的陈述，而戏剧性地提出这个两难问题：

> 贝多芬交响乐对于不能掌握纯音乐或技术事件的人就像对于不能从中听到法国大革命之反响的人一样不可理解。而这两个时刻是如何调和起来的——则被认为是哲学美学所面对的棘手而又不可避免的问题。（AT519/479）

如果联系前面引用过的关于贝多芬的零散评论，那么这个例子就不显得那么肤浅了。作为美学思想家和文化与政治知识分子的一种可能的体现，阿多诺最令人羡慕的地方也在这里充分显示出来。然而，我们所关心的是关于贝多芬音乐中历史的“真理—内容”的评论与刚刚概述的形而上学或本体论的非同一性美学之间的一致性。换言之，怎样依据自然体验中的他性重新建构对于法国大革命这一伟大的历史“创新”的审美直觉？这样，一个附加的问题，第三个术语，便又附加到阿多诺描述的调和形式和历史方法的哲学任务上来。同时，阿多诺关于美学史的历史阐述已经给出了一条调和的线索，它出于社会和历史原因而从对美的注意（最终还是康德的框架）转移到对艺术与自由之构成性关系的强调（席勒、黑格尔）；也许，贝多芬音乐中的本体母题可以通过政治解放的经历与自然中启明的自由感之间的深切关系来理解。但是，不管一种解决办法由什么来构成，应该清楚的是，阿多诺的众多参数都要求一种非常复杂、非常广泛的分析，而他本人却未能在理论上予以绝对清晰连贯的阐述，同时投射出这样一种分析的理想以鞭策大多数当代批评的雄心。

真理—内容和政治艺术

至于真理—内容，至少在表面看来是不能在哲学上加以描述的，因为它被刻写在一个近乎唯名论的多元环境中，其中，只有个别艺术品，而非艺术本身，才有其各自的真理—内容，因此，这些真理—内容是不可比较的，不可互补的，也不能进行抽象的哲学概括。要说它涉及作品之于自身特定概念［Begriff］的交流显然等于什么都没说（除非对于黑格尔主义者）。坚持用适当的哲学判断完成审美判断和描述也许能提供更多一点的暗示：

> 一部作品的真理—内容并不是它的意义，而是决定它本身真伪的东西，而只有关于作品自身真实性的这一观念才与适当的哲学阐释相一致，才与这些真理相偶合（至少在理念［Idea］中）。（AT197/190）

这些真理判断与海德格尔的“真实性”之间的差别，通过把海德格尔的空洞内容（死亡与存在）与阿多诺具体的历史解读加以比较，至少可以看做他们各自的批评实践。但应该清楚的是，正是“真理—内容”的观念使阿多诺超越了传统阐释和解释学的整个范围，使他走出审美意义以便历史地掌握这些意义。这种以历史途径突出意义的“第二反映”特别包括意识形态分析，在作品更大的历史“真理—内容”内部为“虚假意识”保留了一个哲学创新的位置。如果贝多芬是有关形式历史的一种真理的特例，那么，勋伯格和贝克特就是一种更加极端的形式的解决办法。这里，理查·瓦格纳成了阿多诺的原型人物：

> 艺术品在它们得以具体实现的过程中超越自身，这个过程本身不能保证它们的真实。许多杰作在表现自身内部的虚假意识方面是真实的。这只能从超验批判的角度来理解，如尼采关于瓦格纳的批判。尼采批判的局限性不仅在于这样一个事实，即他从高处判断作品，而非基于作品自身的长处。他事实上对真理—内容的性质抱一种太狭隘的观点：一种文化的哲学的观点，没有考虑到内在于审美真实的历史时刻。本身真实的东西与仅仅充分地反映了虚假意识的东西之间的区别是经不起推敲的，这仅仅因为到目前为止还不曾有过借以从高处观察这种区别的真实意识。虚假意识的完整再现所命名的东西也可以命名为真理—内容。因此，除了通过阐释和批判的解释外，对艺术品的理解也可以从救赎的角度进行，这种方法所寻求的恰恰是审美表象中虚假意识的真实存在。在那个意义上，伟大的作品不能撒谎。即便其内容仅仅是表象［Schein］的时候，仅就这是一种历史必然性而言，它包含着作品有待检验的一种真实。只有不成功的作品才是不真实的。(AT196/188)

无论正确与否，阿多诺感到他论述瓦格纳的著作为这个问题贡献了最根本的分析，因此必然面对无论在知识上、文化上或教育上都与保守的、即便不是彻底反动的经典相一致的人。他的解决办法——最棘手的办法，因为它要求一个人既要坚持虚假的和意识形态的东西，又要坚持作品中的乌托邦因素——在我看来是可取的，因为用其他方法，你要么奇迹般地把一个反动作家改造成进步作家，要么彻底粉碎整个经典。

已经清楚的是，作品的哲学的“真理—内容”——至少在

“大资产阶级”的音乐和艺术中——也参与其技术革新。但从根本上说这些革新本身就是“矛盾”：因此，瓦格纳音乐中卓越的半分音就包含着对古典音乐材料的肢解（甚至含有他自己技术的不适当性）。但那种卓越的技术突破，其有争议的原子逻辑，释放了各种新的“生产力”，它本身就说明了在已经开始显示自身局限性的资产阶级社会里，主体的“真理—时刻”与其倒退立场之间的关系。然而，应该看到，意识形态与真理之间这种特殊的辩证关系把欺骗、随意掩饰和痴心妄想排除在外：瓦格纳的人物（“一个伤感的马拉人”）当然总是提供一个错误和瑕疵的丰富矿藏，从自私自利和胆小怕事一直到叛国的羞耻和今日社会的动荡。但是，这出音乐剧的形式和细节中，这些不尽如人意的地方从来没有像在阿多诺这里遭到如此无情的批判。然而，这种苛刻无情的意识形态判断也是为辩证地承认剧中包含的真理而必须付出的代价：

> 特里斯川的那句话“那个幻觉怎么能引导我?”指的是对被当作实物的虚无的预感，却抓住了全面否定使乌托邦幻想得以完善的一个时刻。这是觉醒的时刻。《特里斯川》第三幕的一段中，管弦乐器中的小号冲破界限，把虚无与实物区分开来以捕捉牧羊人悲歌的回声——只要人类能够感觉到资产阶级时代的基本感受，那段音乐就会存在。它和另一段音乐一起，也就是布伦尼尔德（Brünnhilde）觉醒的那场戏，成了那种闪光意识的见证。没有这种闪光的意识，虚无的概念或瓦格纳的音乐让我们相信的虚无的概念就不可能构想出来。如果苦难是为动物保留的，那么，对它们来说伴随着这样一个时刻就是符合逻辑的：布伦尼尔德的马的确活过了

> 远古时代而进入现在的意识（据叔本华所说，远古时代就是虚无本身）。(W192/151)

(阿多诺书中的座右铭就是“马是英雄时代的幸存者”，这似乎不是一句多余的话。）然而，瓦格纳的“案例”最终意味着，哪怕在形式上，“真理—内容”的学说也不能被概括或改造为一种阐释方法：阿多诺对瓦格纳的看法的确使我们回到了这部作品描写的特殊时刻，当时，德国资产阶级还没有“成熟”就经历了衰落，它的不合时宜性导致了倒退，而这种倒退在形式上同时也是革新的和创造性的。但是，如果把这种典型的分析用到现代的其他人物身上，那就是纯粹的批评时尚，就仿佛只有这才能体现阿多诺的“方法”一样。这种方法至少在原则上意味着每一个历史环境都是独特的，尽管所有历史时刻都会在总体系统的魔咒下僵化冻结。

因此，阿多诺的美学是与意识形态分析分不开的，它所反复强调的也就是其历史时刻的必然性：这使我们在结论中又回到了我们已经论述过的同一种美学的反政治性上来。阿多诺非常清楚这个立场于中产生的那个特定的历史环境：

> 社会实践与艺术之间的关系在任何情况下都是可变的，但在过去的40或50年中已发生了深刻的变化。在第一次世界大战期间，在斯大林之前，艺术和政治先锋总是具有精神上的联系；当时的成年人都感到艺术极少是历史上所描写的艺术，即是说，在定义上是被政治所抛弃的。(AT373-377/359-360)

这是一个有用的备忘录，因为在英美文化领域中，很少有人强调艺术的现代主义与革命的政治之间的构成亲和性——实际上，往往出于意识形态目的而被颠倒和否认。同时，要强调这些观点于中产生并予反动的历史环境也意味着它们的历史可变性和出现不同环境的可能性，在这种不同环境中，二者的对立不再存在，也许其对立的极端已被改造得无从分辨。

然而，这里需在原则上加以强调的是，阿多诺似乎排除了政治性艺术品的可能性，而且往往情绪激昂，但实际上他所反对的却是一种政治美学，强调和高扬艺术品在现实环境中、在日常斗争和事件中的功能，而非深刻地表现阶级斗争或历史矛盾的美学（如我们已看到的，这反倒是《美学理论》始终含蓄表达的东西）。这意味着，个别作品可以走出一个范畴而进入另一个范畴：当通常称作"政治艺术"的东西证明是被称作"伟大的艺术"这一表面看来不同和不相容的东西时，一切都发生了变化，正如阿多诺对他的伟大对手布莱希特的细密分析所示：

> 布莱希特试图打破主观的细微差别和四分音，他用的武器是粗糙的客观性，包括棘手的概念，他的这些尝试恰恰是美学手段，而在他的一些卓著中也是一种风格化的原则而非说教；很难说《伽利略传》和《四川好人》中作者究竟想"说"什么，除非为了表达再现的客观性与主观意图之间的距离和非偶然性。布莱希特对表现价值的反感，他对性质的推崇，完全可能使他误解"一个基本句子"（a protocol sentence）的肯定概念的真实含义——所有这些本身就是一种表现，它只能通过语言的明确否定才能接近语言。（AT55/47）

（后来，《马哈戈尼》［*Mahagonny*］中的天鹅之歌被用来说明这种独特的布莱希特美学的最高实现。）

看来的确如此，对阿多诺来说，特别具有政治性的美学的不可容忍之处与其说在于其政治，毋宁说在于对艺术的强调；阿多诺希望从根本上把个别艺术品——单子——与作为过程或制度的艺术区别开来。一种突出的霍布斯表达在《美学理论》中的确不时出现，以描写个别艺术品之间的相互关系（AT47/60）。在另一处，他说："它们拒绝比较。它们想要相互灭绝"（MM No. 47，92/75）。有时他也用黑格尔的说法（对法国存在主义至关重要的一种秩序改动）："每件艺术品都寻求其他艺术品的死亡"（AT60/52；313－314/301）。然而，试图描写"真理—内容"之唯名论以及艺术杰作嵌于其中的独特历史关头的不可简约性的这种语言并不总是适于这个浩瀚的历史天空，在这个天空上，美学单子就像无数闪光的天体悬挂着；更确切说，它们似乎本能地相互排斥。每一个都要求做一个绝对单子而存在，因而几乎不承认其他单子的存在。所以，贝多芬不与瓦格纳发生冲突，也不与希腊悲剧发生冲突。但每一个都只能通过其他单子的消失来揭示自身的真理。同样，每一个单子的历史环境都是一个绝对的现在——斗争、实践、痛苦的现在——编年历史主义或档案相对论削弱了它对现实的主张。一种政治美学也希望肯定现在和事件的优势；但清楚的是，对阿多诺来说，这也意味着给单子排队编组，用参与作品自身代替一般的风格要求和有关艺术的总体讨论。这似乎说明对"政治艺术"的敌意就像对先锋和声明口号的敌意一样得到了充分的描写。

然而，在美学领域内结束对阿多诺理论的探讨是自讨苦吃。这是许多读者都希望直飞出去的一个领域，他们认为这种哲学最终是无用的，这个印象将得到证实。然而，这个领域显然还想要上演某种形式的《徒劳无益》（*Zweckhaftigkeit ohne Zweck*）。

（重要的是，在今天的德国，如我们将在结论中看到的，把阿多诺归结为纯美学是处理辩证法之特殊生存的经典方法。）可以肯定，这种审美体验就定义而言没有任何出路，除非用来比喻一种乌托邦式的生存，它将不会受到任何工具性动机的控制，而最重要的是能够摆脱终极“目的”，也即自我保护的目的。另一方面，阿多诺的每一个读者也将记得，审美体验必然是特殊的或具体的，而且不仅在“定义”上：实际上，我们已经看到阿多诺提出的总体艺术的罪过——没有道理的特权和一般审美体验的奢侈——是无法解决的，而且只适于个别艺术品。但这又意味着审美体验总能把我们带回历史——带回到作品于中产生的资本主义的历史，带回到作为语义内容并使其乌托邦维度成为可能的众多阶级和工具理性那里。因此，可以同样有理由地说，美学总能回到历史自身，而对艺术来说，“非同一性”就是社会。

与此同时，阿多诺与政治思想的重要关系在于他思想的形式而非内容，由于这种形式所概念化的是审美形式或哲学内容而非这种政治，因此，它能以比政治分析和社会史还要清晰鲜明的表述从中窥探出历史辩证法复杂的流动性。

【注释】

［1］From *Late Marxism*: *Adorno*, *or*, *The Persistence of the Dialectic*, Verso, 1990, pp. 157－225.

［2］阿多诺的确说过这样的话：“迄今为止的音乐只作为资产阶级的产品而存在，无论其形式努力的成功与否，这种产品都体现了这个社会，编撰了这个社会的美学文献。……在现存秩序内，必须怀疑的是，除了资产阶级音乐之外是否还有别的音乐存在”（*Philosophy of Modern Music*, Frankfurt 1958; New York 1973）。

［3］如在《战争与和平》卷八第九章中：在第二幕中，有再现墓碑的场面，画板上有一个圆洞代表月亮，柱光灯被遮暗，管乐和低音乐器奏出

低沉的音响，同时，许多人身披黑色斗篷，手拿匕首一样的东西，从左右两侧走来。他们开始挥动胳臂。另一些人跑来，开始拖拉开始时身穿白色、现在则身穿浅蓝色衣服的少女。他们没有马上把她拖走，而与她一起唱歌，很久以后，她终于被拉走了，幕后，三声金属的击打声，大家跪下来，开始祈祷。在这个过程中，不断传来观众热烈的喝彩声。（Transl. Louise and Aylmer Maude，New York 1942，p. 622.）

［4］“伟大的建筑能够从作为内容的内部模仿地表达自身的工具性目的，以此发出跨功能性的声音。［柏林］Scharoun 的爱乐很美——为了在空间上确立管弦乐的理想条件——因为它像管弦乐，而没有借用管弦乐的典故”（AT72/66）。

［5］*Mahler*，Frankfurt 1960，p. 127.

［6］*Theory of the Avant-garde*，Minnesota 1984.

［7］又见关于艺术“无利害关系”之意义和起源的美的冥想，MM No. 144.

［8］见上述，pp. 21－22；182－183.

［9］见 *What is Literature*? And Vol. 3 of *L'Idiote de la famille*.

［10］见《音乐社会学引论》第一章中关于听觉的全面而合理的讨论。在评论了音乐听众的种类——专家，好的听众，文化消费者，情感听众，愤怒的听众，爵士乐专家和爵士乐迷，消遣的音乐消费者，结束时还谈到了反听众，如无动于衷的、不懂音乐的和反音乐的听众——之后，阿多诺睿智地建议说，音乐的教育问题必须通过社会总体的中介：“整体的对抗条件见于这样一个事实，甚至在音乐上正确的行为模式也能通过其在整体内部的结构位置而实现整体的相对消极的各个方面。……专家听众要求迄今不可想像的一种专业知识，真正优秀的听众则要求一种成比例的倒退——或许是那种专业知识的一个功能。……然而，在文化面前的失败应该推导出关于文化在人类面前的失败，以及世界如何创造了人类等问题的进一步结论。”（*Einleitung in die Musiksoziologie*，in *Gesammelte Schriften*，vol. 4，Frankfurt 1973，pp. 197－198.）

［11］“Vers und musique informelle”，*Gesammelte Schriften*，vol.

16，p. 523.

［12］见我的《马克思主义与历史主义》一文，载《理论的意识形态》，卷 2。

［13］Gertrude Stein，*Four in America*，intro. Thornton Wilder，New Haven，CT 1947，p. vii.

［14］见 Part II，note 2.

［15］Translated in *Telos*，No. 20（Summer 1974），pp. 56－66.

［16］见 Part I，note 4.

［17］Introduction to M. Jay，*The Dialectical Imagination*，Boston，MA 1973，p. xii.

（陈永国　译）

认知的测绘

对现在所讲的话题，除了还不存在这个话题这一事实之外，我并不了解什么。描述一种新美学，呼吁或预见一种新美学——这些通常是由实践艺术家来完成的，他们的宣言表达了他们希望在自己的作品中取得的创新性；或是由批评家来完成的，他们认为他们已经亲眼目睹了全新事物的发生和出现。不幸的是，我不能采取所有这些立场，因为我甚至不确知如何想像我想要在这里提出的那种艺术，自不必说证实其可能性了。这究竟是一种什么样的运作，为我们不能想像的东西提出一个概念，这完全可能引起人们的好奇心。

也许所有这些都是一种盲目，因为的确会存在着别的非常重要的东西。在论证一种认知测绘的美学时，我感到有义务通过后马克思主义的伟大主题和惯用语策划一次实质性的迂回，使之对我来说似乎可能把这种美学只不过用作争论那些理论和政治问题的一个借口。但愿如此吧。无论如何，在这次马克思主义会议期间，我常常感到我是剩下的少数马克思主义者之一。我认为我有责任重申一些在我看来不言自明的真理，但是，你们可能将其视为宗教的、千年至福的、救赎形式的信仰残余。

无论如何，我想要防止那种误解，即我计划勾勒的那种美学是要取代和阻止一整套现存的或可能出现的和可以想像的一种不同的美学。艺术总是能够做成大量不同的事，并具有大量不同和各不相容的功能：让艺术继续发挥所有这些功能吧——不管怎么说，艺术将发生这些作用，甚至可以在乌托邦中。但是，这种美学的多元主义意味着，在试图回想和实验性地复兴一种美学的传统功能的努力中不应该有特别压抑的东西，在我们的时代，这种美学功能已被特别忽视和边缘化了，如果不是完全受到禁止的话。

“寓教，寓情，寓乐”：在关于艺术作品功用的这些传统表述中，第一条实际上已经从当代批评和理论中消失了。然而，艺术作品的教育功能似乎以各种不同的形式成为任何可想到的马克思主义美学不可逃避的参数，即便几乎不是其他美学的参数的话；达科·苏凡在其著作中提出的意蕴深远的**认知**口号反复强调了对这种美学价值的一种比较当代的表述，这也是我今天的话题。当然，在苏凡著作背后矗立着布莱希特本人影响深远而在今天已部分制度化和物化了的例子，我们时代的任何认知美学都必须对他报以敬意。对我们来说，仍然不可拒绝的已不再是布莱希特的戏剧而是他的诗歌，这表明认知艺术不必像过去那样担心政治宣传给美学带来污染，或担心信息或非审美的（鄙俗的实践）冲动把文化作用和文化生产当作工具。布莱希特的诗歌是一种思考和反思的诗歌；然而，对布莱希特式语言的雕塑式密度和纯粹素朴性表示惊奇的人，都不再会对这样的命题提出质疑，至少在他的诗歌中——在整个当代文化史上如此超凡绝群的诗歌中——在自身内部的认知和对自身的认知已成为深刻的审美快感的直接来源。正是由于这种雕塑式密度和纯粹素朴性，与历史事件的一种思辨的距离才被有力地浓缩成古代的民间智慧形式和谚语，浓缩成有如农民的木勺和木碗一样缜密的句子之中。

我提到布莱希特还为了防止另一种误解，即无论如何这都是要回归某一古老的美学、甚至回归布莱希特美学的问题。现在也许该提醒你们，我有意使用“再现”这个负载过重的字眼，但却不同于后结构主义或后马克思主义对该词的一贯使用：就是说，用作某一糟糕的意识形态的和有机的现实主义的同义语，或用作现实主义的统一的幻影。对我来说，“再现”是“比喻”（figuration）的同义语，而不顾后者的历史和意识形态形式。因此，我在下文中假定，一切审美生产的形式都以一种或另一种方式包括与再现和为再现而进行的斗争——不管这种再现是视觉幻象还是最具反思性的、辩证批评的、反偶像的或打破形式的诸种现代主义。所以，至少在我的语言中，呼吁各种新的再现并不意味着回归巴尔扎克或布莱希特；亦非把内容凌驾于形式之上——这是我感到不可避免的另一个古代的区分，稍后我将详谈这一区分。

在此次会议之前，我一直为教学机构勾画对文化进行空间分析的规划。在这份规划中，我想尽力指出，资本的三个历史阶段各自生产它特有的一个空间，尽管资本主义空间的这三个特定阶段显然比其他生产方式的空间更深刻地联系在一起。我想到的这三个空间都是在资本扩展中，在资本向迄今未商品化的地区的渗透和殖民化的过程中，断续扩张或量子飞跃的结果。因此，你可以顺便注意到，这里事先假定了一股统一的和总体化的力量——尽管这不是黑格尔的绝对精神，不是政党，不是斯大林，而不过是资本本身；而正是根据这样一个有力的观点，我的一位激进的耶稣会派朋友才公开谴责我是一神论者。至少可以确信的是，资本的概念随着这个社会制度本身的某个统一逻辑的概念而兴起和衰亡，即是说，在我稍后将要重谈的那种被指责的语言中，这两个概念都无法挽回地成了总体化概念。

我曾试图根据一种坐标逻辑描述第一个古典的或市场资本主义的空间，把一些旧的神圣和异质的空间重新组织成几何的和笛卡尔式的同质性空间，一个无限对等和延伸的空间，对此，在福柯论监狱的著作中，你可以找到一种戏剧性的或象征性的缩写式再现。然而，这个例子要求有这样一个警示，即马克思对这个空间的看法将其置于泰勒化和劳动过程之中，而非置于称作“权力”的幻影般的、神秘的福柯式实体之中。这个空间的出现也许不会涉及我们在资本主义的后期阶段面对的尖锐的比喻问题，因为我们此刻所目睹的这个熟悉的过程，很久以来就与启蒙运动具有普遍联系，即对世界的非神圣化，对旧的神圣或超验形式的解码和世俗化，交换价值对使用价值的逐渐殖民化，对《唐·吉诃德》这样的小说中旧的超验叙事进行“现实主义”的祛魅，对主体和客体的标准化，对欲望的非自然化，以及欲望最终被商品化的取代，或“成功”等等。

我们所关心的比喻问题只能在下一个阶段明显可见，即从市场资本向垄断资本的过渡，或列宁所说的“帝国主义阶段”；生活经验与结构之间、对个人生活的现象学描写与那个经验的生存条件的一种更正规的结构模式之间的愈加激化的矛盾，都是这些问题的表现。我们几乎无需思考地说，在旧的社会里，甚或在市场资本的早期阶段，个人的直接和有限经验仍然能够包容支配那个经验的真正的经济和社会形式，并与之相一致，而在下一个时刻，这两个层面进一步分离开来，真正地开始构成了经典辩证法所说的本质与现象、结构与生活经验之间的那种对立。

在此，个别主体的现象学经验——传统上艺术作品的至高无上的素材——仅仅被局限于社会世界的微小角落里，就像对伦敦某区或乡村或其他任何地方的一种固定的摄影视角。但那个经验的真实性不再与发生那个经验的地点相符合了。伦敦有限的日常经验的真实性不在伦敦，而在印度、牙买加或香港；决定着个别主体生活性质的东西与大英帝国的整个殖民体系密切相关。然而，这些结构坐标已不再是直接的生活经验所接触得到的了，而对于大多数人来说往往是无法加以概念化的了。

此时，出现了这样一种环境，我们可以说，在这种环境中，个体经验如果是可靠的，就不可能是真实的；如果同一内容的科学或认知模式是真实的，那它就是个体经验所无法捕捉的。显而易见，这种新环境为艺术作品提出了严重的使人无力解答的问题；我已经指出，正是为了渡过这一难关，为克服这一困境而发明新的详尽的形式策略，现代主义，或诸种现代主义，才得以问世：其各种形式把缺场的全球殖民体系的一种新感觉刻写在诗歌语言的句法上，一种新的在场和缺场的游戏，就其最简化的形式而言，将受到性爱的萦绕，点缀着外域的地名，而就其最复杂的形式而言，将涉及非凡的新语言和新形式的发明。

在此，我想要提出另一个概念，即我的论点的基础，我称之为“比喻的游戏”。这从本质上说是一个假定明显事实的寓言概念，即，这些新的巨大的全球现实是任何个别主体或意识所接触不到的——甚至黑格尔，自不必说塞西尔·罗德兹或维多利亚女王了——这就是说，这些基本现实最终似乎是不能再现的，或用阿尔都塞的话说，是颇似缺场的原因的东西，从未曾进入感觉在场的东西。然而，这个缺场的原因可以找到以扭曲和象征的方式表达自身的比喻；实际上，作为文学批评家，我们的基本任务之一就是追溯并在概念上表达由这些比喻指称的终极现实和经验，读者的精神必然要把这些比喻物化，自行其是地将其读作基本内容。

由于我们想到了现代主义时刻及其与新的全球殖民网络的关系，所以我将举一个相当简单但却专业化的例子，即这个历史环境所特有的一个比喻。大家都知道，近 19 世纪末时，大批作家开始发明新的形式表达我所说的“单子相对论”。在纪德和康拉德、弗南多·派索、皮兰德娄、福德以及程度稍差一些的亨利·詹姆斯的作品中，甚至非常间接地在普鲁斯特的作品中，我们开始产生这样一种感觉，即每一个意识都是一个封闭的世界，所以，对社会总体的再现必须采取（不可能的）共存形式，这些封闭的主观世界及其特殊的相互作用的共存，这实际上是夜间行船，是绝不可能交叉的直线和平面的离心运动。从这种新的形式实践中产生的文学价值称为“反讽”；其哲学观念往往采取盗用爱因斯坦相对论的庸俗形式。在这个语境中，我想要说明的是，这些形式，其内容一般是私有化的中产阶级的生活，仍然是这个殖民网络的奇性的新的全球相对性对中产阶级已然生活的渗透的表征和扭曲的表达。因此，其比喻，不管多么畸形和得到象征地重写，都依然是后者的比喻；我认为，这个比喻过程在后来对艺术作品形式加以重构的一切努力中都是至关重要的，而这种形式的重构是为了适应从根本上抵制和逃避艺术比喻的内容。

如果这是帝国主义时代的现实，那么，这对于我们自己的时代，这个跨国网络或曼德尔所说的“晚期资本主义”的时代，必定更加真实。在这个时代里，不仅旧的城市，而且民族—国家本身都不再扮演核心的功能和形式角色了。资本的新的量子飞跃急遽扩张，超越了旧的城市和民族—国家，在这种生产方式的发展中将它们作为前此各个阶段的废墟和古物而抛在了后面。

在此，我意识到我的说明的说服力取决于对后现代空间里独特创新的东西的相当生动的感知。这是我在讲演过程中试图传达的，但这是很难简要说明的。简言之，我想要说明，新的空间涉及对距离（本雅明所说的辉光）的压制，和对仅存的空无和空地的无情渗透，以至于后现代身体——无论徘徊于后现代的旅馆，通过耳机而被闭锁在摇滚乐的音响之中，或像迈克尔·海尔告诉我们的那样，在越战的枪林弹雨中经历无数次的冲突——现在都暴露给一种感知的直接攻击，一切掩蔽的层面和介入的中介都被这种攻击摧毁了。当然，这个空间还有许多其他特征，人们会理想地评论这些特征，最著名的是列斐伏尔的抽象空间概念，把空间视作既是同质的又是破碎的——但我认为，我刚才提到的这个被浸透的空间独特的无方位性将是最有用的指导线索。

你们应该理解，我把后现代主义的这些空间特征作为一种新的和具有历史原创性的困境的征候和表达，这个困境涉及我们作为个别主体对从根本上断裂的一套多维度现实的插入，而这些多维度现实的范围包括仍然存在的资产阶级的私下生活的空间，一直到不可想像的解中心的全球资本本身。甚至爱因斯坦的相对性，或旧现代主义者的多元主观世界，都不能给这个过程以任何充分的比喻，在实际生活经验中，这个过程表现为所谓的主体之死，或更确切说，是这种主体破碎的和分裂的解中心和消散（它甚至不能发挥詹姆斯式的反射器或“观点”的功能）。尽管你们可能没有意识到这一点，但我现在谈的是实践政治：由于社会主义国际运动的危机，由于把地方的、草根的或社区的政治行动与国家的和国际的行动协调起来而需要克服极大的战略策略困难，这种亟待解决的政治困境就是我所想到的这个极端复杂的新的国际空间的全部直接功能。

在此，我来举一个例子，简述一下我认为你们中许多人都不知道的一本书，但在我看来在探讨空间和政治问题方面却是极其重要和极具启示性的一本书。这是一本非小说，对美国 60 年代最重要的政治经历的一个历史性叙事：这就是马文·苏尔金和丹·乔伽基斯合著的《底特律：我的确怕死》。（我认为，我们现在已有足够的经验达到这样的理解，即审美、形式和叙事分析具有远远超越那些被标识为小说或文学的客体的含义。）这本书研究的是 60 年代末那座城市的“黑人革命工人协会”的兴衰。[1] 所论的政治构型能够在工作场所尤其是汽车厂里夺取权力；它通过一份学生报纸把一个实质性的楔子打入了这座城市的媒体和信息垄断；它选出法官；最后在千钧一发之际选举了市长，夺取了市政权力机器。这当然是了不起的政治成就，其特点是极其强烈地感到对一种多层次革命策略的需要，这涉及劳动过程中各个社会层面的能动精神，如媒体和文化、司法机制和选举政治等。

然而，同样清楚的是——而且这种道德胜利比在早期的社区政治中要清楚得多——这种策略受城市形式本身的制约和束缚。事实上，这种超国家及其联邦宪法的巨大力度之一就在于城市、国家和联邦权力之间的明显断裂：如果你不能在一个国家内实现社会主义，那么，在今天美国的一座城市里实现社会主义的前景又具有多大的讽刺意义呢？实际上，我们的外国客人可能不会意识到在这个国家里有四五个社会主义公社，我就在一个公社附近一直生活到前不久，即加利福尼亚州的圣克鲁兹；没有人会贬低这些局部胜利，但是，似乎没有人将其视作向社会主义过渡的决定性的第一步。

如果你不能在一座城市里建设社会主义，那就假定你连续攻下了一系列重要的大城市中心。这就是“黑人革命工人协会”开始考虑的：即是说，他们开始感到，他们的运动是一个政治模式，应该得以普及。所出现的问题是空间的，即如何以**城市**的策略和政治为基础发动一场**民族**政治运动。无论如何，该协会的领导开始把消息传向其他城市，传向意大利和瑞典，研究那里的工人运动策略，并说明他们自己的模式；而市外的政治活动家也来到底特律，研究市内的新策略。应该清楚的是，我们恰好面对着再现的问题，那个不祥的美国字眼“领导”的出现丝毫没有表示这个问题。然而，就更普遍的方式而言，这些访问不仅仅是网络工作，建立联系，传播信息；而且提出了如何把一个特定地区的模式和经验传给其他地区的人民的问题。因此，该协会把他们的经验拍成影片，而且是一部非常好非常激动人心的影片，就是符合逻辑的。

然而，空间断裂是比较偏离和辩证的，它们并没有以任何明显的方式被征服。比如，这些空间断裂使底特律经验成为终极界限，这场运动就在这条界限面前垮掉了。实际发生的是，该协会乘坐喷气式飞机从事宣传的战斗员们都成了媒体明星；他们不仅仅疏远了当地选民，而且，更糟的是，没有人呆在家里料理当地事务。由于登上了更大的飞机，基地便在他们脚下消失了；美国那个丰富的政治年代里最成功的社会革命实验就这样落得个悲惨的毫无戏剧性的结局。我不想说它没有留下任何痕迹，因为一些局部目标已经达到。无论如何，第一次丰富的政治实验都以潜在的方式继续滋养着传统。然而，在我们的语境中，最具讽刺意义的就是他们的失败所意味的成功：再现——这一复杂的空间辩证模式——成功地以一部影片和一本书的形式存留下来，但在成为一个意象和景观的过程中，其指涉似乎消失了，这也是从德波尔德到鲍德里亚等许多人所提醒我们的。

然而，这个例子可以用来说明这样一个命题，今天成功的空间再现大可不必是鼓舞士气的关于革命成功的社会主义—现实主义戏剧，反而同样可以是刻写在失败的叙事之中的。这种失败的叙事有时甚至更有效地把后现代全球空间的整个建筑以幽灵般的剖面高高耸立在它自身的背后，成为某一终极的辩证障碍或看不见的限制。这个例子也可以给认知测绘的口号以更多的意义，这也是我现在要讲的话题。

我的兴趣在于描述我理解这一概念的方式，即把这个概念作为对阿尔都塞和凯文·林希的综合——当然，如果你不知道林希是一部经典著作《城市的意象》的作者的话，这样一种表述就不会对你意味着什么。该书反过来孕育了一种低层次的亚学科，即今天以“认知测绘”为标识的学科。[2]林希的问题仍然没有摆脱现象学的限制，他的著作本身无疑要受到多种批评（当然包括对缺乏关于政治代理或历史进程的思考的批评）。我对该书的利用是象征性的，因为林希探讨的城市空间的精神地图可以外推到以各种篡改了的形式存留在我们大家头脑里的关于社会和全球总体性的精神地图。依据波士顿、泽西城和洛杉矶的闹市区，通过采访和问答而让主体回忆他们所处的城市环境，林希说明了城市异化与地方性城市景色在精神上的不可测绘性是直接成正比的，像波士顿这样的城市，以其划时代的视角，其各种标志和纪念碑，其宏大但却简朴的空间形式的综合，包括像查尔斯河这样的戏剧性边界，不仅使人们在想像中感到与该城其余地区的普遍成功的连续，此外还给予他们以传统城市形式的自由和审美满足。

林希给我印象最深的是他构想城市经验的方式——此时此地的直接感知与把城市作为一个缺场的总体性的想像感知的辩证法——提出了与阿尔都塞关于意识形态的著名表述相似的一种空间类比，这个著名表述就是“对主体与其**真实**生存关系的想像再现”。不管有什么缺陷和问题，把意识形态作为任何社会生活形式之必要功能的肯定观念都具有一个很大的优点，即强调个别主体的局部位置与他或她所处的总体阶级结构之间的距离，现象学感知与超越所有个体思维和经历的一个现实之间的距离。但这种观念试图借助意识或无意识的再现来沟通、协调和测绘。因此，这里指出的认识测绘的观念涉及把林希的空间分析外推到社会结构领域，即是说，从我们所处的历史时刻，外推到全球规模的（或可说是跨国的）总体阶级关系上来。它的次前提也被保存下来，即，不能进行社会测绘有害于政治经验，就如同不能进行空间测绘有害于城市经验一样。不言而喻，这个意义上的认知测绘美学是任何社会主义政治规划的必要组成部分。

在前面的讨论中，我违背了一种时髦的后马克思主义的许多禁忌和惯用语，因此，在继续之前有必要直接坦率地讨论一下这些禁忌和惯用语。它们包括这样一个命题，即阶级已经不存在了（这个命题可以用一个简单的区分加以澄清，即把阶级作为小规模的社会模式的一个因素，把阶级意识作为文化事件，把阶级分析作为一种精神运作）；这个社会不再以生产而是以再生产（包括科学和技术）为动力的思想——在一个实际上完全是人工建造的环境里，人们易于对这种思想报以嘲笑；最后，是对再现的拒斥和对总体性概念和总体化思想规划的诋毁。在实践上，最后一点需要分成几个不同的命题——尤其是与资本主义相关的命题以及与社会主义或共产主义相关的命题。法国新哲学最简洁地说明了这一点，但却没有意识到他们是在再生产或重新发明美国冷战时期最陈旧的意识形态口号：总体化思想是极权主义思想；是从黑格尔的绝对精神到斯大林的布拉格的一条直线。

作为一种自我放纵，在此，我将打开一个简短的理论括弧，尤其是在提到了阿尔都塞的情况下。我们已经在巴里·辛戴斯和保罗·赫斯特的著作中看到了阿尔都塞反应堆戏剧性的和颇有教益的融化。阿尔都塞一方面努力保证社会生活不同层面的半自治性，另一方面又以他所说的“结构总体性”的形式竭力保留“终极决定因”的旧的正统观念，辛戴斯和赫斯特看到了这两种努力的不相容性。因此，作为其逻辑结果，辛戴斯和赫斯特只是简单地搬除了那个冒犯机制，阿尔都塞的理论大厦因此而坍塌，变成了一堆自治的瓦砾，相互间没有任何必然联系——在此，不言而喻的是，人们不再谈论或汲取任何社会结构观念的实际政治后果；即是说，所说的资本主义和所说的社会主义或共产主义的观念已经失去了自身的价值，落入历史的垃圾堆。（这后一种当然像一口烟一样消失了，在同样的情况下，任何像历史这样的总体过程都不可能在概念上受到欢迎。）在这具有高度理论性的语境中，我所要说的就是，把总体性的哲学概念与极权主义的政治实践令人悲哀地等同起来，本身就是阿尔都塞称作“表现性因果律”的一个特别成熟的例子，也即两个半自治性（或现已完全自治的）层面的相互倒塌。这样一个等式对未重建的黑格尔派是可能的，但与任何诚实的后阿尔都塞式的后马克思主义的基本立场却是不相容的。

为结束这个括弧，所有这些都可以用比较世俗的术语加以表达。资本的概念是公认的总体化或系统概念；没有人见到或遇到过这种事情；它要么是科学推理的结果（应该明确的是，科学思维总是把现实的多元性简化为一个小规模的模式），要么是一种想像或意识形态幻想的标志。但我们还是认真一点吧：认为利润动机和资本积累逻辑不是这个世界的基本法则的人，认为所有这些并不为社会变化和社会改造设置绝对障碍的人——这种人生活在另一个宇宙之中；或文雅一点说，在这个宇宙中，这种人——假定他或她是进步人士——注定要献身于社会民主，现在已有丰富的文献记载着失败和投降。因为如果资本并不存在，那么，社会主义也显然不存在。我绝不是暗示说，在这个新的后马克思和尼采式的微观政治的世界上任何政治都是不可能的——这显然不是事实。但我的确想说，没有社会总体性这个概念（以及改造整个社会制度的可能性），就不可能有正当的社会主义政治。

至于社会主义本身，我们必须提出一些更麻烦和未解决的难题，这些难题涉及群体和集体的概念。有些难题非常熟悉，如地方层面的自制与全球规模的规划之间的矛盾；或是由取消市场而带来的问题，更不用说取消商品形式本身了。我还发现下面关于社会本身性质的命题甚至更有刺激性和问题性；除了一个明显的例外（即围绕一种经济机制组织起来的资本主义本身），已经证实的是，不是以超验或宗教形式为基础的具有内聚力的人类社会从来都没有存在过。没有野蛮的从来只是作为权宜之计的武力，就无法要求人们相互合作，不诉诸宗教信仰或超验价值，就不可能抛弃邪恶的本能欲望，即与任何可想像的社会主义社会绝对不相容的本能。其结果是，只有在被围攻的状况下，在巨大的障碍引发出战斗热情和群体努力时，这种社会主义才能获得暂时的凝聚力。换言之，没有资本的非超验性经济机制，一切对道德刺激的诉诸（如在格瓦拉制下）或对第一性的政治的诉诸，都必然在极短的时间内耗尽生命力，结果只能有两种选择，一是回归资本主义，二是以这种或那种现代形式建构“东方政治体制”。

在现实中，这个困境对我来说是今天的马克思主义所面对的最迫切的任务。我以前曾经说过，所谓的马克思主义危机并不是马克思主义科学的危机，马克思主义科学从来没有像现在这样丰富；而是马克思主义意识形态的危机。如果意识形态——如果给它下一个稍微不同的定义的话——是吸引广大群众的对未来的幻想，那么，我们就必须承认，除了几个正在进行的集体实验之外，如古巴和南斯拉夫，任何马克思主义或社会主义政党或运动都丝毫没有想过作为社会制度的社会主义或共产主义应该是什么，可能会是什么样子。那个幻想将不是纯经济的，尽管马克思主义经济学家和我们其余人一样都不能认真地阐述这个乌托邦问题。最重要的，这也是社会和文化问题，涉及如何想像一个没有等级制的社会，一个自由人民的社会，一个同时拒斥各种市场经济机制的社会，是可能团结一致的。在历史上，一切等级制形式最终都总是基于性别等级制，基于家庭单位的建筑区，这清楚地表明了女性主义问题与马克思主义问题之间的真正结合点，不是对抗的结合点，而是女性主义规划与马克思主义和社会主义规划汇合、共同面对同一困境的时刻，即如何想像乌托邦。

回到这一冗长的离题话的开头，我们认为，拒斥总体性概念的任何人在这个问题上都似乎不可能有什么有用的话可说，因为对这些人来说，总体化的社会主义幻想显然无法估计，在任意和无法确定的微观世界里是一个虚假问题。抑或有另一种可能性，即，我们对总体性概念的不满本身并不是一个自圆其说的思想，而是一个重要征候，思考一个复杂社会中这些相互关系的愈加增多的困难的一个功能。这看起来至少是X组的建筑师阿尔多·凡·艾克所指的含义，1966年，他提出了现代主义已死的命题："我们丝毫不知道无限的多元性——我们不可能与其达成一致——建筑师或规划者或任何人都不能与其达成一致。"他还说："如果社会没有形式——那么建筑师又怎能建筑其对抗形式呢?"[3]这番话极易从建筑外推到社会变化本身。

在此，我们可以回到我自己的结论，回到审美再现和认知测绘的问题上来，这也是本文的前提，这样，你们就会长吁一口气了。认知测绘的规划显然随着将被测绘的某一（不可能再现的、想像的）全球社会总体的观念兴起或衰亡。我已经谈到形式和内容，而这个终极区别至少可以使我谈到审美的问题，我感到我本人绝对不可能猜测或想像这个问题的形式。后现代主义在内容的层面上给我们指出了关于这种认知测绘的暗示和例子，我认为这一点是可证明的。

我在别处曾谈到向机械再生产主题的转向，谈到大多数后现代主义艺术的自动指涉性都采取与再生产技术——电影、录像带、视像、计算机等——嬉戏的形式，在我看来，这是诋毁大跨国空间的一个比喻，这个空间仍然需要得到认知的测绘。在另一个层面上完全令人震惊的是偏执狂主题的无所不在，它似乎最细腻地表现了无穷无尽的共谋的生产。人们可能会说，共谋是后现代时代穷人的认识测绘；是诋毁晚期资本总体逻辑的一个比喻，是要再现晚期资本主义制度的垂死挣扎，它滑入了纯粹的主题和内容，这标志着它的失败。

完成的认知测绘将是一个形式问题，我希望我已经表明了它将是社会主义政治的一个必要组成部分，尽管它自身的可能性完全可能会依赖于以前的政治开放，这样，它就将肩负着越来越重的文化任务。然而，即便我们不能想像这样一种美学的生产，但正如乌托邦思想本身的情况所示，继续想像这样一个事物的可能性，这种努力本身就具有某种肯定的因素。

【注释】

[1] Dan Georgakis and Marvin Surkin，*Detroit*：*I Do Mind Dying*，*A Study in Urban Revolution*，New York：St Martin's Press，1975.

[2] Kevin Lynch，*The Image of the City*，Cambridge：MIT Press，1960.

[3] 引自 Kenneth Frampton，*Moderm Architecture*：*A Critical History*，New York：Oxford University Press，1980，pp. 276-277.

（陈永国　译）

后马克思主义五条论纲

第一条

在资本主义本身经历了结构形变的那些时刻，各种“后现代主义”层出不穷。

马克思主义是关于资本主义的科学，或为了给资本主义和马克思主义这两个术语以更深刻的含义，我们还可以说马克思主义是关于资本主义固有矛盾的科学。这意味着，一方面，在宣扬资本主义和市场决定性的广泛胜利的同时侈谈“马克思主义的深度”，是前后矛盾的。后者似乎为前者预示了一个稳定的未来，且不管它的胜利在多大程度上是“决定性的”这一问题。另一方面，资本主义的“矛盾”并不是某种无形的内部消解，而是相对合乎规律的，至少服从于根据事实所作的理论化。比如，对资本主义的任何特定时刻来说，它所控制的空间最终浸透着它在技术上能够生产的过多的商品。因此，这一危机就是制度性的。

然而，资本主义不仅仅是一种制度或生产方式，它是人类历史上迄今出现的最有弹性、最具适应性的一种生产方式，以前曾经克服过这种循环的危机。它借以克服这种危机的两个基本策略是：制度的扩张和全新商品的生产。

制度的扩张。资本主义总有一个中心，以前是英国的霸权，近来是美国的霸权。每一个新的中心在空间上都比以前的中心更大和更具包容性，因此为普遍的商品化以及新市场和新产品开拓了更广泛的领域。根据一种不同的历史叙事，我们可以说资本主义的民族时刻产生于18世纪的工业革命。这个最初时刻是马克思本人所经历和加以理论化了的，尽管是预言性的。继此之后是19世纪末的帝国主义时刻，在这个时代里，民族市场的界限被打破了，一种世界规模的殖民体系得以确立。最后，在第二次世界大战之后和在我们自己的时代，旧的帝国体系被推翻，一个新的“世界体系”占据了这个位置，由所谓的跨国公司所控制。当前这个“跨国”资本主义时期（在苏联解体之后）令人不安地在欧洲、美国和日本这三个中心之间取得了平衡，每一个中心都拥有带有无数卫星国的巨大腹地。这第三个时期的各个突发阶段直到冷战结束时才真正完成，所以这个时期显然比此前的帝国主义时代更具“全球”规模。随着对印度、巴西和东欧广大地区的（所谓）“非标准化”，资本便有了渗透的幅度，市场也比以前的各个资本主义阶段大大增加。那么，这是否可以看作马克思预见的世界市场的决定性胜利、因而标志着资本主义的最后阶段——其中包括“劳动力的普遍商品化”呢？这是值得怀疑的。新时期的内在阶级动力几乎没有时间发挥作用，尤其是新出现的劳工组织形式和政治斗争都适应已经改造了的商业世界的“全球化”规模。

全新商品的生产。克服制度危机要求有第二个条件：即诉诸革新，甚至技术“革命”。厄恩斯特·曼德尔把这些变化与刚刚描写过的各个阶段对应起来：民族资本主义诉诸流线型技术；帝国主义诉诸电和内燃机；我们自己所处的跨国资本主义和全球化时期诉诸原子能和电脑，这个时期被一些人标识为后现代时期。这些技术既有能力生产新型商品，又是开拓新世界空间的工具，因此“缩小”了地球，根据新的规模重新组织资本主义。这使人感到依据信息或电脑描写晚期资本主义的特点是适当的（而且在文化上是极具启示意义的），但需要将其与经济动力搭配起来，而电脑或信息却很容易在修辞上、知识上和意识形态上与这些动力割裂开来。

如果接受对资本的这种梗概分期，那么，即刻清楚的是，形形色色的“后马克思主义”，尤其是19世纪末的伯恩施坦或20世纪80年代的后现代主义，以及他们假定的马克思主义的“危机”或“死亡”，都恰与资本主义得以重建和得以极大扩展的那些时期是同时发生的。而这些马克思主义反过来又为一种更加现代的——实际上是我们时代的后现代的——马克思主义所效仿，试图对传统的研究客体即资本主义本身所呈现的新的出乎意料的维度加以理论化。

第二条

在我们的时代，社会主义作为一种幻想的自由——摆脱不需要的和可避免的经济和物质束缚的自由，为进行集体实践的自由——在两个意识形态层面上同时受到了威胁：一是在关于全球规模的撒切尔主义市场体系的争论中“话语斗争”的层面（斯图亚特·霍尔语），二是更深层的反乌托邦焦虑和惧怕变化的层面。这两个层面显然相互包含，因为关于市场的争论事先假定关于人性的一整套观点，然后，反乌托邦幻想便以更具启示性和力比多的方式对其加以排练。

话语斗争（与十足的意识形态冲突相对立）通过诋毁其各种可选因素，把一整套中心话题变得不可提及而获得成功。它诉诸平凡化、幼稚、物质利益、“经验”、政治恐惧和历史教训，将其作为对以前严肃的可能性进行决定性的非合法化的“理由”，包括民族化、标准化、赤字消费、凯恩斯主义、规划、民族工业保护、保险网络、最后是福利国家本身。把最后一项与社会主义等同起来能够使市场修辞赢得一场双重胜利，即战胜自由派（如美国的“新政自由派”）和左派。因此，左派今天被放在保卫大政府和福利国家的位置，在对历史的辩证理解并不比左派所占有的历史多多少的情况下，这是其细腻复杂的社会民主批判传统使其感到难堪的事。尤其值得企及的是重新获得历史环境变化的感觉，以及随这种变化而来的政治和策略反应。但这也要求投身于所谓历史的终结，即整个后现代时代根本的非历史性。

与此同时，与乌托邦相关的各种焦虑则产生于这样一种恐惧，即构成我们现行身份、现行习惯和力比多满足的形式、在新的社会分配和社会秩序发生根本变化的情况下将会消失的一切，比之在最近的过去的其他时刻，现在则要容易调动得多。显然，在全世界较富裕的一半人口中，而不仅在统治阶层，让穷人在现时代发生变化的希望已经变成了对丧失的恐惧。这些反乌托邦的焦虑需要以一种文化诊断和疗法直截了当地予以说明，而非通过赞同一般市场争论和修辞的这种或那种特征予以规避。

关于人性的一切争论——即人性基本上是善的和合作的，或人性是邪恶的和挑衅的，要求驯服市场，即便不是大海兽的话——都是“人文主义的”和意识形态的(如阿尔都塞所教导我们的),应该用根本变化的视角和集体规划来取代。同时,左派需要积极地保护大政府和福利国家,依据自由市场的破坏性的历史记录继续攻击市场(波兰伊对市场的理论化和东欧市场所表明的)。

第三条

但这种争论反过来事先决定采取一种立场，这当然是马克思的“理论与实践相结合”这一核心概念，即革命本身。这是实际情况，因为后或反马克思武器库的主要展品正是这个没有防守能力的概念。然而，保护这一概念需要进行一系列的准备：尤其是要抛弃一切偶像化了的观点，这些观点认为革命是时机的问题，而非一个细致复杂的过程。比如，我们所珍视的大多数历史性革命的偶像中，如攻占冬宫和网球场盟约，有许多都需要搁置一边。

社会革命并非时间中的一刻，而是可以据变化的需要在共时系统中得以证实的东西，在这种共时系统中，所有事物聚集在一起，其中每一事物都与另一事物相关联。因此，这样一个系统要求一种彻底的制度变化，而非循序渐进的“改革”，这种“改革”结果证明是贬义的“乌托邦”，即是幻觉的，不切实可行的。这就是说，制度要求在意识形态上想像用以替代现存社会秩序的一种激进社会形式，在现行的话语斗争中，现存社会秩序已不再被视为顺理成章的或传统的遗留，而需要进行再造。宗教的原教旨主义（无论是伊斯兰教、基督教还是印度教），凡是声称以激进的形式替代消费主义和“美国生活方式”的，当传统左派的可选形式尤其是马克思主义和共产主义的伟大革命传统，似乎突然不能利用的时候，都只能变得极为重要起来。

我们必须把革命——既是一个过程又是对一个共时系统的消解——看做由某一定时的或政治的事件，如大选中左派的胜利或对殖民权威的颠覆等事件所激发的一系列要求，但这些要求而后又采取愈加广泛的扩散和激进的形式。这些新的民众要求的浪潮，从迄今一直沉默和被剥夺权力的人口的更深层涌出的浪潮，然后甚至把一个表面上左翼的政府激进化，对国家实行前所未有的决定性改造。然后，民族（而在我们的时代则是整个世界）将以古典的二元方式产生分化，其中，每一个人，无论愿意与否，都必须采取立场。于是便有必要提出暴力的问题：如果这个过程并不真正是一次社会革命，那就没有必要采取暴力。但如果是真正的社会革命，那么，这个二元划分中以前处于统治地位的一方就必然要诉诸暴力抵制，那么，仅仅在这个意义上，暴力（不管多么令人讨厌）便成了真正的社会革命进程的一个外在标志或可见的表征。

因此，这里提出的一个更基本的问题并不是革命的概念是否仍然可行，而恰恰是民族自治的问题。我们必须提出这样的问题：在今天的世界体系内，统一地区的任何局部是否可能分离出来和解除与整个体系的联系（用萨米尔·阿明的话说），然后追求一种不同的社会发展和一种迥异的集体规划。

第四条

苏联的解体并不是由于共产主义的失败，反倒是由于共产主义的成功，如果人们像西方普遍认为的那样把共产主义解作实现现代化的纯粹策略。甚至在15年前，苏联正是在迅速的现代化方面被认为实际上已经赶上了西方的（这是我们几乎不再记得的引起官方焦虑的一个视角）。

关于苏联的解体还有三个命题需要进一步论证。第一个命题是，内部的社会和政治分化是20世纪80年代更大的世界格局的组成部分，掩盖了包括西方（里根主义和撒切尔主义，以及意大利和法国的类似形式）和阿拉伯国家（西山姆·萨拉比所说的“新父权制”）在内的一种结构腐化。如果从道德上解释这种结构腐化的原因，将其视为在这些社会上层财富积累不力的物质社会过程的结果，就将是令人误解的。显然，这种呆滞与所谓的金融资本密切相关，像金融资本一样疏远自身，偏离其生产之源。吉奥瓦尼·阿里吉已经表明，资本的不同时刻都似乎有一个最后阶段，在这个阶段，生产过渡到买卖投机，在这种投机中，价值脱离了生产源，并进行更加抽象的交换（这并非没有产生文化影响）。

还必须强调的是，诸如效率、生产力、财政能力等范畴都是比较范畴，即是说，它们只能在几种不平衡的现象相互竞争的一个领域里才能发生影响。较有效的生产技术排挤旧机器和旧工厂，这只能在后者进入力场并因此受到挑战和充当竞争对象时才是可能的。

这导致我们提出第三个命题，即，苏联是在它试图融入一个正在从现代化向后现代时代过渡的世界体系时“变得”毫无效率因而解体的。这个体系据其自身的运作规则而以极高的生产速度运转，这是苏联辖域内的任何生产所无法媲美的。在文化动机（消费主义、新的信息技术等等）的驱动下，由于精打细算的军事技术竞争、债务的诱惑和密集商业形式的共存而造成的紧缩，苏联社会引进了它不可能比之活得更长的一个因素。可以认为，苏联及其卫星国迄今一直在某一意识形态和社会经济的短程穹隆之下孤立地承受着自身的压力，现在，在没有准备好太空服的情况下就开始鲁莽地打开飞船的舱门，因此使自身及其制度屈从于标志着外部世界特点的无比强烈的压力。其结果可想而知，可以比做第一颗原子弹附近的薄膜式的结构承受其爆炸的压力一样，或可比作海底怪异而破坏形状的水压对于需要外部空气的毫无保护的生物一样。事实上，这个结果证实了华勒斯坦的预见：苏联集团尽管非常重要，但并未构成不同于资本主义的另一种制度，而仅仅是资本主义内部的一个反体系空间或地带。

第五条

从晚期资本主义的现行制度，从后现代性，从曼德尔划分的信息或跨国资本主义的第三阶段产生的各种马克思主义（各场政治运动以及知识和理论的抵抗形式），必然会不同于现代时期，即第二阶段，也即帝国主义时期产生的马克思主义。它们与全球化拥有一种截然不同的关系，而且，与早期马克思主义相比，也似乎更具文化性，从根本上转向迄今人们所知的商品物化和消费主义等现象。

文化对于政治和经济越来越大的重要性并不是这些领域带有倾向性的分离或区分的结果，而恰恰是商品化本身越来越普遍的浸透和渗透的结果，这种商品化现已能够对那个文化区域的更大地带加以殖民化，这个文化区域迄今为止不受商品化的浸染，实际上就大部分来说对商品化逻辑抱有敌意，并与之相冲突。今天，文化已大部分成为商业，这个事实导致的结果是，过去被认为是经济和商业的大多数事物，现在也变成了文化，对所谓形象社会或消费主义的各种判断都应该包容在这个特点之下。

在这种分析中，马克思主义以一种更普遍的方式享有理论的优越性，即其商品化观念是一种结构的和非道德化的观念。道德激情导致政治行动，但这仅仅是昙花一现的行动，很快就被吸收和抑制，几乎不愿与其他运动共同探讨其特殊的问题和课题。但是，只有通过这种联合，政治运动才能发展壮大。事实上，我想要从相反的角度提出这一观点，即一种道德化政治恰恰易于在对社会的结构认知和测绘受到阻碍的地方发展起来。今天，宗教和弱势民族的影响可以解作社会主义的失败所激起的愤怒，和以新的动机填补那个空缺的绝望的盲目尝试。

至于消费主义，完全可以希望它将证明具有历史性意义，人类社会的发展必然要经过作为生活方式的消费主义，即便仅仅是为了更自觉地选择与其迥异的东西来取代之。但对于世界的大部分地区来说，热中于消费主义并不是客观地形成的；因此，对

60年代的激进理论进行的预见性诊断——即资本主义本身是一股革命力量，它以相同的方式生产了资本主义制度所不能满足的需求和欲望——现在在全球规模和新的世界体系内的实现就似乎是可能的。

在理论的层面上，可以认为，当下亟待解决的问题，如永久的结构性失业，金融投机和难驾驭的资本运动，形象社会，都在可称为其缺乏内容及其抽象的层面上深刻地相互关联（与另一个时代可能会称为“异化”的东西相对立）。当把全球化和信息化的问题结合起来时，我们便来到了更加悖谬的辩证层面。当新的世界网络（左翼、商业和右翼）的政治和意识形态可能性与当今世界体系中自治性的丧失，与民族或地区要赢得自治性和生存或摆脱世界市场的不可能性携手并进时，一种看似难以解决的困境便出现了。知识分子不能仅仅通过吸纳一种思想就会找到走出这一困境的出路。正是现实中成熟的结构矛盾使人们自觉地期待着新的可能性：然而，我们至少可以像黑格尔所说的那样，通过“忠于否定”而保持这一困境的活跃，通过保持那个地方的活跃，新的事物才有可能出乎意料地从那里出现。

（陈永国　译）

德勒兹思想中的马克思主义与二元论

就像人们常常做、而又不一定真想做的那样，我们又要从黑格尔开始了（天知道我们是否也会在这里结束）。我们的格言是黑格尔对现代社会思想状况作出的预言式分析。他曾将这一状况与古希腊新生的哲学所处状况进行了对比：

> 古代人的研究方式跟近代的研究很不相同，古代人的研究是真正的自然意识的教养和形成。古代的研究者通过对他的生活的每一细节都作详尽的考察，对呈现于其面前的一切事物都作哲学的思考，才给自己创造出了一种渗透于事物之中的普遍性。但现代人则不同，他能找到现成的抽象形式；他掌握和吸取这种形式，可以说只是不假中介地将内在的东西外化出来并隔离地将普遍的东西（共相）制造出来，而不是从具体事物中和现实存在的形形色色之中把内在和普遍的东西产生出来。因此，现在的工作与其说在于使个体脱离直接的感性方式使之成为被思维的和能思维的实体不如说情形相反，在于扬弃那些固定的思想从而使普遍的东西成为现实的有生气的东西。但要使固定的思想取得流动性却比将感性存在变成流动的要困难得多。[1]

于是令人惊讶的是，在这部《精神现象学》的开篇，我们看到了对于物化问题的成熟精妙的思考：物化不仅体现在日常生活里，也体现在思考的过程中，体现在我们与业已存在的概念、与像许多书籍绘画那样命名和标记的自由流动的思想的接触中。黑格尔认为，古希腊人的任务是从感官流动中提炼出抽象的思想（“共相”），是将“未开化的思想”转换成抽象的系统，是从直觉感知的泥潭中重申“理性”精神（在弗洛伊德那里或许变成“自我”）。这一任务自此得以完成，于是现代的思想家被不断扩张的抽象概念的狂潮所淹没，我们在一个完全不靠外力控制的环境中搏浪，自身的个体意识充盈着各种各样的抽象范畴、概念和信息。这种新的困境，与希腊人在“纷繁芜杂的混乱状态”中所面临的状况明显不同，那么它还有什么东西需要重申或重新克服？又有谁没发现，比起黑格尔的信息相对贫乏的时代，在我们所处的后现代和晚期资本主义时期，在自动化控制盛行的社会中，这种新的困境更是千百倍地真实？如果希腊人将他们直接的感官认知转换为普遍性原则，那么普遍性原则自身又能转换成什么呢？黑格尔的答案一般被解释为自反性，自我意识，辩证法，以及辩证法与它所运用并寓于其中的概念的距离：这种解释也许并没有错，但在目前的环境里（而他自己的原话是“现实性”）也派不上什么用场。马克思的方案更胜一筹：他说资产阶级的思想活动（我们可以同样这般解读希腊哲学）力图从具体上升到一般；而我们当前的任务是从一般上升（注意这一动词的重复）——上升到具体。[2]

吉尔·德勒兹的伟大之处——至少是诸多令其伟大之处之一——在于他能兼收并蓄地直面由一切思想和出版物组成的庞大阵地。两卷本《资本主义和精神分裂症》（或者换种方式，两卷本《电影》）的读者无不为其中源源不尽的旁征博引而晕眩。这些引证不断给文本提供支持，糅合成内容，构建出二元论。在此意义上，人们可以说德勒兹是一位集大成的思想家，通过借鉴和同化，统领着广大无边、层出不穷的思想和概念。（如果你的确喜好二元论以及宏伟宇宙或者形而上学的对立，那么你可以说，在这方面德里达正是他的冤家对头。前者乐此不疲地解构其遇到的所有具体化的思想，其方法可追溯到这些思想的发源地——最早的不可能性与二律背反。）鉴于此，我认为，为德勒兹的著述寻求一个体系或中心意思，似有些误入歧途：事实上，这样的体系和思想不一而足。去观察他用才智将概念过剩的环境重写、译换、组织成力场的奇妙过程，可能更为可取。但是那常常如图示般简明易懂的组织过程却不会将我们引致真相，不过提供一系列特别的再现而已：利用伟大的神话二元论作为表征语言，绘制想像中的地图，这些二元论牵涉精神分裂与妄想狂、游牧部落与国家、空间与时间，等等。

我想进一步考察那一组织过程，但我打算从一个特定问题入手。对弗洛伊德的攻击贯穿《资本主义和精神分裂症》全书，要比书中另一同样显著的特征——对马克思观点的辩护与运用——更为出名。但我们知道德勒兹晚年曾计划写一部研究马克思的书，我们也可以揣想，马克思的影响远远不止《反俄狄浦斯》中十分重要的那一章长篇大论——即论述《政治经济学批判大纲》中有时冠以“前资本主义经济形态”之题的那部分的章节——所表现的。我认为在所谓“后现代主义”的杰出思想家中，德勒兹是在自己的哲学中赋予马克思至关重要的地位的惟一一位，他后期的著述里最激动人心的事件即和马克思思想的碰撞。

让我们先来考察一下《反俄狄浦斯》中有关马克思的巨幅章节里的事件顺序——如果可以这么说的话。尽管这一章写得生动有力，有条不紊，但也许更像为马克思主义作的一组注解，而不是与之相关的新哲学，或者意识形态上有所创新的某种读解。这一章本身是更大一个章节的子部分，有着一个奇怪的题目《野人、蛮族、文明人》，类似德勒兹与伽塔里合著的历史哲学，是一种与古代有更多渊源（如亚当·弗格森）、但也源自近代（得到马克思本人热烈赞同）的路易斯·亨·摩尔根1877年的《古代社会》的分类。我必须说说这位令人着迷的人物，列维-斯特劳斯称他为亲缘系统的发明者与现代人类学的奠基人；但我会只限于讨论所有关于现代与现代性的理论在摩尔根这里如何奇特地得到补遗修正、如何被发掘出其隐蔽的真相。这里"现代"当指"文明"；但是这么一说就等于设定了"他者"和在此之前的前现代或前资本主义阶段。在大多数现代的理论家看来，那不过就是传统和蒙昧，而对于另一些人，它能提供有着高贵的野人和自然状态的黄金时代的"力比多倾注"（libidinal investment）。摩尔根的独特之处就在于他同时采取了两种观点——他既是巴黎公社的支持者，又是易洛魁部落收养的氏族成员，毕生赞赏美洲土著的社会组织模式。根据古代的对应词，那种模式叫做"氏族"(gens)。在摩尔根的著作里，"野蛮人"并无否定含义：它骄傲地对抗着"文明"的工业资本主义的非人化和异化过程，是经过荣誉感和反抗精神打磨的旧的徽章。但是以这种方式背离现代化的社会秩序，就要为其所必需的能量付出代价；于是摩尔根对文明的否定造成否定的否定——以"原始人"的形式出现的第二个、作为补充的"他者"——类似残余或废品，一种"分裂"作用的自然结果；而经过分裂，易洛魁部落一切令人不快的不文明的方面都给隔离出来，并且被视作"真正"原始或部落人的特征。摩尔根对"野人"力比多力量的恐惧，从他自己的话——"惊人的乱交制度"——也可看出来。这不仅是指乱伦禁忌建立之前的性欲放纵的情形，也意味着一个普遍化的流动系统：没有书写，没有固定住所，没有经过组织的个体，没有集体记忆或历史，没有传给后人的风俗——想像一份反映这种完全无序状态的名单将没完没了。显然，在德勒兹/伽塔里体系中，这一切的诱发力（valence）都被改变了：野蛮状态离我们就像精神分裂症恬美单纯的释放状态一样接近，而同时根据他们对野蛮生活的描述，氏族内部业已包含的等级制逐渐现身，发展为吾珥城邦——最初的专制统治，皇帝和能指自身的支配权。

显然，这种宏大的历史叙事会重新提出众所周知的关于封建社会向资本主义社会过渡的问题，而且往往会强调相对这两个社会的更早阶段的残余物及其可能的回归。这一点比大多数马克思主义论述都表现得更为分明。在对野蛮生活的描述中占中心位置的权力问题——国王或皇帝的圣体取代大地之圣体（body of the earth），强调等级制度和城邦是历史力量——超乎寻常地发展壮大，演变成《千座高原》宏伟的二元论中更替出现的术语。和第一印象相反的是，这种强调权力的论述（不同于福柯）并不旨在提供马克思主义经济分析以外的新观点；倒不如说，后者自始至终在德勒兹/伽塔里历史叙事中得以概括体现。结果，关于原始（或“野蛮”）模式的经济决定论的论证比大多数马克思主义探讨都更充分和令人信服。的确，最初的价值赋予了“符码”和铭文，从而似乎对原始社会提供了相对“结构主义”的阐释，不过与此伴随的还有延续性（filiation）和非延续性（alliance）之间的张力，不断地重新加入马克思主义意义上的“经济”因素，而且一直持续到资本主义，变成货币本身两种用途之间的本质对立：既作为资本又作为购买力，既是投资能力，又是交换尺度。

但是为了理解德勒兹/伽塔里对资本主义的描述的独创性，我们仍需回到符码的问题。在他们看来，资本主义当然是由**公理**构成的，这和早些时候的**符码**相当不同。不过引人怀疑的是，是否如同货币一样，“符码”这一概念的功能之一首先便是为了划清和公理的根本区别，而另一功能则是从内部获得作为概念的本体，它是这样被描述（而不是定义）的："流变是经过编码的，因为事件链的分支和流动的预选彼此呼应、利用和结合。"[3]这里的图形来自路易斯·叶尔姆斯列夫的语符学，其中既包含每一平面内容上相对的不相干性，又要求两平面间形式上绝对的对等，因此受到高度认可。

把"符码"描述成有意义而"公理"无意义或是任意，这样表示差异的方法并非恰当，因为传统意义上的"意义"这个概念正是德勒兹力主废除和替换的。我们不妨说，一个符码的属性就是能很平常地和另一个符码进行替换，一段时间以后看上去同样"有意义"或有机。但遇到公理你就停滞不动了——你没法改变它，至多只能加上另一个，直到它变得像那些法律制度，让你总能在某个书库里找到不计其数的先例和以往的裁决。据我的理解，数学里的公理是起点，其自身是没有依据也不需证明的，但却为其他所有步骤和命题提供依据和证明："选择公理，需要选择一些基本的专门术语而不用给之下定义，因为要想给所有的术语下定义，就会导致不断的回退。"[4]我认为，关于公理的现代讨论实质上依决于假设和任意起点的问题。至少，德勒兹和伽塔里正是以公理的方式开始讨论资本的。让我冒昧作出这样的归纳：符码自身拥有一种瞬时的自足性，且不论它们是存在于装饰形式（如文身），还是风俗、神话的形式，也不管在漫长的历史流变中它们如何容易地转换成其他符码。但是公理就不同了，它是运作型的；它不提供任何评注或解释，仅仅是一组有待实施的规则。正是在这个意义上，资本主义通过不断增添新公理来进行自我修补及克服自身矛盾：你本该相信一个纯粹的市场体制，也就是说，一个简简单单设置了免受干扰的交换行为的公理。但一旦自由贸易或黄金标准中出现了危机，你就得加入更为复杂的凯恩斯定理：它们并不能更改资本主义的公理，而仅仅是使构成它的运作更复杂化。从这里回到任何更简单的公理或更纯粹的资本主义形式是不可能的了；只有添积更多的规则和限定（反对规则的规则，例如，解体凯恩斯理论，必须运用凯恩斯理论的结构和制度来完成）。我认为，无论如何，这个神秘而重要的词语必须从所谓德勒兹的符号学的角度来理解，而且我们确实迫切需要某种关于公理的符号学，假定我们已经拥有满意的关于符码的符号学。即使这样，关于差异的独创性问题依旧存在：除了用一套新鲜术语重述早已有之的机械与有机、共同体（*Gemeinschaft*）和社会体（*Gesellschaft*）的对立，还有更多的突破吗?

《反俄狄浦斯》对此问题的回答表现出强烈的“文本”特征：符码是被铭刻的——当不刻在大地之体上时，在外部极限上刻于身体本身（文身，刀疤，绘脸）。但公理不是一种书写，不能留下那一类痕迹。如果你愿意用另外的方式展现这种差异，我们可以说：“符码永远不是、也不会是与经济有关的。”[5]这一发现又会把我们慢慢引回到马克思本人对前资本主义形态的描述，尽管这些形态“最终”是围绕其内部某种特殊的经济生产类型构成——不过不同于资本主义状况——却还是靠“经济以外的因素”得以巩固：“在中世纪是宗教，在古代城邦是政治”，除此以外，自摩尔根以降，还加上了“在氏族社会和原始部落是亲缘关系”。这种非资本主义阶段的权力与生产分离的情况，后来被阿尔都塞主义者阐释为总以经济形式出现的“决定因素”与在上述社会形态里属于经济以外的“支配因素”之间的差别，而只有在资本主义社会里，这两者重合了。（今天关于社会主义的重要理论争端之一必然也关乎这一差异，即社会主义和其他不同于资本主义的方案，如伊斯兰的原教旨主义，是否同样不需要某些“经济外”动机的问题。）

关于符号的论述是此章的三大特征之一。在涉及亲缘关系那段醒目的篇章里，这一概念经过重新整理化为谱系和联盟之间的张力，该部分也为再次展开论述提供了主题，因为这种张力又将会在资本本身之内、以货币的双重功能的形式重现。最后的关于俄狄浦斯情结的讨论倒没引起我多大兴趣，不过它提出了一种明确独特的再现形式及公理社会（资本主义社会）里图像的生产和功能，其中原初景象和俄狄浦斯家族成为最初的形式与典范。与此同时，作者不时记起自己的起始计划，于是追问欲望是如何注入这些体制的；他们援引且重新阐释了“利润降低率”的概念；而对于任何政治性的读解都意义非凡的是，他们对体制的趋势作了理论阐述：在一显著段落里宣称，资本主义的去区域化过程总是伴随再区域化过程，至少也是再区域化的欲望和诱惑。[6]重新打造私人花园或宗教自留地，像从事业余爱好一样举行数小时的圣礼，把钱花在一项激动人心的体育赛事上以获得生命本能——换句话说，试图将零碎的公理转换回许多符号的种种趋势——显然是和多种前资本主义形式（编码与叠编码，专制国家，亲缘系统）以类似的形式在资本主义社会存活的方式是一致的，但实际上功能却完全不同。公理或资本主义无力给其主体提供自发的“力比多倾注”——它内部迫切地需要重新制造古老的编码形式，以补救其贫瘠衰微的结构——这正是《反俄狄浦斯》的“马克思主义”所开辟的最有趣、最值得期望的研究路径之一。

不过伴随这一论点的，还有由合著总题目《资本主义和精神分裂症》引发出的另一个切入点，那就是，尽管标语式题目中的两个词语具有同源性，理想的精神分裂症实际上构成抗衡资本主义的另外选择，并作为其外部界限存在。谈到这个问题时我不想那么理论化，而愿意更多地根据经验来讨论一下阶级问题；因为关于这一问题的论断更给人启迪：“从资本主义公理的角度看，只有惟一的一个阶级能胜任普救的使命（universalist vocation），而那就是资产阶级。”[7]德勒兹和伽塔里支持这一不幸结论，并把它发展成萨特本人在《辩证理性批判》里也论证过的观点，即，社会阶级仅是连续的存在，只有不同集团单位（group unities）表现出迥然相异且积极有效的原则。这样，无产阶级就无法肩负系统巨变的历史使命，真正潜在的游击力量只能属于特别阶级（*hors-classe*）（可能将是理想的精神分裂症患者）。[8]

这些思索延续至《千座高原》里专论国家“捕获机器”（Appareil de capture）的章节（尤其是命题14），公理的概念和结果都在此得到进一步探索和发挥。作者在这里借助极为有用的一组相互关系——不变资本（机器，技术，自动化，以及公理本身）的增加与利润降低率之间的关系，以便更详细地阐述资本主义的内在矛盾。[9]但对我们来说这一章最有趣的地方在于德勒兹和伽塔里对“特殊阶级”概念的生发，他们基于当代意大利政治思想，想要阐发完全处于国家以外的革命运动的观念。正是在这一点上，我们最生动地领略了德勒兹式术语的经验价值，如若不然，那很可能让人觉得只是一套充满诗意或玄想的术语：“解码”，“去区域化”，新的资本主义公理取代旧的符码，引发和释放了所有类别的“流溢”（fluxion）[布赖恩·马苏米译成“流动”（*flows*）]，但以前的那个词更具有医学意味，也更有用处。一直以来这些都更像是结构问题，但现在我们发现了真相。“经过解码的‘流动’越多地进入位居中心的公理，与之相称地，它们就越容易逃离外围（亦即第三世界），并且引发公理不能控制、更解决不了的问题（即使是那些为应付外围另外添加的特殊公理）……烦扰世界经济或公理的代表的四种主要流动是：能源物质（亦即石油及其他货物）流动，人口流动，食物流动，城市流动。”[10]同时，工人阶级的定位问题依然很重要：

> 只要工人阶级的性质还靠一种获得的身份界定，甚至由理论上已被其征服的国家（State）来界定，它就还以“资本”的面目出现，是资本的一部分（可变资本），也就逃脱不了资本的平面（*plane*）。这一平面的最好情况也表现为官僚主义（就像在一些社会主义国家里）。然而恰恰只有离开资本平面、不停地脱离那里，一大群人才具有真正的革命性，去摧毁可数集团构成的占支配地位的平衡。[11]

不管这一判断在 1972 年冷战时期表现出《反俄狄浦斯》的政治立场有多么的不确定，其分析按当前的形势看来都颇具先见之明，尤引人注目的是大量的结构性失业，及近来涌现的一群社会主体，他们战略性地控制着生产“杠杆”，无法扮演一直以来赋予工业无产阶级的政治角色。如果我们要探寻德勒兹和伽塔里著作在今天的政治启示，就应该从这些洞见和评价着手。同样的还有与之伴随的关于货币、金融、银行的讨论，这些在今天以新的形式“金融资本”复活，进一步清楚地证实了这部历时 25 年的著作的议题（agenda）的有效性：“是银行统治着整个系统，包括欲望的投入（investment of desire）。”[12]这种对资本主义公理的解码和去区域化过程所作的奇妙分析后来在两个方面展开：一方面是主观性的贫乏和过去的主体自身（运用非德勒兹的术语）的消失；另一方面是如今赋予货币本身与金融逻辑的巨大力量，就像公理在日常生活和资本主义制度运作过程中所采取的那种反常和矛盾的形式。

由此产生了一些理论问题，与其说问题关乎德勒兹/伽塔里著作中对资本主义的描述，不如说在于对资本主义的他者的设置，这他者究竟是指工业无产阶级（和传统一致）还是完全处于资本和社会以外的亚阶级和下层阶级、失业者或少数群体。换句话说，我们所面对的是否是一个真实的二元论，在这里是否资本主义和国家的对立面都是与它们截然不同、对它们来说完全是他者的、外在于它们的事物？抑或，在一组更为辩证的对立中，作为他者的工人阶级不知怎么也成了国家和资本的一部分，也因此隶属于后者，这一位置似乎发展下去会导致一元论，这样一来最终只剩下国家，只剩下资本，是吗？我们不久会回到这些问题。

在此，我希望停顿片刻，就刚才一番演练把我的立场澄清一下。我感觉问题不在于判断德勒兹（或德勒兹/伽塔里那个综合主体）是不是马克思主义者。毫无疑问，不同的马克思主义学说都是意识形态，像其他意识形态一样是可以拿来分析的。不过，马克思主义作为一种思想体系——我对用“科学”这个词有几分踌躇——在我看来，更像是悬而未决的疑难问题。我认为，在当前的语境下，更重要的是判断在何种程度上德勒兹的思想在那一疑难问题中展开并认可前者；或者，反过来，在何种程度上德勒兹的疑难问题包含着马克思主义的疑难问题，且把马克思主义的难题和疑问当作自身探究领域内的紧迫问题来对待。当今人们向经典自由主义的回归——以及代表着目前学界风气的诸如伦理学、美学、政治哲学等传统学科的复兴——都倾向于通过证明马克思主义的疑问在晚期资本主义不再有效，从而回复到马克思主义之前的立场和问题。这一判断的关键特点倒不是缺乏针对那些问题的各种马克思主义的回答与解决方案，而在于那些问题本身的再现，在于某种寻求给当今社会生活的逻辑（商品化）和全球化金融资本的新型运作进行定位的探究的消失，我们有责任对艺术生产、意识形态的功能、知识分子及其概念创新的作用作出描述，而这种新型运作就处在这些描述的范围内。

不过在我看来，德勒兹的著作并没有给这些倒退性成果添砖加瓦；无疑，这部著述的全部功用不是把学术脱离于社会、政治和经济而尘封起来，而是把它开放和推向那个更大的力场。换句话说，德勒兹的分析并非要容纳那些实体（realities）、将之送回各学科分门别类、僵化冻结的空间，而是要展现巨大无比、形态各异的编码王国；在这里，欲望越过重重边界，不知疲倦地奔放挥洒；在这里，生命本能当然不再拘限于资本主义思想称为主观性或心理（甚或心理分析）的狭窄天地，而是向世人昭示着，究竟如何，社会性也是编织着的梦幻，而狭义的力比多本身却成为一张社会与政治再现之网。瓦解主观——即欲望、力比多、甚至性的狭义概念——与所谓的客观——即社会政治经济要素——之间的屏障，是德勒兹最重要的成就之一，假定做到这一点也不乏其他方式的话。（当代拉康思想的一些发展——我首先想到的是斯拉渥·齐泽克意义不凡的著作——便试图采用其他方式和形式达到此目的。）不过，就德勒兹与伽塔里而言，让我把《反俄狄浦斯》中一个更引人注目的片段记录下来，可以说它是传统的主客观间的高墙轰然倒塌时那一刻的见证。

> 谵妄（delirium）是如何发作的？也许电影恰能捕捉疯狂的过程，原因就在于它不是分析性或回退性的，而是对一种全局性的共存状态的探索。看一看尼克拉斯·雷导演的一部据说是再现了可的松谵妄之形成的片子：一位任高中教师、同时加班做无线计程业务的父亲，工作过度，正接受心脏治疗。他语无伦次地说个不停，先开始谈整体意义上的教育制度，恢复纯粹的种族的需要，社会和道德秩序的解放，接着转到宗教，回归圣经、亚伯拉罕的及时性。不过亚伯拉罕到底干了什么呢？哦对，他杀了、或者说想杀自己的儿子，也许上帝

> 惟一的失误就是让他住了手。但这个男人，影片的主人公，不是也有一个儿子吗？嗯……电影如此生动展现的、使精神病学家相形见绌的就是，所有的谵妄首先涵盖社会、经济、政治、文化、种族、教育、宗教等领域：精神错乱者让谵妄影响他的家庭和孩子，然后从他们又延及各个方面。[13]

在谵妄的例子里，具有戏剧性并在叙事上突出的要素，同样作用于欲望本身的微观运作，而且通常情况下每天都在发生。这已非一种弗洛伊德—马克思主义形式，在这种形式下，各方都保持自己的派别结构（譬如某种内心的人民阵线政府），同时又通过派送专家、彼此商讨，在有争议的领域里开展合作。相反，它强调了德勒兹著作中的一元论主张（我随后将论及）以及开篇黑格尔评论中暗含的学科多样性被惊人的去差异性过程所战胜的情况：无疑它很大程度上得益于更早历史时期学科专业的建立和制度化，但也标志着要重建那所有分散物之间多重联系的新主张。这就是我所说的德勒兹作品中集大成的精神，如此一来，以下这点也就毫不足怪：我们思索的那种欲望的一元论，另一面恰恰表现为五花八门的旁征博引，所有类型的文本、任一领域的研究的不断糅合，让任何读者都不免惊讶，而且《千座高原》甚至比《反俄狄浦斯》表现更为突出：语言学，经济学，军事战略，教堂建筑，数学，现代艺术，亲缘系统，工程技术，古代帝国史，光学，进化论，革命实践，音乐调式，晶体结构，法西斯主义，性别，现代小说——每一样都是磨房里的谷粉（可以很好地被利用），这不再是简单机械地建立什么同源关系，而是开动和逐步运转着不可思议的多维现实。

以上一切让我们又回到哲学再现的中心问题，不过在此之上，我们还要增加一个新的问题：什么叫做马克思主义传统的意识形态（或 ideologiekritik）批判？为此德勒兹似乎在《千座高原》中突然另辟了一条道路，作者称之为精神学，或者如他们所说的，“对思想的映象及其历史真实性的研究”[14]。精神学分析系统，作为建立在德勒兹/伽塔里意识形态二元论（游牧对国家）基础上的、区分和潜在地评判文本的模式，在我看来，似乎比更正式的“根茎状”和“树状”的划分（通向四面八方的生长相对于由上至下的等级秩序）包含更多的内容，后种划分已广为人知，但似乎呈现出更抽象、哲学意义更纯粹的一组散乱的特征。因为，作为《千座高原》开篇的“根茎”一章（已有单行本出版）有一种类似宣言的教条主义力量；而蕴含在后面错综复杂章节里的“精神学”方法的层层揭示则更为具体，其论证的切入点正是“皇家科学”和“次要科学”（我们随后会论及）之间的对立。新的配对是否标志着，德勒兹和伽塔里的著作从经济——即在《反俄狄浦斯》中占主导地位的生产模式——偏移到政治概念的构想，其中，得出判断和选择立场都更为容易？这当然是个未决的问题。我们也将带着这个问题去接近新材料。

起初，精神学是围绕着简单的一览表建立的，它不直接来源于哲学思想，而是各种工程学，这也是作者典型的创新性所在：熟练工建造大教堂，对立于后来国家将建筑方法和工程标准强制编纂成典；前者实际上被描述为一种“不精准但严苛”（*anexact yet rigorous*）的方法，其“不准确是本质上而不是偶然的”[15]。但由此得出的却是，根据是否和“借自国家机器的模型”一致来判断思想：“经典的思想的映象及其造成的思维空间的条纹，要求拥有普遍性。实际上，它与两个‘一般概念’一起发生作用，作为存在最终基础或者包容一切领域的总体性；以及，作为把存在（being）转换成我们的存有（being-for-us）之原则的‘主体’……置放在‘普遍方法’原则下的‘成为主体’（Being the Subject）的双重视角。”[16]我认为，在我们这个对马克思主义的反对已造成大量无政府主义复苏的年代，这种分类已成为某种“局部知识”（doxa）。在我看来，这种精神学最喜人的结果，倒不是就倾向于国家的思想作出的结论，而更在于对与此对立的游牧思想展开的充满激情的描述——如果这儿真有一个二元论的话；由于用来称赞游牧情境的措辞——种族，部落，民族主义，这种描述还冒着和所有种族主义有染的危险。但这里作者要说的极有意义：“部落种族只在某个被压迫种族的层面上生存，也只在它所经历的压迫层面上存在；只有劣势的种族，少数的种族，没有占统治地位的种族，种族不靠其纯粹性限定，而靠一种统治制度赋予它的不纯粹性来限定”；如此云云，直到不得不引用兰波的《在地狱的季节里》来强化修辞。[17]在我看来，似乎每个人都可以赞同这一点；因为德勒兹和伽塔里作品中深层次的真理，总要在对立的这一面去寻找，从他们思想里出现的那种少数人的异常的直觉中去寻找。（在当前所谓经典的——不幸成为经典的——《卡夫卡》一书[18]中关于次要文学和内部颠覆性语言的思想里，也多少有些对少数人的论述，好像这里丢失了的一章，应该在这里添补上一座零落的高原。）

因此，正是在对游牧文本和微逻辑战争机器的分析里，我们期望看到最有意思的章节。（至于国家，如相应的章节标题所示，由国家对其附属国、对伴随的游牧民或游击队实施“攫取”、占有和吞并的过程，将构成对应分析的兴趣所在。）正是在对铁匠和冶金术的精心论述中，我们发现了德勒兹式意识形态分析的表现。它建立在叶姆斯雷夫的语言学的二元论基础上，其效力在于德勒兹和伽塔里对外在性（exteriority）的强调。不仅战争机器“外在”于国家；而且，既然内在性（interiority）、主观性、本体的语言，“所有母牛都成灰色”的暖夜，本身都是德勒兹思想的驳斥对象，那么在某种意义上，《千座高原》里理论阐述的一切也都是外在性的现象。但是，外在性现在突然意味着关系，它将一特定的现象向外界展开，然后把这个别现象——不论它是某一类型的文本，还是这或那个社会个体——与更广泛的外部力量联系上。

传统意识形态分析所用的语汇，自然是相对受限的。这些语汇对于任何这样的个体现象——一段文本，一点想法，甚至一个社会阶级——都要寻找对等物，都企图建立上层建筑的彼方面或此方面与基础或下层结构状况之间的相互关系。而外在性原则转换了这一切的代码，给我们提供一个更为灵活的临时方式去对待代码的译换过程。这里的问题不再是在两个业已存在的实体（例如文学与社会）间建立简单一对一的相互关系，而是要展现任一指定的文本如何确认飞越自身以外的逃逸路线，表面上它是自主的，但恰恰在自身结构里带有一种指涉性，一种超越自身、与他物相连的趋势。

比起像索绪尔的这样广为接受的符码学或语言学分析形式，叶姆斯雷夫的语言学是更适用于这种过程的模型，因为其两个平面包含四个术语，只通过外在性、通过一种特定或偶然的交叉——而非某种更深层次的业已建立的和谐——联系起来。这样，内容和表达两个平面各自构成实质和形式的对立：形式与内容被大胆地重新分至语言现象内的不同区域，因此两者间的传统界限已然陌生化和更新了。“内容”现在有了自身的逻辑和内部的动力，“表达”也如此：内容有形式和实质，正如表达也有形式和实质。两个平面并列，产生了模型。在这个模型中，德勒兹所说的流变（内容）现在能以既定的符码得到及时清晰的表述（表达），不过其结果是，这些可作为不同的时刻、作为事件而不是结构进行个别分析，而从历史的观点它们又能结合起来。德勒兹的确强烈主张将连接（connexion）与联合（conjugaison）截然分开：后者属于国家一边，预示着一种有机的攫取行为，其中两平面的自主性终将失去；而“连接”却表示相遇的暂时性，说明每一平面如何持续外在于另一平面，尽管两者间有着建设性的互动关系。[19]

这是个复杂的模型，最好通过图表与实例说明，尤其这个关于冶金术的突出模型，这是作品中首次也是惟一一次重造了一个严格意义上的叶姆斯雷夫式的表格。[20]因为问题关乎游牧战争机器的通常形式（在科学和艺术类型中同在成吉思汗的社会制度中一样充分表现）与传统社会中铁匠这一特殊现象之间关系的实质。奇怪的是，铁匠这一社会现实被命名为内容平面，而战争机器则为表达平面，也许是因为战争机器集中表达了管制着冶金生产这种特殊社会现实的组织的形式。

然而铁匠与冶金——大概类似现代社会的那些固定行业，而非如打猎一类的活动——如何被描述成游牧的？我们必须考察隐含在这一类特殊物质内的物质关系，它不像木、石之类的其他元素，要提炼它，田野、山川、森林、沙漠都有所关联。正是原材料这种独一无二的特性，既赋予它自身优于其他自然元素的关系特权，又给打造它的铁匠予以社会特权。的确，这些段落里包含着对金属本身的明显的“赞扬”，说它“把只在其他原料和操作中隐含和埋藏的东西提升到意识层面上来”[21]。金属于是被视为最卓异的物质、“机器门”（machinic phylum）本身，以及威翰姆·渥林格的“非有机生活”观念（nonorganic life）的最重要来源（这一观念在第一卷《电影》[22]里也发挥重要作用）。金属加工必然不只是一门技术；它是和特异性即原材料的可能“事件”之间的关系。铁匠必须设法“追随”这些可能的事件——正是在这个意义上他比其他类别的工人更具有游牧性。游牧生活，换句话说，就是追随不测事件、纯粹的事件、个异性（haecceities）（采用中世纪说法）的过程，德勒兹对这一点在整个大地上的情况作了相当详尽的评注：铁匠的工作因而是这一更普遍过程的特殊等价物或相似物（analogon），由此他就在所有部落社会里拥有了魔力和声望。

但是恰恰在这里介入了叶姆斯雷夫的模式，这就是，铁匠的工作与游牧战争机器的功能都有其特定的外在性；也就是说，两者都靠与一种元素、原材料、地理环境的关系来界定。这样，尽管各方都是其特定内容与表达平面的形式项，各方也都拥有实质项。冶金者的实质一项就在于金属本身，金属正是门类（phylum）即像这样的物质流动的集中体现；战争机器的实质项，则是如所指的平滑空间（延伸至沙漠或海洋，受制于一种并非从点到点的运动，德勒兹将其概括为湍流——旋涡、涡流、漩涡——这种旋转是事件，而非从一地到另一地的直线）。这些详谈缕述的段落，是《千座高原》里最令人兴奋的篇章，应该花更多篇幅来进行分析；我只希望展现一下德勒兹作品里的社会形式与特殊社会制度之间意识形态相互作用的面貌，以及为何以游牧状态为重心的详尽分析，比起相应的对和国家有关的形式的精神学解读，要复杂有趣得多。

现在，我想从与马克思的关系这个稍狭窄的问题转移到更广泛的与历史的关系问题。众所周知，欲检验此关系，就看德勒兹的概念机器是否能记录（因我们探讨的是写于 1972 年至 1980 年间的文本，此处应说**预测**）晚期资本主义的新结构——或者换句话说，我们自己的实际情况。精神学研究将经历再现的问题，不过不是像一些赫赫有名的当代历史研究那样检查历史文本以求得更深层次的叙事范式，而是为得到更大范围的非叙事结构，而正是这一点使德勒兹的元历史学在一开始便得以可能。你或许已猜到，在这些非叙事结构中最重要的就是二元论本身，或二元性：它已蕴含在《反俄狄浦斯》中革命和法西斯主义的巨大对立的形式里。这对立本来构成那本书的一个出发点以及基本的二难概念，但是《反俄狄浦斯》却设法使这特殊的对立变得复杂，不断增加新术语，否认其作为神话或宇宙对立的地位；而《千座高原》中游牧部落与国家之间的巨大对立却似乎无时无刻不在强调这样的地位。但这是欲望机器和那种宇宙论类型的无器官身体之间的张力吗？当我们再将其理解成分子（molecular）与克分子（molar）之间的对立时，似乎如此。那么精神分裂症的数符（《反俄狄浦斯》里）呢？作为零度，它似乎并不以那种二元方式和任何事物对立，甚至不与其政治上的对立数即偏执狂对立。

当然，我相信这是《资本主义与精神分裂症》的统一意图，即其一元论趋势；充满矛盾意味的是它又是后来二元论的起源。因为欲望本身的原则就将是某种一元论；一切皆力比多的倾注，一切皆欲望；无物非欲望，无物在欲望之外。当然这也意味着，法西斯主义是欲望（这一点我们现在很明白，但在当时这种论调却大大令人反感），官僚主义是欲望，国家是欲望，尤其资本主义是欲望，甚至屡遭非议的俄狄浦斯情结也必须和某种欲望呼应，以呈现其根深蒂固的权威。

然而，当一元论的使命看似为反对所有传统二元论且用单一原则取而代之时，二元论如何从一元论发展而来？到最后，这成了一个数字命理学（numerological）问题。德勒兹的数字命理学，或者说贯穿于这些篇章的数字命理学的回归，或许能提供答案。如果“一”的任务只是囿于成双成对、一切对立的研究，那么我们就还处于二元论中，因为我们设想的任务还是解决一元论和二元论之间的对立——二元论的问题。“一”可能战胜“二”，但也制造了“二”：它有可能从序列的另一端反戈一击，用“多元”或“多元性”本身——对立于“多元中的一元”（the One of the Multiple）的许多个多元性（一个，两个，三个……许多个越南）——来破坏“二元”[23]。确实，如果我们更进一步（像我们的作者在《千座高原》中所做的那样），提出数字本身亦有不可数的对立面，整个辩证意味将更为加强。这是他们针对资本主义内部少数群体的问题作出的出色解答，众所周知，这解答也关乎那贯穿《千座高原》的更为基本的主要和次要之间的对立（例如，皇家科学对于次要科学），我也说过，这一对立最系统地表现在《卡夫卡》一书对次要文学和次要语言的论述中。以下就是最重要的陈述：

> 界定少数的从而不是数字，而是数字内部的关系。一个“少数”可能不计其数甚至无穷无尽：就如同“多数”一样。两者的区别是，对于“多数”来说，数字内部的关系构成了整体，一个完整、有限但永远可用正数表示、或者可以计数的整体；而“少数”则被界定为一种不可数的整体，不管其元素的实际数目如何。区分不可数的既非整体又非元素：而是连接（*connection*）[如我所说，德勒兹希望将其与联合（conjunction）截然分开]，即存在于元素之间、整体之间，但又不属于任何一方，且超出两者、构成逃逸路线的那个“和”（“and”）……“少数”的作用就在于引发不可数的力量，即使它只包含一个数字。[24]

这是一个具有独创性的解答。它对系统以外的事物（如少数群体、特殊阶级）优于且对立于其内部事物（如工人阶级）的情况进行了强调与理论阐述；如此，它也许更适宜于当前身份政治的思潮，而同时它又依附于更为传统的有关颠覆与争论的政治价值，以便将之重写并给予理论证明——就像又一个关于“少数”的表述：“语言自身内部出现的外语”[25]。但同时谁难道没有发现，像这样总有新事物以辩证的方式在争论不休的数字系统（一元，二元，多元，许多的多元）之外出现，这不是设置数与不可数之间的新对立，从而恢复数字二元论吗？

现在我想就这些问题对《千座高原》作几点最后的评论，这些问题在该书异常复杂而抽象、精炼而正规的结论中并未得到阐明。其组织理论素材（阶层、集合、根茎、无器官身体、去区域化、抽象机器）的方式使一元论与二元论的问题相当扑朔不定。我确实希望纠正这一印象，即国家与游牧部落之间的对立乃这里占主导地位的二元论：当然，它是最富有戏剧性、最充满神话色彩的（如果可以那样说的话，那样说是指它也“最接近叙事”）。我还怀疑，这些章节由于更容易被理解，或许要比其他章节拥有更广泛的读者，具有更大的影响力。但即使在这里，术语的移变也会使问题复杂化，纵然作者煞费苦心，想证明这一战争机器的终极目的完全不在传统意义上的“战争”，有时“战争机器”却会替换“游牧生活”。

但是，这里或许有必要说，为何彼种或此种的二元论，在一开始出现时便应该成为控诉或批评的对象。我相信，二元论正如所指是意识形态的牢固形式，它当然会将自己的双重结构，隐匿于任何复杂的替代品之下。我想申明，之所以这样，是因为它是始终暗自作用于意识形态的伦理二元系统的最终形式。于是人们可以采取和尼采一致的观点，说善恶间的对立（其本身源于自我与他者的对立）害人不浅，需超度至另一种思维模式来根除它，所谓“善恶的彼岸”。这并不像心虚胆怯者或资产阶级自由主义分子所相信的那样，意味着一般的伦理道德都要废除，从今往后，一切事物皆被容许。它真正意味的，却恰恰是“他者”的思想——永远通过恶的概念传播——需要废除（也许还伴随着“自我”的思想，就如许多宗教所训诲的）。人们甚至可以顺带地对当今一些学科如伦理学的复兴，提出更加强烈的谴责。在某个现代时期，这些学科一度显示出彻底的矛盾和僵化，具有贬义的“学术性”。在那样的时期日趋衰微以后，它们又卷土重来了。

如今，伦理二元系统之于其他类型的二元论的意义就在于，它总试图诱使我们在本应廓清的概念领域重新插入善/恶之轴，诱使我们在不合适的地方作出判断。这一点，没有什么比在德勒兹和伽塔里的二元论里表现得更明显的了。读者总感到不断地被怂恿着，去倾向精神分裂症，反对偏执狂（或无器官身体），认可游牧部落，而对抗国家。但是战争机器的例子却可以显示，这样的认同方式，是多么的误导人。德勒兹的论述实际上牵涉一点，就是一再保证，游牧部落的战争机器不以战争为终极目的或内容。这个命题出自保罗·维希留对当代“军事—工业联合体”的分析，其中似乎不无道理地提出，军事技术——即不变资产——是可供添入的新公理，可谓当代资本主义的公理。它如今被要求作为经济功能而不再是防御手段加入当代资本主义。[26]这便是已渐为我们熟知的论断，亦即：自在、自行（且不为任何实际用途或战争目的）的军事开销，结果成为用来解决经济大萧条问题的后凯恩斯主义的主要手段之一。但是如果要作判断，甚至从力比多倾注的角度来考虑的话，我们赋予晚期资本主义战争机器的这种价值——能缓解经济危机而非促发新的战争，和我们应给予游牧部落的支持——其潜在使命被译解为对国家的反抗，而非“天谴”以及为其自身起见的血腥掠夺的根源，这两者，或许不可同日而语。超越二元论、通向“善恶的彼岸”的举动，究竟能将我们提升到冷冰冰的历史沉思的何种层次，必然还是个未解问题；但这个例子最最起码显示出，哪怕在最复杂的各种现象的连续体中，二元论的伦理因素是如何的煽风点火、阴魂不散。

尽管如此，我们这里考察的二元论——游牧对国家——还是本书一个相当偏后的主题，只在四百多页关于其他话题的论述后才出现（那些话题的二元论意味更弱，也不可能在这里概括，更别说研究了）。这些材料很大部分都关乎由资本主义公理激发的再区域化过程（reterritorialization）的各种形式。在一长段说明本书立足点——叶姆斯雷夫主要语言系统的教条式开头后，跟着是对强度生产、现象的属性经历转换的能力等等的各种描述；强度和转换确实类似于我们母语内的“外语”，它们神秘地穿过表层（如少数，如战争机器）然后再无影无踪。我认为，伟大的、神话般的“国家/游牧部落”对立的最终出现，是为了重新容纳所有这些复杂、异质的素材：就好像某种叙事，甚至如我所说的某种意识形态框架，能让我们将材料重新整理成新的样式。这种重新排序是否有可能在概念上实现，我不敢肯定：从本书晦涩的结语看，我们很难保证这一任务将能够达致任何满意的结局。正因为如此，我认为这部著作隐含着自身的方法论线索，我不能确定是否该称其为美学特质。（但是我们应注意到，德勒兹和伽塔里自己在关于平滑（lisse）和有条纹的（strié）那章里，以一种极具美感的、舒缓的节奏来结束《千座高原》。）这里的线索就藏匿在有关音乐的复杂讨论里，它建立在皮埃尔·布列兹的理论上，其中出现的慢与快的二元论，自成一种样式，能在最低的程度上允许我们把全书视作一部音乐华章，将其交替的二元论和一元论理解为文本的律动，以及写作模式的巨大互动，这里正如他们为解读尼采所介绍的：

> 与其说是碎片的写作问题，不如说是迅速与减速的问题：并不是慢慢或快快地写作，而是指写作本身及其他一切事物，都应该是粒子间速度与迟延的产物。没有形式能够抵挡它，也没有个体或主体能够幸存于其中。查拉斯图拉只知道快或慢的步调，而永恒的回归，永恒回归的生活，是无脉动（nonpulsed）时间的第一次宏伟而具体的释放。[27]

这是区分生机时间（Aion）与顺序时间（Chronos）[28]这两种重要时间形式的一次预演，之后它还会在《电影》系列中多次重现，并卓富成果。

然而人们还可以用另一种方式——以其他后意识形态的二元论形式作出结论。后者已被证明在德勒兹著作中无所不在。这丝毫不是指与伽塔里合著的那些唯物主义作品，有人将其与德勒兹单独署名的柏格森理论色彩更浓、更倾向唯心主义的哲学著作相比照，形成完全二元论式的对立。如果是那样的话，某种二元论可能会成为遁词和契机，掩饰与促成德勒兹思想本身“胜出”（overcoming）和转换成既深切相连又彻底相异的他物的过程，就像黑格尔超越他所谓的康德的二元论时一样。

不过还有另一种方式把握这种到目前为止尚未提及的二元论，那就是伟大预言的生产形式。当意识形态因素当真被从日常的二元和伦理空间提升出来、纳入宇宙秩序时，它经历了辩证的转变，于是伟大预言的不寻常声音便响起了：伦理与意识形态，连带二元论本身，全部变形。或许，关于游牧与国家之间的对立，最好的解读就是：它是指向古代的再区域化过程，是公理与全球资本主义时代、是神话回归与召唤乌托邦变形的时代里，来自远方的轰轰雷鸣。

【注释】

［1］G. H. F. Hegel，*Phenomenology of Spirit*，trans. A. V. Miller（Oxford，1977［1807］），pp. 19－20. 本文译文引自［德］黑格尔：《精神现象学》，贺麟、王玖兴译，21～22页，北京，商务印书馆，1962。——译注

［2］Karl Marx，*Grundrisse*，Vol. 28 of *Marx-Engels Collected Works*，New York 1986，p. 38.

［3］Gilles Deleuze and Félix Guattari，*L'Anti-Oedipe*，Paris，1972，p. 174；除注明外此处与他处均为作者本人译文。也见 *Anti-Oedipus*：*Capitalism and Schizophrenia*，trans. Robert Hurley，Mark Seem，and Helen R. Lane，Minneapolis，1983，p. 149.

［4］*Harper Encyclopedia of Science*，ed. James R. Newman，New York，1963，I：p. 128. 也见 Gilles Deleuze and Guattari. *Mille plateaux* Vol. 2 of *Capitalisme et schhizophrénie*，Paris，1980：资本主义公理显然并非理论命题或意识形态公式，而是组成资本符号形式以及形成生产、流通、消费的集合的构成部分的功能性表述。公理是初始的表述，既不源自他物，也不依赖他物。在某种程度上，一种特定的流动可以是一个或同时几个公理的目标（这全部公理构成流动的结合）；但它也可能缺乏属于自己的任何公理，所以处理办法不过是其他公理的发展结果；最终，它可以完全呆在外围，无限制地发展，保持着系统内“自由”变异的状态［sauvage］。在资本主义制度里有一种永恒的不断增添更多公理的趋势。也见 *A Thousand Plateaus*：*Capitalism and Schizophrenia*，trans. Brian Massumi，Minneapolis，1987，pp. 461－462. 公理一说似源于 Robert Blanché，*L'Axiomatique*，Paris，1959.

［5］Deleuze and Guattari，*L'Anti-Oedipe*，p. 294；*Anti-Oedipus*，p. 247.

［6］“（现代社会）一方面去区域化，另一方面重新区域化。”（*L'Anti-Oedipe*，pp. 306－307；*Anti-Oedipus*，p. 257.）

［7］*L'Anti-Oedipe*，p. 301；*Anti-Oedipus*，p. 253.

［8］见 *L'Anti-Oedipe*，p. 304；*Anti-Oedipus*，p. 255.

［9］尤见 Deleuze and Guattari，*Mille plateaux*，p. 579；*A Thousand Plateaus*，*p*. 463.

［10］*Mille plateaux*，p. 585；*A Thousand Plateaus*，p. 468.

［11］*Mille plateaux*，p. 589；*A Thousand Plateaus*，p. 472.

［12］*Deleuze and Guattari*，*L'Anti-Oedipe*，p. 272；*Anti-Oedipus*，p. 230.

［13］*Anti-Oedipus*，p. 274；*L'Anti-Oedipe*，p. 326.

［14］Deleuze and Guattari，*Mille plateaux*，p. 466；*A Thousand Plateaus*，p. 376.

［15］*Mille plateaux*，p. 454；*A Thousand Plateaus*，p. 367.

［16］*Mille plateaux*，p. 464，p. 469；*A Thousand Plateaus*，p. 374，p. 379.

［17］*Mille plateaux*，p. 470；*A Thousand Plateaus*，p. 379. 引文"Il m'est bien évident que j'ai toujours été race inférieure"（"显然我永远是劣等人种"）引自 Atthur Rimbaud，"Mauvais sang"，*Une saison en enfer*，in *Oeuvres completes*，Paris，1963，p. 220.

［18］Gilles Deleuze and Félix Guattari，*Kafka*：*Pour une Littérature mineure*，Paris，1975.

［19］见 Deleuze and Guattari，*Mille plateaux*，p. 636；*A Thousand Plateaus*，p. 510.

［20］此表见于 *Mille plateaux*，p. 518；也见 *A Thousand Plateaus*，p. 416：

	内容	表达
实质	打破的空间 （机器门或物质流）	平滑的空间
形式	巡游的冶金业	战争机器 游牧

（以上表格译自法文原文）

［21］*Mille plateaux*，p. 511；*A Thousand Plateaus*，p. 410.

［22］见 Gilles Deleuze，*Cinema I*：*L'Image-Mouvement*（Paris，

1983)，pp. 75－76.

[23] 但我们还需记下德勒兹对这些“套语”的异议，如 *Foucault*（Paris，1986）一书所述：“此概念的实质正在于，像‘多元’这样的名词构成不再是与‘一’对立的谓语，也不修饰可视作‘一’的主语。多元性必定与传统‘多’与‘一’的问题完全无关……没有一，也没有多元或许多……只有罕见的多元性，伴随着其特异点，那些留待任一主语发挥短暂性作用的空地，……多元性既非公理亦非类型而是拓扑的。”在这之后提出，这类新的多元性的“对立面”很有可能成为二元论，这是否有些离题?

[24] Deleuze and Guattari，*Mille plateaux*，p. 587，p. 588；*A Thousand Plateaus*，p. 469，p. 470.

[25] *Mille plateaux*，p. 638；*A Thousand Plateaus*，p. 512.

[26] 见 *Mille plateaux*，pp. 583－584；*A Thousand Plateaus*，pp. 467－468.

[27] *Mille plateaux*，p. 329；*A Thousand Plateaus*，p. 269

[28] 见 *Mille plateaux*，p. 320；*A Thousand Plateaus*，p. 262.

（邱　瑾　译）

对本雅明的几点看法

摘自弗里德里克·詹姆逊的

《理论的疑虑：本雅明的社会学前辈》

我们的时代是一个反理论的时代，也就是说，是一个反知识分子的时代。原因很明显，即体制一直都明白它的敌人就是观念和分析以及具有观念和进行分析的知识分子，于是，体制制定出各种方法来对付这个局面，最引人注目的方法——在学界——就是怒斥所谓的宏大理论或宏大叙事，但同时却鼓励各个学科中使人较为舒服的、局部的实证主义与经验主义。譬如，如果你攻击关于总体性的概念，你不太可能碰到对所谓晚期资本主义或资本主义全球化这个总体的尴尬模式和分析；如果你提倡局部和经验的概念，你则不大可能需要处理有关阶级和价值这样的抽象概念，但没有后者就无法理解体制。

在对这种反理论策略的诊断中有几个著名的先例：我想佩里·安德森是一个例子，他写于 1964 年的具有划时代意义的《当前危机的根源》谴责了英美传统中的经验主义，认为它们是各种防范机制，旨在对付充满政治与革命剧变的世界现实；最近的一个例子是保罗·德曼的《对理论的对抗》，该书引起了对意义与事物之间的断裂的恐怖；再一个例子是西奥多·阿多诺对他所说的普遍的实证主义所发起的讨伐，所谓普遍的实证主义，换言之，即从现代思想和日常生活中全面取消否定与批评、取消被界定为否定的理论。

我想就这个争论发表点拙见，我要探讨的是规避一切抽象概念这个问题，同时也就以下事实提出问题，即在这样一个见证了大多数激进思想家和文人的身价都在下降的时代，为何瓦尔特·本雅明却独享出人意料之外的运气与声望。我们可以推测说，本雅明的好运（至少在北美）在于，（正如葛兰西）他的作品直到现在也没有全部被译成英文，因此永远不呈现为完整的著作，而只是提供了一些纯粹和极具挑逗性然而又充满传奇色彩的片段。我在别处曾经提出，本雅明也许满足了如今重新统一的德国的急需，因为它需要那些没有被从前的各种概念或人的化身（联邦德国经由希特勒，再回到魏玛或威廉敏娜时代）所浸染过的文学先驱和传统。作为一个可算前纳粹时代的流亡者，本雅明填补了当今德国传统中的空缺，他那些复杂的自相矛盾，其各个极端可在一种意识形态意义上以令人感到安慰的方式相互砥砺、趋于中性化。

然而，从我上述所提到的反理论的语境出发，我脑海中出现另一个疑虑，我并不完全认可这个疑虑，但我觉得需要表达出来。能将本雅明与那些认为理论和抽象概念有害的人相提并论吗？在本雅明的著作中，那些理论之外不是被整个神秘主义的超验强光所遮蔽了吗？而在其他地方，对哲学的激情不是被历史的缩微索引卡片所替代、抽象名称与概念不是被引文和晦涩、零星的实例所替代了吗？这个与理论的疏远不是在本雅明与阿多诺就我还是愿意叫做《拱廊街》（*Passagenarbeit*）的形式与谋划的大量通信中得到了极致的表达吗？在一封回信中阿多诺告诉本雅明，事实上，如果他想让读者从各种展品和蒙太奇中得出辩证的结论，他就必须自己讲清楚、说出自己的阐释、用概念的语言表达他的辩证法的内容，这是本雅明不愿意做的，有可能是出于美学的考虑，但也肯定有意识形态（甚或哲学）的原因。

可与这样一个或许可作为**新历史主义**先驱的本雅明相提并论的还有其他一些以不同方式属于理论范围的人。比如，我总有些惊讶，在这样一个以对抗任何和所有关于原初或原始的人类本质概念为其显著特征的时代，一门关乎体验的、似乎是人文的学说——就保存在本雅明对经验的缺失和破碎所产生的后果的考问中——竟然丝毫无损他作品的信誉。

这样一种学说作为一种难以归类的概念而存在，它介于心理学和形而上学之间——这两门学问在眼下都不是太有声望的领域，都与心理分析大相径庭，至于本雅明对心理分析的偶尔涉及并没有说服力，并不能去掉让人觉得仅仅还是在心理学层面的感觉。的确，在他杰出的具有象征意义的三篇文章中——以“讲故事的人”开始，经由论波德莱尔的“主题意象”的论文，最后以“机械复制时代的艺术”收尾——本雅明提出了毫无疑问是建立在社会基础上的关于经验之统一性的概念，以此来谴责现代心理和经验的破碎，但是结果不过是提出了将来对这一切的乌托邦改造而已，且其形式也不必被认为是有机整体性的。即便如此，在当今这个没有根基、反有机整体性的时代，引起怀疑、疑虑。异议甚至也许是意识形态批判的正是这个有关经验的某种有机统一性的前提。

在此，我们面对两个相悖却显然相关的现象：一种对理论和对辩证法的对抗，与之相伴的是一种现象学或前现象学性质的**人生哲学**（*Lebensphilosophie*）那未经检验的前提的踪迹。也许两者都暴露出一种对哲学概念的对抗，前者的旗号是对抽象的美学拒绝，后者的旗号是对“具体”的现象学承诺。

在本文中，我并不打算深究本雅明本人的作品中所存在的这个问题，而是觉得可通过重温本雅明的一个最重要的先驱和前辈的作品来对这个问题提供一些有用的看法，因为在这个人的作品中，上述两个特征就更加明显。无疑，我所说的是格奥尔格·西默尔的著作，他似乎知道眼下对他的著作兴趣的复兴，因为在上个世纪的前一代知识层中，他的巨大但却隐蔽的影响已经被全部忘却和抹掉。

我需要补充的是，尽管本雅明1912年参加了西默尔主持的研讨班，但我并无意设想某种直接的影响。本雅明在后来对西默尔著作所做的反应（如，在1917年12月23日写给格浠姆·浠勒姆的信中）都可能是轻蔑的，但是他所写的关于城市的论述还是逃不出西默尔思想的影响范围，于是他评价道——对阿多诺，也许是作为一种心照不宣的煽动——也许时机已经成熟，应该“给他以公正评价、称他为文化的布尔什维克主义先父”[1]了。总而言之，我要提请注意的是一些过程的一种可比较的节奏，是一大套疑虑、规避、理论决策，是一种与经验性的关系，而这些奇妙地成为这两个思想家的共性。由于篇幅限制，我在此只能提及西默尔的两个文本，一个虽然短小但却经典——即著名的《城市与心理生活》，文中已经可见本雅明式的**人生哲学**的端倪。另一个文本是一部线索混乱的大书，《关于金钱的哲学》，从中可发现，原来那种使辩证法存活的辩证的不情愿之根源正出自于此。

评价西默尔也就是衡量他给不同的人和不同的思想家（从芝加哥社会学家罗伯特·帕克到乔治·卢卡奇，从马克斯·韦伯到本雅明）所带来的激励，他自己明白这点：“我的遗产就像现金，分给许多继承人，而每人则按自己的禀性去使用。”[2]我竭力去想像这种知识之激动、甚或知识之生产力的传播，属于被法国现象学的存在主义所激发的一种觉醒，这种存在主义向如此众多的人们展示了如何对日常生活、对那些表面上最无哲学意义的东西、对事件进行理论化阐述。因此《关于金钱的哲学》这引人好奇的书名本身就包含了一整套计划，即，事物本身就已经是哲学性的了。它们（我们打开“它们”的目录：德·色多在城市中的漫步；雷蒙·阿伦的著名的啤酒，这显然已经被重新指认为一种薄荷油；萨特的“观看”；胡塞尔的数学运算；在海德格尔那里是汽车方向信号；而对西默尔本人来说就是卖淫）并不需要大规模应用外在的哲学和阐释的机器来处理，它们以其存在状态自身已经带有知识和哲学的意蕴。

但是西默尔必须要为如此广义的联想付出惨重的代价，这是一个当代**教条**（*doxa*）通常不愿意承认的代价，即，对哲学体系的拒绝以及在书写的文本细节中对术语和新词的拒绝，当代最权威的哲学和理论正是用这些术语和新词暴力性地取代了言说，使之成为无数蕴藏激情的名称，表示一种具体的个人语型的运作。当今理论正是以此为代价而给自己的商品打上许多逻各斯的标记，并将自己那些在眼下公共领域的吵吵嚷嚷的集市上的特色产品打包装箱。

【注释】

［1］Walter Benjamin，**letter to Theodor W. Adorno，23 Feb. 1939**，*The Correspondence of Walter Benjamin*，1910*D*1940，trans. Manfred R. Jacobson and Evelyn M. Jacobson，ed. Gershom Scholem and Theodor W. Adorno (Chicago，1994)，p. 599；see also Benjamin，**letter to Scholem，23 Dec. 1917**，*The Correspondence of Walter Benjamin*，p. 106.

［2］Quoted in Donald N. Levine，introduction to Georg Simmel，*On Individuality and Social Forms*：*Selected Writings*，ed. Levine (Chicago，1971)，p. xiii.

访谈录：詹姆逊—李泽厚—刘康

刘康（主持人，以下简称“刘”）：今天的对话，在当代世界两位重要的马克思主义理论家之间进行。两位都是美学与文化批评领域里的杰出学者。詹姆逊教授在西方学术界影响很大，亦为中国读者所熟知。他1985年在北京大学任访问教授的讲演录《后现代主义与文化理论》，在中国大陆和香港、台湾均拥有许多读者。李泽厚教授对中国当代文化与思想界的影响是人所皆知的。他近两年以来在美国多所大学做访问教授。詹姆逊早在1985年在北大时，就一直想与李泽厚会面，但未能如愿。这次在美国终于有了这次难得的机会。应詹姆逊邀请，李泽厚先生来到杜克大学参加关于文化与全球化问题的国际学术研讨会，并作了这样一次有意义的对话。

李泽厚（以下简称“李”）：这次对话的意义也许首先针对西方学术界、思想界。西方的学者，特别是与马克思主义传统有关的学者，对中国当代思想界的发展是很生疏的。他们对于中国马克思主义的了解，只限于毛泽东。萨特、阿尔都塞、马尔库塞等都对毛有很高的评价，他们的理论均受到毛主义的启发。毛泽东在意识形态与文化领域里投入了极大的精力与关怀，可以把毛的中国马克思主义看做一种重要的、独特的马克思主义的设想，以纠正毛的“否定的辩证法”。我们要重新评价毛的得失，寻求另一种选择的现代性，便需要重新回到经典马克思主义，回到马克思和恩格斯著作中的某些基本思想。同时，我们也必须改革和修正经典马克思主义。我把马克思主义看成是部分知识分子对人类的一种精神理想。不像好些西方学者所认为的那样，它远远不仅是一种关于西方资本主义的理论和科学。对非资本主义社会，马克思主义也大有意义。直到现在，马克思主义对很多发展中国家来说仍然有吸引力。在半个世纪内马克思主义对于中国人民具有很强的感召力便是历史的见证。当时中国无产阶级还弱小，微不足道，资本主义生产方式并不占主导地位。马克思主义到底是如何扎根于中国的土壤，并同时创造出一种新的中国式马克思主义，这是一种复杂而漫长的过程。关键在于马克思主义与中国文化的内在价值形成了某种融合，例如与中国“文化心理结构”中对实用理性的依赖以及对具有普遍意义的乌托邦远景的追求。所以，所谓“马克思主义的中国化”所包含的内容，从根本上有别于列宁主义或“马克思主义的俄国化”，也有别于马克思主义在其他非西方发展中国家或前殖民地国家的遭遇。因此把毛主义简单说成斯大林主义或列宁主义，是很不准确的。

因此，现在我们需要回到历史唯物主义这个马克思主义的核心，历史唯物主义正确地强调了生产力和经济发展是整个人类发展的动力，并重视科学和技术的作用。从根本上说，我不赞同西方马克思主义者对现代化过程中的科学技术的作用的强烈否定态度以及某种否定现代化过程本身的观点。我以为，现代化全面地改善了人们的生活，而科学和技术所起的作用是关键性的，是积极的。当然，现代化、科技和经济发展带来了许多负面的损害和影响（如环境污染等等）。但是，否定科技发展并不能帮助我们消除这些消极的后果。我一直强调应重视“历史主义和伦理主义的二律背反”这个问题。历史主义强调历史进程的必然性（在黑格尔以及许多马克思主义者、斯大林主义者那里它变成了一种有害和错误的历史决定论），而伦理主义则表现了对发展所带来的种种恶果的道德伦理上的关注。我认为，很多西方马克思主义者都是从这种伦理角度出发的。我在《批判哲学的批判》这本书里已讲了这点。

刘：是否可以认为，这个二律背反同样蕴含于马克思主义本身，赋予其内在的张力和矛盾，同时也使马克思主义成为关于人类历史的一种最有力量的见解？先肯定矛盾，再来讲改革。

那么，对于您的建设的哲学来说，我们需要对经典马克思主义作哪些改革？

李：马克思主义中有几个重要的方面需要做根本性改革。首先是科学和技术，马克思本人注意了这个问题，但注意不够。《资本论》中的剩余价值理论缺少对科学技术的重要而复杂的功能的充分阐释，过分集中在劳动力的被剥削方面。当然，这是由历史条件造成的，当时科学和技术所起的作用绝不能与现在相比。第二个方面是政治，或者说那些规定社会和经济生活的政府和法律等政治机制，以及它本身相对独立的功能、性质和重要性等等。马克思本人没有充分注意，以为只要社会问题解决了，政治便好了。列宁撰写了《国家与革命》，提出由工人直接管理政府，不要议会等等，但那是乌托邦，十月革命后实行了几天，就不行了。列宁死前曾非常担忧官僚政治的复活，果然，“新”的苏维埃政治比“旧”的政治坏了许多倍。毛泽东是一个政治家，他晚年发动文化大革命，目的之一也是想打倒官僚政治体制，但也完全失败了。列宁和毛泽东的政治实践从根本上说是乌托邦式的社会工程。他们的马克思主义限制了他们去考虑和建设那些能真正保证社会主义民主、克服官僚统治的政治制度。毫无疑问，在这个领域有很多有待进行的工作，也正是在这个领域，当代中国给我们提供了新的契机，我们需要新的马克思主义的政治理论和政治实践。

我们还需要研究心理和教育的问题。从马克思到今天的各种形式的西方马克思主义，都没有提出一种关于人类心理的基本理论。有些西方马克思主义者，如弗洛姆和马尔库塞，从弗洛伊德的精神分析学中借鉴很多，但是他们的看法尽管深刻，却主要是批判性的。他们所关注的主要是无意识领域内的压抑机制，他们视无意识为一个受制于非理性和动物本能、充满冲突的领地。弗洛伊德关于无意识的理论假设其实有很大的文化上的局限。至少从中国的文化和历史角度看，无意识并不只是一个由动物性与本能构成的领域。我提出"文化心理结构"就是试图提出另一种把握人类心理机制的理论假说，我认为人是一种超生物的社会存在物。文化心理结构强调文化和理性在无意识领域的融合过程。换句话说，在制造和使用工具这个前符号、前语言的物质实践的漫长过程中，通过文化积淀，无意识已被开始理性化。（附带说一下，我从根本上不赞同20世纪主宰西方的以语言为中心的思想。在这个重要领域，我们急需作出反思，克服新的"语言形而上学"或"语言拜物教"。）我们可以把人类的侵犯性和野蛮的、非理性的行为视为受压抑的动物性本性的残留，但更应注意它们与起源于社会、物质实践和群体活动的文化和社会行为相渗透相融合的方面，在这个意义上，教育就显得尤其重要。

教育不能狭义地理解为职业或技能方面的训练和获得，如在今开世界各地特别是在资本主义社会里那样。教育的主要目的是培养人如何在他们的日常生活、相互对待和社会交往活动中发展一种积极健康的心理。现在我们还有五个工作日，身处农业和不发达地区的人们承受着更为过量的工作。如果有一天全球都实施了三天工作制，情况就会大不一样。到那个时候，人类会做些什么呢？这是一个关系到我们未来的严肃问题，教育课题会极为突出。我们必须对此加以思考。

刘：显然，李泽厚关于建设性选择的思考建立在中国马克思主义和社会主义实践的具体经验基础之上，与传统中国文化密不可分。今天，美国是世界上最发达的资本主义国家，在这个国家里对马克思主义的看法，它目前的任务，包含的批判力量等等，肯定和我们在中国看到的不一样。詹姆逊教授，您是否可以从一个美国的马克思主义者的角度来谈谈您的看法？

詹姆逊（以下简称“詹”）：从总体上讲，在这个全新的氛围中，很多人在说我们面临着历史的终结，面临着资本主义的最终胜利，也就是说马克思主义的终结或死亡。我总觉得这种看法很奇怪，因为马克思主义首先是关于资本主义的学说。马克思主义是唯一一个把资本主义作为一个整体加以分析的科学体系。实际上，当前有许多关于当代全球资本主义的理论与学说，经济上的或其他的都有，在用马克思主义的观点研究新的“世界系统”问题。因此，如果资本主义发展到最高的阶段，马克思主义就应该比以往任何时候都更切合于我们的现实。在这个意义上，我想说马克思主义是一门科学。作为关于资本主义发展的一项科学研究，马克思主义仍生机盎然。

当然，我们面对各种不同的情形和问题。显然，在西方以及第三世界国家，工人运动和其他形式的激进运动正经历着一场危机，左翼在实际政治中的作用非常微弱。考虑到马克思主义政党和共产主义政党在这些激进政治中只是起到微小但仍很有价值的作用，我想在政治的意义上马克思主义确实不够活跃。这里面有另外一个原因。资本主义发展到当前这个阶段。其中一个重要的特征不仅仅是工人阶级的生产力在缩小，而且是大批过去的产业工人丧失了原有的身份。大量永久性的失业大军和永远没有就业机会的新的社会阶层不断产生。我认为，马克思主义作为一种政治哲学所关注的是那些日益贫困化的生产者和劳动者。在这个意义上，资本主义的新发展对马克思主义的原理构成了挑战。

在所有这些问题上，我认为马克思主义在一个资本主义社会里的作用和马克思主义在一个革命成功以后的社会，在一个社会主义社会所需要做的事有很大的不同。那是一些身处资本主义社会的知识分子无法面临的问题。我想在革命完成后的社会里马克思主义需要做两件事。一是建立关于集体实践的意识形态。在这方面我认为毛泽东在某个阶段做得非常成功，在别的阶段上则更具破坏性。毛为整个社会集体构造了一个十分具有号召力的关于未来社会的远景。马克思主义起到了一种正面、积极意义上的意识形态的作用，它创造了一个社会变革的构想和有关未来的前景。这是一种我们永远不能忽略的作用。但在西方，这个作用和今天人们的想法已格格不入。马克思主义在革命以后的社会所做的第二件事就是对革命社会本身的发展作出马克思主义的分析。这也是一个十分重要的科学功能。

刘：那么您怎么看待李泽厚对西方马克思主义的意见和批评？

詹：首先我想说我十分赞同马克思主义是一种历史唯物主义。在这个意义上，马克思主义包含了生产方式的理论，包含了社会主义生产方式及其内涵的理论。这关系到马克思主义的根本作用，即创造一个社会变革的观念的问题。刚才李泽厚提到了科学的问题，我认为马克思主义和科学的关系很复杂。恩格斯等人所考虑的科学模式，如硬科学和自然科学，现在已经被彻底改变了。如今有各种全新的科学理论产生，道家的或神秘的理论等等，我们甚至不知道马克思主义需要和什么样的科学模式挂钩。据我所知，对于西方马克思主义传统来说，马克思主义是一门有关社会，而不是有关自然的科学，自然辩证法的问题不是我们现在考虑的问题。

另外，我仍然要继续捍卫辩证法思想，我觉得这是马克思主义最根本的特征。所以，我一直认为马克思主义包含了黑格尔。“矛盾”概念是整个马克思辩证法的重要组成部分。另一方面，我承认黑格尔关于辩证法的理论阐释非常复杂，这些都只是辩证思想的早期形式，一切都有待发展。

至于政治，显然这方面现在很弱。在过去的几年中，这给马克思主义造成了很大的威胁。我认为国家革命曾经是一项乌托邦式的任务，而如今政治活动变得很零散。不过，我想说政治革命并不是永远可能的。历史的发展和群众性运动不是持续不变的，而是波浪式的。

不过，在这种情况下我们可以发挥另外一种作用，那就是去揭示各种阻碍历史进步的东西。这一点在今天的美国变得十分复杂。美国现在并不流行改革的思想观点。因此我们应尽力保持马克思主义的改革思想和活力，提出社会应该是怎样的，应该为人民做些什么等问题。我们要从市场的角度，从资本主义内在规律的角度来揭示、分析各种“虚幻意识”，分析大众传媒在阻碍思想与政治进步的过程中所起的作用。刚才李泽厚非常恰当地提到了减少工作日，给新的闲暇社会的每一个成员提供工作机会的问题，这里我们还需考虑大众传媒的问题。人们闲暇时做些什么呢？难道仅仅是消费大众文化制品吗？

刘康开始时提到毛主义的影响问题，尤其是 60 年代。作为一种独特的中国马克思主义，毛主义在当时具有普遍性，它在其他不同的政治环境中也起到了很重要的作用。既然你刚才强调现在急需创造一种新的中国马克思主义，强调“文化心理结构”的重要性，我想问李泽厚先生，这一独特的中国马克思主义对于我们有哪些价值？我们是否也需要创造区域性西方马克思主义，与你们的有没有什么关联？这就是我关于中国马克思主义的独特性问题。

李：你提的问题很重要，关系到马克思主义的未来，它的方向和改革等等。我想强调我一开始指出的一点，那就是当今世界存在着各种各样的马克思主义。这正是由于存在着不同的历史条件和现实经验的缘故。在中国，现在人们经常说马克思主义已经过时了。但是我以为，一方面我们不需要重建一种统一的马克思主义，把它树立为一种意识形态或正统体制；另方面我们又仍然可以从各种具体的文化和历史条件出发，在继承和改造马克思的历史唯物主义的基础上，创造新的选择。未来的中国不应该是欧美模式的现代资本主义，也不是前苏联的社会主义，也不可能回到毛的时代。你问到当代中国马克思主义的价值，我认为它的价值主要在于从历史唯物主义的角度刻画出中国独特的道路和具体内涵。中国是世界上人口最多的国家，中国现代化的道路及其成败将直接影响整个世界。所以，我认为在中国所做的事具有全球性意义。中国人应该融会马克思主义的历史哲学和中国传统价值，以创造独特的现代性。希望它能避免现代化给美国和其他西方资本主义社会带来的问题：暴力、吸毒、种族和性别歧视、贫富悬殊、对自然环境的破坏等等。也许这也是一种乌托邦，但马克思主义说到底就是一个乌托邦的理想，但今后不应再去迷信人为和理性设计的社会工程的乌托邦了。至于中国马克思主义和西方马克思主义的关系，这也许是一个将来的问题。就目前而言，我认为两者仍然有共同的方面：都坚信全人类有一个建立在正义和平等基础之上的生活美好的共同未来。同时马克思主义者都不应是浅薄的、感伤的浪漫主义者、人道主义者，更不应是狭隘的民族主义者，包括所谓文化民族主义者在内；我们今天仍然应该提倡国际主义，反对各种形式的民族主义和原教旨主义。这大概也是马克思主义者一个共同的观念？

詹：这两点都很重要。如果中国的社会主义能够成功地建立一个不同于西方资本主义的选择，这毫无疑问对于全球的任何一块地方都是重要的，将有深远的意义。但是，另一方面，如果中国产生出一种理想社会的新的乌托邦观念，我以为这也是非常有意义的。因为，我想这恰恰是当代西方社会不断失落的东西。前苏联的人们说因为马克思主义和共产主义是乌托邦，所以已经死亡了。他们认为乌托邦是恶魔，是束缚人的残酷的东西。那么，你如何拯救乌托邦呢？

李：首先，什么是乌托邦？乌托邦可以指不同的东西。对于我来说乌托邦是梦想，正像马丁·路德·金说的那样，我们人类需要梦想未来，而梦想并不必然是纯粹的空想或幻想。因此，我想重新回到人性和本体论的基本问题。什么是人性，什么是人的本体？卢卡奇晚年大部分时间写了《社会存在的本体论》，我们现在需要更深一层去追问。这个本体论问题和乌托邦问题便有很大关系。

詹：但是，资本主义也提供各式各样的梦想，金钱梦，消费梦……在这个问题上我认为你所说的心理学理论构想显得很重要，因为只有从“集体心理”的角度出发，我们才能克服资本主义纯消费意识形态的魅力。在美国，消费是绝对反政治的，它使消费者对任何集体价值漠不关心。消费把个人紧紧地束缚在市场上，对一切社会改革都置若罔闻。所以，我们需要回到心理学中的集体性问题。依你看，这种心理学上的转变如何可能？

李：主要借助教育，关于人性的教育，关于人类本体性的教育。这一观念不仅仅来源于卢梭、席勒和马克思。比如，孔子就强调教育的重要地位。但是，可惜的是今天的教育很不重视人文，一味强调作为各种专家学者的职业和技能训练。这对于我们知识分子和教育工作者来说是一项十分现实的任务。这一点上面已经讲过了。

詹：从某种意义上说，教育为国家所有。当然，在美国很难想像教育能起到改造所有人的作用，这么说不只针对大学，而且连最基本的初级教育也是一样，家庭、大众媒体……我们无法控制这些。至于中国，我不知道，也许情况完全不是这样。

李：中国尚处于现代化的初级阶段，所以我们还可以做一些不同的事。知识分子有责任坚持与资本主义现代化不同的新道路。要讨论和研究中国的现代化采取不同于西方的新途径，这就是关键。其中包括如何更好地控制。改善大众传媒，不使它们完全被资本支配，便是一个重要问题。

詹：你认为中国的年轻一代，中国的领导和知识分子会倾听你这番意见吗？

李：这是一个问题。年轻一代只想一味照搬西方。现在中国有一种普遍的看法，认为中国必须依照西方资本主义的模式进行现代化。我不同意这种看法，中国的悠久传统创造了很多文化财富，这些都能帮助我们以不同的方式思考问题。中国的传统历来重视教育、家庭观念、协商、合作、和解、集体精神、爱护生态环境、人与自然的和谐关系。这些，在建设一个新的未来的过程中都是极有价值的文化财富。

詹：你能对这些传统价值和习惯作社会主义的改造吗？这些传统和价值还存在，还有用吗？在哪里，农村？

李：农村仍然占据人口的绝大多数，但也不只在农村，它们也存在于非农村的人们的日常生活中，在城市和知识分子中。我们仍尊敬老人、赡养父母、关怀亲友……这绝不是精英文化，不只是儒家或新儒家的观念，传统价值仍在影响着普通老百姓的日常生活，这才是最重要的。

刘：但是，将传统价值转换成现代文化或不同选择的现代性的条件是什么？资本主义全球化是不是文化转换的可能性条件？

文化转换是现代化的一个重要组成部分。我们都知道，传统价值的转换是以现代性的预设为前提的。我们对于传统与转换的思考，也受到现代性预设的制约。中国20世纪80年代文化反思所关注的，正是这个问题。请二位就此谈谈你们的看法。还是李泽厚先生第一，詹姆逊先生第二，好不好？

李：既然如此，那我别无选择了（笑）。的确，在现代化问题上，中国别无选择。中国不可能不现代化，这也许就是你说的可能性条件。中国人都希望现代化。从历史唯物主义角度讲，现代化极大地改善了人类的生活条件。恩格斯在马克思墓前的讲话中说得很清楚，人必须先衣食住行，然后才从事政治、科学、艺术、宗教等活动。如果资本主义是现代化的主要动力，那么中国应该积极地看待资本主义。但是，中国不必完全模仿资本主义的既定模式来进行现代化。你所提的问题很大、很复杂，这里我只想再强调一下应该从历史唯物主义所揭示的物质生活条件出发，去把握现代化所涉及的种种问题。我们不能忽视这个出发点。

詹：我来谈谈现代性和现代化问题。我想我们还应该提出后现代阶段的问题。我以为现代性给我们带来了一些非常积极的东西，如科技革新、集体化工厂作业等。据我看这也是一个启蒙的过程，一个控制自然的过程。但其中最有价值的一点是，现代性是一种产生集体性的途径。如今对于整个世界系统来说，生产技术已不再是主要的了。我想我们现在面临的是各种高技术、信息与电脑等等。这些技术革命与历史发展的关系如何？我想我们还没有答案。但我们需要思考后现代信息社会的问题。

譬如，现代文学正在失去它昔日的地位，电视、影像成为我们的主导文化。是不是后现代技术正在消解文学的地位，剥夺了它的活力？这当然只不过是与后现代技术相关的很多问题中的一个，但这已经是很重要的问题。

刘：让我们换一个话题，谈谈实际的策略问题。作为理论家和人文学者，你们的看法当然是与文化有关的。而且二位的背景不一样，中国和美国的实际策略也不同。但我想地缘文化、地缘政治上的差异不应该妨碍你们从理论的高度，作前瞻性的思考的建议。这次请詹姆逊教授先说。您对中国怎么看？

詹：我认为中国会有较好的条件，至少国家政体还在使用马克思主义语言，还存在公有制等等。这些都是中国的历史造就的。所以，我想很显然，相对于美国来说，中国的环境更有利于接受进步的思想。但是，我想有很多内部和外部的势力正试图阻挠中国的发展进步。比如，美国就不希望你们成功，不希望你们创造一个新的模式。但我相信中国也有一些人不想要什么新模式。他们宁可要金钱、消费等等。所以，我想不管怎样，一定形式的斗争是必要的，也就是说，我们必须揭露这些势力。

刘：谈到斗争，您说的是什么意义上的斗争？

詹：作为教师的知识分子，我们所能做的是意识形态方面的斗争。我是说，我们应该给大众提供有用的思想和理想，但是同时也需要批判和揭露各种教条在意识形态方面的谬误。比如，在美国一个普遍的假设就是市场万能，金钱万能。我们的任务便是始终如一地去告诉人们，这个看法是错的，自由市场的破坏性一面不容忽略……所以，我们要批判金钱和市场万能的意识形态。当然还有一个更积极的任务，那就是继续维护理想。所以我说这些也许同样是你们要做的事，当然是在不同的环境下。

李：你说得很对。西方批判型知识分子，尤其是马克思主义者，所做的工作很重要。在中国也有很多斗争和争论。我本人就受到两方面的激烈批评。年轻一代说我过于保守，原因是我仍坚持总体性，维护马克思。还有人也批判我，认为我是“自由化”。可喜的是，现在越来越多的人，尤其是年轻人，在严肃地思考现代性和中国的不同选择的现代性等等。那么，你能否说一说西方左翼运动的现状？

詹：现在美国存在着各种各样非常重要的、局部的斗争，如黑人运动、女权运动等等。不同的群体都在为各自的解放而抗争，却不是出于改变整个国家的政治目的。对于这些政治运动我们不应该抱否定态度，因为这是惟一在进行的斗争。不过这些运动都是分离的、割据的、自顾自的。但是，我们要做的是将它们和大的政治目标联系起来，那就是社会改革。这是一项艰巨的工作。

李：是的，为了实现社会改革，一定的总体观必不可少。目前，我主要关心一些理论问题：什么是马克思主义的核心？我认为马克思主义的核心是历史唯物主义。总体思维必须建立在历史唯物主义的历史观和社会观的基础之上。经济和生产方式是最终的决定因素。

詹：我同意。如果马克思主义的核心是经济，那么现在的问题是，所有我刚才提到的政治运动都忽略了经济。把一切都看成文化现象。资本主义首先是与商品生产联系在一起的经济机制。这才是问题的关键。不过各种流行的政治与文化运动对此都视而不见。

刘：这样我们就触及文化政治的问题。我必须强调，“文化政治”这个概念是西方的，与西方的左派尤其是马克思主义者有紧密的关系。不过，中国是一个文化政治很激烈、很复杂的国家。中国的文化政治可以使我们更清楚地认识文化政治超越文化领域的意义和影响。

李：我们应该把文化首先看成是塑造人们日常生活的那些形式，这是文化最重要的方面。我们不能一味停留在精英文化的层面。我认为最重要的是人们日常生活中的风俗、习惯、生活方式等等。人们的行为、思维方式以及表达情感的方式才是文化最根本的方面，也是我们需要把握的方面。它既受经济、政治的影响，而本身又有相对独立性。

刘：从某种意义上说，你说的有点像葛兰西的“文化霸权”。但是，日常生活的意义远不限于政治和霸权，种族、语言或者我们通常说的“民族”差异也是很关键的。这也许与不同的“文化心理结构”有关。如果说“文化霸权”主要是一个政治概念的话，那么“文化心理结构”似乎更广泛一些，所包含的内容也丰富一些。是不是这样?

李：是这样的。改革与转换必须从人们日常生活这个最基本的层次开始，而我们的希望也正是在那里。所以，我的看法是，我们必须在文化领域寻求改革和转换，但这不只限于文化政治。

詹：但是，“文化心理结构”会不会被摧毁?哪些是具有摧毁力的消极因素?其中的危险是什么?现在儒学复兴是一个热门话题。你的理论似乎是融合儒家传统与马克思主义。你对儒学的看法与当代“新儒家”有什么不同?

李：让我先回答你的第一问题。文化价值被摧毁的危险是现实存在的。比如，大众文化就在培育一种狭隘的拜金主义思想，信仰危机、道德危机是很严峻的问题。过去，人们信奉毛泽东思想，如今很多人失去了信仰。但我们是不是应该倡导宗教来填补道德、伦理真空?严格地说，中国从来就没有过宗教。儒家一半是宗教，一半是哲学。依我看，儒家提出的是一种审美的生活方式，它有机地融合了感性和理性。我称之为“实用理性”和“乐感文化”。

这就是我融合儒学和马克思主义的做法。马克思主义的历史唯物主义给我的建设哲学提供了认识论和本体论基础，就是说，制造和使用工具的物质实践先于文化和符号实践，前者形成后者。文化是一个漫长的过程，在这个过程中人的个体感性经验与社会集体的理性或理性文化积淀和融会在一起。这也就是我所说的“文化心理结构”，但这并不限于中国文化，而是具有普遍意义的。我希望从中你可以看到我和新儒家的差别。总的来说，新儒家把儒学看成是精英文化，一种道德形而上学。我的出发点和他们不同。

刘：那么，现在的问题是，在这个市场化和资本主义全球化已经渗透我们日常生活的每一个角落的时代，我们在什么意义上还可以坚持在日常生活中发扬和改革传统价值？

詹：看一看在苏联发生的事也许有所助益。我相信，一个曾经有过社会主义生产方式和所有制的国家，一定会发展出集体的习惯和生存方式。这些都不可能在一夜之间丧失殆尽。另一方面，苏联的例子也表明，也许这些集体习惯和生存方式在资本主义的冲击下也显得很脆弱。这里涉及的一个政治问题是：在什么情况下这些业已建立起来的社会主义生活方式一夜之间就土崩瓦解？这个过程发生得究竟有多快？现在每个人都在谈论资本主义和市场。那是一股侵蚀力很强的势力。集体性的东西建立很难，摧毁则很容易。金钱是瓦解所有集体性的东西最基本的形式。

在美国，现在人们对匈牙利经济社会学家卡尔·波莱尼(Karl Polanyi）的著作重新产生兴趣。在他《伟大的变革》这部书里，波莱尼提出一个观点，认为市场具有无限的破坏力。但我们看到的是，当市场来临时，各种集体力量却在保存、发展自己。……所以，我认为如果集体力量找到保存、发展自己的方式，这将是一股无比巨大的力量。

我要问的政治问题，同时也是一个哲学问题，便是：如果我们并不非要进行革命不可，那么我们还有什么别的办法来保存、发展现有的生活方式？这也是我就雷蒙·威廉斯（Raymond

Williams）的著作提出的问题。威廉斯经常谈到英国农民如何保留着某种古老的传统。这一点对于我来说显得很遥远。因为我认为在美国，除黑人社会以外，我们很少能看到有谁在抵制资本的侵蚀作用。我这个问题也同样适用于今天的中国，金钱在中国不也正在到处流动吗？我所谈论的生活方式在多大程度上能被保留下来？在受到威胁的情况下，这些生活方式有抵抗力吗？我想仅仅靠维护马列主义意识形态是行不通的。如何去加强这些生活方式的抵抗力呢？马克思在《共产党宣言》中说，资本主义能摧毁一切。怎么去抵制资本主义的势力呢？

刘：我想这便是李泽厚的目的。他想融会马克思主义和儒家传统，以寻求一种新模式，在文化的商品化和无处不在的全球资本主义冲击下找到一条出路。在李泽厚的思想中，“儒家”基本上是中国人思维与生活方式的代码，他有时又称之为“实用理性”和“乐感文化”。

李：是的，就是指存在于人们日常生活之中的传统价值观。家庭观念，人与人之间的和谐，我们常说的“人情味”，都非常重要。中国文化中没有西方意义上的个人主义。我们一直重视群体，但也不抹煞个人，在社会交往中有很强的情感色彩。这种情感是纯人间的，并非宗教感情。我们需要发扬光大这些价值。一味的反抗看来不行。毛泽东就厌恶金钱，他在《哥达纲领批判》中找依据，要取消工资分配这些“资产阶级权利”。当然，这是根本行不通的。反抗也好，革命也好，都不能完全解决问题。我们应该强调建设。

詹：让我来问你一个更具体的问题。除了西方的消费主义外，在当代中国历史上另一破坏性的事件就是“文化大革命”。你如何评价这一段历史？

李：要从新的角度来分析和评价“文化大革命”。毛泽东所梦想的是一个不需要金钱、没有等级和官僚制的乌托邦社会。这是一个靠道德律令和毛所说的“大民主”来支撑的社会。开始大家对“文化大革命”抱着很大的热情。早在50年代后期，毛泽东根据对苏联的观察，警告大家社会主义事业可能会断送在脱离群众的腐败官僚手里。这一切都在苏联发生了。所以，毛进行“文化大革命”的目的之一就是反官僚。我认为，这是“文化大革命”有价值、积极的一面。

“文化大革命”中，革命热情高涨，大家都充满了道德激情。当时流行的是林彪的口号：“灵魂深处闹革命”。直到林彪事件之后，大家才恍然大悟，感到上当受骗了。“文化大革命”是一场大悲剧，有很深的文化根源。中国文化中政治和宗教有奇特的融合。儒家当然不是严格意义上的宗教，中国的政教合一主要以道德为主导。孔子提倡“内圣外王”，毛主张改造客观世界的同时必须改造主观世界。这种政治和道德的合一，有时会引发宗教性狂热，成为盲目和危险的非理性，就像我们在“文化大革命”中看到的那样。

现在我们应该认识到这种中国式的“政教合一”的危害。也许我们需要建设某种具有宗教意义的道德观，它主要是心理的，而非宗教组织性的，并且必须与政治分离。我主张的建设的哲学因此是一种马克思主义的哲学人类学，旨在建设人的新道德或者新感性。

詹：是的，马克思主义是一种有关生产方式的人类学。我认为每一种生产方式都会创造出它自身的生活方式。我们希望社会主义能做这样的事。但是，现在绝大多数社会主义已经失败，而且与资本主义的现代性相比，它们都还处于初级阶段。问题在于我们如何去把社会主义当作一种独特的生活样式加以发展。我的感觉是，现在世界上绝大多数地方正在退回到别的选择，如原教旨主义等等。他们这样做是因为他们已不再视社会主义为一种制度上的选择。所以，当你谈到社会心理学或社会本体论时，我们是在谈论一个漫长的过程，而不是马上可以付诸行动的东西。因此，我们在西方常常讲反抗，因为想像一种否定的关系比想像一种肯定的关系（或者你说的建设性生活或文化）要容易得多。在尚未找到积极的生活方式与习惯的时候，我们也许只有先讲反抗。

刘：我想在讨论建设性的选择、建设性的生活方式的时候，我们必须把它视为一种长期和全面的价值转换。

李：正因为建设、肯定比革命、批判、否定更难，我们更该去做。我认为历史唯物主义不是相对主义。历史是一个积淀的过程。所以，我提出“积淀”这个概念，指的是一个漫长但是连续的过程。同时，它也是一个开放而充满活力、生机勃勃的过程，不断形成与发展……

詹：我认为这是一个十分重要的概念。历史毫无疑问包含着断裂与分层。在一定条件下，过去或者过去中的一部分可以被重新赋予新生。问题是在美国这样的国家，大家今天都觉得历史本身已经消失了。这对于社会来说是一个灾难。更糟糕的是当下流行着伪传统，如日本，虚构一个过去和传统。这种虚构的传统恰恰为跨国资本的意识形态所利用。伪传统的复活与“历史终结论”相辅相成，构成了后现代文化的一大景观。

刘：最后，我想我们该谈一下美学的问题，这在你们各自的马克思主义理论中都是很关键的。我希望你们能阐述一下美学和文化政治的关系。

詹：我记得卢卡奇说过，你可以从美学的角度，书写一部马克思主义的历史。另外，异化理论同样可以看成是一种美学理论。所以，现代马克思主义的一个重要部分产生于对资本主义现实的审美批判。以异化为核心的马克思主义美学理论仍在发展，我认为那是非常有生机的。这里我想就美学的政治化提两个问题。

我还是从否定的一面说起。身处丑陋与沮丧之境，你就感到美的力量。如果美感被放逐了，生命中就难以激发新的美的体验。所以，审美具有批判现实的力量，批判被商品所支配的日常生活的力量，但一旦审美本身被商品化了，那该怎么办？后现代社会正是如此：广告、音像……无一不是商品化的审美，或商品化的文化。人们的审美趣味已经被商品腐蚀得很厉害了，美本身也被腐蚀得很厉害，变成了商品。这给当代马克思主义美学提出了一个严肃的问题。当然，我主要讲的是美国的情况，因为在欧洲和日本情况也许不一样，在中国情况当然也不一样。所以，我的上述看法完全是针对美国而言。

李：正如你所说，情况完全不一样。对于中国的传统来说，美学接近宗教，20 年代北京大学校长蔡元培就说过，我们应该用美育代替宗教。对于中国人来说，美感就像某种超越现实世界的个体和精神自由，就如我们在道家中看到的。美是一种生活方式，而不是仅供观看的东西。在中国社会，艺术可以是一种摆脱政治的手段或对现实社会的抗议，但这仍是积极的东西。比如，我以前说过，在中国画里，人物常常画得很小。但这小小的人物非常重要，没有它，自然就失去了意义，显得荒凉冷落。自然界和人类社会以及个体生存是不可分离的。美的范围不只是艺术，而是社会和宇宙。中国文明区别于希腊文明，中国人没有柏拉图式的理念。对于中国人来说，真实的世界就是人的世界，就是这个感情世界，它包括自然、宇宙在内。我想这倒接近了马克思的看法。

刘：您是第一位研究马克思《1844 年经济学哲学手稿》的

中国人，我想那是在50年代。您强调了“人化自然”这个概念。但是，在西方人们强调的是手稿中的另外一点，即异化。从卢卡奇到阿多诺、本雅明，西方马克思主义的审美批判或否定的美学均把异化视为一个核心概念。

李： 我以为，对于马克思主义关于人类未来的审美乌托邦设想来说，人化自然这个概念是其核心。人既是内在的也是外在的。人化自然不只是指我们通过科学技术加以改造的外部世界，它也包括人的情感，人的动物性，即人的内在自然，人化指的就是人从动物，从纯生理的物种转变为超生物的、既作为社会存在的成员而又仍然是活生生的个体生物这个过程。换句话说，它指的是“积淀”的过程，文化心理结构形成的过程。同时，它也传达了一种对全人类的宏观视界。作为超生物的存在，人类只有一个共同的历史。在今天这个充满了民族、种族分裂和对峙的世界上，马克思对全人类的这种宏观视界，也许给我们提供了出路的设想，即自觉建构人性的设想。

至于异化概念，我想这是马克思关于复杂的历史过程的重要贡献。从历史主义的角度看，异化是不可避免的，也是必要的。当然，从伦理道德的立足点出发，异化是不能接受的。这就回到了我刚才说的“历史主义和伦理主义的二律背反”。关键在于我们必须从历史或历史主义的角度来看待异化。而美学、美等等也应该历史地去看。也就是说，我们不可能脱离历史来谈自然的人化等等，因为我们是创造历史的主体。从这个意义上说，我想主体性在我的建设的选择性构想中，起着决定性的作用，而且这个作用变得越来越重要。我知道我这样说是很不合潮流的。福柯之后，在西方，人们都在大谈主体的离心与消解。但是最终我们还得问自己：在一切被解构、离心和毁灭之后，我们该怎么办？

刘： 最后，我认为当前一个极为重要和迫切的问题，便是建设文化空间的问题。要有真正能够包容多样性的差异、多元共存的文化空间，而不是一面大肆渲染“多元文化”与“差异”，一面或明或暗地强化和重申西方的资本主义文明在全球的“最后胜利”。当今西方各种文化多元主义的观点，都建立在一个基本认识论预设上面：种种现代化的不同选择和实践都失败了。这个基本预设，现在又为后结构主义的语言理论所强化。资本主义无所不在，你无法逃逸，别无选择，就像语言无所不在，你无法逃逸，别无选择一样。我认为这里面蕴含的逻辑大有问题。然而，后结构主义、后现代主义等等，现已在西方学术界形成了新的神话和霸权。你如果不会这套语言，你就没有听众。这样，真正的多元和差异的声音就被淹没了。

今天二位的对话，试图找到一种方式，来重新认识多元、差异、不同选择的问题。这是马克思主义面临的问题，也是当代全球化文化状态的主要问题。这当然不仅仅是一个语言的问题，也不仅仅是一个文化的问题。两位作为马克思主义理论家都强调历史唯物主义关于生产方式的决定作用，这表明了一种鲜明的立场。现在各种理论很多，但真正有鲜明立场的却很少。就这一点而言，我想今天的对话便是很有意义的。这是一个寻求真正的差异和选择的开端。谢谢两位！

1994年11月11日于美国杜克大学

（吴剑平　译）

附录　詹姆逊的后现代马克思主义

乔纳森·克拉克

> 一般认为，先前的现代主义对于社会的反抗有各种方式，如批评、否定、驳斥、颠覆、对抗，不一而足。那么，其中有没有可以断定为就是后现代及其社会性时刻的东西呢？我们已经看到，后现代主义有一种复制或再生产乃至加固消费资本主义逻辑的方式；然而更有意义的问题在于，是否也存在着对抗这一逻辑的方式呢？
>
> ——詹姆逊：《反美学》，125 页

在过去的二三十年间，当代理论出现了某种新的划时代的转折，这一点为世人所关注。最初有关后现代的讨论是围绕人们是否已经接近了**现代性**的终点而展开的，而且其观点在根本上是相左的。随着知识和文化兴趣的增加，**后现代性**时代拥有利奥塔、鲍德里亚、德里达等思想家所倡导的经济、文化观念和实践，以及本文所要讨论的理论家詹姆逊所倡导的拥有自身的经济、文化观念和实践的**后现代**时代。本文旨在评析詹姆逊对后现代的解说，以及他对具体文化对象的揭示，这种文化对象是作为某种文化政治的可能性而定位的。詹姆逊被评为“当今用英语写作的最为重要的文化批评家”，因而了解其背景兴趣所在，了解其论及的传统或理论家，换言之，了解詹姆逊的事业的动力是什么，以这种分析作为本文的开始是非常重要的。[1]

在詹氏的论著中，人们可以发现他对独特的、地方性的文本或叙事进行了严格的考察。然而应当将其后现代理论作为一个系统来解读，这一系统在后现代性的文化特征和跨国资本的经济力量之间辩证地发挥着作用。尽管詹姆逊的批评实践在于分析具体的、地方性的以及独特的文化文本，但是他的分析是在一种更为广博的马克思主义理论框架中进行的。最初人们可能会对此质疑，马克思主义作为某种"现代主义"的原型理论，何以在理论上符合后现代的文化分析？但主要的关注点在于，詹氏何以使经济的组构形式（economic forms of organization）在一种文化理论中拥有根本的重要性，这种理论是使文化文本拥有（或将形成）某种政治力量为特征的。詹姆逊认为，各文化文本（如通俗影片、绘画、建筑等）为大众提供了对政治图景可能的评价方式，并使他们在其中认识到自身的位置。本文旨在解析詹氏的文化政治论点，并以诸如观看某部影片的方式确定一种境况，你我可以在这种境况中激活自身的政治无意识。

詹姆逊是一位系统论者，尽管其分析涉及完全不同的各类叙事，然而他是将这些叙事置于马克思主义的总体系统之中进行分析的。他的系统中有两个方面借自欧内斯特·曼德尔（Ernest Mandel）的《晚其资本主义》（*Late Capitalism*）中的观点：其一，资本主义阶段中的时期划分；其二，晚期或"第三阶段"资本主义事实上较之马克思时期的资本主义在形式上更为纯正。[2]因而詹姆逊将不同的文化类型（cultural styles）对应于不同的资本主义阶段，以此来划分资本主义的历史。他指出："现实主义、现代主义、后现代主义是市场资本主义、垄断资本主义以及跨国资本主义的文化阶段。"[3]詹氏虽然论证这些文化阶段与其时代的某一资本主义经济组构有逻辑的关联，但是他坚持认为这些显然是其本身的逻辑所致。为了发展这一论点，詹氏试图表明后现代主义尽管是针对现代主义的，但其发展已经"超乎了仅仅是对（现代主义）的反应"[4]。

现代性；后现代性

现代性源自启蒙主义，它所基于的原理是对进步的信念且相信人类理性可以并应当改变世界。这些信念被认为是普遍适用的，并在总体上是趋于一致的。因而，建立在理性基础之上的现代主义理论就不会受制于某一独特的语境或一系列条件，而是适用于所有时代的所有人。因而，现代性可以被视为是源自工业革命的经济变革和法国大革命的意识形态变革。从政治上看，可以认为现代性包含了两种竞争性的国家控制体制，社会主义的和自由民主制。进步不仅仅是一种理论上的理想，而且是工业革命的工厂，它导致了大规模生产和大规模消费，并勾画出了一种先进的经济框架。社会开始征服并支配资源，控制并规划其命运，创造一个由人类掌握的世界。在普适性和包含一切的主张中，世界得到了解释。尽管现代主义理论难以否认差异或变革，然而它是从一种历史观中看待这些差异和变革的，将其视为连贯的，强调并基于意识形态上的统一体。现代性在文化上强调"每一艺术的纯粹性以及文化在整体上的自足性"[5]。于是，现代性理论依赖于一种中心的、整体的主体，依赖于客观性，依赖于固有的理性主义，依赖于一种可明确论证的真理。

"其结果是，谈及后现代性就是表明一种对现代性的时代转移或决裂，涉及一种新出现的社会整体性，这一整体性拥有自身清晰的有机原理。"[6]后现代主义者认为，对于社会以一种方式作用于所有时代和存在的解释，已难以自圆其说。社会以某种方式变化发展，这种方式是以进步性为特点的现代性所希冀的，然而，社会也扩展了自身构成性的领域，这些扩展已经不再是整体性的，或可以解释的。后现代性由此视其本身为一种认同，即人们并不能将社会"作为本身的存在"加以解释。基于这些观点，社会是不定位的，也不是单一的，而是不断变化的，出于这种理由，就不能用由现代性所推进的普适性理论加以解释。

从经济上看，后现代是资本主义和技术以迄今不可知的扩展和推进为标识的。当今世界由信息技术构成且日益专门化，以使市场适应不断变化、不断适应的消费者。体力劳动者虽然减少了，但是可以发现拥有千差万别的专业化人员却在增加。从政治上看，不同的需求和斗争在增加，表现出了后现代社会扩张的欲望。社会运动喧嚣一时，转瞬即逝，使人难以勾勒其政治范围。对变化多样的社会运动的关注，已经从现代马克思主义对无产阶级和资产阶级之间的划分迁移开来。对于詹姆逊而言，这是根本性的问题，因为他是将整体性的马克思主义观念同后现代碎片联系在一起的。

后现代理论使传统理论的边界形成了问题，并倡导某种相对主义或透视观，以对表征（representation）进行非难。人类并不能真实地反映现实，而只能得到某种个人或主观的看法，这部分是由于其特定的社会、文化、历史以及语言的境遇所致。因此，后现代主义者往往采纳微观理论（microtheories）或微观政治研究，偏重多样性、复数性、碎片以及不确定性，借以取代整体性和普适性理论。人类主体，笛卡尔式的我思（cogito），并非是集中或统一的，而是由于社会及语言的作用呈非中心和零碎化的。

詹姆逊对现代和后现代的理解

上述对现代和后现代的勾勒主要针对如何思考某一历史时期。詹姆逊并不像福柯那样，将现代性和后现代性视为互不相干的知识，而是随着不同文化力量的兴起，将其视为资本主义发展现阶段的产物，而不是出于某种权力的概念。[7]现代性犹如后现代性一样，是对应于经济框架的文化逻辑，它与这一框架存在着一种辩证的关系。所以，詹姆逊将现代性和后现代性的特征与作者、制作者或艺术家，大众或受众联系起来，继而表明这些是与市场的经济形式相关联的。马克思依靠外部的决定性因素，如历史、社会以及经济，而詹姆逊则以内部精神主体（psychologized subject）的方式将这些观念结合起来。[8]

在詹姆逊看来，现代和后现代均可指称为支配性文化显像（cultural dominants），人们可以从其与资本主义的对应阶段中看到这种显像。正如法兰克福学派的论著中所表明的那样，人们也可以发现，商品经济形式对詹姆逊理解现代性和后现代性的文化结构是至关重要的。资本主义摧毁了内在于创造之中的行为价值，以此将文化对象的社会意义加以重新定位，换言之，某一对象的价值与其手段和目标一起位于新的结构之中，因此，该对象在资本主义体系中不再包含任何作为社会行为的价值，而是按照目标——市场价值得到界定的。[9]在康德那里，艺术品创作中的社会行为本身是一种目标，然而在资本主义体系中，这一文化生产观却被废除了，因为艺术变成了不过是市场买卖与调节中的另一种商品而已。这是马克思主义理论将其作为商品物化过程加以解释的。[10]随着这一过程的增长，所有的劳动和生产形式均由市场关系转化为消费，以至于人们已难以区分迥然不同的生产形式。区别诸种商品价值的惟一方式是在通用货币交换价值下对其价值的重新订购。商品的价值不再体现在其行为的性质上，而是随其市场上的数量而定。而市场价值则依据对象的有用性或手段形成，是随对象本身而不是随创造者而定。[11]

现代主义

詹姆逊认为，现代主义是建立在对艺术体制化的反应上，即对那些位于博物馆、大学和画廊之中的艺术品的反应。[12]詹氏将其描述为是现代主义试图逃避商品形式的努力，力图使艺术的生产成为对工具性的蔑视，以此创造出某种可以抵制满足商品化的风格来。马尔库塞在其《论自由》（*An Essay on Liberation*）中持有类似的观点："反艺术（现代艺术）的爆发以许多相似的形式展现出来，对句法的蓄意破坏，只言片语，对日常语言的泛用，无目的写作，任意颂扬。然而，整个反形式却是形式本身：反艺术依然是艺术，是作为艺术得到支持、购买和思考的。"[13]詹姆逊和马尔库塞一样，在他看来，现代主义这一工程失败了，这是因为现代主义的反抗运动是在商品物化中得到界定和持续的。通过众多个人化的创作，现代主义艺术在这一日益增长的物化过程中变得体制化和经典化了。

因而，詹姆逊是在文化和经济两个层面上界定现代性的，这是由于他研究的是市场中的社会和资本主义逻辑之间的有效关系。现代主义在日益增长的私人和个人风格中得到了印证，这些风格代表了特殊才能所赋予的个性主体。他指出："现代主义是以某些独特的个人风格而得到肯定的，这种风格完全可以被天才的主体，超凡魅力的主体或超主体等等所利用。"[14]现代主义艺术认为，这一艺术符号（艺术所象征的）拥有真理，使其所指对象拥有意义，由此导向这一创造的起源及缘由。现代艺术将艺术家（中心主体）视为艺术品的起源，并围绕艺术品和艺术家建立起一种浪漫的氛围。于是，艺术中的现代主义由某种先锋派伦理所构成，这一伦理将其本身置于艺术商品化（commodification）的对立面，然而这种先锋派伦理视大众文化为现代性的产物，使高雅文化和大众文化之间的差异得以保持。

尽管现代主义艺术远离了所指对象（“真实”世界的“真实”对象），但是它依然在其作品中表明了某种**真理**的方式，依附其所指（能指的**意义**或实质性词语［material word］或文本）。[15]詹姆逊将这一真理加以了总结，认为其特征是焦虑感，其中的真理是指“……表现间离、混乱、孤独以及社会碎片和隔离的伟大的现代主义论题（thematics）”[16]。这些典型的“论题”由诸种学科领域表现出来，如显而易见的政治科学、哲学、历史、社会学等等。在詹姆逊看来，现代主义作品最具价值的特征不仅在于将主题作为某一独特风格给自发的、中心化的并可仿效的东西予以了定位，而且也在于对应于垄断资本主义阶段的关系，这一阶段当时依然围绕着单一的民族国家本质而运行。然而，对于詹姆逊有关现代主义的解释，要特别地与其对后现代主义特征的论述联系起来看，否则，我们是难以说明的。

后现代主义

如上所述，詹姆逊将后现代的特征描绘为一种与晚期资本主义经济制度相联系的文化逻辑：“这一全球性的，然而又是美国式的后现代文化，是对一种整体性新潮流的内在的与超结构性的表述，这一潮流就是美国在全球的军事和政治支配。”[17]后现代主义由此指明了文化对象的一种新的社会位置。与现代主义区分高雅与大众文化所不同的是，后现代主义将所有的文化包容在大众或通俗文化之中。因此詹姆逊认为，当现代主义“激进的”风格家们不再添乱或引起震惊、现代主义的经典化和体制化将现代艺术接受为业已建立的风格加以表现的时刻，人们就可以具体阐明现代性的终结点或后现代性的开端了。

詹姆逊论证道，后现代性中存在着一种“深度”的丢失。[18]现代性将艺术对象表述为某种神秘的东西，其中有某种可以昭示的秘密，可以揭示的真理，或可以发现的历史。例如，詹姆逊就考察了凡高的作品《农夫的鞋》，将其作为现代主义艺术的佐证。[19]《农夫的鞋》代表了“焦虑的时代”，声称表现了一种实际的、拥有某种社会真理的社会境遇，即鞋是与农夫有关的。凡高的绘画意味着农夫生活的某种具体含义，而作为绘画，只要它把握了所指对象（这是农夫鞋子的“真实”实物），以其所附加的含义象征性地再创了当时的境遇，这就是可能的。绘画行为必须在其创造物之内，体现观看者或受众的某种观念，而所指对象（“真实”实物）和所指（其含义）所依赖的正是这一点。因而，现代艺术被视为是承载着意识形态的艺术。

据詹姆逊的分析，沃霍尔（Andy Warhol）的《水晶鞋》则具体表现了后现代艺术。他认为，当代文化生产可以被视为文化上的批量生产；后现代主义将所有的艺术完全作为了商品生产的一部分。在绘画的**固有**价值中，艺术不再拥有任何效用性或工具性，而完全是以消费者的逻辑重新组合，因而文化对象“以其向商品转型的方式，成为某一类器物，沦落为自身消费的一种手段而已”[20]。就是说，詹姆逊声称后现代社会中的一切都是文化。[21]依据这一观点，后现代主义摧毁了深度的可能性，因为它所依赖的形象是从拥有特殊含义的所指对象中分离开来的。换言之，詹姆逊称为“商品物化的最终形式”的后现代主义，完全是对能指的颂扬。[22]可以将后现代性描述为形象的社会。[23]詹姆逊认为，《水晶鞋》并没有述说我们需要解释的隐含的现实。而这幅画的特征是无深度和平面化，因为它除了让人感觉到其中没有什么隐含的叙事之外，也没有传译出任何特殊的信息或含义。文化对象在整体的商品化中失去了所有的可能性来表现现代艺术所支持的风格。后现代艺术不仅没有通过作品所表达的含义，而且也拒绝了受众。它（通过表现那种毫无生气的对象）成为一种不允许受众参与的产品，并且使置换的主体毫无感觉可言。

主体性

在詹姆逊建构后现代的众多理论中，主体的概念似乎位于中心位置上。现代性表明了资产阶级的个体主体，而后现代性则展现了晚期资本主义的主体根本性的破碎。正如我们所看到的那样，后现代主义文化产品彻底地远离了或者说特别从知识层面揭露了某种意识形态现实或复杂而深刻的伦理观。后现代性装饰性和粗略的文化表象使观看者，即后现代主体，缺乏感觉、情绪和感动。然而这种“感动的消逝”并不是普遍的，因为主体确实可以从诸如《水晶鞋》这类作品中获得一种非常肤浅的反应。[24]人们获得的是其表面无意义的、装饰性的展示，它使形象令人眼花缭乱，分外壮观，而这种形象除了诱发一种对商品产生迷恋性的可能之外，并没有什么深刻的含义。然而，对于主体而言，从后现代艺术中难以获得对抗性情感的事实，则表明了现代主义焦虑时代的终结。其结果是使主体对过去那种惟一的认同予以否定和拒绝，而这种认同是由一种一致而持续的意识流所组成的。而拒绝感动又阻碍了现代时间性（modern temporality），这种时间性是与每一个体主体在解读现代主义叙事时所采纳的记忆和同情心有关的。麻痹时间就是摧毁一种有机的系统，主体从认知角度采用该系统把他或她本人构建成为独特而稳定的中心，而社会则围绕这些中心而运转。这一时间性麻痹产生出了一种零碎的、非中心的、不稳定的主体，詹姆逊将此描述为精神分裂症。[25]

在詹氏看来，这一主体看待事物时涉及社会各阶层的强烈对比，在没有代表“现实”的空洞形象面前并无感觉可言。人们生活在一系列永久性的高低贵贱的“强烈对比”中，生活在种种感受或激情之中，这些对比和激情已经从事件、境遇或对象中分离出来，人们生活在这样一个社会中，个人和社会生活就进入到语言的碎片中。对詹姆逊而言，社会本身通过对叙事的理解和组构而存在，社会据此将其本身置入这样一种背景中并使其秩序化。而在后现代社会中，当现代主义伟大的网络表述已经消失，主体从其独特的个性中分裂出去之时，叙事也随之被分解了。因此，后现代文化成为一种拼凑模仿（pastiche）。[26]

作为后现代符码的拼凑模仿

拼凑模仿与滑稽模仿（parody）相类似，是一种显要的文化表述，然而却不炫耀那种滑稽模仿中的幽默。新风格难以出现，加上个性的缺乏，遂使社会进入到某种对失去的风格永久性的重复之中。换言之，在风格停滞和死亡之时，拼凑模仿是使现代主义文化风格重现并使之长存的方式。然而对现代主义风格的重复并不构成其本身的“风格”[27]。现代主义的风格观基于这样一种观念，独特个性的创作是凭借其创新而获得真实性的。而作为重复模仿的拼凑模仿是基于原作的副本或模仿，其本身并非源自一种创新。换言之，第一个副本就是原件，“因而现代主义的**风格**由此变成了后现代的**符码**”[28]。对于后现代文化而言，不仅没有原型，而且也没有受众可以联系到其艺术的那些确定的作为个体的艺术家。艺术家摧毁了现代主义风格的意识形成，却只能反过来回避现代主义风格的体制，于是在持续的模仿循环中失去了他或她自己。拼凑模仿的时刻是那些“……精力充沛的，但既缺乏形式又缺乏内容的艺术家们将博物馆的展品加以拼接，并戴上了那些废弃的风格面罩”[29]的时刻。诚如上述，后现代主体中存在着一种感动的消逝，因此，拼凑模仿极少表达喜剧、幽默或情感之类的东西。拼凑模仿是对风格的空洞和表面的模仿，将过去的作品转变为纯形象的东西。这一丧失风格的不断再现传达出了一种特殊的历史主义，这一点在后现代性的显现中尤为重要。[30]与所指对象分离的形象文化使这一文化生产成为风格的模仿，不仅仅是重现那种废弃了的、表现了某种现实的历史的风格，而且是对风格纯粹的整理，或对过去风格的叙述加以粗略的显现，“……作为‘所指对象’的历史本身被逐渐排除，并全部丧失，使人们除了文本之外别无他物”[31]。

怀旧文化与“蝙蝠侠”

通过采用认定的风格对过去的理想和目标进行表征，导致了一种詹姆逊称为当代怀旧文化的东西。[32]这是一种人们渴求过去形象的集体欲望，因为这种形象是难以找寻的。在后现代文化中，它传释了一种确切的“历史主义”。詹姆逊以一种历史意识看到这一关注点，将其视为一个平庸的社会所导致的结果。“在晚期资本主义阶段，这种日常生活的琐事本身是一种绝望的情景，针对这一情景的所有高雅以及大众文化正式的方案、策略以及托词都出现了：在一种个人命运和个性本身的独特性以及不可挽回性似乎消失的境遇中，如何保护那些幻想，即那些事情依然在发生、事件依然存在、依然有故事要讲的幻想呢?”[33]

詹姆逊将“真实的复古主义（historicism）”认定为是以一种“社会、历史和存在的显现以及作为‘所指对象’的过去对历史内容进行的某种陈旧时尚的‘表征’”[34]。后现代文化的怀旧形式“通过风格的内涵来接近‘过去’，以光泽质感的形象（glossy qualities of the image）传达‘过去性’（passness），以时尚的特征传达出‘30 年代性’（1930s-ness）或‘50 年代性（1950s-ness）’”[35]。怀旧将过去传统的特殊习惯置于后现代形象的美学形式中，以此为背景对其进行回忆。

例如，《蝙蝠侠》就可以解读为一部怀旧影片，因为这部影片并没有展现某一特殊的风格或时期，而是为了取得一种怀旧的效果，展示了一系列众多的风格和时期。[36]蝙蝠侠是漫画书上的男主角，它使人回想起 50 年代的漫画读物并与此同时带来了人们对于 60 年代电视连续剧《蝙蝠侠》的记忆。这部影片的背景是愚人村，即纽约市，以布鲁思·韦恩的父母被杀害的电影院通俗文化和画廊的高雅文化二者为背景，体现了底层的产业工人对爱克斯化工厂和黑暗的偏僻街道的感觉。其中那个丑角的车是 70 年代的型号，手枪发出的是西部老牛仔式的枪响，而同时蝙蝠车和蝙蝠翅膀又展现了先进的技术创新。影片的结论释放出回归过去的强烈欲望。蝙蝠翅膀拥有火箭发射器，可视目标屏幕，以及许多高技术小玩意，但却输给了那个丑角的长枪管的手枪，在最后一幕中，蝙蝠侠和丑角以老式的拳击，打出一些语句的残片，“戴上眼镜就不想打了?”蝙蝠侠在一部“狂欢”叙事中以变戏法式的方式展示各种风格的文本，多维度地对形象崇拜加以赞美，以此最大程度地描写了这部怀旧影片的智慧之处。[37]

光泽质感形象的美学模式并非是一种表现社会—文化“风格”的新方式，然而却是一种对我们社会所发生的变化的反应。“真实”历史性的衰退、主体的分裂、风格的隐退全都是朝向怀旧文化的一部分。在詹姆逊看来，后现代文化的公式化陈述是“一种深远境遇”的直接后果，“即人们在这个境遇中要形成对自己当下经历的表征，似乎越来越难”[38]。

时间、空间与精神分裂症

詹姆逊对后现代的理解以及他的文化政治事业的关键之处，是从一种时间性的逻辑过渡到后现代的空间逻辑。正如我们所看到的，全球资本主义或晚期资本主义文化就是詹姆逊称为后现代主义的东西。时间的空间性是主体时间性毁灭、社会呈现出日益精神分裂的一种结果。时间是一种有机的系统，是一种持续性，主体在其中可以将他或她作为一个单一的个体加以定位。而在跨国资本主义中，我们发现自己能规划全球的图景。然而，对主体而言，从精神上或认知上不仅将其本人置于一个地理意义上的全球系统中，而且置于一个社会系统中，才是至关重要的。过去人类通常将自己置于时间意义上的历史规划中。但是，随着主体日益破碎，并接近了一个人们发现历史已经终结的社会时，“真实”的东西就减少了而精神分裂的东西却兴旺起来。后现代主义本来的特征是对现代性所谓客观、整体的真理的反驳，当人们除了拥有预想的所指对象、主体以及他或她所预期的空壳之外，并没有“真实”的感觉的时候，真理就会大打折扣。“能指之间关系的崩溃”，主体与其本人对对象的期望之间的关系的崩溃，导致了一种精神分裂的现实。[39]当主体在疯狂地寻求一种基础、一种时间的连续统一体，以确定他或她本人之时，这个世界就混杂在极度强烈和过度的厌倦感之中。

詹姆逊对精神分裂症进行概念化表述的方式与法国精神分析学家拉康(Jacques Lacan)的方式如出一辙，即作为一种语言紊乱加以说明的，了解这一点很重要。[40]如果词汇不与一定的时间顺序即句子本身所依存的这种时间顺序发生联系，那么，时间持续性就消失了。由于叙述中的词汇和句子趋向于时间顺序，所以读者可以把握某种持续性。而在后现代社会，能指之间并没有联系，时间持续性亦被中断，于是，时间形成为一种无限期的现在时。“时间成为了一种无限期的现在时，因而转为空间性的。我们与过去的关系由此成为一种空间性的关系。”[41]空间对于我们理解自己在晚期资本主义文化逻辑中的位置，是至关重要的。

后现代主义被赋予了一种空间概念，詹姆逊将其命名为“多维空间”(hyperspace)。[42]如上所述，多维空间使主体难以在物质、空间上在一个本身可以规划的世界中定位。多维空间是主体的一种认知可变性，但是与我们物质环境有直接的关系，可以这样描述它：“对于这个巨大的全球性跨国的、非中心的交流网络，我们的心智至少在现在是难以规划的，而在这个网络中，我们发现自己又是作为个体主体而存在的”[43]。在后现代虚弱的逻辑中，有部分过程是主体在这种破碎的文化中重新将自己定位的方式；关键在于詹姆逊所称为认知测绘（cognitive mapping）的东西。

詹姆逊和马克思主义文化分析

先前的马克思主义文化分析假定，文化对象和资本主义之间存在着某种“关键性的距离”，这一距离使文化对象保留了对经济力量的特殊免疫力。而詹姆逊则认为，随着跨国资本主义的来临，理论家不能对这一重要的距离再作出假定了，因为商品形式已经吞没了社会的一切，包括文化。詹姆逊甚至认为，随着文化领域自主性的消失，晚期资本主义将所有的一切认定为文化，将所有的一切归入到对形象的崇拜中。他指出，“整个格外混乱和压抑的全新的世界性空间”实现的时候，后现代的“严峻考验的时刻”[44]就会来临。

人们依据这一点似乎可以说，詹姆逊对自己以文化的方式解读后现代性作出了解释，这一解释具有相当的分析性和客观性。然而需要指出的是，詹姆逊不仅仅是一位文化分析家，而且是一位忠实的马克思主义者。尽管他将后现代主义认定为是晚期资本主义的文化逻辑，但是其研究远不只是一种分析。詹姆逊对后现代性的描述是仅有的一种陈述，这一陈述对于社会本身的解放或从资本主义日渐衰微的理性中逃脱出来是非常需要的。詹姆逊认定，主体拥有必然的能力以克服所有的错误意识，并且将自己从资本主义灾难性的控制中脱离开来。要达到这一点，詹姆逊就必然要面对马克思主义的理论。

政治无意识[45]

詹姆逊是将后现代置于马克思主义对资本主义的重要评价的背景之中进行论证的。为此，他就必然涉及马克思主义原创性的基础—上层建筑模式对文化理论造成的局限。经济基础与文化上层建筑之间被视为一种辩证关系，然而经济基础也被视为上层建筑的基础和所有属性之所在，从政治、立法到雕塑和协奏曲，均被视为是基于经济基础决定性因素的独特形式而已。因而，这一传统的马克思主义分析将所有的上层建筑要素赋予了相同的含义，所有这些均被归纳为商品，在市场价值之外，它们并没有本身固有的含义。那么，詹姆逊又是如何解读不同叙事间的差异，而且赋予这些特殊的叙事一种政治目标呢?

詹姆逊认为，跨国资本主义的经济基础与上层建筑的文化对象之间拥有一种根本性的关系，然而人们并不能在文化对象的物品本身发现这种关系。经济基础并不直接作用于物品，然而却对社会生产和接受该物品产生影响。相反，在文化物品内，可以发现经济基础在创作者或接受者的精神层面是一种蓄意而为的东西。换言之，每一个人旨在创造某种文化物品而观众接受该文化物品时，就拥有某种詹姆逊称为**政治无意识**的东西。文化物品中所表现的这种政治无意识表明了一个人的政治愿望和欲望，然而，“又矛盾地表达出一种实际和潜在的社会关系，这种关系构成了具体政治经济中的个体”[46]。根据詹姆逊的观点，政治无意识作为一种调节原理起作用，它得以使马克思主义学说的经济决定论与研究文化对象的多样、异质世界差异性的文化分析并存。在詹姆逊的思想中，文化对象潜在地成为了作为政治可能性的阶级意识之所在。

文化对象与认知测绘

文化对象成为詹姆逊的心理学和社会学中的交汇之地。文化对象或许是政治承诺的特定区域，但是肯定有一种我们从政治上解读文本的方式。

从以上可以看出，詹姆逊认为人们对某一空间的考虑，并且位于这一空间中进行的思考，已经成为后现代性的政治媒介（对于后现代性就意味着与多维空间相关的问题）。詹姆逊指出："此处揭示的空间概念表明了一种符合我们境遇的政治文化模式，它必将把空间作为根本问题提出。因此，本人暂时将这一新的（假定的）文化形式美学界定为认知测绘的美学（aesthetic of cognitive mapping）。"[47]詹姆逊认为，我们处于一种空间和社会性的混乱之中。我们发现自己处于一个巨大的系统之中，以至于我们重新自我定位，去发现我们的社会位置的惟一方式，必须在空间上规划我们自己的方法。因此，认知测绘是一种必要的意识形态法则，社会必须对这种法则加以利用，以从资本主义造成严重损害的控制中找到自我。就跨国资本主义对主体所形成的令人窒息的影响而言，每一个人都可能试图理解他或她自己。跨国资本主义创造出了一种异常复杂的网络，它由电信、电子销售和移动服务等构成，使主体在这一网状物中昏昏欲睡。晚期资本主义的文化逻辑是后现代主义，正是詹姆逊的政治规划使我们从绝望中脱身，并且向我们表明了，我们或许可以从认知上从这一衰微的逻辑中规划我们自身。"认知测绘（是）创造方式，即采用一种对象及一种现实对其他事物获得认知性的把握，这种事物是人们难以表现或想像的。"[48]对詹姆逊而言，文化对象，尤其是电影，是政治可能性的场所——潜在的认知测绘的场所。

于是，在詹姆逊看来，关键在于我们对自己的整体性是否可能获得一种重新的理解。我们必须重新获得"一种对社会整体的自我意识"[49]。与大多数后现代理论家相反，詹姆逊坚持整体性，因为，不将社会作为一个整体来理解，人们就不能规划、理解或设想出社会变革的差异。然而詹姆逊认为，人们并不需要争取这种自我意识，因为人们一直在无意识地在争取这种意识。[50]詹姆逊指出，为了使阶级意识在叙事中得到表征，为了对社会地位加以构想或理论化，这一点就肯定会在社会中以某种形式显现。他将此称为定型需求（requirement of figurability），"社会现实和日常生活发展的需要，以使其背后的阶级结构以切实的形式得到表征为止"[51]。因此，詹姆逊发现文化文本和影片是一种场地，人们在此或许可以理解将社会作为本来面目进行的表征，“因为社会现实以及对日常社会现实体验的刻板陈述是商业影视作品难以回避的原材料”[52]。社会以迫使公民成为资本主义理想的同一消费者的方式来根除所有差异，在这一社会中，可以用后现代叙事从认知层面规划人的社会位置或自己的阶级。在文本或叙事中，人们发现了渴求一种整体性的可能，一种对难以表现的东西进行表现的企图，去表现那个试图平等地对待人民而又持续了阶级、社会性别和其他歧视形式，与此同时又竭力争取普遍的、有商品欲望的消费者的社会。

共谋文本中的地理政治无意识

这种对社会整体性进行表征的企图，尽管是呈零碎的且多样化的状态，这种从寓言式的叙事中解读出一种对我们的社会位置有所识别的企图，就是地缘政治无意识（geopolitical unconscious）。因而，这种文本可以被称为一种“‘共谋文本（conspiratorial text）’，不论它发出了或含有什么其他的信息，都可以被认为是构成一种无意识和一种集体的努力，这种无意识和努力在于弄明白，到了20世纪后半期我们究竟在何处，我们遭遇了何种境况和力量，我们由于这些东西的隐蔽性和官僚政治的非人格化越加感到厌恶”[53]。对难以表征的社会进行表征的企图且这种表征又是失败的，而在对难以表征的东西进行表征时又迷失或陷入困境之中，共谋文本正是以此取得进展的。詹姆逊认为：“在这一类表征中，有效的影响是混淆的，而不是清晰的。正是在这一点上，我们放弃了，我们不能再记住人物的态度以及他们与其他人的联系，至此我们大概把握了世界系统的深层次真理。”[54]后现代文化的问题，其解决方案或许很可能在于表征性（representability）本身。表征在本质上总是一种整体社会性的，表征性在于抨击社会整体性政治。

应当对作为地方性和具体叙事的共谋文本进行解码，将其视为更为广大和更加难以捕捉的全球性环境的例证。正是拥有了以展现一种具体场所特殊的叙事，来说明整个全球体系的逻辑，寓言（allegory）才出现在后现代文化之中。[55]寓言竭力表现出晚期资本主义是如何支配和控制社会，并使其无所适从的。然而共谋文本却在晚期资本主义衰微的力量内部发挥作用。尽管某一文本试图对后现代社会进行表征，然而事实上，它本身就是一种后现代表征。换言之，每一种后现代文本均可视为是一种自我参照（auto-referential），因为它对自身进行表征的失败，对表征自身失败的表征，或它承认自身陷入晚期资本主义商品化的方式，都使其拥有自身的政治力量。后现代文化对象的政治可能性正是在于它的失败：以奇特的方式失败即是一种成功。正如詹姆逊在他对影片《酷热的下午》（Dog Day Afternoon）的分析中所指出的，“这确实是我想论辩的基本的悖论……这部影片好的地方就是其坏的地方，而相反的是，其坏的地方在很多方面却是相当不错的……”[56]。

政治的美学表征

所以，詹姆逊提倡一种政治的美学表征（politics of aesthetic representation），其教诲性的意图在于激发我们的自我意识。每一后现代文化对象都包含了这一观念，“我们对社会生活的本质抱有最深的幻想，它既是我们现在所拥有的生活，也是我们骨子里感到应当拥有的生活”[57]。后现代文化的政治可能性将转入到一种联盟的政治，各个社会群体在其中将围绕阶级归属的共同问题展开论战。对詹姆逊来说，政治是在新的社会运动中实现的，作为一种政治工具，它将“对诸种变化的约束结构开列一份清单，其生命力在于各种边缘、受压迫的或被支配群体——完全与工人阶级一样的所谓‘新的社会运动’——在其中的差异下，每一种被剥夺的形式在提出自己明确的‘认识论’、自己自下而上的明确的观点、自己明确的真理主张时，就得到了认可”[58]。因此，在后现代文化的失败当中，在其试图将相对非整体的社会系统加以整体化时，后现代文化就成功了。难以恰当地表征社会生活，自身的丧失，通过丧失所有的欲望回到各个传统的幻想展示后现代文化对象未能展示的东西，依据这些方式，人们就可以找到逃离的路径。人们从后现代文化内部攻击后现代，以这样的方式就可以找到智胜的方式，可以“看到人们是否可以对完全非历史性的事物加以系统化的方式，至少在这一点上，不强行采用一种历史的方式。现在已经有了一些接近这个问题的可能性迹象，在外围**包抄**着它”[59]。

【注释】

[1] Colin MacCabe, "Preface", *The Geopolitical Aesthetic*: *Cinema and Space in the World System*, by Fredric Jameson, Bloomington, Indiana: Indiana University Press, 1992, ix. Cited hereafter as "Preface".

[2] Fredric Jameson, *Postmodernism*, *Or*, *The Cultural Logic of Late Capitalism*, Durham: Duke University Press, 1991, p. 3. Cited hereafter as *Postmodernism.*

[3] Steven Best and Douglas Kellner, *Postmodern Theory*: *Critical Interrogations*, New York: The Guildford Press, 1991, p. 185. Cited hereafter as *Postmodern Theory*.

[4] Anders Stephanson, "Regarding Postmodernism—A Conversation with Fredric Jameson", *Universal Abandon*?: *The Politics of Postmodernism*, ed. Andrew Ross, Minneapolis: University of Minnesota Press, 1988, p. 3. Cited hereafter as "A Conversation with Fredric Jameson".

[5] Hal Foster, "Postmodernism: A Preface", *The Anti-Aesthetic*: *Essays on Postmodern Culture*, ed. Hal Foster, Seattle: Bay Press, 1983, p. x.

[6]Featherstone, Mike, "In Pursuit of the Postmodern: An Introduction". *Theory*, *Culture & Society*. Volume 5. Numbers 2～3, June 1988, p. 198.

[7] 福柯与詹姆逊之间的区别需要陈述。尽管人们通常将福柯的理论解释为后现代理论，然而他本人却反对这一分类并反对后现代这一术语。然而人们仍将其观点视为是后现代主题，Steven Best and Douglas Kellner的著作 *Postmodern Theory* 即是例证。对于本文来说，将福柯与詹姆逊作比较是有用的，因而两人均试图将当下的分析与历史的发展与变化联系起来进行。

[8] Steven Best and Douglas Kellner, *Postmodern Theory*, p. 183.

［9］Fredric Jameson，*Signatures of the Visible*，New York and London：Routledge，Chapman & Hall. Inc.，1992，p. 12. Cited hereafter as *Signatures*.

［10］Fredric Jameson，*Signatures*，p. 10.

［11］Fredric Jameson，*Signatures*，p. 10.

［12］Anders Stephenson，"A Conversation with Fredric Jameson"，p. 30.

［13］Herbert Marcuse，*An Essay on Liberation*，Boston：Beacon Press，1969，pp. 41－42.

［14］Anders Stephanson，"A Conversation with Fredric Jameson"，p. 21.

［15］有关状况，所指对象、能指和所指的关系的进一步解释，可参见 Fredric Jameson，*Postmodernism*，pp. 26－31，and Fredric Jameson，"Postmodernism and Consumer Society"，pp. 118－123.

［16］Fredric Jameson，*Postmodernism*，p. 11.

［17］Fredric Jameson，*Postmodernism*，p. 5.

［18］Fredric Jameson，*Postmodernism*，p. 9，and Anders Stephanson，"A Conversation with Fredric Jameson"，p. 4.

［19］Fredric Jameson，*Postmodernism*，pp. 6－10.

［20］Fredric Jameson，*Signatures*，p. 11.

［21］Anders Stephanson，"A Conversation with Fredric Jameson"，p. 26. 同样，詹姆逊认为，在后现代的消费社会一切都被美学化了：Fredric Jameson，*Signatures*，p. 12.

［22］Fredric Jameson，*Signatures*，pp. 11－12 and p. 22.

［23］Fredric Jameson，*Signatures*，pp. 11－12 and p. 22.

［24］Fredric Jameson，*Postmodernism*，p. 10.

［25］Anders Stephanson，"A Conversation with Fredric Jameson"，p. 21.

［26］Fredric Jameson，"Postmodernism and Consumer Society"，p. 113.

［27］Anders Stephanson，"A Conversation with Fredric Jameson"，p. 21.

［28］Fredric Jameson，*Postmodernism*，p. 17，Emphasis added.

［29］Fredric Jameson，*Signatures*，p. 83.

［30］ Fredric Jameson，*Postmodernism*，p. 18.

［31］ Fredric Jameson，*Postmodernism*，p. 18.

［32］ Fredric Jameson，*Signatures*，pp. 84－85.

［33］ Fredric Jameson，*Signatures*，p. 87.

［34］ Fredric Jameson，*Postmodernism*，p. 19.

［35］ Fredric Jameson，*Postmodernism*，p. 19.

［36］ *Batman*，dir. Tim Burton. with Jack Nicholson，Michael Keaton，and Kim Basinger，Warner Bras. ，Inc. 1989.

［37］ Fredric Jameson，*Postmodernism*，p. 20.

［38］ Fredric Jameson，*Postmodernism*，p. 21.

［39］ Fredric Jameson，"Postmodernism and Consumer Society"，*The Anti-Aesthetic*：*Essays on Postmodern Culture*.

［40］ Fredric Jameson，"Postmodernism and Consumer Society"，pp. 118－119.

［41］ Anders Stephanson，"A Conversation with Fredric Jameson"，p. 6.

［42］ Fredric Jameson，*Postmodernism*，pp. 43－44.

［43］ Fredric Jameson，*Postmodernism*，p. 44.

［44］ Fredric Jameson，*Postmodernism*，p. 49.

［45］ 这一节材料主要出自其：Colin MacCabe，"Preface"，pp. x－xii.

［46］ Colin MacCabe，"Preface"，p. xi.

［47］ Fredric Jameson，*Postmodernism*，pp. 50－51.

［48］ Anders Stephanson，"A Conversation with Fredric Jameson"，p. 20.

［49］ Fredric Jameson，*The Geopolitical Aesthetic*，p. 2.

［50］ Fredric Jameson，*The Geopolitical Aesthetic*，p. 2.

［51］ Fredric Jameson，*Signatures*，p. 37.

［52］ Fredric Jameson，*Signatures*，p. 38.

［53］ Fredric Jameson，*The Political Aesthetic*，p. 3.

［54］ Fredric Jameson，*The Geopolitical Aesthetic*，p. 16.

［55］ Fredric Jameson，*The Geopolitical Aesthetic*，p. 4.

［56］Fredric Jameson，*Signatures*，p. 41.

［57］Fredric Jameson，*Signatures*，p. 34.

［58］Steven Best and Douglas Kellner，*Postmodern Theory*，p. 188：a recapitulation of Fredric Jameson，"History and Mass Consciousness as an Unfinished Project"，in *Rethinking Marxism*，Vol. 1. No. 1，1988，p. 71.

［59］Anders Stephanson，"A Conversation with Fredric Jameson"，3D.

参考文献

Best，Steven and Douglas Kellner. *Postmodern Theory. Critical Interrogations*. New York：The Guildford Press，1991

Connor，Steven. *Postmodernist Culture. An Introduction to Theories of the Contemporary*. Oxford and New York：Basil Blackwell Ltd.，1989

Jameson，Fredric. "Postmodernism and Consumer Society"，In Foster，Hal (ed.)，*The Anti-Aesthetic. Essays on Postmodern Culture*. Seattle：Bay Press，1983

Jameson，Fredric. "Foreword"，1984，in Jean-Francois Lyotard. *The Postmodern Condition*：*A Resort on Knowledge*. Minneapolis：University of Minnesota Press，1979

Jameson，Fredric. *Postmodernism*，*Or*，*The Cultural Logic of Late Capitalism*. Durham：Duke University Press，1991

Jameson，Fredric. *Signatures of the Visible*. New York and London：Routledge，Chapman & Hall，Inc.，1992

Jameson，Fredric. *The Geopolitical Aesthetic*：*Cinema and Space in the World System*. Bloomington，Indiana：*Indiana*：Indiana University Press，1992

Marcuse，Herbert. *An Essay on Liberation*. Boston：Beacon Press，1969

Stephanson，Anders. "Regarding Postmodernism—A Conversation with Fredric Jameson"，*Universal Abandon. The Politics of Postmodernism*. ed. Andrew Ross. Minneapolis：University of Minnesota Press，1988

（王晓路　译）